Siedersleben (Hrsg.)
**Softwaretechnik**

Johannes Siedersleben
(Herausgeber)

# Softwaretechnik

## Praxiswissen für Software-Ingenieure

2., überarbeitete und aktualisierte Auflage

HANSER

www.hanser.de



Bibliografische Information Der Deutschen Bibliothek

Die Deutsche Bibliothek verzeichnet diese Publikation in der Deutschen Nationalbibliografie; detaillierte bibliografische Daten sind im Internet über <http://dnb.ddb.de> abrufbar


Lektorat: Margarete Metzger
Herstellung: Irene Weilhart
Satz: Mitterweger & Partner Kommunikationsgesellschaft mbH, Plankstadt
Datenbelichtung, Druck und Bindung: Kösel, Kempten
Printed in Germany

ISBN 3-446-21843-2

# Foreword

When Charles Darwin sat down to write his first book, *The Voyage of the Beagle*, he wanted to teach us something. He wanted to help us understand his evolving view of the marvelous species that inhabit the earth. The book succeeded relatively well in this, but it also succeeded in an entirely different way: Darwin was a delicious story-teller, and *The Voyage of the Beagle* was a great yarn. You could read it as a novel and come away entertained as well as instructed.

There is always a story behind a book. Sometimes, as with Darwin's work, the book tells its own story explicitly. Other times the story is written only between the lines. Since the story of the sd&m's "*Softwaretechnik*" appears mostly between the lines, I thought I would devote the few pages of this foreword to sketching in its details.

sd&m is a truly unique company. When it was founded in 1982 by Ernst Denert and Ulf Maiborn, there was little reason to believe that it would be anything more than just another software company. You might have expected it, for example, to become a Softlab look-alike, since both its founders had had experience at that respected company. But sd&m was different from the beginning. The new company was founded on *principles.* Here I am not referring only to its ethical principles (which the new venture certainly had) but also to technological principles. sd&m chartered itself to build custom software in a very special way, essentially following the approaches developed by Dr. Denert, and later published in his landmark book, *Software-Engineering* [Den91].

This strong reliance on software engineering principles made sd&m stand out from the crowd. The more typical software company of the early 1980s approached each new assignment with the attitude 'we'll get this system built *any way we can.'* By contrast, sd&m people approached the same task saying, 'we'll get this system built *our way.'* Of course, such an attitude is only admirable if it also works. The history of the company's first 18 years has been that the approach worked just fine.

The danger of building a company around any given technological approach is that progress will eventually move beyond the chosen technology and newcomers to the field with enter with the relative advantage of newer approaches. The challenge, therefore, in founding sd&m on strong technological principles, was to somehow include a capacity to re-invent itself among those principles. This has been sd&m's particular genius. It hires new young people, usually directly out of university, and teaches them a set of software engineering disciplines. At the same time it infuses them with the responsibility to improve upon those disciplines in the future, and even to invent new ones. The result is that the company is not only adept at good software engineering technique; it is also commendably inventive of new technique.

A principal tool in bringing new approaches into the company has been the tradition of "Ringvorlesung", a series of lectures given by sd&m employees to their colleagues. (My own first involvement with the company back in the early 90s was as guest participant in the Ringvorlesung.) Each one of these lectures is intended to give fresh insight to an existing approach or to suggest changes to the base approach to accommodate the march of progress. The culture at sd&m is that anyone may give such a lecture at some time in his/her career; that it is part of one's professional responsibility to invent, to teach, and to articulate good technique.

The present volume is a direct result of sd&m's Ringvorlesung. In addition to providing useful guidance about system construction, the book gives you an insider's view of what life is like in this unique company. It is the kind of organization where carefully articulated good ideas flow like lifeblood through a healthy body.

*Tom DeMarco*
Camden, Maine, Autumn 1999

# Geleitwort zur 1. Auflage

Als wir sd&m 1982 gründeten, gaben wir dem Unternehmen mit dem Namen zugleich ein Programm: software design & management. Gutes Design oder, etwas umfassender, gute Softwaretechnik und sicheres Projektmanagement würden die wichtigsten Ingredienzen erfolgreicher Softwareprojekte sein, dachten wir, und hatten damit Recht und Erfolg. Beides fasse ich unter Software-Engineering zusammen. Das zu beherrschen, ist die entscheidende Fähigkeit von sd&m, unsere Kernkompetenz, und dieses Buch handelt davon.

Wir erleben in der IT-Branche im Allgemeinen und in der Softwareentwicklung im Speziellen immer wieder Modewellen, insofern als bestimmte Technologien eine gewisse Zeit lang zu Allheilmitteln hochstilisiert werden. In der Softwaretechnik führt das zu Glaubenskriegen über die einzig wahre Methode, Sprache oder das beste Werkzeug, das die Produktivität angeblich vervielfacht. So galten Sprachen der vierten Generation (4GL) in den 80er Jahren als Wunderwaffe, und Anfang der 90er war die Methode Structured Analysis/Design in Verbindung mit den sie unterstützenden CASE-Werkzeugen auf ihrem modischen Höhepunkt. Natürlich haben diese Technologien einen substantiellen Kern. Zu Modewellen werden sie durch Marketingkampagnen, von der Fachpresse durch ständige Wiederholung verstärkt und von Managern geglaubt, die sich davon eine Lösung etlicher Probleme erwarten, meist vergeblich.

Solcherart modisch ist das Buch nicht. Es behandelt 14 Themen der Softwaretechnik, weite Teile dieses Gebiets überdeckend, ohne es in lehrbuchartiger Systematik darzustellen, alle von praktischer Relevanz, von Praktikern zum Nutzen von Praktikern geschrieben. So ist es auch entstanden: aus Vorträgen von sd&m-Mitarbeitern, die bereit waren, ihr Spezialwissen aufzubereiten und ihren Kollegen für deren Projektarbeit zu vermitteln. Das glitzert nicht wie in Marketingbroschüren, das sind nicht unausgegorene Ideen, das ist nicht unbedingt „hip", das kommt vielmehr aus dem realen Leben unserer Projekte unter dem Motto: „So machen wir es".

*Ernst Denert*
München, im Herbst 1999

# Vorwort zur 2. Auflage

Die erste Auflage, die im Dezember 1999 erschien, hatte eine Halbwertszeit von nicht einmal zwei Jahren: Von ursprünglich 16 Kapitel entfallen vier, drei kommen völlig neu hinzu und vier sind grundlegend überarbeitet. Das heißt unter Berücksichtigung der kleineren Änderungen in den übrigen Kapiteln, dass sich „Softwaretechnik" in der 2. Auflage ziemlich genau zur Hälfte erneuert hat. Alle C++-Beispiele wurden durch Java-Beispiele ersetzt. Hier die neuen Kapitel:

- *Bausteine der Spezifikation* (Kapitel 4): Das ist ein systematischer, weit über UML hinausgehender Ansatz, der versucht, das ganze Spektrum der Spezifikation darzustellen. Basis des Kapitels ist die Analyse eines knappen Dutzend realer sd&m-Projekte.
- *Wiederverwendung* (Kapitel 10): Hier wird dieses fast zu Tode gerittene Schlagwort entmystifiziert. Rupert Stützle zeigt die Möglichkeiten und die Grenzen der Wiederverwendung im Rahmen der normalen Projektarbeit.
- *Test* (Kapitel 14): Dieses Kapitel schließt eine schmerzliche Lücke der ersten Auflage. Peter Schaumann zeigt uns, wie man testet, und wann man mit gutem Gewissen aufhören darf.

Vier Kapitel wurden z.T. von neuen Autoren grundlegend überarbeitet:

- Das *Projektmodell* (Kapitel 2) wurde neu gestaltet und ergänzt im Hinblick auf die Beschleunigung des Entwicklungsprozesses durch Überlappung und Iteration.
- Aus den bisherigen *Transaktionsmonitoren* wurden *Anwendungsserver* (Kapitel 8); IMS wurde durch EJB ersetzt.
- Das Kapitel 11 (*Software-Entwicklungsumgebungen*) enthält jetzt neue Elemente aus der Java-Welt (*ant*, *Eclipse*, *IntelliJ*).
- Das komplexe und etwas trockene Thema *Konfigurationsmanagement* (Kapitel 12) erhielt eine ganz neue Struktur.

Wir verbinden auch mit der 2. Auflage den Anspruch der Praxisnähe: Der Leser soll fühlen, wie ein Projekt tickt, und er soll lernen, worauf es ankommt, und was in der Praxis wirklich funktioniert.

Auch die 2. Auflage ist alles andere als vollständig: Es fehlen so wichtige Dinge wie Verteilte Verarbeitung; auch das Thema der Integration wird nur gestreift. Das schmerzt natürlich, aber wir sollten nicht vergessen, dass sd&m in erster Linie Projekte macht, und dass die Bücher erst an zweiter Stelle kommen.

*Johannes Siedersleben*
München, im Sommer 2002

# Inhalt

# 1 Einführung

*von Johannes Siedersleben*

## 1.1 Wovon dieses Buch handelt

„Programmierer sind Eierköpfe. Sie sitzen tagelang vor ihrem Bildschirm und hacken vor sich hin. Unterbrechungen erlauben sie sich nur für die Zufuhr von Koffein; die Kommunikation mit anderen reduzieren sie auf ein Minimum."

So sehen viele Nichtinformatiker den Informatiker. Aber sie irren sich, und dieses Buch soll gerade die Vielfalt der Aufgaben des Informatikers zeigen. Wir beschreiben, wie man große individuelle Softwaresysteme entwickelt. Wie Maßanzüge in einer Maßschneiderei entsteht Individualsoftware auf der Basis der Wünsche des Kunden. Alle größeren Unternehmen (Banken, Versicherungen, Handel, Automobilhersteller, Pharma, Touristik) brauchen neben Standardsoftware auch Software, die ihren besonderen Bedürfnissen gerecht wird und eine Differenzierung am Markt ermöglicht.

Die Entwicklung solcher Systeme ist eine echte Herausforderung. Hier die Gründe:

1. *Größe:*
   Die Projekte sind riesig. Viele Millionen LoC (Lines of Code), viele parallel arbeitenden Entwickler, Projektlaufzeiten von mehreren Jahren.
2. *Komplexität:*
   Große Systeme versteht kein einzelner Mensch. Diese Systeme berücksichtigen neben den offensichtlichen Standardfunktionen jedes noch so unwahrscheinliche Detail; oft befasst sich das halbe System (und mehr) nur mit Fehler- und Ausnahmebehandlung.
3. *Langlebigkeit:*
   Große Systeme leben lang: Zehn, zwanzig, auch dreißig Jahre sind keine Seltenheit. Oft sind Programme älter als die Programmierer. Entwickler schimpfen oft über die Schwächen der Altsysteme, aber sie sind es, die die Altlasten von morgen produzieren. Die Langlebigkeit der Systeme steht in seltsamem Kontrast zu den kurzen Innovationszyklen im Bereich der Hardware und Standardsoftware.
4. *Flexibilität:*
   Die Anforderungen der Kunden ändern sich laufend, natürlich auch schon während der Entwicklung: Das Unternehmen verändert seine Organisation, seine Abläufe, die Produkte oder sein Marketing. Der Gesetzgeber tut ein übriges, besonders bei Banken und Versicherungen. Daraus ergeben sich hohe Anforderungen an die Flexibilität der Software.

Hacker sind überfordert. Gebraucht werden *Software-Ingenieure*, die Anforderungen im Team analysieren, Konstruktionsprinzipien beherrschen und die Qualität ihrer Ergebnisse verantworten. Ihre Arbeit ist vergleichbar mit der von Architekten und Bauingenieuren.

Unsere Ingenieurdisziplin ist die Softwaretechnik, ein Teilgebiet der Informatik. Leider ist die Kluft zwischen dem Lehrinhalt der Informatik und der professionellen Entwicklung von Software immer noch groß. Es wäre zu einfach, dies mit dem üblichen Konflikt zwischen Theorie und Praxis zu erklären. Die Architektur, der Maschinenbau und viele andere Ingenieurwissenschaften kennen diese Kluft nicht. Unsere Konsequenz daraus ist dieses Buch. Es enthält das *Grundwissen eines Software-Ingenieurs*. Beschrieben werden die Dinge, auf die es in Software-Projekten wirklich ankommt und nicht die aktuellen und modischen Trends der Computerbranche.

## 1.2 Wer wir sind

Wir – der Herausgeber und die Autoren dieses Buchs – sind Mitarbeiter und ehemalige Mitarbeiter des Softwarehauses sd&m[1)]. Seit der Gründung im Jahr 1982 hat sd&m unzählige Systeme erfolgreich entwickelt und eingeführt. Software-Entwicklung heißt *Design* und *Management*:

- Design, um Größe, Komplexität, Langlebigkeit und Flexibilität zu meistern,
- Management, um Projekte in der vorgesehenen Zeit, mit eingehaltenem Budget und in verlangter Qualität zum Erfolg zu bringen.

Wie ist es zu diesem Buch gekommen? Seit vielen Jahren gibt es bei sd&m die Ringvorlesung: Erfahrene Kollegen stellen jungen sd&m-Mitarbeitern das sd&m-Wissen vor. Die wichtigsten Themen haben in dieses Buch Eingang gefunden. Der Nutzen besteht darin, dass Praktiker vor dem Hintergrund ihrer Erfahrung aufgeschrieben haben, was wesentlich zum Gelingen von Software-Projekten beiträgt. Daher lebt dieses Buch auch von praxisnahen Beispielen.

Es mag erstaunen, dass sd&m sein Kernwissen veröffentlicht. Werden nicht Unternehmensgeheimnisse verraten? Nein! Unser wichtigstes Motto heißt: Menschen machen Projekte. Und die Menschen sind das wirkliche Kapital von sd&m. Zudem sehen wir unsere Verantwortung auch darin, die Softwarebranche insgesamt voranzubringen. Somit setzen wir eine Tradition fort, die mit dem Buch von Ernst Denert und Johannes Siedersleben [Den91] begonnen wurde.

## 1.3 Wer das Buch lesen sollte

Für neue sd&m-Mitarbeiter ist dieses Buch Pflichtlektüre; Software-Entwicklern anderer Unternehmen empfehlen wir es. Einen hohen Nutzen können Studenten der Informatik oder einer benachbarten Fachrichtung ziehen. Es bietet eine gute Orientierung und Vorbereitung auf die Praxis der Software-Entwicklung.

Wie sollte das Buch gelesen werden? Es ist kein Schaden, es von vorn nach hinten zu lesen, aber jedes Kapitel ist auch für sich allein verständlich, so dass der Leser seinen Interessen ungehindert folgen kann.

## 1.4 Wie das Buch gegliedert ist

In den frühen Phasen der Software-Entwicklung wird festgelegt, **was** die Software leisten soll, und in den späteren Phasen überlegt man, **wie** dies geschehen soll. Daran orien-

1) software design und management AG; weitere Informationen im Internet unter http://www.sdm.de

tiert sich der Aufbau des Buchs: Teil I behandelt das Projektmodell, den großen Rahmen, in dem jedes Projekt abläuft. Teil II befasst sich mit den frühen Phasen; Entwurf und Realisierung sind Thema von Teil III. Phasenübergreifende Aspekte sind Gegenstand von Teil IV.

## I. Grundlegendes

### 2. Projektmodell

➟ Aus welchen Phasen besteht ein Projekt, und wie hängen diese zusammen?

## II. Frühe Phasen

### 3. Systemspezifikation

➟ Was soll das System leisten?

### 4. Die Bausteine der Spezifikation

➟ Aus welchen Bausteinen besteht eine Spezifikation und wie schreibt man das alles auf?

### 5. Ergonomische Gestaltung von Dialogoberflächen

➟ Wie bauen wir Oberflächen, die sich am Benutzer und an den Aufgaben orientieren?

## III. Entwurf und Realisierung

### 6. Software-Architektur

➟ Wie sieht eine gute Software-Architektur aus und wie kommt man da hin?

### 7. Datentypen

➟ Wie übertragen wir die Einheiten der realen Welt in Programme?

### 8. Anwendungsserver

➟ Wie können wir Anwendungen bauen, die Tausende von Menschen gleichzeitig nutzen?

### 9. Software-Renovierung

➟ Wie gehen wir mit Altsystemen um?

## IV. Phasenübergreifendes

### 10. Wiederverwendung

➟ Wann ist es sinnvoll, Wiederverwendung anzustreben, und was ist bei ihrer Umsetzung zu beachten?

### 11. Software-Entwicklungsumgebungen

➟ Ohne Werkzeuge kann man keine Software entwickeln – welche Werkzeuge gibt es, und wie sollen wir sie nutzen?

**12. Konfigurationsmanagement**

➟ Viele Entwickler arbeiten parallel – wie verhindert man das Chaos?

**13. Qualitätsmanagement**

➟ Qualität ist ein wichtiges Ziel. Was muss man tun, um die geforderte Qualität sicher zu erreichen?

**14. Test**

➟ Wozu sind Tests gut, wie führt man sie durch und wann ist man damit fertig?

**15. Projektmanagement**

➟ Wie plant und steuert man ein Projekt?

# 2 Projektmodell

*von Stefan Scheidle und Dirk Taubner*

**Stufen, Iterationen, Verzahnungen – wie macht man große Projekte?**

Der Reiz und zugleich das Schwierige an Softwareprojekten ist die scheinbar unbegrenzte Freiheit: Software ist beliebig formbar, und der Prozess zur Erstellung eines Systems kennt wenig harte Randbedingungen. Um sich in Komplexität und Größe nicht zu verlieren und um vorhandene Erfahrung zu nutzen, benötigt beides Struktur: Für die Software selbst ist das die Software-Architektur (Kapitel 6), für den Erstellungsprozess das Projektmodell.

## 2.1 Struktur des Vorgehens

Die Erstellung von Software im industriellen Maßstab ist ein komplexer Prozess. Wie beim Bau großer Gebäude arbeitet ein Team von Menschen über einen längeren Zeitraum zusammen. Wir brauchen also eine geordnete Projektdurchführung mit heruntergebrochenen Zwischenergebnissen. Dafür haben wir ein *Projektmodell* entwickelt. Es beschreibt

- die Beteiligten und ihre Rollen,
- die Phasen mit ihren Aktivitäten und deren Ergebnisse,
- die Reihenfolge und Verschränkung von Aktivitäten.

Alle hier betrachteten Projekte haben als Ergebnis ein Softwaresystem. Ein *Projekt* ist definiert durch das angestrebte Ergebnis, nämlich das Softwaresystem, welches den gestellten Anforderungen gerecht wird. Als projektdefinierende Rahmenbedingungen kommen der erwartete Fertigstellungstermin und das Budget hinzu.

Die Grundstruktur unseres Projektmodells sind die Phasen in Abbildung 2.1.

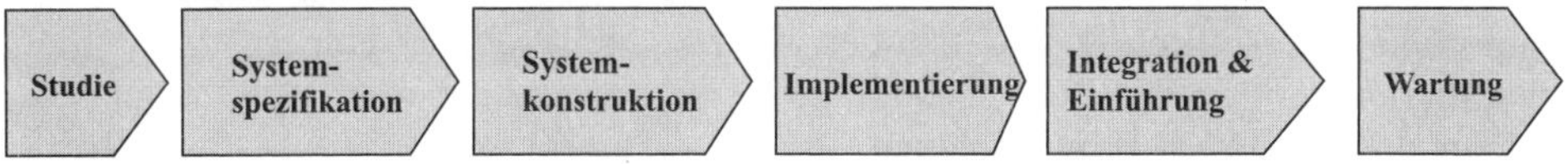


**Abb. 2.1:** Die Phasen der Projektdurchführung

Phasenübergreifend gibt es Querschnittsaufgaben: Projektmanagement, Qualitätssicherung und Konfigurationsmanagement. Ihnen sind eigene Kapitel gewidmet.

Die Phasen stellen die grundsätzliche Reihenfolge der Durchführung dar, allerdings haben wir drei verschiedene Formen der Überlappung:

- Stufen
- Verzahnung
- Iterationen

Große Systeme werden häufig in mehreren *Stufen* (oder *Releases*) ausgeliefert. Jede Stufe hat als Ergebnis ein produktiv genutztes (Teil-)System. Jede Stufe hat die Phasen Systemspezifikation bis Einführung. Die Stufen können sich zeitlich überlappen, siehe Abbildung 2.2.

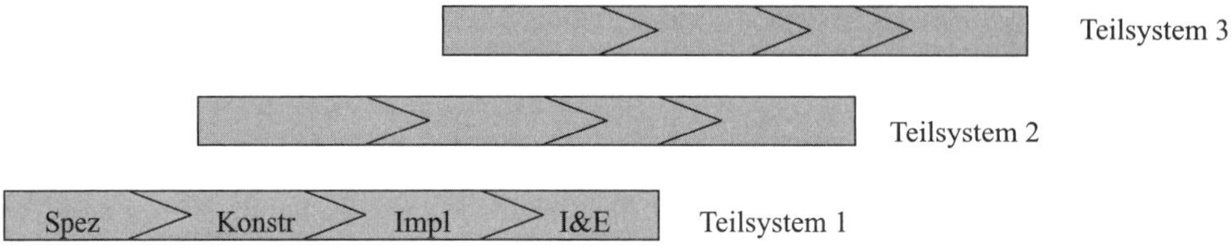


**Abb. 2.2:** Stufen

Ganz so strikt wie Abbildung 2.1 suggeriert, ist die Reihenfolge nicht. So ist es zum Beispiel sinnvoll, die technische Konstruktion zu beginnen, während die meisten Teammitglieder noch mit der Spezifikation beschäftigt sind. Wir nennen dies *Verzahnung* der Phasen.

Von *Iteration* sprechen wir, wenn es zur Methode erhoben wird, dass innerhalb einer Stufe – also ohne Zwischenauslieferung eines produktiven Systems – in kurzen Abständen die Phasen *Spezifikation* bis *Integration* wiederholt werden. Diese Methode zielt

a) auf eine evolutionäre Entwicklung entlang der erst mit dem wachsenden System entstehenden und präzisierbaren fachlichen Anforderungen, oder
b) auf eine Beschleunigung der Projektdurchführung durch systematische Parallelität der n+1-ten Spezifikation mit der n-ten Konstruktion und Implementierung.

## Projekt versus Auftrag

Wir unterscheiden Projekt und Auftrag. Das Projekt spannt stets den Bogen vom Start bis zum produktiven System und umfasst alle genannten Phasen. Die Beauftragung und vertragliche Vereinbarung erfolgt dagegen typischerweise wie in Abbildung 2.3 gezeigt. Dabei können unterschiedliche Aufträge durchaus unterschiedlichen Auftragnehmern erteilt werden. Die Beauftragung erfolgt auf Basis des zuvor erstellten Angebots. Letzteres enthält die Definition der Aufgaben, die zu erstellenden Ergebnisse, den Zeitrahmen und den erwarteten Aufwand. Natürlich wird das Angebot auf das Ergebnis der vorhergehenden Phase Bezug nehmen.

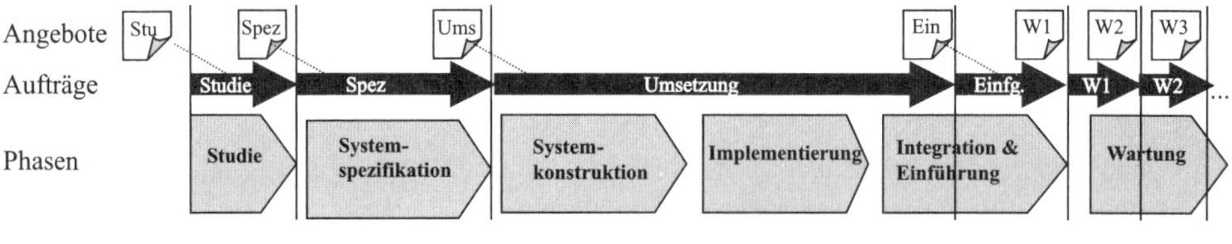


**Abb. 2.3:** Angebote und Aufträge

Es ist gute Sitte, jeden Auftrag mit einem Kick-off zu beginnen und mit einem Touchdown zu beschließen. Im *Kick-off* soll allen Beteiligten ein gemeinsames Projektverständnis vermittelt werden, und die Teammitglieder lernen sich kennen. Im *Touchdown* wird die Arbeit reflektiert, um gemachte Fehler in zukünftigen Projekten zu vermeiden und Erfahrungen zu nützen.

### Nutzen des Projektmodells

Mit der durch das Projektmodell gegebenen Struktur des Vorgehens erreichen wir eine Reihe von wichtigen Zielen:

- eine klare Zuordnung von Aufgaben, Pflichten und Verantwortung,
- eine effiziente Aufbau- und Ablauforganisation,
- eine Gliederung in Zwischenergebnisse und damit einen Rahmen für Aufwandsschätzung, Projektplanung und -verfolgung,
- eine Begrifflichkeit zur Kommunikation im Projekt und außerhalb.

Zudem enthält das Projektmodell die praktische Erfahrung aus einer Vielzahl von realen Projekten. Umgekehrt ist jedoch klar, dass zu einem erfolgreichen Projekt mehr gehört als das sture Abspulen eines noch so guten Projektmodells. Als Wichtigstes sei genannt:

- Die Zusammenstellung der richtigen Menschen im Team.
- Die Beherrschung der Technik.
- Die Definition klarer Ziele inklusive Nennung von Prämissen und Ausgrenzungen.

In den folgenden Abschnitten beschreiben wir die Bestandteile des Projektmodells ausführlicher. Es enthält genügend Spielraum, um projekt- und kundenspezifische Vorschriften zu integrieren. Wir folgen weitgehend dem Projektmodell von [Den91] und [ZMEL01].

## 2.2 Beteiligte und ihre Rollen

Jedes Projekt hat einen Auftraggeber, den Kunden, der ein bestimmtes *anwendungsfachliches* Ziel mit dem Projektergebnis verfolgt.

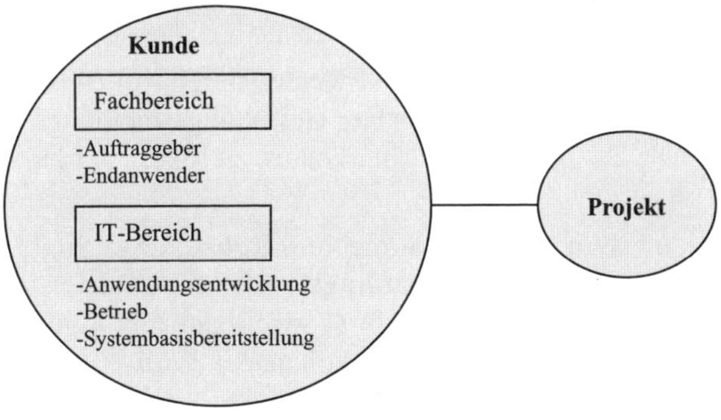


**Abb. 2.4:** Bereiche des Kunden

Der *Fachbereich* des Kunden ist die Abteilung oder Gruppe, deren Ziele durch das Projekt erreicht werden sollen. Deshalb befindet sich hier der eigentliche Auftraggeber. Er beschafft Budget und Ressourcen, trifft die grundsätzlichen Entscheidungen und koordiniert das Projekt aus Auftraggebersicht. Auch die Endanwender sind hier zu finden.

Der *IT-Bereich* des Kunden ist Auftragnehmer des Fachbereichs. Neben der Anwendungsentwicklung gehört hierzu auch der Betrieb der produktiven Systeme. An diesen Bereich wird das im Projekt erstellte System schließlich übergeben, und er sorgt für die Bereitstellung der Systembasis (Hardware, Netze, Systemsoftware).

Das Projekt wird entweder direkt vom Fachbereich beauftragt oder vom IT-Bereich. In letzterem Fall ist das Projektteam gemeinsam mit dem IT-Bereich Auftragnehmer des Fachbereichs.

Das Projektteam hat in der Regel in kleineren Projekten bis zu 5, in mittleren Projekten bis zu 15 und in großen Projekten 50 oder mehr Mitarbeiter. In jedem Fall ist Teamarbeit notwendig. Diese muss organisiert werden. Die typische Aufbauorganisation eines Projektes zeigt Abbildung 2.5.

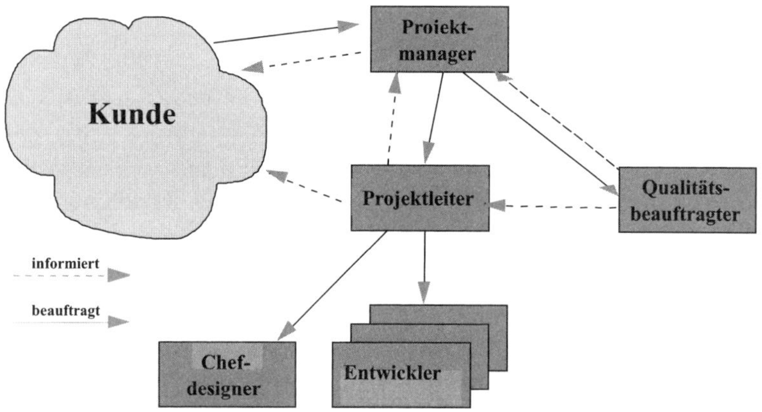


**Abb. 2.5:** Projektorganisation

Die unterschiedlichen Aufgaben im Projekt werden durch Rollen beschrieben. Für jede Rolle gibt es eine klare Verantwortung, klare Gestaltungsspielräume und klare Schnittstellen im Projekt. Die Zuordnung von Mitarbeitern zu Rollen wird im Projekthandbuch festgehalten.

In kleinen Projekten erfüllt eine Person mehrere Rollen, etwa Projektleiter und Chefdesigner, Projektleiter und Qualitätsbeauftragter oder der Projektleiter ist gleichzeitig Entwickler etc. In mittleren Projekten gibt es zwei oder drei Teilprojekte jeweils mit Projektleiter und Chefdesigner. Der Projektmanager wird dann Vollzeit für dieses eine Projekt eingesetzt. In großen Projekten kann es sogar mehrere Projektmanager mit einem Gesamtverantwortlichen geben.

Der *Projektmanager* hat die Gesamtverantwortung für das Projekt, vor allem die wirtschaftliche. Er stellt dem Projekt die notwendigen Ressourcen zur Verfügung: Mitarbeiter, Budget, Räume. Die Besetzung der Rollen im Projekt liegt in seiner Verantwortung. Mit den Aufwandszahlen, die ihm der Projektleiter mitteilt, kontrolliert er, ob das Budget eingehalten wird. Der Projektmanager hält den Kontakt zu den Entscheidungsträgern beim Kunden. Gemeinsam wird der Projektfortschritt bewertet sowie Termin- und Budgetänderungen besprochen oder verhandelt. Der Projektmanager ist der Projektaußenminister.

Der *Projektleiter* trägt die Verantwortung für die Qualität der Ergebnisse. Er leitet das Projektteam. Dem Projektmanager berichtet er über den Projektfortschritt mit Hilfe des Statusberichts. Dieser informiert über die Fertigstellung von Ergebnissen, das Resultat von Qualitätsprüfungen und den bisher erbrachten Aufwand. Auch dem Projektlenkungsausschuss, dem Steuerungsgremium auf Kundenseite, berichtet der Projektleiter über den Stand des Projekts.

Der *Chefdesigner* trägt die fachliche und technische Verantwortung im Projekt. Somit ist er verantwortlich für die Anwendungs- und Systemarchitektur. Die Rolle des Chefdesigners wird von einem Mitarbeiter mit ausreichender Spezifikations- und Realisierungserfahrung besetzt. In mittleren und großen Projekten kann man die Aufgabe in das fachliche und das technische Chefdesign teilen und jeweils mit einer Person besetzen. Der fachliche Chefdesigner verantwortet die Systemspezifikation als Ganzes und ist inhaltlicher Diskussionspartner des Fachbereichs beim Kunden. Entsprechend verantwortet der technische Chefdesigner die Systemkonstruktion und ist Partner des IT-Bereiches.

Der *Entwickler* macht die eigentliche Arbeit, nämlich die Erstellung aller Bestandteile des Softwaresystems und der zugehörigen Konzepte. Dabei trägt er, genau wie jedes andere Projektmitglied, die Ergebnisverantwortung für die Aufgaben, die ihm zugeordnet sind.

Der *Qualitätsbeauftragte* trägt die Verantwortung für die Qualitätssicherung im Projekt. Er erstellt einen Qualitätsmanagementplan, überwacht die Durchführung der qualitätssichernden Maßnahmen und berichtet dem Projektleiter über Durchführung sowie Ergebnis der Maßnahmen. Außerdem unterrichtet er den Projektmanager regelmäßig über den Stand der Qualitätssicherung. Gravierende Probleme werden sofort gemeldet.

## 2.3 Phasen und Ergebnisse

Die Phasen der Projektdurchführung (Abbildung 2.1) stellen keine strikte zeitliche Reihenfolge dar, vielmehr überlappen sich die Phasen und haben wechselseitige Einflüsse aufeinander. Abbildung 2.6 skizziert eine typische Verzahnung und Wechselwirkung von Spezifikation bis Integration.

Die Phasen mit ihren Aktivitäten und deren Ergebnisse sind im Folgenden beschrieben.

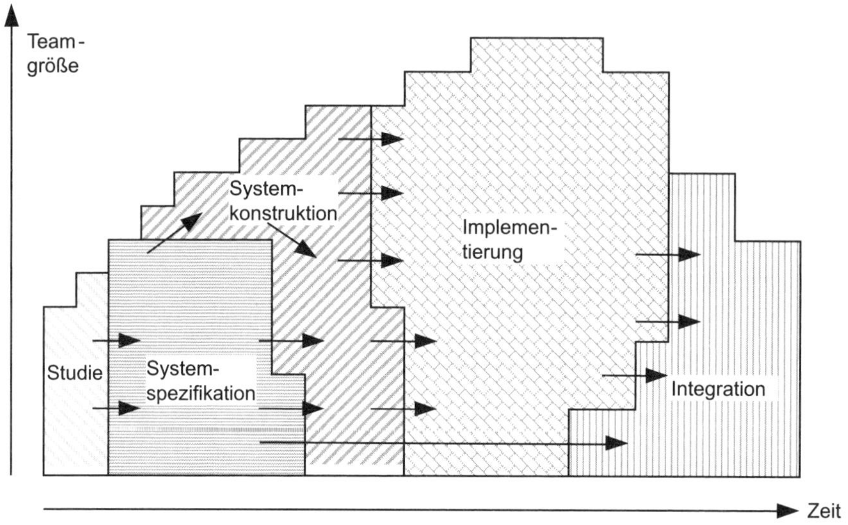


**Abb. 2.6:** Verzahnung und Wechselwirkung der Phasen

## Studie

*Wo ist das Problem?* Darum geht es in der Studie. Sie hilft dem Auftraggeber bei der Entscheidung. Die Studie soll Ordnung ins Chaos bringen. Dabei geht es um folgende Punkte:

- *Analyse der Ist-Situation*
  Anwendungslandschaft, fachliche Funktionen, Probleme, Schwachstellen, aber auch positive Aspekte.
  Ein oder zwei Übersichtsbilder der wesentlichen Komponenten plus einige wenige Detaildarstellungen.
- *Anforderungen*
  Ziele, Funktionalität und deren Nutzen.
- *Lösungsvarianten*
  Beschreibung von fachlichen und technischen Varianten, Vor- und Nachteile, Kosten-/Nutzenbewertung.
- *Empfehlung*
- *Vorschlag eines Projektplans*
  Aufwandsschätzung, Meilensteinplan, Mitarbeitergebirge (d. h. Verteilung der Bearbeiter über die Zeit), Übergangsstrategie und daraus abgeleitete Möglichkeiten zur Stufung.

Die Studie ist ein Spiegel für den Auftraggeber. Sie zeigt, ob das Problem verstanden wurde und durch Strukturierung und realistische Lösungsvorschläge gelöst werden kann. In dieser Phase ist es wichtig, die verschiedenen Motivationen zu verstehen. Wer will das Projekt? Wer nicht? Wer bezahlt es? Was darf es kosten? Was passiert, wenn es teurer wird? Was, wenn es gar nicht gebaut wird?

Das Ergebnis ist ein Dokument entlang obiger Gliederung gegebenenfalls mit vertiefenden Anhängen.

Da eine Studie häufig der Beginn eines Entwicklungsprojektes ist, hilft es schon hier, Anforderungen, Ausgrenzungen und Prämissen für die Systemspezifikation zu nennen.

## Systemspezifikation

*Was soll das System leisten?* lautet die Frage dieser Phase. Sie wird mit dem Fachbereich in der Systemspezifikation geklärt. Das Ergebnisdokument heißt *Fachkonzept*. Es enthält eine detaillierte, konsistente, vollständige und nachvollziehbare Beschreibung der fachlichen Anforderungen. Gleichzeitig ist die Systemspezifikation eine verbindliche Vorgabe für alle folgenden Phasen. Technische Vorgaben des Auftraggebers (wie die Programmiersprache oder das Datenbanksystem) sind nicht Gegenstand der Spezifikation. Bestandteile der Systemspezifikation sind:

- Geschäftsprozesse,
- Anwendungsfälle – Use cases,
- Benutzerschnittstelle – Fensterformulare, Dialogabläufe,
- Objektmodell – Daten-/Funktionenmodell,
- Nachbarsysteme – Schnittstellen.

Fachliche Erläuterungen mit Übersichtskapitel und eine Anleitung, welcher Mitarbeiter welche Kapitel in welcher Reihenfolge lesen sollte, geben dem Fachbereich eine Chance für den Einstieg.

Die in Abbildung 2.7 gezeigte Spirale verdeutlicht, dass die Dokumente der Spezifikation in mehreren Iterationen entstehen. Mehrfaches Durchdenken und Präzisieren der Anforderungen durch die beteiligten Fachbereiche führen letztlich zur Spezifikation.

Die Spezifikation enthält Teile, die der Präzision, Konsistenz und Vermeidung von Redundanz dienen. Andere sollen die Verständlichkeit und Lesbarkeit verbessern. Eine unverständliche Spezifikation ist so nutzlos wie die Abnahmeunterschrift des Fachbereichsverantwortlichen, der die Spezifikation nicht verstanden hat.

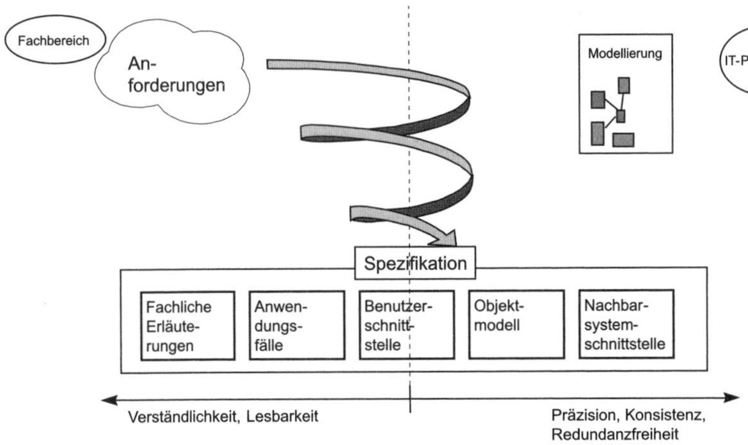


**Abb. 2.7:** Prozess des Spezifizierens

Die Spezifikation wird verfasst vom Spezifikationsteam. Sie wird gelesen vom Fachbereich *und* vom Entwicklungsteam. Der Fachbereich beurteilt, ob seine Anforderungen umgesetzt werden, der Entwickler verwendet die Spezifikation als Vorgabe für die weitere technische Detaillierung und Realisierung. Nur wenn beide die Spezifikation gut verstehen, kann das spätere System die Anforderungen lösen.

Oft wird mit der Unified Modeling Language (UML) von Booch, Jacobson und Rumbaugh [BJR99] spezifiziert. Wegen des großen Sprachumfangs der UML ist für das konkrete Projekt ein Nutzungskonzept festzulegen. Kapitel 3 und 4 widmen sich dem Thema Spezifikation.

Meist integrieren sich unsere Systeme in bestehende Anwendungslandschaften. Sie tauschen mit bestehenden Systemen Daten aus oder nutzen deren Funktionen. Deshalb gehört zur Spezifikation auch eine detaillierte Analyse dieser Systemumwelt und der Schnittstellen.

Für die Konsistenz der Spezifikation insgesamt ist der fachliche Chefdesigner verantwortlich.

Die Systemspezifikation wird immer schriftlich erstellt. Parallel zur Spezifikation wird die Migrations- und Einführungsstrategie erarbeitet.

## Systemkonstruktion

In der Phase Systemkonstruktion wird unter einem anderen Blickwinkel über dasselbe Thema nachgedacht wie in der Systemspezifikation. Hier liegt der Schwerpunkt auf dem WIE der softwaretechnischen Konzeption des Systems. Während die Spezifikation die Fachlichkeit der Anwendung festlegt, beschreibt die Konstruktion die späteren Bestandteile des Systems und deren Zusammenspiel aus technischer Sicht. Das Ergebnis heißt *Konstruktion*, *Design* oder *IT-Konzept*.

Eine Trennung von Spezifikation, Konstruktion und Implementierung ist unbedingt sinnvoll – jede Phase ist für sich komplex genug. Insbesondere lehrt uns die Erfahrung, dass es wichtig ist, zunächst die Strukturen der Anwendung zu durchdenken und zu Papier zu bringen, anstatt einfach darauf los zu programmieren.

Die inhaltliche Verantwortung für die Ergebnisse der Konstruktion trägt der technische Chefdesigner. Er räumt in dieser Projektphase dem Team vor Implementierungsbeginn alle technischen Hindernisse aus dem Weg.

Die Systemkonstruktion gliedert sich in zwei Hauptteile (Abbildung 2.8): die *technische Konstruktion* beginnt zeitlich parallel zur Systemspezifikation, die *Anwendungskonstruktion* erfolgt danach.

**Technische Konstruktion:** Große betriebliche Informationssysteme bestehen aus hunderten Dialogen, Batch-Programmen, Datenbanktabellen und Nachbarsystemschnittstellen. Die konkreten fachspezifischen Komponenten kann man erst dann konstruieren, wenn die grundlegende, allen Komponenten gemeinsame Struktur feststeht. Nur so entsteht einheitlich gestaltete und damit wartbare Software.

Ausgehend von der Auswahl einer geeigneten technischen Infrastruktur (Hardware, Netze, Systemsoftware) legen wir die technische Architektur des Systems fest, die den

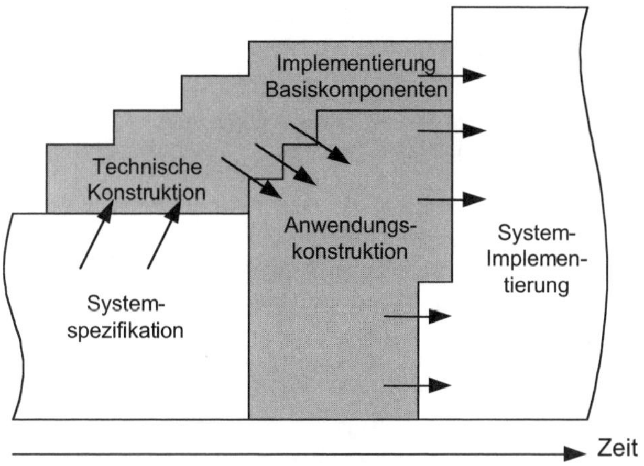


**Abb. 2.8:** Technische Konstruktion und Anwendungskonstruktion

grundlegenden Aufbau aller Komponenten und Schichten beschreibt. Häufig kristallisieren sich bereits hier allgemeingültige Basiskomponenten und -funktionen heraus, die im Vorfeld der breiten Anwendungsimplementierung gebaut werden müssen.

Für die technische Architektur bedienen wir uns eines Fundus an Standardarchitekturen und -komponenten (z. B. Datenbankzugriff, Benutzeroberfläche), die wir den speziellen Projektanforderungen entsprechend anpassen, beispielsweise um besonderen Performanzanforderungen Rechnung zu tragen oder um das System technisch in eine vorhandene Altsystemwelt einzupassen.

Wann immer möglich erstellen wir parallel zur technischen Konstruktion einen technischen Prototyp, um die Tragfähigkeit der Konzeption nachzuweisen. Ein solcher Prototyp ist vor allem dann notwendig, wenn neue, in der Praxis noch wenig erprobte Technologien eingesetzt wird.

In den Zeitraum der technischen Konstruktion fallen weitere Vorbereitungsarbeiten der Implementierung. Die Software-Entwicklungswerkzeuge werden ausgewählt, installiert und integriert; der Nutzungsumfang der einzelnen Werkzeuge wird festgelegt; bereits kleine Programmierteams benötigen im Vorfeld wohlüberlegte Richtlinien für die Programmierung, Namensvergabe und Verzeichnisstrukturen, um nicht in kürzester Zeit im Chaos zu versinken. Alle diese Festlegungen sind notwendig, um später reibungslos in die Implementierung starten zu können.

**Anwendungskonstruktion:** Während sich die technische Konstruktion mit der grundlegenden Struktur des Systems befasst, werden in der Anwendungskonstruktion nun die konkreten anwendungsspezifischen Bestandteile des Systems softwaretechnisch im Detail definiert.

Die Zerlegung des Systems in Anwendungskomponenten – fachlich zusammengehörige Ausschnitte der Anwendung mit ihrem Datenhaushalt und zugehörigen Funktionen – kristallisiert sich bereits während der Systemspezifikation heraus. Die Anwendungskonstruktion definiert nun zunächst die Schnittstellen zwischen diesen Anwendungskomponenten und legt die Komponenteninteraktion initial fest.

Die weitere Konstruktionsarbeit befasst sich mit der Gestaltung des Innenlebens dieser Komponenten: die Definition des von der Komponente verwalteten Datenbankausschnitts, das Feindesign von Klassen bis auf Attribut- und Methodenebene, die Verteilung der Klassen auf systemtechnische Bibliotheken und meist auch eine nochmalige Überprüfung des Dialogmodells.

Nicht immer ist es sinnvoll, das Innenleben einer Anwendungskomponente vor Beginn der Implementierung bis ins letzte Detail festzulegen. Wichtig ist jedoch, dass die Schnittstellen zwischen Anwendungskomponenten im Vorfeld klar definiert sind; nur so kann später die Arbeit im Implementierungsteam sinnvoll aufgeteilt werden.

Die Anwendungskonstruktion geschieht nicht unbedingt in einem Wurf für das Gesamtsystem, sondern sie kann auch komponentenweise zeitnah zur eigentlichen Implementierung entstehen. Anwendungskonstruktion und Implementierung werden so verschränkt. Hierdurch ergibt sich eine milde Form des iterativen Vorgehens (vgl. Abschnitt 2.4), bei der zwar Spezifikation und technische Konstruktion als Ganzes erfolgen, die Anwendungskonstruktion und Implementierung jedoch komponentenweise iterativ. Dies funktioniert vor allem dann, wenn sich die Schnittstellen zwischen den Komponenten relativ einfach aus der Spezifikation ableiten lassen.

## Systemimplementierung

In der Systemimplementierung werden die Komponenten des Systems programmiert und getestet. In dieser Phase ist das Team am größten. Umso wichtiger ist es, dieser Phase eine durchdachte Planung mit klar definierten Zwischenzielen zugrunde zu legen und die Programmierung der Komponenten in einer sinnvollen Reihenfolge anzugehen. Die Programmierung ist keineswegs eine unwichtige, niedere Tätigkeit für junge Kollegen und Werkstudenten. Idealerweise realisiert dasselbe Team, das zuvor die Konzeption erstellt hat: So ist die reibungslose Informationsübertragung gesichert.

Jeder Entwickler ist für die korrekte Funktionsweise und die ordentliche Dokumentation der ihm anvertrauten Komponenten verantwortlich. Der Komponententest soll jederzeit wiederholbar sein. Deshalb erstellen wir Testtreiber, die die Funktionen einer Komponente zunächst nur lokal auf Herz und Nieren testen. Bei späteren Änderungen prüfen die Testtreiber, ob die geänderte Komponente noch alles kann, was sie einmal konnte.

Komponentenübergreifende Funktionen werden gegen die bereits in der Systemkonstruktion definierten Komponentenschnittstellen programmiert. Erst diese Schnittstellen ermöglichen uns, parallel an Komponenten zu arbeiten und sie zu testen. Unfertige Komponenten simulieren wir durch Dummy-Implementierungen und entkoppeln so die Arbeitsgruppen im Team.

Hilfreich und motivierend für das gesamte Team sind gelegentliche kurze, technische Zwischenintegrationen des Gesamtsystems, um sicherzustellen, dass die bis dahin erstellten Systemteile auch in ihrer Gesamtheit zusammenwirken. Solche Zwischenmeilensteine zeigen den Projektfortschritt und vermindern Risiko und Aufwand der Abschlussintegration. Abbildung 2.9 zeigt den typischen Mikro- und Makrozyklus der Implementierungsphase von zwei Realisierungsteams.

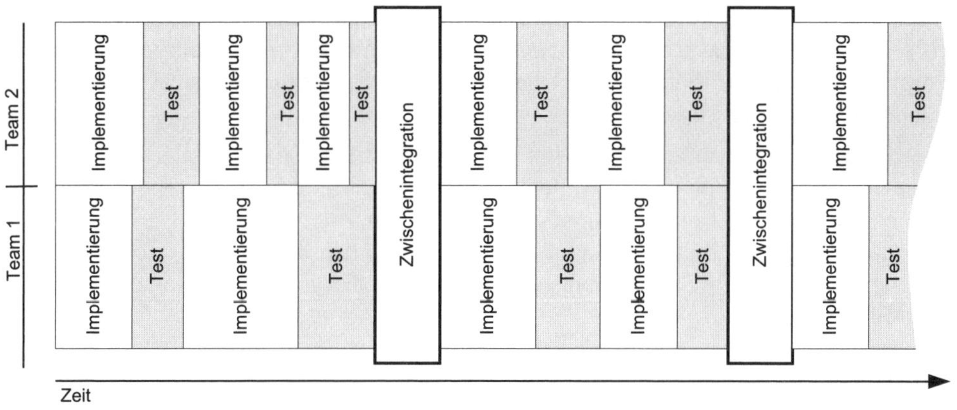


**Abb. 2.9:** Komponentenimplementierung, -test und Zwischenintegrationen

Softwaresysteme, die zwanzig Jahre im Einsatz bleiben, werden in der Regel von vielen Personen angefasst. Diese Personen müssen die Programme verstehen. Unverständliche Programme sind ein Ärgernis für alle Beteiligten und verursachen hohen Wartungsaufwand. Zur Sicherstellung der Qualität haben sich neben den Programmier-, Namens- und Testkonventionen vor allem kontinuierliche Code-Reviews und -Inspektionen bewährt. Diese Maßnahmen verbessern zudem den Überblick der Teammitglieder über das Gesamtsystem.

## Systemintegration und Systemeinführung

Die Systemintegration ist das Zusammenfügen der Komponenten zu einem lauffähigen System (bzw. Teilsystem) und deren Einfügen in die Umwelt (Abbildung 2.10).

**Abb. 2.10:** Prinzipieller Ablauf der Systemintegration

Der *Integrationstest* führt mehrere Komponenten zusammen und überprüft deren Funktionen anhand von spezifizierten Testfällen. Im *Systemtest* wird unter Federführung des Qualitätsbeauftragten das System als Ganzes (oder eines großen Teils davon) wiederum gegen Testfälle geprüft. Mitarbeit des Kunden ist nicht nur als vertrauensbildende Maßnahme wünschenswert: Der Kunde beschafft z. B. Testdaten (Produktionsdatenabzug) oder Ressourcen (Rechnerkapazitäten in der Zielumgebung).

Der *Abnahmetest* erfolgt immer in der Verantwortung des Auftraggebers. Nach Überprüfung der Installierbarkeit in der Zielumgebung werden die Testfälle des Systemtests wiederholt und um weitere Kundentests ergänzt.

Auf allen Testebenen werden Fehler protokolliert und behoben. Gegebenenfalls müssen vorgelagerte Tests wiederholt und sinnvoll ergänzt werden. Ein sorgfältiges Konfigurationsmanagement zur Wahrung des Überblicks zwischen verschiedenen Entwicklungsständen ist in dieser Phase besonders wichtig.

Die erfolgreiche Abnahme ist zugleich auch ein juristischer Akt. Teil der Einführungsstrategie kann ein Probe- oder Parallelbetrieb von neuer und alter Anwendung sein. So können gefahrlos und evtl. sogar automatisch Ergebnisse verglichen werden und das geforderte Laufzeitverhalten (reicht das Zeitfenster für den Batch?) unter Echtbedingungen verifiziert werden. Das Ergebnis dieser Phase ist das abgenommene und produktiv eingeführte System.

## Wartung

Dic Wartungsphasc beginnt nach der Einführung des Systems. In der Regel wird mit dem Kunden eine gewisse Anzahl betreuender Mitarbeiter vereinbart. Auch die Wartung wird als Projekt durchgeführt, d. h. einzelne Aufgaben werden separat geschätzt und bearbeitet, so dass es neben dem festen Beginn immer auch ein geplantes Ende gibt. Der Projektmanager achtet darauf, dass das Gesamtbudget Wartung nicht überschritten wird. Bestandteile der Phase *Wartung* sind

- Fehlerbeseitigung,
- technische Anpassungen an der Software (Beispiel: Performance-Optimierung),
- neue oder erweiterte Funktionen (Change Requests),
- Beratung des Fachbereichs,
- Anwenderbetreuung (Helpdesk, Hotline und First-level-support).

Die letzten zwei Punkte nennt man *Systembetreuung*.

In allen Fällen werden die Methoden eingesetzt, die bereits während der Neuentwicklung verwendet wurden, und es werden die vorhandenen Projektdokumente fortgeschrieben. Da die Erweiterung der Software auch einen größeren Umfang annehmen kann, ist der Übergang zwischen Wartung und Neuentwicklung fließend.

Der Projektleiter verteilt den entsprechenden Auftrag (Änderung, Fehlerbeseitigung) an die Projektmitglieder (Abbildung 2.11). Nach der Auftragsbearbeitung durch die Entwickler findet der Test unter verantwortlicher Leitung des Qualitätsbeauftragten statt. Wie bei der Systemeinführung ist es die Aufgabe des Kunden, die geänderte Software abzunehmen.

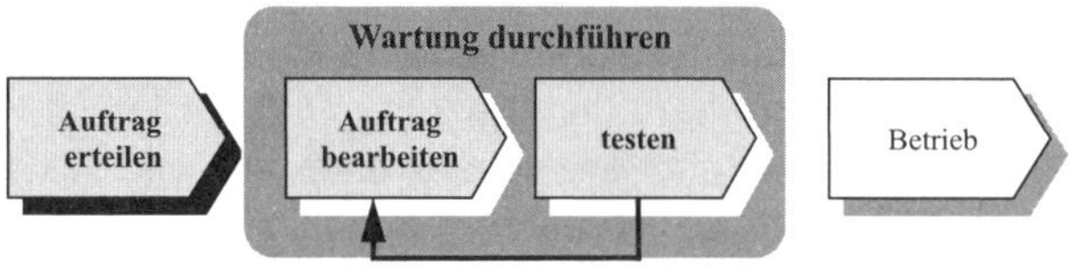


**Abb. 2.11:** Wartungsablauf

# 2.4 Stufen und Iterationen

Wir unterscheiden drei Formen der zeitlichen Überlappung: Verzahnung, Stufen, Iterationen. Die Verzahnung von Phasen wurde im vorigen Abschnitt erläutert und wird in der Systemkonstruktion besonders deutlich. In diesem Abschnitt betrachten wir Stufen und Iterationen.

## Stufen

Ein größeres System wird oft in mehreren Stufen eingeführt. Eine *Stufe* ist ein für sich lauffähiges Teilsystem. Entsprechend enthält die zugehörige Projektstufe die Aktivitäten zur Erstellung dieser Stufe. Oft überlappen sich Projektstufen (Abbildung 2.2). Ein Praxisbeispiel zeigt Abbildung 2.12. Jede Stufe hat die oben beschriebenen Phasen und Ergebnisse. Querschnittliche Aufgaben für Projekt- und Qualitätsmanagement werden zusammengefasst.

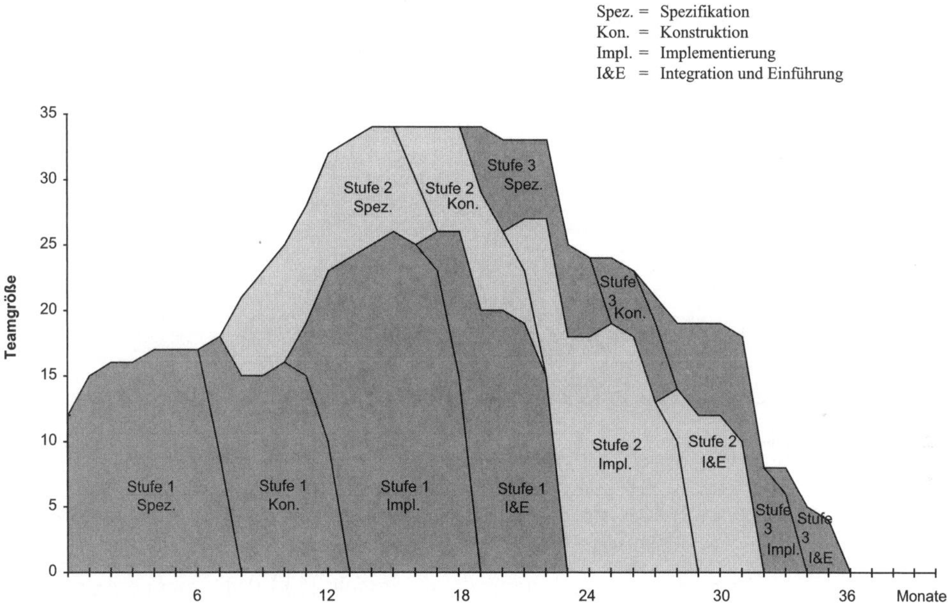


**Abb. 2.12:** Projektbeispiel mit drei Stufen

Die Stufung hat Vorteile für die Einführung, Projektdurchführung und Nutzung:

- Senkung des Risikos,
- Sammeln von Erfahrung zur Nutzung in späteren Stufen,
- Zerlegung in beherrschbare Teile,
- früher fachlicher Nutzen des ersten Anwendungsteils.

Oft wird die Stufung auch zur organisatorischen Gliederung in Teilprojekte genutzt.

Andererseits haben diese Vorteile ihren Preis: Integration und Abnahme erfolgen mehrfach, und häufig sind Provisorien für die temporäre Anbindung von Teilsystemen an Alt- und Nachbarsysteme erforderlich.

### Iterationen

Als Variante des Projektmodells betrachten wir das in Abbildung 2.13 skizzierte Vorgehen [Sche01]. Es zielt auf eine stärkere Parallelisierung und damit auf eine Verkürzung der Projektlaufzeit. Charakteristisch ist die Erarbeitung der Spezifikation parallel zur Konstruktion und Implementierung:

Das Projekt beginnt mit einer kurzen Start-up-Phase, in der neben einer fachlichen Grobspezifikation des Gesamtsystems bereits frühzeitig die Technologie festgelegt und die technische Basis bereitgestellt wird. Ziel dieser Phase ist die frühe Zerlegung des Gesamtsystems in fachliche Komponenten.

Der Start-Up-Phase folgen eine oder mehrere Stufen. Das Spezifikationsteam und das Realisierungsteam arbeiten zeitlich versetzt iterativ. Die Iterationen sind kurz (1-3 Wochen), die Stufen überlappen sich nicht. Die beiden Teams synchronisieren sich durch strenges Einhalten des iterativen Zeitrasters.

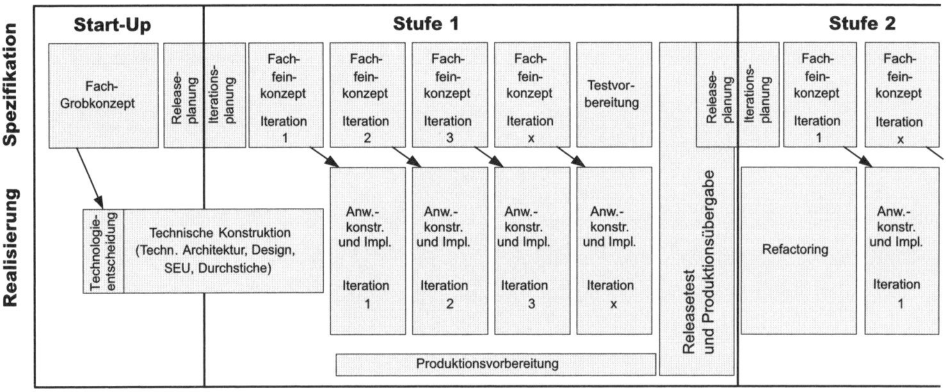


**Abb. 2.13:** Iteratives Vorgehen

Diese Variante ist beeinflusst von Extreme Programming [Bec00], Feature Driven Development und dem ADC-Ansatz von Cap Gemini Ernst & Young.

In kleineren Projekten wurden gute Erfahrungen gemacht [ChL01], wobei ein exzellent eingespieltes Team sowie ein entscheidungsfreudiger fachlicher Auftraggeber Voraussetzung sind. Für größere Projekte empfehlen wir kein kurz-iteratives Vorgehen, sondern das zuvor skizzierte Vorgehen sich überlappender Stufen, wobei die Stufung weniger der Beschleunigung als der Beherrschbarkeit dient.

## 2.5 Die richtige Balance

Das Projektmodell beschreibt die Organisation eines Projekts mit seinen Beteiligten und Rollen, es gliedert die Systemerstellung in Phasen und Zwischenergebnisse und legt die richtige zeitliche Folge der Aktivitäten fest.

Damit dient das Projektmodell der klaren Aufgabenverteilung, der Gliederung für Planung und Planverfolgung und der geregelten Kommunikation zwischen allen Beteiligten. Nicht zuletzt dient es als Modell und begrifflicher Rahmen für die weiteren Kapitel dieses Buches.

Gleichzeitig ist das Projektmodell anpassbar auf das konkrete Projekt und spezifische Kundenbedürfnisse. Das Projektmodell ist kein Selbstzweck und schon gar keine Software-Bürokratie.

Das Ziel ist das Ziel: ein Softwaresystem, das die gestellten Anforderungen erfüllt. Dabei soll das Projekt die Rahmenbedingungen für Budget und Termin einhalten. Gerade für komplexe, für mittlere und große Projekte hilft unser Projektmodell mit seiner differenzierten Betrachtung der zeitlichen Abfolge als Rahmen zur kalkulierbaren Erreichung des Projektziels.

# 3 Systemspezifikation

*von Johannes Beer †*

> ? **Wie können wir die fachlichen Anforderungen präzise notieren?**

Software-Entwickler und Anwender verstehen sich nicht immer:

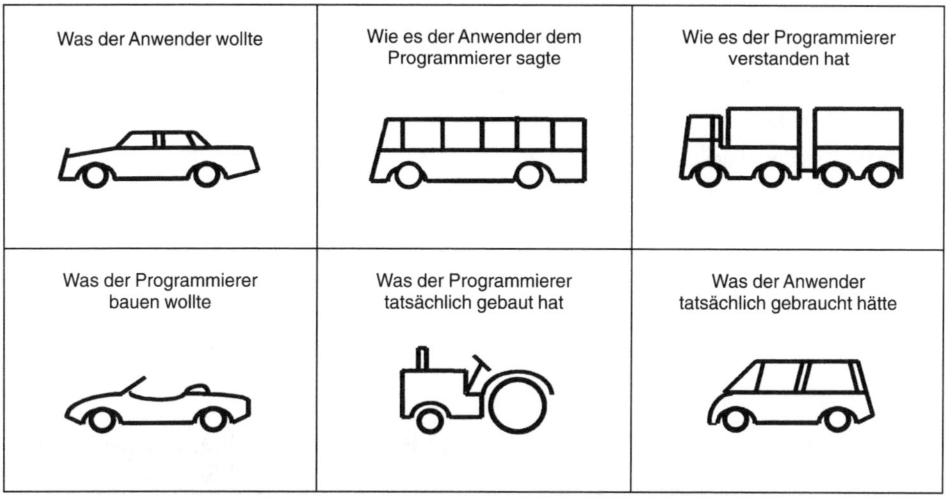


**Abb. 3.1:** Verständnisprobleme

Der Anwender wünscht sich ein bisschen Luxus, übertreibt aber gleich, wenn er es dem Programmierer erzählt. Der Programmierer versteht die Wünsche des Anwenders falsch und hat sowieso seine eigenen Vorstellungen von dem, was er bauen will. Was ihm tatsächlich gelingt, ist wieder was anderes. Und keinen der Beteiligten interessiert, was der Anwender wirklich braucht.

Das gegenseitige Verstehen von Entwickler und Anwender ist der wichtigste Erfolgsfaktor für Softwareprojekte. Zahlen dafür liefert eine Studie des Fraunhofer-Instituts für Experimentelles Software-Engineering: Die Mitarbeiter von zehn Software-Projekten wurden zu allen Faktoren befragt, die den Projekterfolg beeinflussen. Aus dem Abschlussbericht stammen die folgenden zwei Tabellen:

**Tab. 3.1:** Analysis of Project Factors' Ranking

| | **All Respondents** | **Most Experienced Respondents Only** |
|---|---|---|
| | Avg. Rank | Avg. Rank |
| Requirements volatility for the project | 1.36 | 1.25 |
| The extent to which the stakeholders understand the product objectives | 3.91 | 2.87 |
| Development schedule constraints | 4.45 | 4.62 |
| Number of stakeholders (users, customers, developers, maintainers, etc.) directly involved in the project | 4.64 | 4.87 |
| Need for innovative data processing architectures and algorithms | 4.82 | 4.50 |
| Platform Volatility | 5.09 | 5.12 |
| Extent of concurrent development of associated new hardware and operational procedures | 5.36 | 4.87 |
| Availability of tool support | 5.36 | 6.00 |
| The extent of site collocation | 7.27 | 7.87 |
| Extent of site communications support | 8.18 | 9.00 |

**Tab. 3.2:** Analysis of Process Factors' Ranking

| | **All Respondents** | **Most Experienced Respondents Only** |
|---|---|---|
| | Avg. Rank | Avg. Rank |
| Extent of user/customer participation | 1.45 | 1.12 |
| Extent of disciplined requirements management | 1.73 | 1.75 |
| Extent of disciplined configuration management | 2.45 | 2.62 |
| Extent to which peer reviews and inspections are implemented | 3.45 | 3.50 |
| Extent of project-independent quality assurance | 4.09 | 4.00 |

Zusammengefasst bedeutet das:

Die wichtigsten Erfolgsfaktoren für ein Softwareprojekt sind

- die Stabilität der Anforderungen über den Projektzeitraum hinweg,
- die Disziplin beim Änderungs-Management,
- das Maß, in dem die Projektbeteiligten die Projektziele verstehen,
- das Maß, in dem die Anwender / Kunden an der Projektarbeit beteiligt werden.

Es gibt also einerseits eine Tradition an gegenseitigem Unverständnis zwischen Anwendern und Entwicklern, andererseits ist deren konstruktive Zusammenarbeit Voraussetzung für den Erfolg von Softwareprojekten. Die Spezifikation ist die Brücke zwischen den beiden.

## 3.1 Definition und Ziele der Spezifikation

Tatendurstige Praktiker finden allgemeine Definitionen und Ziele eher öde: Den Zwang zur Abstraktion empfinden sie als abgehoben. Trotzdem wird ein Software-Berater nicht umhin können, sich ein paar allgemeine Gedanken über sein Tun zu machen. Denn:

- Sinn und Nutzen der Spezifikation von Softwaresystemen werden in vielen Unternehmen immer noch angezweifelt. Als Spezifikateur und Berater sollte man jederzeit in der Lage sein, sein Engagement kritischen Kunden zu erklären und zu rechtfertigen. Es ist wichtig, dass man gegenüber kostenbewussten Managern oder gegenüber den Ärmelhochkremplern in den Entwicklungsabteilungen den Auftrag und das Ziel der Spezifikation immer klar formulieren kann.
- Projektarbeit ist nicht immer stressfrei. Im Kampfgetümmel der Spezifikation ist man verschiedenen Interessengruppen ausgesetzt, die die Arbeit an der Spezifikation in die Richtung ihrer Interessen lenken möchten. Es ist sinnvoll, sich dann und wann zurückzuziehen und die hehren Definitionen und Ziele als Checkliste zu benutzen, um sich ein paar grundlegende Fragen durch den Kopf gehen zu lassen:
  - Wo stehen wir gerade?
  - Wo wollen wir eigentlich hin?
  - Verfolgen wir noch die ursprünglichen Ziele, sprechen wir noch die richtigen Leute an?
  - Verstehen wir die richtigen Leute, verstehen sie uns?

Denert [Den91] definiert:

> Die Spezifikation eines Informationssystems definiert dessen Schnittstellen zur Umwelt, d.h. zu seinen menschlichen Benutzern und meist auch zu anderen (Nachbar-)Systemen. [...]
> Sie ist das wichtigste Projektdokument, denn sie legt fest, was die Anwender (Auftraggeber) bekommen sollen bzw. was die Entwickler (Auftragnehmer) zu realisieren haben.

Projiziert man diese Definition auf das Projektgeschäft, hat die Spezifikation folgende Ziele:

> Die Spezifikation
>
> - legt die fachlichen Anforderungen und Inhalte eines Informationssystems verbindlich fest,
> - ist die Vorgabe für Systemkonstruktion und Realisierung,
> - ist Bestandteil der Projekt- und Systemdokumentation.

Diesen Zielen entsprechen die Lesergruppen, die die Spezifikation anspricht:

Lesergruppen der Spezifikation sind:

- Anwender / Fachbereich
- Design- und Entwicklungsteam
- Qualitäts-Beauftragte
- Projektleitung und Projektmanagement.

Der *Anwender* ist nicht nur Informationsquelle, sondern auch Leser der Spezifikation. Er kontrolliert, ob seine Anforderungen vollständig und richtig wiedergegeben sind. Er erklärt die formale Abnahme des fertigen Dokuments und übernimmt damit die Verantwortung dafür, dass sein *fachliches Wollen* richtig dokumentiert ist.

Das *Design- und Entwicklungs-Team* muss die fachlichen Anforderungen umsetzen, braucht also eindeutige und präzise Vorgaben.

Die Spezifikation ist selbstverständlich Gegenstand von Qualitätssicherungs-Maßnahmen. Neben dem Fachbereich nimmt der *Qualitäts-Beauftragte* die Spezifikation ab.

Für *Projektleitung* und *Projektmanagement* ist die Spezifikation das Basisdokument, mit dem sie:

- Aufwands-Abschätzungen erstellen,
- ein Verfahren für das Änderungs-Management installieren,
- ein Stufenkonzept entwickeln.

Die Spezifikation spricht also unterschiedliche Leser an:

**Die Heterogenität dieser Lesergruppen ist aber das eigentliche Problem!**

Die Menschen, die das Dokument lesen sollen, haben nicht nur verschiedene Aufgaben und damit verschiedene Interessen: Sie sprechen oft unterschiedliche Sprachen, wenn es darum geht, ihre Anforderungen an ein Software-System zu beschreiben und zu diskutieren. Es ist nicht einfach, es allen recht zu machen.

## Inhalt und Eigenschaften der Spezifikation

Der Aufbau einer Spezifikation hängt natürlich vom Projekt und von der gewählten Methode ab. Hier die Themen, die in der Regel jede Spezifikation behandelt, wenn auch die Darstellung je nach Methode unterschiedlich sein kann:

Die Spezifikation enthält:

- das Daten- bzw. Objektmodell; es beschreibt graphisch und textuell die Datenstrukturen des Software-Systems;
- das Funktionenmodell, das Anwendungsfälle und Abläufe beschreibt;
- die Beschreibung der Benutzerschnittstelle, also der Bedienoberfläche, möglicher Fensterfolgen;
- die Beschreibung der Schnittstellen zu Nachbarsystemen und zum betrieblichen Umfeld des Systems.

Ebenfalls unabhängig von der gewählten Spezifikationsmethode, vom Case-Werkzeug oder vom Dokumentationssystem sind die Qualitätsmerkmale, die eine *ideale* Spezifikation hat und gegen die man sein Arbeitsergebnis prüfen kann:

Die *ideale* Spezifikation ist

- eindeutig,
- vollständig,
- verständlich für alle Lesergruppen,
- redundanzfrei.

Die *ideale* Spezifikation ist aber eben nicht *real*; d. h., sie kann in der *realen* Welt nicht erreicht werden – wie die *ideale Maschine* oder die *ideale Datenbank*. Man kann keine Spezifikation schreiben, die aus verschiedenen Sichten ein Software-System redundanzfrei beschreibt und trotzdem von allen Lesern in vertretbarer Zeit gelesen, verstanden und beurteilt werden kann. Die Kunst besteht nun darin, das richtige Gleichgewicht zwischen unvereinbaren Qualitätszielen zu finden und die Rahmenbedingungen zu berücksichtigen, wie sie z.B. die technische Vorbildung der mitwirkenden Anwender oder Zeit- und Budgetgrenzen vorgeben.

### *Eindeutigkeit*

Ohne die eindeutige und verbindliche Aussage darüber, was das zukünftige System leisten soll, sind die falsche Realisierung und der Krach nach der Auslieferung der Software programmiert. Problematisch sind nicht so sehr Widersprüche in der Spezifikation: Sie fallen relativ schnell auf, und man kann sie auflösen. Schwierigkeiten gibt es vor allem, wenn eine Aussage mehrdeutig interpretiert werden kann.

Zum Beispiel kann man in manchen Spezifikationen Aussagen lesen wie: „Die Performanz des Systems muss ein flüssiges Arbeiten ermöglichen". Ja, wer hätte das gedacht!

Besser ist es, die Anforderung genau zu definieren. Beispiel: „Der Dialogaufbau der am häufigsten benutzten Dialoge A,B und C muss in 80 % der Fälle in weniger als 2 Sekunden abgeschlossen sein, in allen Fällen aber in weniger als 6 Sekunden."

Wenn eine solche Aussage nicht möglich ist, vor allem, wenn die geforderte Performanz nicht garantiert werden kann, muss eben dies im Spezifikationsdokument klar formuliert sein.

### *Vollständigkeit*

Feinde der Vollständigkeit sind Termin- und Budgetdruck. Themen, bei denen gern gespart wird, sind:

- Lösch- oder Archivierungsfunktionen,
- die genaue Spezifikation von Benutzerschnittstellen (mögliche Dialogfolgen),
- das Berechtigungssystem.

Es gibt oft unscheinbare Funktionen oder Annahmen, die vom Software-Ingenieur als so selbstverständlich empfunden werden, dass eine Niederschrift vermeintlich nicht lohnt.

Aber wenn man schon nicht das Budget oder die Zeit hat, um ein System mit allen Konsequenzen zu spezifizieren, dann sollte man auf jeden Fall die offenen Punkte nennen und mit dem Auftraggeber schriftlich vereinbaren, *dass* sie später und *wann* sie später erledigt werden. Es bietet sich an, *eine Liste offener Punkte* zu führen, die vom Auftraggeber zusammen mit der System-Spezifikation abgenommen wird.

*Verständlichkeit*

Verständlichkeit und Redundanzfreiheit sind sich widersprechende Eigenschaften. Hier gilt:

Verständlichkeit geht vor Redundanzfreiheit

Trotzdem kann es vom Umfeld abhängen, wie ausführlich und mit welchen Mitteln man einen komplexen Sachverhalt beschreibt. Es ist ein Unterschied, ob ich die Spezifikation einem Touristik-Vertriebsmitarbeiter nahe bringen muss, oder ob mein Partner aus dem Fachbereich ein Maschinenbau-Ingenieur ist.

*Redundanzfreiheit*

Natürlich ist eine Spezifikation um so pflegeleichter, je weniger Redundanzen sie enthält. Wenn man aber aus Gründen der Verständlichkeit nicht auf Redundanzen verzichten kann, kann man zumindest die *Wartbarkeit* fördern durch:

- Beschränkung der Anzahl der verwendeten Dokumentations-Medien und -Tools,
- Nutzen von Verwaltungs- und Kontrollfunktionen der Tools (Analyse von Aufrufhierarchien, Verwendungsnachweise, ...)
- Modularisierung des Dokuments: es werden möglichst eigenständige inhaltliche Einheiten gebildet, deren Spezifikation unabhängig voneinander gepflegt werden kann.

Mit der Entwicklung von Definitionen, Zielen und Eigenschaften der Spezifikation kamen in diesem Abschnitt schon die größten Schwierigkeiten beim Spezifizieren zutage: Die Vielzahl und Verschiedenheit der beteiligten Gruppen und die Unvereinbarkeit von eigentlich geforderten Qualitätsmerkmalen. Wir zeigen jetzt, wie man damit umgeht.

## 3.2 Spezifikationsmethoden

Die verbreiteten Spezifikationsmethoden haben die Zusammenarbeit zwischen Anwendern und DV-Profis systematisiert und damit wesentlich verbessert. Abbildung 3.2 zeigt die wichtigsten.

Ed Yourdon schreibt in seinem Buch *Modern Structured Analysis* sarkastisch, dass es vor der Strukturierten Analyse lediglich den *Viktorianischen Roman* als Dokumentationsmethode für System-Anforderungen gab. Tatsächlich gibt es viele Beispiele für derartige Spezifikations-Konvolute; die zugehörigen Realisierungsprojekte erzählen die Geschichte von chaotischen Projekt-Situationen, von ausufernden Kosten und von Projektabbrüchen.

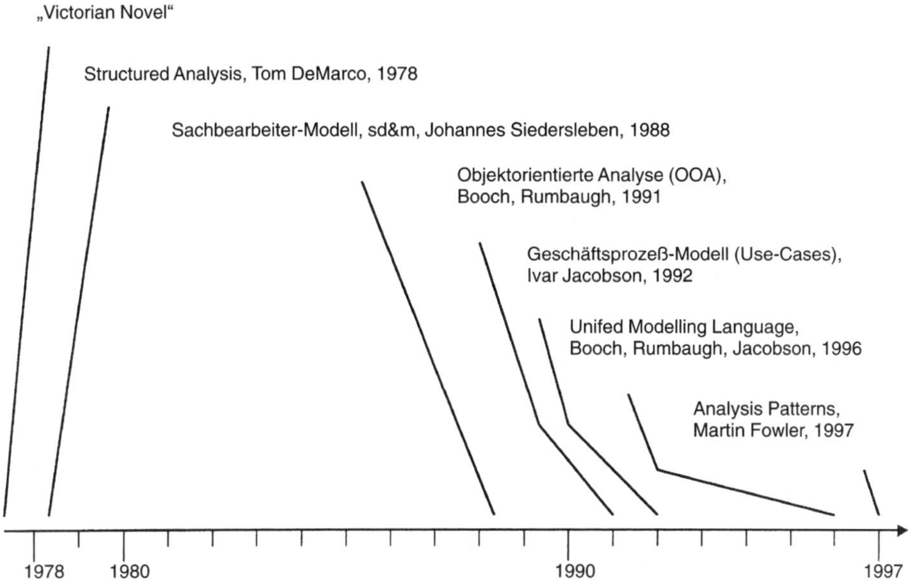


**Abb. 3.2:** Spezifikationsmethoden

## Strukturierte Analyse

Die *Strukturierte Analyse (SA)* von Tom DeMarco war das erste einigermaßen verbreitetete und konsensfähige Modell, mit dem Software-Systeme systematisch spezifiziert werden konnten. Wesentliche Ideen der Strukturierten Analyse sind:

- die Gliederung eines Softwaresystems in logische Komponenten (z.B. Datenflüsse, Speichermedien, Prozesse, etc.);
- die Darstellung dieser Komponenten und ihrer Beziehungen untereinander in genau definierten graphischen Modellen (z.B. das berühmte *Dataflow-Diagram*);
- der *Verfeinerungsgedanke*: Das Softwaresystem wird zunächst grob auf einer hohen Abstraktionsebene beschrieben. Mit den gleichen Modellen werden dann weitere Detaillierungsstufen dargestellt.

Hier die Nachteile:

- Es gibt einen großen Bruch zwischen den Modellen der Spezifikation und dem technischen Design bzw. der Architektur der Systeme (Systemkonstruktion).
- Die Art und Vielzahl möglicher Diagramme und Abstraktionsebenen verführt dazu, fachliche Inhalte mit den Anwendern zu allgemein zu diskutieren und zu vage darzustellen. Bei der technischen Umsetzung werden Mängel zu spät entdeckt, was Kosten und Risiken für die Realisierung erheblich steigen lässt.

Gegenüber den OOA-Methoden hat die Strukturierte Analyse an Bedeutung verloren.

## Sachbearbeiter-Methode

Die Sachbearbeiter-Methode soll hier stellvertretend genannt werden für die vielen pfiffigen Ansätze, die sich Software-Designer auf der Suche nach passenden und vom Kunden akzeptierten Dokumentationsformen ausgedacht haben. Folgende Ziele will man mit diesem Modell erreichen:

- Die Paradigmen der Objektorientierung sollen genutzt werden.
- Man will mit den Anwendern in Bildern sprechen, die er nachvollziehen und verstehen kann (daher der etwas eigenartige Name).
- Der Übergang zwischen der Spezifikation und der Systemkonstruktion soll nahtlos sein.

Auf diese Ziele hat man die wesentlichen Begriffe der Methode abgestimmt:

- Der *Geschäftsvorfall*. Er ist ein Ereignis, das einen Wunsch oder einen Auftrag an bestimmte Sachbearbeiter ausdrückt.
- Der *Sachbearbeiter*, der bestimmte Fähigkeiten (Wissen, Kompetenzen) und bestimmte Verantwortlichkeiten (z.B. für einen Teil des Datenbestands) besitzt.
- Der *Sachbearbeiter-Auftrag*, der von einem Sachbearbeiter ausgeführt werden kann, und aus dem heraus Aufträge an andere Sachbearbeiter gegeben werden können.

Mit der Dokumentation solcher Elemente soll ein normaler Geschäftsprozess nachvollzogen und modelliert werden. Irgendwann in diesem Geschäftsprozess wechselt die Zuständigkeit von einem menschlichen Sachbearbeiter auf den *maschinellen Sachbearbeiter*, das informationstechnische Pendant dafür ist das *Modul* oder das *(Unter-)Programm*. Die Begriffe zur Beschreibung der fachlichen Funktionen dieser Module werden aber eben aus der Anwenderwelt entlehnt.

Mit der Sachbearbeiter-Methode wurden große Systeme erfolgreich spezifiziert und anschließend auch erfolgreich gebaut.

Leider haben solch individuelle Methoden Nachteile:

- Sie sind ziemlich proprietär mit all den bekannten Problemen: wenige Möglichkeiten der Wiederverwendung von Ergebnissen oder Vorgehensmodellen, wenig bekannt am Markt.
- Es gibt kaum Case-Werkzeuge für diese Exoten.

## Objektorientierte Methoden

Objektorientierte Ansätze zur Spezifikation gibt es seit Ende der 80er Jahre. Die wichtigsten – weil am Markt erfolgreichsten – Methoden stammen von Rumbaugh, Booch und Jacobson (siehe Bild oben). Damit der Markterfolg so richtig durchschlagend wird, haben sich diese drei Autoren zusammengetan, um gemeinsam die *Unified Modelling Language (UML)* zu entwerfen.

Die Lehrbücher diesen Modellen zeichnen gern ein überaus optimistisches Bild. In der Regel erheben die Autoren den Anspruch, für alle möglichen fachlichen oder technischen Aufgabenstellungen die Spezifikations-Methode schlechthin gefunden zu haben.

Hat man aber in mehreren Unternehmen in unterschiedlichen Projekten mit verschiedenen Spezifikationsmethoden gearbeitet, und hat man dann noch die Realisierung der spezifizierten Systeme erlebt, dann kommt man eher zu folgender Erkenntnis:

Es ist wenig sinnvoll, dogmatisch den Einsatz einer bestimmten Spezifkations-Methode zu fordern. Besser ist es, die Vor- und Nachteile der einzelnen Ansätze zu kennen und bei der Entscheidung für eine Methode Rücksicht auf das Projektumfeld zu nehmen. Deshalb am Ende dieses Abschnitts ein Leitsatz, der einen Gedanken *Martin Fowlers* aus seinem Buch „Analysis Patterns“ wiedergibt:

Eine Methode ist nicht richtig oder falsch, sie ist nur mehr oder weniger nützlich.

Ein Kollege drückte es so aus: „Eine Methode ist ein Baukasten, aus dem sich der Könner nur die Teile heraussucht, die er gerade sinnvoll einsetzen kann.“

## 3.3 Die Zusammenarbeit mit den Anwendern

Software-Entwickler erfahren die Anforderungen der Fachabteilungen auf unterschiedlichen Wegen:

Vor allem in den 60er und 70er Jahren war es üblich, sich vom Fachbereich schnell mal sagen zu lassen, was er braucht. Die Programmierer hatten dann alle Hände voll zu tun, mit den technischen Restriktionen fertig zu werden; sie konnten nicht noch auf die laienhaften Vorstellungen der Anwender eingehen.

Da diese Art der Zusammenarbeit nicht gut funktionierte, haben viele Unternehmen *Org-Abteilungen* eingerichtet, die die Kommunikation zwischen Technikern und Fachabteilungen regeln sollen. Dabei werden die Informationen natürlich gefiltert; es geht einiges verloren.

Dann gibt es den Fall, dass die Software-Ingenieure direkt und intensiv mit den Fachabteilungen reden.

Wir haben die Erfahrung gemacht, dass die direkte Zusammenarbeit des Informatikers mit dem Anwender wichtig ist für den Erfolg eines Projekts. Die oben angeführten Tabellen aus der Studie des Fraunhofer-Instituts drücken das in Zahlen aus.

Warum ist das so?

- Der Anwender ist derjenige, der den Nutzen, die Vor- und Nachteile des neuen Systems am besten beurteilen kann. Dieses Urteil braucht man, nur dann ist die Spezifikation inhaltlich beständig, nur dann kann sie verbindlich abgenommen werden.
- Die Kollegen aus den Fachbereichen sollen sich mit dem neuen System identifizieren: Es soll ihnen bewusst sein, dass sie es mit geschaffen, mit geprägt haben. Sie sollen sich auf das neue System freuen. So werden sie das Projekt gegenüber dem Management verteidigen, wenn es um Aufwand und Budget geht. Und so werden sie sich nach der Einführung für die Akzeptanz bei den Kollegen einsetzen, für die das System nicht nur neu, sondern zunächst vor allem fremd ist.

- Wenn der Fachbereich Gelegenheit hat, engagiert bei der Fachkonzeption mitzuarbeiten, kann er ein Gefühl bekommen für die Komplexität des Systems, für die Probleme im Projekt, für den Aufwand, der investiert werden muss. Dies alles kann er als Auftraggeber dem Management besser glaubhaft machen als die Softwareentwickler als Auftragnehmer. Wenn es aus Zeit-, Budget- oder Sicherheitsgründen darum geht, Funktionen einfacher und schlanker zu bauen, kann der Fachbereich einen solchen Appell an die Bescheidenheit eher akzeptieren und weitergeben.

## Die Balance der Kräfte

Von einem neuen Informationssystem sind in einem Unternehmen in der Regel viele Abteilungen und Interessengruppen betroffen. Beim Spezifizieren des Systems kommt es darauf an, alle wichtigen Interessen und Einflüsse unter einen Hut zu bringen, *die Kräfte auszubalancieren.*

Das Beispiel aus einem Projekt zeigt, welche Interessengruppen es geben kann und wie man damit umgehen könnte:

Die Arbeit des Vertriebsaußendienstes eines großen Dienstleistungsunternehmens teilte sich folgendermaßen auf: Die Hälfte der Zeit verbrachten die Mitarbeiter unterwegs, um ihre Kunden zu betreuen. In der übrigen Arbeitszeit waren sie in den Büros, um Verkaufsinformationen aus dem zentralen DV-System zu lesen, sie aufzubereiten und neue Vereinbarungen mit den Kunden in das DV-System einzugeben.

Die Vertriebsmitarbeiter sollten mit tragbaren Rechnern ausgestattet werden, um die Verwaltungsarbeit zu vereinfachen. Vor allem sollte es möglich sein, die Arbeit unterwegs zu erledigen und Daten elektronisch per Telephon in die Zentrale zu übermitteln.

In Tabelle 3.3 wird dargestellt:

- welche Personen oder Gruppen während der Spezifikation Einfluss auf das Projekt hatten,
- welche Interessen diese Gruppen vertraten,
- wie das Projektteam mit diesen Interessen umging.

**Tab. 3.3:** Einflussgruppen

| **Einflussgruppe** | **Interesse** | **Reaktion des Projektteams** |
|---|---|---|
| Vertriebsdirektor | Er will, dass seine Vertriebsmitarbeiter möglichst oft unterwegs sind, nicht gezwungen sind, im Büro Verwaltungsarbeit zu erledigen. Wichtige Daten sollen möglichst schnell (nicht erst am Ende der Woche) in der Zentrale sein. | Der Vertriebsdirektor ist der Auftraggeber. Er nimmt die Spezifikation ab. Sie muss damit seinen Anforderungen genügen. |
| Vertriebsmitarbeiter I | Vor allem jüngere Mitarbeiter sind fasziniert von der Technik und den Möglichkeiten des tragbaren Rechners. Sie freuen sich auf das fertige System. | Einbinden in den Spezifikations-Prozess |
| Vertriebsmitarbeiter II | Manche Kollegen haben Sorge, dass die Kunden tragbare Rechner als protzig empfinden, dass das Gespräch mit dem Kunden leidet, wenn man nebenher einen tragbaren Rechner bedient. | Einbinden in den Spezifikations-Prozess, die Sorgen ernst nehmen, die Geschäftsvorfälle kritisch untersuchen. Die Lösung hier: Bedienung des tragbaren Rechners im Auto oder im Hotel, nicht beim Kunden. |
| Vertriebsmitarbeiter III | Sie haben Angst vor der neuen Technik, befürchten, dass sie mit der Bedienung des tragbaren Rechner überfordert sind. | Einbinden in den Spezifikations-Prozess, Bedienoberfläche möglichst einfach gestalten, die Spezifikation gerade von diesen Anwendern abnehmen lassen. |
| Projekt-Management | Es herrscht die (berechtigte) Sorge, dass das technische Neuland, das hier betreten wird, unkalkulierbare Risiken enthält. Das Projekt-Management würde auf dieses Projekt lieber verzichten, zumal andere wichtige Projekte anstehen. | Keine Einmischung in die Frage des Verzichts. Sich nicht emotional für das Projekt einsetzen. Möglichkeiten anbieten, das Projekt beherrschbar zu machen: Funktionen einfach gestalten, Prototyping vorsehen, *evolutionär* vorgehen. |
| Projektteam | Das Team freut sich auf die technische Herausforderung. Es möchte das Projekt gerne durchführen. | Der Projektleiter soll den Optimismus dämpfen, auf einfache Lösungen drängen, keine „Spielereien“ fördern. |
| Management des Unternehmens außerhalb des Vertriebs | Man bezweifelt ein vernünftiges Verhältnis von Aufwand und Nutzen. Man sieht das System als *goldenen Türgriff am Rolls-Royce*. | Nicht zwischen die Fronten geraten, das Projekt nicht verteidigen, auf klarem Projektauftrag bestehen, Argumente Für und Wider absolut ehrlich und emotionslos darstellen. |

### Drei Fragen an den Fachbereich

Wir erleben den Fachbereich als Auftraggeber manchmal anspruchsvoll und fordernd. Wir finden bei unseren Kunden oft einen Anwendungsstau vor: Wenn ein Projekt aufgesetzt und das erforderliche Budget bereitgestellt wird, hat der Anwender die seltene Gelegenheit, seine Anforderungen und Wünsche zu formulieren und tatsächlich einzufordern. Das verführt natürlich dazu, mehr zu fordern, als man wirklich braucht. Gleichzeitig wachsen die Komplexität der Systeme und der Aufwand, der für die Benutzung und Wartung geleistet werden muss – beides wird unterschätzt.

Das ist gefährlich. Die Versuchung ist groß, in eine Spezifikation möglichst viele Funktionen zu packen und wenig auf die Schwierigkeiten zu sehen, die man sich damit einhandelt. Dem Spezifikationsteam sei gesagt: „Wer alles rein lässt, kann nicht ganz dicht sein".

Dabei sollte es vermeiden, allzu sehr Partei zu ergreifen und Anforderungen unbegründet abzulehnen. Man kann aber immer kritische Fragen stellen und auf ungewollte Konsequenzen von Anforderungen aufmerksam machen. Drei Fragen passen immer:

1. Von wem wird die Funktion genutzt und wie oft?
2. Wer gibt die Daten dafür ein? Wie viel Aufwand bedeutet das für den Anwender?
3. Was passiert, wenn man die Funktion nicht baut?

## 3.4 Praktisches Handwerk in der Spezifikation

### Die Analyse der Anforderungen

Wenn man den Anwender fragt, welche Anforderungen er an ein Informationssystem stellt, gibt es in der Regel drei Schwierigkeiten:

- Die zu spezifizierenden Informationssysteme sind ziemlich komplex; es reicht nicht aus, das fachliche Wollen auf Zuruf kurz mitzuteilen.
- Viele Fachbereiche sprechen eine andere Sprache als Software-Ingenieure und denken in anderen Kategorien: Der eine beschreibt eher narrativ, der andere in Diagrammen und Struktur-Modellen.
- Es geht nicht nur darum, einen wohlbekannten und vom Fachbereich beherrschten Geschäftsprozess richtig in technische Modelle zu übersetzen. Das Informationssystem seinerseits verändert den Geschäftsprozess.

Die Spezifikation ist für den Fachbereich oft die Gelegenheit, seine Geschäftsprozesse zu überdenken. Nicht nur die Anwender sind die *Erzähler* und die Software-Ingenieure die *Lernenden*, auch der Fachbereich lernt etwas Neues kennen, beide Partner sind als kreatives Team gefordert. Was heißt das?

### *Das richtige Medium für jede Lesergruppe*

In der Spezifikation stehen uns drei Kategorien der Darstellung zur Verfügung:

- *Roman*:
  Prosa, strukturierte Prosa, Übersichtsbilder, Beispiele, ...
- *Schnittmuster*:
  Objekt-Beziehungsbilder, Ablauf-Diagramme, Pseudocode ...
- *Prototyp*

Die Kunst besteht darin, diese Kategorien richtig anzuwenden:

- Die unterschiedlichen Lesergruppen können mit unterschiedlichen Medien umgehen. Einem nicht technisch-orientierten Fachbereich helfen Übersichtsbilder und Prosa-Dokumente, der DV-Designer braucht Diagramme und Pseudocode.
- Man sollte sich überlegen, welche Teile einer Spezifikation für welche Zielgruppe geschrieben werden, welche Teile von welcher Zielgruppe gelesen und abgenommen werden können.
- Die Fähigkeit, ein Dokument zu *verstehen*, ist nicht gleich der Fähigkeit, es zu *beurteilen*. Zum Beispiel kann es für einen Anwender ohne DV-Kenntnisse sinnvoll sein, ein Datenmodell zu studieren, um ein Verständnis von Daten- und Unternehmensstrukturen zu erlangen. Man kann aber kaum von ihm verlangen, die Qualität des Datenmodells und des Modellierungsprozesses zu beurteilen und das Ergebnis vielleicht sogar formal abzunehmen.
- Den einfachsten Zugang erhält der Fachbereich durch das Modell der Benutzerschnittstelle. Bei Dialogsystemen kann das die Spezifikation von Fenster-Layout und Dialog-Abläufen sein, oder eben ein Prototyp.
- Mit einem Prototyp der Benutzer-Oberfläche können viele Abläufe vorgestellt und am Beispiel erklärt werden. Aber man soll den Nutzen des Prototypen für die Spezifikation nicht überschätzen:
  - Man kann einen Prototyp nicht zum genauem Studium mit nach Hause nehmen.
  - Ein Prototyp eignet sich nicht als verbindliche Dokumentation; er ist nicht die Grundlage eines Vertrages.

### *Der Kreislauf des Verstehens*

Wenn die Medien für die jeweilige Lesergruppe klar sind, kann man den *Kreislauf des Verstehens* in Gang setzen, der aus folgenden Schritten besteht:

1. Der Fachbereich erzählt dem Spezifikateur, wie er sich eine neue Funktion vorstellt.
2. Der Spezifikateur schreibt das, was er verstanden hat, in seiner Darstellung nieder: Objekt-Beziehungsbilder, Ablaufdiagramme, Pseudocode etc. Die intellektuelle Leistung dabei ist, dass er die Vorstellungen des Fachbereichs strukturiert, Komplexität erkennt und durchdringt, die Konsistenz sichert.
3. Seinen Lösungsvorschlag übersetzt der Spezifikateur in die Darstellung des Fachbereichs in dessen Sprache (z.B. eine Dialog-Beschreibung).

4. Dieses Dokument oder diesen Oberflächen-Prototypen zeigt er dem Fachbereich. Er wird überrascht feststellen, dass er doch vieles von dem, was ihm ursprünglich erzählt wurde, falsch verstanden hat.
5. Am Dokument für den Fachbereich werden jetzt Änderungen, Verbesserungen, Erweiterungen vorgenommen, um dann wieder mit dem 2. Schritt weiterzumachen.

Das Verfahren hat den Zweck,

- die Verständigung zwischen Anwendern und Software-Ingenieuren zu verbessern und Missverständnissen vorzubeugen,
- gleichzeitig den Prozess so zu gestalten, dass er schnell gegen eine tragfähige Lösung konvergiert: Keine endlosen Debatten ohne gegenseitiges Verstehen.

Dieser *Kreislauf des Verstehens* ist der Schlüssel zu einer erfolgreichen Spezifikation. Abbildung 3.3 zeigt den Ablauf im Pseudocode.

```
/*Kommunikationskreislauf mit integrierter Medienabbildung */

setze die Fachabteilung auf nicht einverstanden
erfrage die Anforderungen von der Fachabteilung.
konstruiere das Objekt-/Funktionenmodell.
bilde das Objekt-/Funktionenmodell auf ein Benutzerschnitt-
stellen-Modell ab.

Solange Fachabteilung nicht einverstanden,

        zeige Benutzerschnittstellen-Modell der Fachabteilung
        wenn  Fachabteilung einverstanden
        dann  verlasse die Schleife
        sonst ändere / erweitere / verbessere Benutzer-
              Schnittstellen-Modell zusammen mit der
              Fachabteilung

              ändere / erweitere / verbessere Objekt- /
              Funktionenmodell

              bilde verändertes / erweitertes / verbessertes
              Objekt- / Funktionenmodell wieder auf Benutzer-
              schnittstellen-Modell ab
        Ende-wenn
Ende-solange

trinke Schampus mit Fachabteilung
```

**Abb. 3.3:** Kreislauf des Verstehens

## Besprechungen und Reviews

Die Spezifikation in großen Projekten kann länger als ein Jahr dauern. Meistens sind die Software-Ingenieure die einzige Gruppe, die Vollzeit an der Spezifikation arbeitet. Die Kollegen aus dem Fachbereich haben in der Regel ihr normales Alltagsgeschäft zu leisten und arbeiten zusätzlich mit an der Spezifikation. Deshalb ist es gut für die Stimmung im Team, wenn die Zusammenarbeit nicht nur effektiv, sondern auch effizient gestaltet wird.

### *Der Spezifikations-Workshop*

Bei großen Vorhaben, an denen ein großes Team des Fachbereichs beteiligt ist, sollte man zu Beginn der Spezifikation einen Workshop abhalten. Dort wird man:

- die Methode vorstellen und erklären (am besten anhand eines Beispiels),
- feststellen, wer aus dem Spezifikationsteam welche fachlichen und technischen Voraussetzungen mitbringt, wer an welchem Thema arbeiten möchte,
- Fragen der Zusammenarbeit klären (Termine, Frequenz von Arbeitssitzungen).

Manchmal lernt sich das Projekt-Team beim Spezifikations-Workshop erst kennen.

### *Die Arbeitssitzung*

Hier treffen sich Spezifikateure und Mitarbeiter der Fachbereiche, um den oben dargestellten Kommunikations-Zyklus zu leben. Einige nützliche Regeln:

- Die Spezifikateure sollten, wenn es irgend möglich ist, zu zweit auftreten. Ein Mensch tut sich schwer, wenn er die vielen Informationen, die er bekommt, gleichzeitig aufnehmen, mitschreiben und hinterfragen soll.
- Ein formelles Protokoll ist nicht erforderlich. Das Fachbereichsteam setzt sich oft aus Kollegen der verschiedensten Hierarchiestufen zusammen (vom Sachbearbeiter bis zum Geschäftsführer). Manche Leute fühlen sich in ihren Äußerungen und ihrer Kreativität gehemmt, wenn alles, was sie sagen, gleich protokolliert wird. Überhaupt sollte hier eine eher lockere Atmosphäre gepflegt werden, um die Kreativität zu fördern.
- Das Ergebnis der Arbeitssitzung wird durch den Fortschritt der Spezifikation selbst dokumentiert. Man kann sie als Werkstück sehen, an dem man permanent arbeitet und das sich dadurch weiterentwickelt.
- Zusätzlich kann eine *Liste offener Punkte* geführt werden. Ideen, die nicht gleich in die Spezifikation mit aufgenommen werden, können in Stichwortlisten gesammelt werden.
- Wurden Lösungsalternativen kontrovers diskutiert, sollte man die Pro- und Contra-Argumente schriftlich fixieren.

### *Das interne Review*

Wenn man eine Reihe von Arbeitssitzungen bzw. Kommunikationszyklen hinter sich gebracht hat, sollte man das Erreichte kritisch betrachten. Am besten ist ein *internes Review*, an dem neben dem Spezifikationsteam (Fachbereich und DV-Bereich) ausgewählte Experten teilnehmen. Regeln hier:

- Das *interne Review* ist ein freiwilliges Review des Spezifikationsteams, das die erreichten Ergebnisse absichern will. Das Team entscheidet, wer eingeladen wird.
- Das Spezifikationsteam sollte allerdings ein Interesse daran haben, möglichst viele Menschen, die irgend etwas zum neuen System sagen können, anzusprechen. In vielen Unternehmen gibt es *Wächter*, das sind Kollegen, die viel Wissen und viel Erfahrung (z.B. mit einem Altsystem) haben, die oft misstrauisch gegen neue Entwürfe (oder gegen externe Berater) sind. Gerade dieses Misstrauen hilft, Fehler und Risiken frühzeitig zu entdecken.
- Die Ergebnisse des internen Reviews werden protokolliert.

### *Das Review zur Form*

Ist die Spezifikation die erste, die man bei einem Kunden macht, oder die erste im Rahmen eines Großprojekts, so sollte man ein eigenes Review zur Abnahme der endgültigen Form der Spezifikation ansetzen. Wenn auch Methode, Case-Werkzeug und formale Richtlinien schon zu Beginn der Spezifikation feststehen, gibt es trotzdem noch genug formale Aspekte, die strittig sein können (z.B. die Frage, ob wirklich alle Zielgruppen ihren Teil der Spezifikation verstehen). Diese Fragen sollte man klären, bevor große Mengen an Dokumenten entstehen. Es gelten die Regeln:

- Vertreter aller Zielgruppen, insbesondere Fachbereich und Qualitätssicherung, müssen sich am Review beteiligen.
- Es sollte eine möglichst kleine, aber alle formalen Anforderungen abdeckende Beispiel-Funktion vollständig ausspezifiziert sein.
- Ziel des Reviews ist es, alle formalen offenen Punkte zu klären und die Form der Spezifikation abzunehmen.
- Es ist verboten, inhaltliche Fragen zu diskutieren.
- Das Review wird protokolliert.

### *Abnahme-Reviews*

Die fertige Spezifikation wird in einem oder mehreren Reviews abschließend diskutiert mit dem Ziel, die verbindliche Abnahme zu erklären. Der Auftraggeber sollte entscheiden, ob ein Review mit dem Fachbereich und dem QS-Team zusammen ausreicht, oder ob man getrennte Veranstaltungen braucht.

Das Abnahme-Review kann folgende Ergebnisse haben:

- abgenommen ohne Auflagen (selten).
- abgenommen mit Auflagen (häufig).
  Das heißt, die Abnahme erlangt erst Gültigkeit, wenn die genau definierten Auflagen erfüllt sind.
- neues Review erforderlich.
  Die erforderlichen Änderungen oder Ergänzungen sind so umfangreich, dass das Ergebnis nochmals in einem Review vorgestellt werden soll.

Beim Abnahme-Review gibt es neben dem Moderator einen eigenen Protokollanten, der nicht nur Ergebnisse, sondern auch die Argumente aus der Diskussion mitschreibt.

### *Formale Abnahme*

Die formale Abnahme sollte in schriftlicher Form erfolgen. Die Abnahme kann mit einer Präsentation vor dem Management des Kunden verbunden werden. Dies zu organisieren, ist Sache des Projektmanagements.

In den abschließenden Abnahme-Reviews wird die Spezifikation oft intensiv und vielleicht kontrovers diskutiert, es werden noch viele Auflagen erteilt, bevor das Dokument akzeptiert wird. Junge Kollegen sind darüber oft enttäuscht. Sie haben ja mit viel Engagement ihre Spezifikation gebaut und möchten nun für das Produkt gelobt werden; die Auflagen werden als Kritik verstanden. Die Diskussionen im Abnahme-Review sind aber normal, denn:

- Die hohe Komplexität der Informationssysteme, die wir spezifizieren, resultiert aus der Größe der Systeme und der Vielfalt von Nachbar- und Altsystemen. Das hat zur Folge, dass der Kreis der Wissensträger, der gehört werden muss und sich deshalb an den Reviews beteiligt, groß ist. Je größer der Teilnehmerkreis ist, desto mehr offene Fragen und Diskussionen wird es bei abschließenden Reviews geben.
- Es ist nicht so, dass beim Spezifizieren eines neuen Informationssystems ein schon vorhandenes klar definiertes fachliches Wollen abgefragt und dokumentiert wird. Vielmehr handelt es sich hier um einen kreativen Prozess, in dem die Beteiligten neue Lösungsvorschläge erarbeiten, und um einen Einigungsprozess, in dem sich verschiedene Gruppen mit unterschiedlichen Interessen sich auf eine Lösung einigen müssen.

Daher ist es normal, wenn bis ganz zum Schluss diskutiert und argumentiert wird, ganz gleich, wie gut und ausgereift die Lösungen schon sind. Es geht nicht darum, die Diskussionen in Reviews abzuwiegeln. Wichtig ist, dass nach der ausführlichen Diskussion ein möglichst einvernehmliches Ergebnis verbindlich definiert ist, dass also nach dem Erfüllen der Auflagen *der Sack zu ist.*

> Die Güte des Spezifiaktionsprozesses erkennt man daran, wie stark ein Einigungsprozess gefördert wird und wie gründlich die Argumente aller beteiligten Parteien gehört und eingearbeitet werden.

## Case-Werkzeuge

Case-Werkzeuge für die Spezifikation setzen sich durch und sind weitgehend akzeptiert. Heiß umstritten ist hingegen, wie so ein Werkzeug genutzt werden soll. Nach unserer Erfahrung gibt es drei Gruppen mit unterschiedlichen Interessen, die an der Werkzeug-Entscheidung und am Einsatz beteiligt sind (vgl. Abbildung 3.4).

### *Verkäufer von Case-Werkzeugen und Methoden-Abteilung*

Die Verkäufer von Case-Werkzeugen und die Methoden-Gruppe beim Kunden sind hier zusammengefasst, da sie meist dasselbe wollen: Ein mächtiges Werkzeug soll vollständig und genau nach einem umfänglichen und strengen Vorgehensmodell eingesetzt werden.

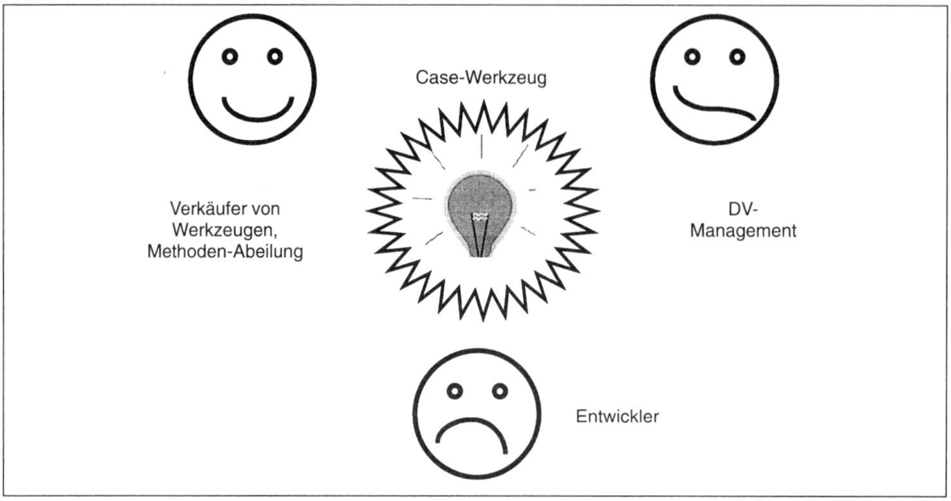


**Abb. 3.4:** Werkzeug-Beteiligte

Die Gründe für dieses Interesse liegen natürlich im Selbstverständnis dieser Gruppen, die ja vom Einsatz eines Werkzeugs leben.

### *DV-Management*

Das DV-Management will Sicherheit und Einheitlichkeit in der Software-Entwicklung und es möchte Investitionen schützen. Dieses Bedürfnis ist um so größer, je schwerfälliger und unbeherrschbarer bestehende Altsysteme in einem Unternehmen sind, je schmerzvoller also die bisherigen Erfahrungen sind.

### *Entwickler*

Die Entwickler empfinden Case-Werkzeuge oft als Einengung und Freiheitsbeschränkung: Sie kennen als einzige Gruppe, die mit dem Werkzeug produktiv arbeiten muss, die Schwächen und Nachteile. Gleichzeitig müssen sie den Termin- und den Budget-Druck des Projekts aushalten. Deshalb haben sie ein Interesse daran, den Einsatz der Werkzeuge so pragmatisch wie möglich zu gestalten.

Wir empfehlen folgendes Vorgehen:

1. Case-Werkzeuge sind notwendig, um den Software-Entwicklungsprozess zu unterstützen und zu vereinheitlichen.
2. Bei vielen Werkzeugen und Methoden besteht die Gefahr, dass die Vorteile verloren gehen und der Einsatz kontraproduktiv wird, wenn man sie exzessiv nutzt:
   - Die Vielzahl von möglichen Diagrammen verführt zum Spielen.
   - Zusammenhänge sind oft schwer darstellbar, Überblicksgraphiken manchmal nicht sehr aussagekräftig.
   - Die Werkzeuge sind für die Online-Bearbeitung konzipiert. Das Erstellen verbindlicher Projekt-Dokumente in Papierform wird zu wenig unterstützt.

3. Der goldene Mittelweg kann so aussehen:
   - Man einigt sich mit dem Auftraggeber (Management, Methoden-Abteilung) darauf, welche Funktionen der Case-Werkzeuge genutzt werden. Das Ergebnis der Einigung wird in einem *Nutzungskonzept* (oder *Vorgehensmodell* oder *Verfahrenshandbuch*) festgehalten.
   - Nach wie vor werden wichtige Projekt-Dokumente wie die Spezifikation in Papierform erstellt. In dieser Form ist die Spezifikation verbindlich.
   - Fehlende Funktionen werden durch selbst gebaute Werkzeuge ergänzt (z.B. Druckfunktionen).
   - Die Nutzung einer kleinen Auswahl ergänzender Werkzeuge (z.B. Textverarbeitung und/oder Graphik-Systeme) ist bei Bedarf erlaubt; es muss also nicht die gesamte Spezifikation mit genau einem speziellen Spezifikations-Werkzeug gebaut werden.

## Frühe Projektphasen als Durststrecke für den Kunden

Für den Anwender ist die Zeit zwischen der ersten Vorstudie zu einem neuen System und der ersten Produktionseinführung eine Durststrecke:

- In der Studienphase kriegt er einen eher vagen Ausblick auf das wunderbare neue System, das er sich wünscht;
- in der Spezifikation liefert er den Software-Ingenieuren seine Anforderungen und Vorstellungen, erhält aber außer Papier nichts zurück;
- während der ersten Realisierung, die in der Regel auch die längste ist, ist er nicht mehr direkt in die Arbeit eingebunden, muss also wieder warten.

Das zeigt: Die Zeit zwischen der ersten Investition und dem ersten Nutzen kann lang und für das Projekt gefährlich werden. Denn:

- Wer garantiert eine immer gleichbleibend gute Stimmung für den Auftragnehmer?
- Wer garantiert den Investitionswillen und die Investitionskraft über eine lange Zeit?
- Ist das, was ein Kunde zu einem Zeitpunkt bestellt, das, was er zwei Jahre später braucht? Ist das Akzeptanzloch programmiert?

Wie kann man also diese Wartezeit verkürzen oder sinnvoll überbrücken?

- In jeder Projektphase sollte man darauf achten, dass Sinn und Vorteile des neuen Systems dem Auftraggeber stets vermittelbar sind und auch vermittelt werden. Der Kunde interessiert sich in der Regel nicht so sehr für die formale Sauberkeit und methodische Eleganz eines Konzepts, sondern für das System, das er braucht. Deshalb hilft es, wenn man
  - die Spezifikation untergliedert: Zunächst wird eine Grobspezifikation und danach erst die Feinspezifikation erstellt. Im Grobkonzept werden die wesentlichen Datenstrukturen gefunden und es wird hier schon ein Beispiel für die Benutzerschnittstelle modelliert. Damit kann ein Zwischenstand präsentiert werden, der den Projektfortschritt transparent macht und damit dem Kunden Sicherheit und Vertrauen gibt.
  - alle Dokumente, die ein Kunde zu lesen bekommt, für ihn verständlich schreibt (siehe dazu den nächsten Abschnitt),

   - dem Kunden durch Prototyping und Pilotieren früh eine Anschauung davon gibt, wie das gesamte System aussehen wird.
- Nicht nur die Spezifikation, auch das ganze Projekt kann man in Stufen aufteilen: Ein möglichst kleines Teilprojekt kann als erste Einführungsstufe definiert und vollständig spezifiziert, konstruiert und realisiert werden.
  Aus diesem Teilprojekt kann man eine Funktion isolieren und als Durchstich, Prototyp oder Pilot schnell vorantreiben. Die Vorteile:
   - Mit der ersten Funktion wird früh ein lauffähiges Beispiel (im Allgemeinen ein Dialog) gebaut; d. h., es gibt *früh* einen *sichtbaren* Erfolg.
   - Man wird technische Fallen und Risiken früh entdecken; bei der Masse der Realisierungsarbeit kann man sie umgehen.
   - Die Arbeit an den übrigen Funktionen geht schneller voran, wenn das Team ein abgestimmtes Beispiel als Vorlage hat.

Man möchte meinen, ein solches Vorgehen sei selbstverständlich. Trotzdem stößt man bei einem entsprechenden Vorschlag oft auf Hindernisse:

- Viele Spezifikateure haben ein ausgeprägtes – und eigentlich auch wertvolles – Bedürfnis nach Vollständigkeit, Gründlichkeit und Ordnung. Das verlangt aber, dass eben zunächst das System *ganz* spezifiziert, dann *ganz* konstruiert und dann *ganz* realisiert wird. Während der Spezifiaktion legt man Wert darauf, dass zunächst das *ganze* Datenmodell, dann das *ganze* Funktionenmodell und dann die *ganze* Benutzerschnittstelle modelliert werden.
- Wenn man ein neues System mit neuer Entwicklungsumgebung baut, dann kostet die Realisierung der ersten 10 % der Funktionen 60 % des Gesamtaufwands. Ein Projekt- und Stufenplan, der dieser Erfahrung entspricht, kann dem Auftraggeber und dem Projektmanagement selten vermittelt werden:
   - man möchte während der Spezifikation kein Geld in die Realisierung investieren,
   - man hat die Sorge, dass beim Ausprobieren zuviel Wegwerf-Code produziert wird,
   - es herrscht die Meinung, dass ein Pilotieren nicht nötig sei, weil man ja in der Entwicklung von großen Systemen genial und ausreichend erfahren und die neue Entwicklungsumgebung ebenso genial und produktivitätssteigernd sei.

Deshalb gönnt man sich nicht die Zeit für ein ausführliches Ausprobieren der neuen Entwicklungsumgebung, für ein ausgefeiltes Konstruktionskonzept und eine beispielhafte Codierung der ersten Funktionen. Die Folge ist das Chaos, wenn ein großes Entwicklungsteam sofort auf breiter Front drauflos entwickelt.

Deshalb nochmal die Vorteile des kontrollierten evolutiven Vorgehens:

- Man hat die Zeit, sich mit der Systemumgebung vertraut zu machen, Schwächen und technische Risiken zu entdecken und zu vermeiden, eine Programmiervorlage für das Gros des Teams zu schaffen.
- Ein Pilot kann als *Durchstich* oder erste Probe präsentiert werden, der Glaube an den Projektfortschritt wird beim Auftraggeber gefestigt.
- Die Realisierung wird effizienter gestaltet, eine erste Einführungsstufe kann früher und sicherer geliefert werden. Und das bedeutet: Verkürzung der Durststrecke.

## 3.5 Form, Sprache und Inhalt

Wir haben gesehen, dass die Lesergruppen einer Spezifikation unterschiedliche Sprachen sprechen, wenn es darum geht, komplizierte Strukturen und Abläufe zu beschreiben. Eine Empfehlung lautete, passende Beschreibungsmedien für die verschiedenen Leser zu wählen.

Andere Methoden, technische Themen für den Laien verständlich zu machen, kommen aus der Didaktik:

- die *Reduktion:*
  Der Detaillierungsgrad einer Darstellung und damit ihr Informationsgehalt wird reduziert; die Information als solche wird aber nicht verfälscht. Der Leser erhält also weniger Information; aber das, was übrigbleibt, ist richtig, für ihn verständlich und reicht aus für seinen Beurteilungsauftrag.
  Ein Beispiel ist der Kommentar zu einem Pseudocode-Abschnitt (siehe vorletzter Abschnitt).
- die *Projektion*:
  Ein Sachverhalt, der in einer Fachsprache dargestellt ist, wird in Bilder aus der Welt des Lesers übersetzt.
  In der oben geschilderten Sachbearbeiter-Methode wird das *Modul*, das *Operationen* anbietet, in den *Sachbearbeiter* übersetzt, der verschiedene *Aufträge ausführen* kann.

Diese Methoden erwähnen wir, weil praktisch alle Spezifikationsmodelle damit arbeiten. Jedes Diagramm ist eine Reduktion, gerade der objektorientierte Ansatz versucht sich in Projektionen. Wenn man somit grundlegende Prinzipien der verschiedenen Modelle und Notationen kennt, kann man diese danach beurteilen und Antwort finden auf die Fragen:

- Ist ein bestimmtes Modell richtig für meine Lesergruppen?
- Welche Teile einer Spezifikationsmethode werde ich in meinem Projekt nutzen und welche lieber nicht?
- Wie intensiv werde ich eine bestimmte Methode einsetzen? Wie weit muss ich gehen bei Reduktion und Projektion?

Wenn wir diese Freiheitsgrade richtig einschätzen und ausnutzen, wenn wir beim Einsatz von Methoden die richtige Balance finden, dann erreichen wir ein hohes Maß an Verständlichkeit für die Lesergruppen bei möglichst geringem Aufwand.

### Gezielte Wortwahl bei Schlüsselbegriffen

Es kommt vor, dass eine ungeschickte Wortwahl Missverständnisse verursacht, die sich hartnäckig halten. Sie kosten Zeit, Kraft und Geld. Beispiele aus Spezifikationen:

- Im Text heißt es: Ein Geschäftsvorfall *wird durchgeführt*, oder ein Geschäftsvorfall *führt durch* oder *macht etwas* oder *tut etwas.*
  Kann aber ein Vorfall *etwas tun*? Oder *durchführen*? Besser wird man folgende Formulierungen wählen:
  Ein Geschäftsvorfall *ereignet sich, passiert.*

Der Geschäftsvorfall kann also eine Aktion *auslösen*, z.B. kann als Folge eines Geschäftsvorfalls ein Sachbearbeiter beauftragt werden, einen bestimmten Auftrag *auszuführen*.
Ein Geschäftsvorfall ist ein *Ereignis*, das im Rahmen der Geschäftstätigkeit des Anwenders *eintritt*. (Beispiel: Zu einem Autohändler kommt ein Kunde und will ein Auto kaufen.)
Aufgrund dieses Ereignisses muss meistens der Anwender etwas veranlassen (den Wunsch des Kunden entgegennehmen und als Kauforder in ein DV-System eingeben).

- Das von aller Welt gebrauchte Wort *Wiederverwendung* wird meistens im Sinn von *Verwendung* verstanden. Man könnte viele (vielleicht beliebte?) ideologisierte Diskussionen vermeiden, wenn man sich einigen könnte auf eine einheitliche Bedeutung dieser Begriffe in unserem Projekt-Umfeld. Wir sagen:
  - *Verwendung*, wenn wir ein Modul oder ein Software-Werkzeug benutzen, wenn wir es also aufrufen und bedienen, dabei aber nicht verändern. (Beispiel: Verwendung eines Textsystems, um einen Brief zu schreiben).
  - *Wiederverwendung*, wenn wir ein Modul, ein Codestück etc. in einem anderen Kontext noch mal verwenden. Wir kopieren es und passen es dem neuen Kontext an, wir verändern es also.
- Ein Beispiel dafür, dass die Prägnanz von Begriffen wichtiger sein kann als das Erfüllen theoretischer Kriterien:
  Beim Projekt für das schon erwähnte Offline-System ging es darum, die Bedienoberfläche zu entwerfen. Die Anwender sollten Daten von der Zentrale auf den tragbaren Rechner transferieren und umgekehrt wieder zurück auf den Zentralrechner. Zunächst hatten die Techniker für diese Funktionen die Begriffe *Download* und *Upload* etabliert. Doch um die Anwender nicht zu verschrecken und um Anglizismen zu vermeiden, entschloss man sich, diese Begriffe ins Deutsche zu übersetzen. Man fand – zusammen mit einem Fachbereichs-Team – die Ausdrücke *Daten vom Host* und *Daten zum Host*.
  Nach einiger Zeit fanden die Anwender diese Übersetzungen zu umständlich und wünschten sich wieder die zwar englischen, aber prägnanten Begriffe *Download* und *Upload*.

### *Technische Begriffe*

Oft wimmelt es in Spezifikationen von technischen Ausdrücken, die nicht erklärt werden. Oder sie treten so häufig auf, dass der Fachbereich abgeschreckt wird, auch wenn er eine ausführliche Legende erhält.

Beispiele:

- *Klasse, Methode, Konstruktor im Objektmodell.*
- *Objekt aus der objektorientierten Methode*:
  wenn ein Objekt ein abstraktes Phänomen und nicht eine Erscheinung des täglichen Lebens repräsentiert, dann wird auch dieser Begriff zum technischen Fachausdruck und wenig anschaulich.
- *Datenbank, Datensatz, selektieren*:
  Diese Begriffe sind dem Informatiker so geläufig, dass er sich das Unverständnis von Laien nicht vorstellen kann.

Wie soll man nun mit technischen Fachausdrücken umgehen?

- *Vermeiden*
  Man kann mit einiger Übung viele technische Begriffe durch anschaulichere Wörter oder Bilder ersetzen. Beispiel: statt von einem *Datensatz* zu schreiben, kann man den Namen des Objekts aus dem Datenmodell verwenden, unter *Selektieren* versteht man oft die drei Vorgänge: Suchen, Finden, Lesen aus der Datenbank.
- *Konventionen*
  Man kann sich mit den Lesern eines Dokuments einigen auf nicht vermeidbare Begriffe und diese in einem Vorspann erklären. Die *Datenbank* könnte z.B. so ein Begriff sein.
- Man kann die Verwendung technischer Begriffe auf bestimmte Teile eines Konzepts (z.B. Objektmodell) beschränken – damit also auf das *Medium* für die technisch ausgebildete Lesergruppe.

Einer muss sich plagen! Entweder der Autor, um den Inhalt klar und verständlich aufzuschreiben, oder der Leser, wenn er einen schlecht geschriebenen Text entschlüsselt.

Da in unseren Software-Projekten der Leser meist der Kunde ist, ist wohl klar, *wer* sich im Zweifelsfall plagen soll.

## Abgrenzung gegen das DV-Konzept

Die klare Abgrenzung der Spezifikation gegen das DV-Konzept ist wichtig, denn sonst besteht die Gefahr,

- dass in die Spezifikationen zu viele Gedanken und Ideen aufgenommen werden zur technischen Umsetzung der Anforderungen,
- dass die Spezifikationsdokumente zu umfangreich werden,
- dass die Verständlichkeit leidet,
- dass man sich in der Konstruktion die gleichen Gedanken noch mal macht, zu anderen Ergebnissen kommt, die Spezifikation dadurch schnell an Aktualität und damit an Wert verliert.

Es gibt die scheinbar eindeutige Vorgabe: In der Spezifikation steht, *was* das zu spezifizierende System können soll, in der Systemkonstruktion steht, *wie* das System realisiert wird. Die Kategorien des *Was* und des *Wie* sind in der Tat ein hervorragendes Mittel, um eine Spezifikation vom DV-Konzept abzugrenzen. Was / Wie

Trotzdem ist die Abgrenzung im Detail nicht so einfach, wie die Schlagworte selbst es in ihrer Kürze vermuten lassen: Es gibt viele Themen, die beiden Kategorien zugeordnet werden können. Entsprechend leidenschaftlich sind oft die Diskussionen um den Inhalt von Spezifikationen. Zwei Vorschläge zur Abgrenzung:

- Dinge, die der Endanwender oder Fachbereich des Systems verstehen und für die Abnahme beurteilen muss, beschreiben das *Was*. Alles, was den Fachbereich nicht interessiert, gehört *nicht* zum *Was*.
  Damit sind die Abgrenzungskriterien von der Spezifikation selbst auf die Lesergruppen verlagert.

- In unterschiedlichen Software-Systemen muss die Frage nach dem *Was* und dem *Wie* auch unterschiedlich beantwortet werden. Die in unserem Geschäft in der Regel zu spezifizierenden Systeme können in drei Klassen eingeteilt werden:
  - *Datenverwaltungs-Systeme*:
    Mit ihnen werden Daten gepflegt, d. h. eingegeben und wieder gelesen. Der Anwendungskern ist meist dünn und seine Funktionen sind immer die gleichen: Einfügen, Ändern, Löschen. Das *Was* wird im Wesentlichen beschrieben durch die Benutzer-Oberfläche und das Datenmodell.
  - *Auswertungs-Systeme*:
    Auch hier wird das *Was* vor allem durch die Benutzeroberfläche und das Datenmodell dargestellt. Dem Fachbereich ist seine Sicht auf die Daten und die Tatsache der Verdichtung wichtig (z.B.: Wieviele Autos hat ein Händler in einem Jahr verkauft? Wie ist die Umsatzsteigerung zum Vorjahr?). Es ist nicht wichtig, in welcher Reihenfolge die Daten aus den Tabellen gelesen werden und wie eine Verdichtung im Detail algorithmisch durchgeführt wird.
  - *Algorithmische Systeme*:
    Hier muss der Fachbereich wirklich einen Algorithmus beurteilen. Beispiel: Kalkulation von Verkaufspreisen aus Einkaufspreisen. In diesen Systemen wird das *Was* in einer ausführlichen Beschreibung von Funktionen und Algorithmen definiert.

## Pseudocode

Viele gängige Case-Werkzeuge und Spezifikationsmethoden sehen vor, die funktionalen fachlichen Anforderungen auf der untersten Detaillierungsebene in Pseudocode aufzuschreiben. Pseudocode bedeutet, dass die Funktionen in einer Syntax beschrieben sind, die ähnlich präzise ist wie eine Programmiersprache. Diese Syntax soll aber gleichzeitig so allgemein und einfach sein, dass DV-Laien sie verstehen können. Hier sucht man also den Kompromiss zwischen dem Viktorianischen Roman und dem C-Programm.

Neben der Präzision der Darstellung erhofft man sich aber von der Dokumentation in Pseudocode noch andere Vorteile:

- Die Möglichkeit einer maschinellen Auswertung der Fachkonzepte (z.b. Konsistenz-Prüfungen).
- Die Möglichkeit, Quellcode aus dem Pseudocode zu generieren.
- Eine einheitliche Dokumentation, mit der aus dem Fachkonzept das DV-Konzept und später die Systemdokumentation entwickelt werden können. Sie sind eine *Verfeinerung* des Fachkonzepts, man hat in Wirklichkeit nur ein Dokument.

Pseoudocode hat auch Nachteile:

- Die Spezifikation zieht sich in die Länge, weil sich die Software-Ingenieure im *Programmieren von Pseudocode* verlieren und der Blick für das Wesentliche – nämlich das *fachliche Wollen* des Anwenders – getrübt ist. Die Spezifikation wird zu dick, die Wartbarkeit geht verloren.

- Informatiker entwickeln mehr Ehrgeiz im kunstvollen Programmieren als im kunstvollen Verfassen von Prosatexten. Das hat zur Folge, dass Pseudocode-Konstrukte in Gestalt und Aussehen C-Programmen sehr ähnlich werden. Das kann niemand lesen.
- Die Funktionen werden in Pseudocode oft zu detailliert und technisch dargestellt. Wenn man später in der Konstruktion ausführlich auf technische Fragen eingeht und die entsprechenden Lösungen entwirft, passen diese nicht zum spezifizierten Pseudocode. D.h., der Pseudocode verliert schnell seine Aktualität.

Auf der anderen Seite bietet der sparsame und gekonnte Einsatz von Pseudocode die Möglichkeit, Komplexität zu strukturieren und zu beherrschen. Insbesondere für die Lesergruppe *Entwickler* und für die Spezifikateure selbst ist Pseudocode ein geeignetes Medium, um die vom Fachbereich aufgenommenen komplizierten Funktionen niederzuschreiben, sie auf Konsistenz und Vollständigkeit zu überprüfen. Wie könnte Pseudocode unter diesen Gesichtspunkten aussehen? Unsere Vorschläge:

1. Sparsame Verwendung von Pseudocode: Nur komplizierte Funktionen sollen in Pseudocode dokumentiert werden.
2. Klare Struktur von Pseudocode: Nur wenige Schlüsselwörter (für Selektion und Iteration), neben den Schlüsselwörtern knappe und eindeutige Prosa.
3. In bestimmten Situationen kann es sinnvoll sein, Pseudocode-Passagen mit Kommentaren zu versehen ähnlich wie in Programmen. Das bedeutet zwar eine gewisse Redundanz, aber für Informatik-Laien kann gerade dieser Kommentar der Schlüssel zum Verständnis und damit das geeignete Medium sein.

Hier ein Beispiel aus einem Projekt. Es geht darum, bei einem Dialog zur Erfassung einer Abrechnung die passende Kontoverbindung des Rechnungsempfängers voreinzustellen. Es gelten folgende Syntax-Regeln:

- Nur wenige *Struktur-* oder *Schlüsselwörter* sind erlaubt (LESE, SOLANGE, WENN, DANN, UNTERSCHEIDE, ...).
- Der *Datenbank-Zugriff* mit LESE bezieht sich auf die Objekttypen des konzeptionellen Datenmodells.
- Schlüsselwörter sind klar vom übrigen Text abgegrenzt durch Groß-/Fett-Schreibung, durch konsequentes und großzügiges Einrücken.
- Den Pseudocode-Passagen werden Kommentare (redundant) vorangestellt.
- Die Kommentare sind klar vom eigentlichen Pseudocode abgegrenzt
- In den Kommentaren ist der Text möglichst gegliedert durch Spiegelstriche, Aufzählungen etc.
- Die Namen von Objekttypen aus dem Datenmodell werden groß geschrieben, den Attributen wird dieser Name als Präfix vorangestellt.

Man kümmert sich nicht um Programmierlogik. Das Öffnen eines Cursors zum Lesen aller passenden Kontoverbindungen wird zum Beispiel nicht dargestellt. Man kann das *fachliche Wollen* dieser Funktion auch durch Prosatext genau ausdrücken.

**Pseudocode-Beispiel „Kontoverbindung voreinstellen":**

```
/* ------------------------------------------------------------
Die Kontoverbindung für eine Abrechnung wird folgendermaßen
ermittelt:
- Über den zur Abrechnung gehörenden Auftrag wird der Auftraggeber
  ermittelt. Dieser Auftraggeber ist damit ein Kunde.
- Für einen Kunden kann es eine oder mehrere Kontoverbindungen
  geben, für die jeweils ein oder mehrere bestimmte Zwecke
  angegeben sein können.
- Zur Voreinstellung wird eine bestehende Kontoverbindung gesucht.
  Bei mehreren vorhandenen Kontoverbindungen wird als
  Auswahlkriterium der Konto-Zweck nach folgender Reihenfolge
  ausgewertet:
    1) Globalermächtigung
    2) Einzahlungen
    3) Einzahlung-Dauerauftrag
    4) Auszahlungen
Das Feld Kontoinhaber bleibt immer dann leer,
- wenn der Kontoinhaber mit dem Adressaten der Abrechnung
  identisch ist,
  oder
- wenn der Konto-Zweck die Globalermächtigung ist.
Ist keine geeignete Kontoverbindung vorhanden, bleiben die
entsprechenden Felder leer.
------------------------------------------------------------ */

LESE   aus der ABRECHNUNG mit der ABRECHNUNG.Nummer die
       AUFTRAG.Nummer
LESE   den Auftrag mit der Auftrag.Nummer
LESE   alle KONTOVERBINDUNGen, in denen
       KONTOVERBINDUNG.Inhaber = AUFTRAG.Auftraggeber
LESE   alle ZWECKE zu jeder gelesenen KONTOVERBINDUNG
UNTERSCHEIDE (in der Reihenfolge der Fälle)
FALL 1   eine der gelesenen KONTOVERBINDUNGen hat den ZWECK
         "Globalermächtigung" (davon kann es maximal eine geben)
         LESE KREDITINSTITUT mit KONTOVERBINDUNG.BLZ
         Besetze die Fensterfelder:
         Kto-Nr.         := KONTOVERBINDUNG.Kontonummer
         BLZ             := KONTOVERBINDUNG.BLZ
         Kreditinstitut  := KREDITINSTITUT.Name
         Zweck           := "Globalermächtigung"
         Kontoinhaber    := <unbesetzt>
```

```
FALL 2  eine der gelesenen KONTOVERBINDUNGen hat den ZWECK
        "Einzahlungen" (davon kann es maximal eine geben)

        LESE KREDITINSTITUT mit KONTOVERBINDUNG.BLZ

        Besetze die Fensterfelder:
        Kto-Nr.          := KONTOVERBINDUNG.Kontonummer
        BLZ              := KONTOVERBINDUNG.BLZ
        Kreditinstitut   := KREDITINSTITUT.Name
        Zweck            := "Globalermächtigung"

        WENN   der ABRECHNUNG.Adressat =
               der AUFTRAG.Auftraggeber

        DANN   Kontoinhaber := KONTOVERBINDUNG.Name

        ENDE-WENN

FALL 3  eine der gelesenen KONTOVERBINDUNGen hat den ZWECK
        "Einzahlung-Dauerauftrag" (davon kann es maximal eine
        geben)
        verfahre wie in Fall 2

FALL 4  eine der gelesenen KONTOVERBINDUNGen hat den ZWECK
        "Auszahlungen" (davon kann es maximal eine geben)
        verfahre wie in Fall 2

FALL 5  es gibt keine KONTOVERBINDUNG mit passendem ZWECK

        Besetze die Fensterfelder:
        Kto-Nr.          := <unbesetzt>
        BLZ              := <unbesetzt>
        Kreditinstitut   := <unbesetzt>
        Zweck            := <unbesetzt>
        Kontoinhaber     := <unbesetzt>

ENDE-UNTERSCHEIDE
```

## 3.6 Merksatz

Das Spezifizieren von Informationssystemen ist mühsam: Unter Zeit- und Budgetdruck muss der Software-Ingenieur Anwender und Techniker zusammenbringen und dafür sorgen, dass sie sich verstehen. Dabei verwendet er neue Methoden und neue Formen der Dokumentation. Für sie gibt es in der jungen Wissenschaft der Informatik noch keine Tradition, sie entwickeln sich ständig weiter.

Trotzdem erfährt der Software-Ingenieur beim Niederschreiben seiner Spezifikation, wie er komplizierte Aufgaben strukturiert und beherrscht. Er entwirft ein neues System, er bringt Ideen in eine Form, er baut ein kunstvolles Werkstück, das er dem Kunden stolz übergeben kann.

Den Lesern der Spezifikation geht es nicht so gut: Sie sollen – oft als Informatik-Laien – einen schwierigen technischen Text lesen, sie sollen aus den einzelnen Elementen der

Spezifikation eine Vorstellung des gesamten Systems entwickeln. Sie sollen *genau* lesen, da sie die Spezifikation verbindlich abnehmen und damit Verantwortung tragen. Im Vergleich zur *Victorian Novel* werden sie die Lektüre aber als eher trocken empfinden.

Anders als bei normalen Texten gilt in der Spezifikation:

> Bei der Spezifikation müssen sich leider zwei plagen: der Autor und der Leser. Der Leser ist unser Kunde. Tun wir alles, um seine Plage zu mindern.

# 4 Bausteine der Spezifikation

*von Wolfgang Krug und Johannes Siedersleben*

? **Aus welchen Bausteinen besteht eine Spezifikation und wie schreibt man sie auf?**

## 4.1 Übersicht und Einordnung

Die Spezifikation ist der Bauplan für das System und sie sagt dem Benutzer, was ihn erwartet. Wie schreibt man so etwas auf? Diese Frage ist so alt wie die Softwaretechnik selbst, und sie ist immer noch nicht beantwortet. Wir begegnen zwei Trends, die wir für gefährlich halten: Erstens die Beschränkung der Spezifikation auf Bilder wie z.B. Klassendiagramme und zweitens der Verzicht auf die Spezifikation insgesamt.

Bilder sind hilfreich und ein Bild sagt bekanntlich mehr als tausend Worte. Aber tausend Bilder sagen weniger als hundert Seiten sorgfältig geschriebene und sinnvoll illustrierte Dokumentation. Die Beschränkung auf Bilder ist gefährlich: Am Anfang erscheint alles einfach und übersichtlich, aber am Ende droht das Chaos. Wir brauchen Bilder, das ist selbstverständlich, aber wir vermeiden bewusst den Irrweg, den viele Werkzeuge nahe legen: naive Reduzierung auf die Graphik und weitgehender Verzicht auf Text. Software wird geschrieben, nicht gezeichnet (vgl. [Den93]).

Der vollständige Verzicht auf die Spezifikation, wie er im XP[1)]-Umfeld gelegentlich propagiert wird, ist mit Sicherheit ein Irrweg und diskreditiert andere wertvolle XP-Elemente (wie etwa die Idee des permanenten Tests).

Nun gibt es neben der grafiklastigen Spezifikation und dem völligen Verzicht eine weitere Gefahr, nämlich die der Überspezifikation. Viele Projekte haben sich buchstäblich zu Tode spezifiziert, Berge von Dokumenten erstellt, die keiner liest, die für den Anwender und den Programmierer unverständlich und schon zum Erstellungszeitpunkt veraltet sind.

Dieses Kapitel beschreibt einen Mittelweg. Wir sind der Ansicht, dass man wichtige Dinge aufschreiben muss, denn nur was aufgeschrieben ist, kann man auch verbindlich kommunizieren, und erst beim Niederschreiben werden Unstimmigkeiten und Lücken offenbar – das weiß jeder, der eine Diplomarbeit verfasst hat. Unabhängig von jeder Methode gelten zwei Regeln: Erstens erstellen wir nur solche Papiere, die auch ihren Leser finden, denn alles andere ist vertane Zeit. Und zweitens sind nur kurze Papiere gute Papiere. Die akzeptable Länge hängt natürlich von der Zielgruppe ab: Der Manager liest am liebsten nur eine Seite, maximal drei, doch die Spezifikation der Anwendungsfälle eines Systems darf auch 100 Seiten dick sein – aber bitte keine tausend!

---

1) Extreme Programming

Dieses Kapitel beschreibt die Bausteine der Spezifikation. Das sind nicht weniger als insgesamt 17 Stück. Sie sind entstanden im Rahmen einer Analyse von mehreren in unserem Haus durchgeführten Projekten und dienen als Fahrplan für die Erstellung von Spezifikationen. Zwar hängen die Bausteine zum Teil voneinander ab, aber gerade der Bausteincharakter macht es möglich, die verschiedenen Themen zu entzerren und zeitlich gestaffelt zu bearbeiten. Insofern ist der Bausteingedanke kompatibel zu verschiedenen Vorgehensmodellen.

Betriebliche Informationssysteme haben bei aller Vielfalt doch immer wieder dieselbe Struktur (vgl. Abbildung 4.1). An dieser Struktur orientiert sich der Aufbau der Spezifikation. Abbildung 4.2 zeigt alle Bausteine in der Übersicht.

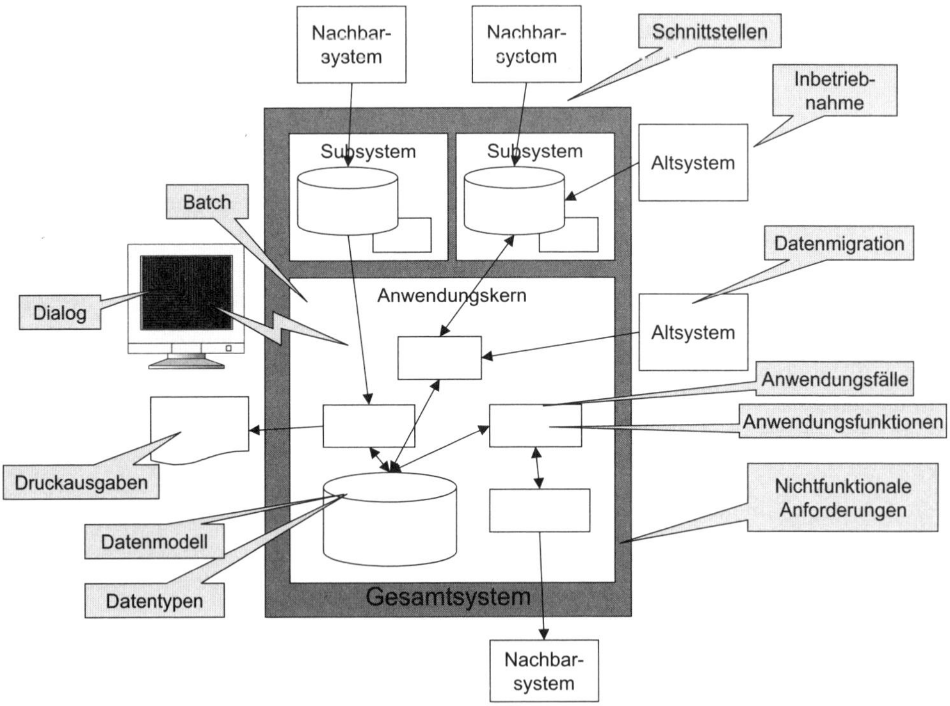


**Abb. 4.1:** Aufbau betrieblicher Informationssysteme

Jeder Baustein ist eine Anleitung für einen bestimmten Teil der Spezifikation; die Liste der Bausteine selbst dient als Checkliste. Das Ganze ist zu verstehen als Baukasten: Jedes Projekt entscheidet, welche Bausteine in welcher Tiefe ausgeführt werden. Alle Bausteine sind in ausführlicher Form im Intranet von sd&m verfügbar.

Große Projekte sind erst machbar, wenn sie in überschaubare Teilprojekte aufgeteilt sind. Es gibt keine belastbaren Angaben zur Überschaubarkeit, aber als ganz grobe Richtlinie nennen wir die Zahl von sieben Bearbeiterjahren (Sieben spielt auch hier eine besondere Rolle). Projekte, die wesentlich größer sind, sollte man aufteilen.

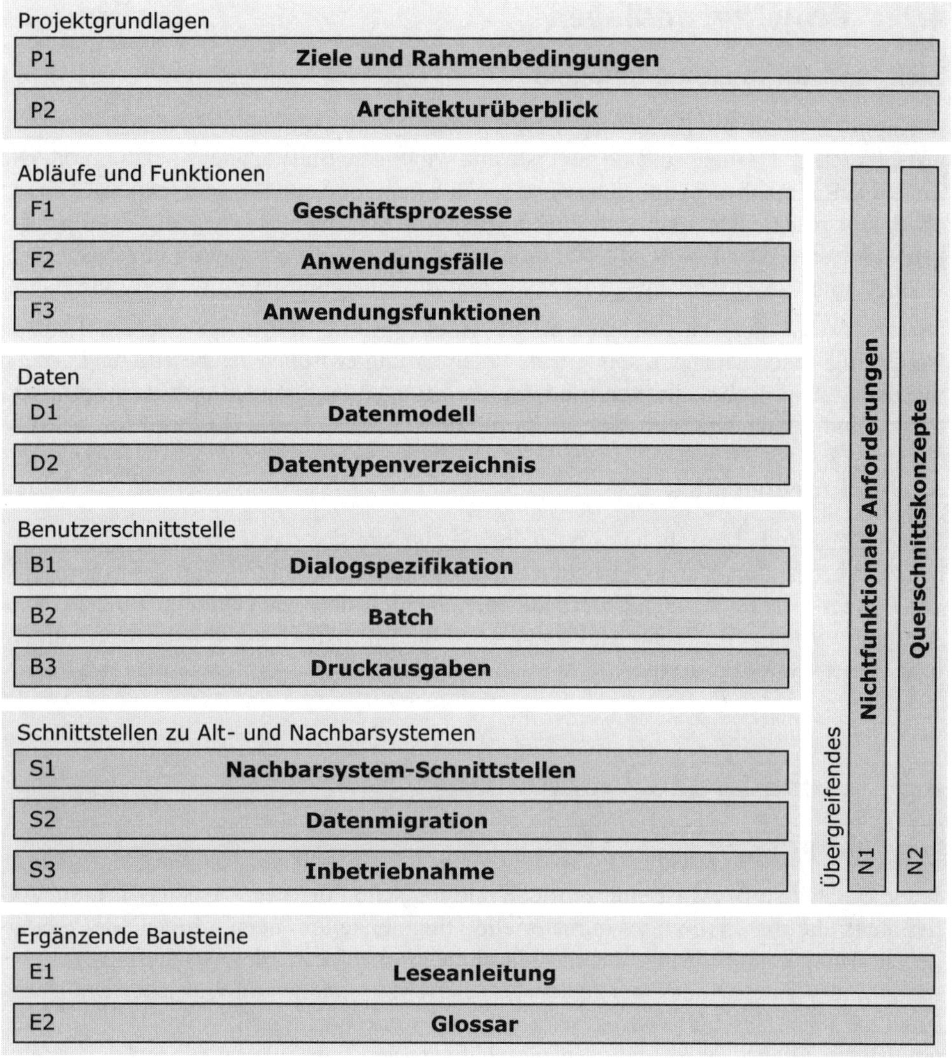


**Abb. 4.2:** Die Bausteine der Spezifikation

Als ganz entscheidende Prämisse unterstellen wir in den folgenden Abschnitten eine vernünftige Aufteilung des Gesamtsystems in Teilsysteme. Die Bausteingruppen *Projektgrundlagen*, *Ergänzende Bausteine* und *Übergreifendes* beziehen sich auf das Gesamtsystem und werden nur bei Bedarf für das Teilprojekt präzisiert; alle anderen erstellt man pro System (oder Teilsystem).

## 4.2 Projektgrundlagen

### Ziele und Rahmenbedingungen

In Kapitel 2 wurde die Bedeutung der Ziele und Rahmenbedingungen eines jeden Projekts dargelegt. Deshalb sind sie der erste und wichtigste Baustein der Spezifikation. Die Ziele und Rahmenbedingungen beschreiben auf wenigen Seiten, warum man das Projekt überhaupt macht, was man sich davon verspricht und woran der Erfolg des Projekts gemessen wird. Der Baustein beschreibt ferner alle Ausgrenzungen und auch alle Provisorien und Einschränkungen, die vor allem die Übergangsphase bringen wird.

Dieser Text ist nicht zu verstehen als die Rückzugslinie, hinter der sich das Team in Krisensituationen versteckt, sondern als Vereinbarung zwischen den beteiligten Parteien mit dem Ziel, falsche oder übertriebene Erwartungen zu dämpfen und die Verantwortungen und Zuständigkeiten klar zu formulieren.

### Architekturüberblick

Dieser Baustein beschreibt aus Anwendungssicht, wie sich das neue System in die vorhandene Anwendungslandschaft einbettet: Jedes System kommuniziert mit einer Reihe von Partnern, die im eigenen Unternehmen, manchmal aber auch außerhalb liegen (etwa Auskunftssysteme, die Bonitätsinformationen liefern). Allein die vollständige Aufzählung dieser Systeme ist eine wichtige und keinesfalls zu unterschätzende Aufgabe.

## 4.3 Abläufe und Funktionen

### Geschäftsprozesse

Jeder Geschäftsprozess ist eine zeitliche und logische Folge von Arbeitsschritten (Aktivitäten), die materielle oder immaterielle Dinge erstellen, manipulieren oder weitergeben. Daran können Menschen und Maschinen mitwirken. Jeder Geschäftsprozess beschreibt also einen Ablauf der realen Geschäftswelt unabhängig von jeder DV-Unterstützung. Jeder Geschäftsprozess wird ganz, teilweise oder gar nicht von DV-Systemen unterstützt. Oft ist es so, dass ein Geschäftsprozess ganz verschiedene DV-Systeme nutzt. Wir nennen ein paar wichtige Beispiele aus unterschiedlichen Bereichen:

- Katalogerstellung bei einem Reiseveranstalter,
- Schadensfallabwicklung bei einer Kfz-Versicherung,
- Antragsbearbeitung bei einer Lebensversicherung,
- Auftragsbearbeitung bei der Telekom (neuer Anschluss),
- Check-In-Prozess am Flughafen,
- Berufungsverfahren an einer Hochschule.

Während der Check-In-Prozess und die Auftragsbearbeitung der Telekom im Wesentlichen DV-gestützt ablaufen, gibt es beim Berufungsverfahren im besten Fall eine Excel-Tabelle. Die Analyse und die Beschreibung von Geschäftsprozessen nennt man etwas hochtrabend *Geschäftsprozessmodellierung* oder kurz *Prozessmodellierung*, das Ergebnis dieser Tätigkeit ist das *Geschäftsprozessmodell* oder kurz *Prozessmodell*.

Die Prozessmodellierung steht ganz am Anfang eines Projekts; oft entsteht erst dabei die Projektidee. In jedem Fall ist ein belastbares, abgestimmtes Modell der relevanten Geschäftsprozesse Voraussetzung für jedes DV-Projekt. Es ist fahrlässig, ein DV-Projekt ohne Kenntnis der betroffenen Geschäftsprozesse zu beginnen.

ARIS [Sch98] und UML [BJR99][ErP00] sind zwei konkurrierende Möglichkeiten zur Beschreibung von Geschäftsprozessen. Unabhängig von der Notation kommt es bei der Prozessmodellierung auf die folgenden Elemente an:

- *Akteure*: Das ist jeder, der an dem Geschäftsprozess beteiligt ist – Personen, Organisationseinheiten, Geschäftspartner, Kunden und auch DV-Systeme.
- *Aktivitäten*: Jeder Akteur führt Aktivitäten durch; der Geschäftsprozess besteht aus diesen Aktivitäten.
- *Dokumente*: Das sind z.B. Antragsformulare, Protokolle, Verträge und ähnliche Dinge, die Akteure im Rahmen von Aktivitäten erstellen.
- *Datenablage*: Hier denkt der Informatiker sofort an Dateien und Datenbanken, aber auch ein ganz normaler Aktenschrank kann als Ablage dienen. Akteure schreiben in und lesen aus Datenablagen im Rahmen von Aktivitäten.
- *Datenfluss*: Daten fließen von Aktivität zu Aktvität, von Aktvität zu Dokument und in beiden Richtungen zwischen Datenablage und Aktivität.

Die gewählte Notation ist letztlich Geschmacksfrage, aber die folgenden Punkte sind essentiell:

- Graphik allein genügt nicht, denn kein Bild kann alles sagen. Für jeden Geschäftsprozess braucht man ein paar Seiten Erläuterungen.
- Prozessmodelle sind keine Flussdiagramme. Wer bei der Prozessmodellierung bereits anfängt zu programmieren, der macht einen großen Fehler.
- Die Werkzeugunterstützung ist zweitrangig. Exzellente Prozessmodelle kann man sowohl mit einem Zeichenwerkzeug wie Visio als auch mit dezidierten Werkzeugen erstellen.
- Geschäftsprozesse sind nur ein erster Schritt in Richtung Spezifikation. Als Grundlage für die Programmierung sind sie völlig unzureichend. Dieser Punkt ist eigentlich selbstverständlich, hat sich bei DV-fernen Beratern aber noch nicht herumgesprochen.
- Geschäftsprozesse sind nicht formal. Aus Entwicklersicht sind sie unvollständig und unpräzise – genau deshalb gibt es ja so viele andere Bausteine. Es ist also nicht sinnvoll, irgendwelche Programmrahmen aus dem Prozessmodell zu generieren.

## Anwendungsfälle

Anwendungsfälle verbinden das DV-System mit den Geschäftsprozessen. Die Menge der Anwendungsfälle definiert den Funktionsumfang des Systems; jeder Anwendungsfall ist per Definition DV-unterstützt. Anwendungsfälle zerlegen die Geschäftsprozesse in Portionen, die aus Sicht des Anwenders sinnvoll und programmierbar sind. Jeder Anwendungsfall unterstützt einen, in seltenen Fällen auch mehrere Geschäftsprozesse.

Jeder Anwendungsfall ist eine Folge von Interaktionen zwischen Akteuren und dem DV-System. Anwendungsfälle beschreiben das für den Anwender sichtbare Verhalten des Systems in der Sprache und aus der Sicht des Anwenders. Jeder Anwendungsfall leistet einen sinnvollen Dienst oder liefert ein benutzbares Ergebnis.

Der Übergang von Geschäftsprozessen zu Anwendungsfällen ist ein schöpferischer Akt und keinesfalls automatisierbar. Selbstverständlich sind die Aktivitäten des Prozessmodells eine erste Vorgabe für die Anwendungsfälle, aber bei jeder Aktivität ist zu entscheiden, ob sich die Automatisierung überhaupt lohnt, und wenn ja, mit welchen Anwendungsfällen dies am besten möglich ist.

Wir betrachten als Beispiel den im letzten Abschnitt genannten Check-In-Prozess. Dieser erstreckt sich über die Check-In-Vorgänge aller Passagiere des Fluges. Dazu gibt es stark vereinfacht die folgenden Anwendungsfälle:

- *Open Flight* (von diesem Zeitpunkt an ist Check-In möglich),
- *Passenger Identify* (dieser Anwendungsfall und die nächsten beiden werden für jeden Passagier durchgeführt)
- *Baggage*
- *Passenger Accept*
- *Close Flight*

Anwendungsfälle werden durchgeführt:

- im Dialog, also im Zusammenspiel mit einem menschlichen Benutzer,
- im Batch, also unter der Kontrolle eines Steuerprogramms,
- auf Veranlassung eines Nachbarsystems oder einer systemübergreifenden Steuerung (z.B. eines EAI[2)]-Systems),
- auf Veranlassung eines anderen Anwendungsfalls.

Der letzte Punkt bedeutet, dass ein Anwendungsfall einen anderen benutzen kann. Die subtilen UML-Unterscheidungen (*uses*, *extends*, *includes*) führen nur zur Verwirrung. Welcher Anwender soll das verstehen?

Anwendungsfälle lassen sich selbstverständlich mit UML notieren, aber auch hier gilt, dass ein Bild nicht besonders viel aussagt. Noch mehr als bei den Geschäftsprozessen kommt es auf den Text an, denn der definiert den Funktionsumfang. Wir beschreiben Anwendungsfälle mit folgender Standardgliederung:

1. Vorbedingungen, Auslöser;
2. Ablauf;
3. Alternative Abläufe, Erweiterungen, Sonderfälle;
4. Ergebnis, Nachbedingungen;
5. Nutzungshäufigkeit;
6. Anforderungen an Performance, Parametrierbarkeit, Flexibilität, Berechtigung.

Die Punkte 5 und 6 sind wesentliche Hinweise für die Implementierung: Ein Anwendungsfall, der zehnmal im Jahr durchgeführt wird, ist völlig anders zu behandeln als einer, der pro Tag 10000 Mal anliegt. Auch Parametrierbarkeit und Flexibilität werden so präzise wie möglich beschrieben.

Anwendungsfall-Beschreibungen sind lesbar und kurz. Eine typische Zahl für ein mittleres Projekt sind etwa 30 Anwendungsfälle, die im Mittel drei Seiten beanspruchen – macht insgesamt 90 Seiten. Dokumente dieser Größenordnung lassen sich mit vernünftigem Aufwand schreiben und sie werden auch gelesen. Anwendungsfall-Beschreibun-

---

2) Enterprise Application Integration

gen sind kontextfrei, d.h.: Jeder Anwendungsfall kann im Dialog (oder auch in verschiedenen Dialogen), im Batch oder von Nachbarsystemen gerufen werden. Anwendungsfälle beschreiben den Funktionsumfang des Systems, aber sie sind nicht das System. Auch hier gilt: Wer schon bei den Anwendungsfällen mit der Programmierung beginnt, der macht einen Fehler.

Als Darstellungsmittel stehen zur Verfügung: Text, Diagramme, Formeln und Pseudocode. Es gibt kein Patentrezept, wann welches Mittel am besten geeignet ist – außer dass man Pseudocode nur im Notfall verwendet. Vielmehr werden die Informatiker dafür bezahlt, dass sie die jeweils geeignete Darstellungsform wählen.

Eine besondere Rolle spielen Standard-Anwendungsfälle wie Anlegen/Löschen/Ändern. Die gibt es in den meisten Systemen massenhaft. Es ist ein grober Fehler, diese immer wieder gleichen Abläufe für alle Pflegeobjekte neu zu beschreiben. Viel besser ist es, den Standardablauf einmal zu hinterlegen, und dann nur noch darauf Bezug zu nehmen.

### Anwendungsfunktionen

Anwendungsfälle sind kurz, einfach und übersichtlich – aber was soll man tun, wenn die Anwendung wirklich kompliziert ist? Die Antwort lautet: Komplexe Algorithmen beschreibt man als Anwendungsfunktion außerhalb des Anwendungsfalls. Jede Anwendungsfunktion wird von mindestens einem Anwendungsfall benutzt. Einige Beispiele:

- Bonitätsprüfung: Ob ein Kunde akzeptiert wird oder nicht, hängt oft von enorm komplexen Regeln ab.
- Prioritätsregeln beim Check-In: Auch das ist viel komplizierter als die meisten Passagiere meinen. Die Lufthansa z.B. kennt unzählige verschiedene Prioritätsstufen.
- Zinsrechnung.

Dies sind Beispiele für Algorithmen aus Sicht des Anwenders; Informatik-Algorithmen (Suchen, Sortieren) haben an dieser Stelle nichts zu suchen. Wir verzichten bewusst auf eine Standardgliederung, weil sich Anwendungsfunktionen stark unterscheiden, und weil sie oft schon in firmeneigenen Papieren (Bonitätsprüfung) oder in Lehrbüchern (Zinsrechnung) beschrieben sind. Eine Standardgliederung würde nur dazu verleiten, bekannte Tatsachen noch einmal in anderer Form aufzuschreiben – und das wäre projektinterne Arbeitsbeschaffung.

Im Rahmen der Spezifikation sollte man allerdings die vorhandenen Darstellungen auch aus DV-Sicht auf Konsistenz und Vollständigkeit prüfen. Dabei sind Überraschungen nicht selten. Die geschickte Nutzung von Anwendungsfunktionen macht die Anwendungsfälle einfacher, kürzer und besser lesbar.

## 4.4 Datenmodell und Datentypen

Wir sprechen nicht ohne Grund vom Datenmodell und nicht vom Klassen- oder Objektmodell:

- Der Begriff der *Klasse* ist in der Objektorientierung breit gefasst und wird vor allem implementierungsnah verstanden.

- Klassenmodelle beschreiben Daten und Funktionen – die Verbindung der beiden Welten gilt als eine der großen Errungenschaften der Objektorientierung. Aber in der Spezifikation sind wir noch gar nicht in der Lage, Daten und Funktionen sinnvoll zu verbinden, und manche Funktionen bleiben bis ans Ende ihrer Tage (also auch in der Implementierung) unzugeordnet (etwa als *static*-Methode in Java). Daher betrachten wir in der Spezifikation Daten und Funktionen getrennt.

Wir betreiben Datenmodellierung ganz im Sinn der klassischen Entity-Relationship-Modellierung: Im Mittelpunkt stehen die Entitätstypen, also die zentralen Begriffe der Anwendung: *Konto*, *Kunde*, *Bestellung*, *Artikel* (vgl. Abschnitt 7.6). Entitätstypen sind durch Beziehungstypen miteinander verknüpft; diese haben die üblichen Kardinalitäten (1:n, n:m usw.). Jeder Entitätstyp wird beschrieben durch Attribute: Der *Kunde* hat eine *Rechnungsadresse* und eine *Lieferadresse*, das *Konto* hat ein *Saldo*, die *Bestellung* ein *Bestelldatum* und der *Artikel* eine *Bezeichnung*. Jedes Attribut hat genau einen Datentyp: *Rechnungsadresse* und *Lieferadresse* sind beide vom Typ *Adresse*, das *Bestelldatum* ist vom Typ *Datum* und die *Bezeichnung* ist eine schlichte Zeichenkette, ein *String*. Datentypen sind der Ort, wo man feldbezogenene Prüfungen definiert: Jede Adresse unterliegt zunächst einmal denselben Bedingungen; dasselbe gilt für das Datum und jeden anderen Datentyp. Kapitel 7 liefert weitere Informationen zum Thema Datentypen.

Man kann Datenmodelle überschätzen und unterschätzen; beides ist fatal.

Früher wurden Datenmodelle oft unterschätzt. Viele fanden sie einfach überflüssig: Wozu ein Datenmodell, wenn der Datenbankentwurf (relational, objektorientiert oder was auch immer) so einfach ist? In Wirklichkeit ist der Datenbankentwurf alles andere als einfach, und der Weg vom Datenmodell zum Datenbankentwurf ist weit, jedenfalls bei größeren Anwendungen.

Heute werden Datenmodelle oft überschätzt: Man modelliert mit großer Sorgfalt alle Daten (richtig), und leitet daraus die Funktionen ab, ohne Geschäftsprozesse oder Anwendungsfälle zu analysieren (falsch). Systeme dieser Art bestehen im Wesentlichen aus den Funktionen Anlegen/Ändern/Löschen für jeden Entitätstyp; sie sind nicht zu gebrauchen.

Es gibt unzählige Bücher, Artikel und Tutorien zur Datenmodellierung (vgl. [Spe01]). Wir wollen an dieser Stelle nur die wichtigsten Spielregeln zusammenfassen:

1. Datenmodelle werden in überschaubare, fachlich motivierte Einheiten (Komponenten) unterteilt. Oft findet man Datenmodelle mit mehreren Hundert (oder Tausend) Entitätstypen ohne jede innere Struktur, dargestellt als wandfüllende Tapete im Besprechungsraum. Datenmodelle dieser Art sind bestenfalls als Materialsammlung zu gebrauchen. Im Detail sind sie sowieso falsch, weil niemand – auch nicht die Qualitätssicherung – mehr als ein paar Dutzend Entitätstypen überblickt. Wir versuchen, jedes Datenmodell in jeweils für sich verständliche Komponenten zu zerlegen. Eine besondere Rolle spielen komponentenubergreifende Beziehungen: Man kann sie nicht verbieten, weil sie einfach vorhanden sind, aber man kann sie durch geeignete Komponentenbildung minimieren, und man kann die resultierenden Abhängigkeiten zwischen Komponenten überwachen.

2. Die Modellierungsmethode ist nicht so wichtig. Das klingt ketzerisch, aber es ist die Wahrheit. Im Mittelpunkt stehen vier Begriffe: Entitätstyp, Beziehungstyp, Attribut und Datentyp. Die sollte jeder Datenmodellierer und auch der beteiligte Fachbereich verstanden haben. Der Rest ist Beiwerk. Oberstes Ziel ist immer die Verständlichkeit und nicht der methodische Tiefgang. So ist z.B. die UML-Unterscheidung zwischen Aggregation und Komposition für die Praxis der Spezifikation ohne Bedeutung.
3. Das Werkzeug ist wichtig. Ohne Werkzeug geht es nicht, denn Datenmodelle sind in der Praxis sehr groß, und es ist unmöglich, alle Informationen manuell in Word- oder Excel-Dateien zu verwalten.
4. Primärschlüssel sind nicht obligatorisch. Viele Entitätstypen haben einen Primärschlüssel aus Sicht des Anwenders (Kundennummer, Bestellnummer), aber andere haben keinen: Es gibt z.B. keine bundesweite Identifikation der Person. Das Datenmodell soll gerade die Abwesenheit eines fachlichen Schlüssels dokumentieren. Es ist ein Fehler, den Anwender durch künstliche Primärschlüssel zu verwirren.
5. Wir verwenden Datentypen. Dieser Punkt ist so wichtig, dass man ihn mehrfach sagen kann. Das *Datum* ist ein Datentyp und kein Entitätstyp, denn es macht wenig Sinn, ein Datum anzulegen oder zu löschen. Dasselbe gilt für alle anderen Datentyp-Beispiele.

### *Wie entsteht ein Datenmodell?*

Datenmodelle entstehen nicht auf einmal, sondern sie wachsen allmählich. Wichtige Quellen sind Gespräche mit dem Fachbereich, jede Art von Papier (Formulare), die Schnittstellen zu Nachbarsystemen und – vor allem – die abzulösenden Altsysteme. Die Analyse der vorhandenen Datenbanken ist oft beschwerlich: Es ja nicht damit getan, die vorhandenen Tabellen und Felder zu benennen, sondern es kommt darauf an, die oft unglaubliche Fülle von trickreichen Belegungsregeln aufzuspüren („Bei unseren Auslandskunden steht im Mehrwertsteuerfeld der Ländercode“).

Das Datenmodell entsteht zunächst in einer Grobform mit den wichtigsten Entitätstypen, den wichtigsten Attributen und einer ersten Komponentenbildung. Es ist sinnvoll, diese Grobform als Zwischenergebnis im Projekt zu publizieren.

Danach kommen zwei Dinge: die Festlegung der Datentypen und der Abgleich mit anderen Bausteinen, nämlich Anwendungsfälle, Dialoge, Batches und Nachbarsysteme. Das Datenmodell wird informell mit diesen Bausteinen abgeglichen: Jeder Baustein verwendet Daten lesend oder schreibend. Diese Daten kommen entweder von außen (vom Anwender oder einem Nachbarsystem), oder sie befinden sich im System, und dann haben sie einen Platz im Datenmodell. Das Datenmodell ist vollständig, und umgekehrt werden jeder Entitätstyp und jedes Attribut wenigstens einmal verwendet. Das Datenmodell enthält also keine Leichen.

### *Muster*

Muster gibt es nicht nur in der objektorientierten Programmierung, sondern auch in der Datenmodellierung (vgl. auch [Fow97]). Wir beschreiben kurz zwei Beispiele: Historie/Vordatierung und Mandantenfähigkeit. Beide Muster lassen sich im Rahmen der Datenmodellierung elegant behandeln; der naive Weg führt allerdings ins Chaos.

*Historie/Vordatierung*

Bei Änderungen wird der alte Wert oft noch gebraucht, etwa bei der Adresse. Adressänderungen sind selten sofort wirksam, sondern erst in der Zukunft. Daher hat ein Entitätstyp wie *Kunde* nicht nur eine Adresse, sondern eine ganze Liste von Adressen: Maximal eine Adresse in der Zukunft, genau eine in der Gegenwart und null oder mehrere in der Vergangenheit. Wie modelliert man diesen Sachverhalt? In manchen Projekten operiert man mit dem Entitätstyp *Tag* (oder *Zeit*), macht auch die Kundenadresse zum Entitätstyp und etabliert Beziehungen zwischen dem Kunden, der Kundenadresse und dem Tag. Dies widerspricht der Definition des Entitätstyps (man kann Tage weder anlegen noch löschen), führt zu einer Inflation von Beziehungen und macht das Datenmodell unbrauchbar. Die Lösung ist beschämend einfach: Wir markieren alle historienwürdigen Attribute mit einem *H*, und alle vordatierungsfähigen Attribute mit einem *V*. Damit ist alles gesagt, und alle (Fachbereich und Programmierer) wissen, was gemeint ist. Der Rest (Datenbankentwurf, Zugriffsmethoden) ist Sache der Konstruktion.

*Mandantenfähigkeit*

Mandantenfähigkeit ist ein schillernder Begriff und Anlass für unzählige Diskussionen. Mandantenfähigkeit bedeutet lediglich, dass ein Teil der Daten mandantenspezifisch ist. Dazu zwei Beispiele:

- Viele E-Mail-Systeme sind mandantenfähig (z.B. das von T-Online): Jeder Benutzer sieht nur seine eigene Post; die Post anderer Benutzer sieht er nur, wenn er sich anders anmeldet, also einen anderen Benutzer vortäuscht.
- Die DV-Systeme der Steuerberater sind mandantenfähig: In ein und demselben System leben die Steuerdaten verschiedener Mandanten friedlich nebeneinander, ohne sich zu kennen.

Mandantenfähigkeit bedeutet also: Das Datenmodell besteht aus dem mandantenspezifischen und dem mandantenunabhängigen Bereich. Jeder Entitätstyp des mandantenspezifischen Bereichs hat eine Zu-Eins-Beziehung zum Mandanten, der selbst ein Entitätstyp ist. Die naive Darstellung dieser zahlreichen Zu-Eins-Beziehungen machen jedes E/R-Bild unlesbar. Deshalb sollte man die Trennung der beiden Bereiche anders darstellen, etwa durch verschiedene Farben.

## 4.5 Benutzerschnittstelle

### Dialoge

Der Dialog ist die Bearbeitungseinheit des Anwenders. Er bildet eine Einheit in der Mensch/Maschine-Kommunikation derart, dass darin für den Benutzer zusammenhängende Daten und Funktionen verfügbar sind. Jeder Dialog unterstützt einen oder mehrere Anwendungsfälle und stellt sie über geeignete Visualisierungsmittel am Bildschirm dar. Jeder Dialog besitzt ein oder mehrere *Formulare* (gleichbedeutend mit Maske oder Fenster).

Die Dialog-Benutzerschnittstelle ist die Gesamtheit der Dialoge (vgl. auch Kapitel 5). Die Aufteilung in sinnvolle Einheiten, eben die Dialoge, ist ein kreativer Akt: Man kann den Benutzer verwirren durch zu viele kleine Dialoge, und man kann ihn überfordern durch komplexe, überfrachtete Dialoge.

Die ergonomische Gestaltung von Dialogen ist das Thema von Kapitel 5. In diesem Abschnitt geht es nur um die Frage, wie man die Dialog-Benutzerschnittstelle vernünftig beschreibt.

Aber sollte man das überhaupt tun? Genügt ein Prototyp? Oder sollte man im Sinn von RAD[1)] einfach drauflos programmieren und die Benutzerschnittstelle jeweils den tagesaktuellen Wünschen des Anwenders anpassen? Unsere Erfahrung sagt:

- Prototypen sind sinnvoll, aber auch gefährlich: Sie verselbständigen sich; man steckt zuviel Aufwand in den Prototyp. Trotzdem ist ein Prototyp ein wichtiges Hilfsmittel bei der Abstimmung mit dem Anwender.
- Zum Bau der Dialog-Benutzerschnittstelle braucht man einen Bauplan, eben die Spezifikation der Dialoge. Hier kommt es – wie immer – darauf an, den Mittelweg zu finden zwischen Bergen von Papier, die keiner liest, und den wirklich notwendigen Festlegungen.

In diesem Sinn besteht die Spezifikation der Dialog-Benutzerschnittstelle aus drei Elementen: *Dialogübersicht*, *Statik des Dialogs* und *Dynamik des Dialogs*. Die Dialogübersicht gibt es einmal pro System, Statik und Dynamik beschreibt man einmal pro Dialog. Gleichartige Dialoge fasst man zu Dialogkategorien zusammen: Pflegedialoge (Anlegen/Ändern/Löschen) und Massenerfassung sind Kandidaten für solche Dialogkategorien.

### *Dialoglandkarte*

Das ist der Fahrplan für den Benutzer: Er sieht mit einem Blick, welche Dialoge es gibt, und wie man dazwischen navigiert. Im einfachsten (und früher üblichen) Fall entspricht die Dialoglandkarte der Menüstruktur.

### *Statik des Dialogs*

Die Statik des Dialogs wird beschrieben durch das verwendete Formular (oder die Formulare) und die Feldliste. Das Formular (ab jetzt nur Singular) ist oft Bestandteil des Prototyps, oder es ist bereits in der gewählten Programmiersprache erstellt. Die Feldliste beschreibt alle Felder des Formulars mit den folgenden Angaben:

- Datentyp,
- Vorbelegung,
- Angaben zu Muss- oder Kann-Feldern,
- Bezug zum Datenmodell, falls vorhanden,
- weitere Angaben, wie z.B. Berechnungsregeln oder spezielle Prüfungen.

Ohne diese Informationen kann man keinen Dialog programmieren. Die Feldliste ist selten länger als eine Seite pro Formular.

---

1) Rapid Application Development

### *Dynamik des Dialogs*

Hier geht es um die Frage: Was kann der Benutzer alles machen? In jedem Dialog gibt es eine Reihe von Eingabefeldern, die der Benutzer editiert, Tasten oder Tastenkombinationen mit einer bestimmten Wirkung, Knöpfe oder andere Bedienelemente, die der Benutzer anklickt. Die *Benutzeraktion* ist der Oberbegriff für alles, was der Benutzer machen kann.

In jedem System gibt es eine Anzahl von Standard-Benutzeraktionen, die in allen Dialogen gleich funktionieren (etwa Bestätigen und Verwerfen). Diese Standardaktionen sind an einer Stelle beschrieben.

Die Aktionsliste beschreibt alle Nicht-Standard-Aktionen mit zwei Angaben:

- Wie wird die Aktion ausgelöst: Wohin muss man klicken, welche Taste oder Tastenkombination wird gedrückt?
- Was bewirkt die Aktion? Hier unterscheiden wir zum einen Aktionen, die sich nur auf den Dialog beziehen (also etwa Vorwärtsblättern oder Dialogwechsel), und zum anderen Aktionen, die einen Anwendungsfall beginnen oder fortsetzen.

Auch diese Liste ist unverzichtbar als Vorgabe für die Konstruktion, und sie ist hilfreich bei der Erstellung der Hilfetexte.

Oft hängt das Verhalten eines Dialogs vom Zustand ab. Als einfaches Beispiel betrachten wir einen Pflegedialog, in dem man das zu editierende Objekt zunächst auswählt und dann bearbeitet. Hier gibt es offenbar zwei Zustände: „Kein Objekt ausgewählt“ und „Objekt ausgewählt“. Bei zustandsbehafteten Dialogen bewähren sich Interaktionsdiagramme (IADs) als Darstellungsmittel. IADs kann man auch als UML-Zustandsdiagramme notieren (vgl. [BJR99]).

Bei der Verwendung von IADs liegt die Kunst in der Beschränkung auf die wesentlichen Zustände. Als grobe Regel kann man sagen, dass IADs nicht mehr als sieben Zustände enthalten sollen.

## Batch und Druckausgaben

Obwohl auch heute viele Systeme im Wesentlichen Batch-Systeme sind, ist Batch ein Stiefkind der Softwaretechnik. Die Unterscheidung zwischen Batch und Dialog ist bereits in der Spezifikation grundlegend. Entgegen der Meinung mancher Puristen ist der Batch für den Fachbereich durchaus wichtig und mit ihm abzustimmen: Die meisten Benutzer wissen sehr genau, welche Batchläufe es gibt, was sie bewirken, und sie kennen die Konsequenzen verunglückter Batchläufe.

Jedes Batchprogramm realisiert eine eigenständige Verarbeitung ohne direkten Benutzereingriff während des Ablaufs. Es gibt ganz unterschiedliche Batchläufe:

- Verarbeitung einer Datei mit Zahlungseingängen,
- Produktion von Adressetiketten,
- Erstellung und Versand von Rechnungen oder Mahnungen,
- Erstellung und Versand von Reiseunterlagen,
- Versorgung eines Nachbarsystems,
- Reorganisation und Archivierung veralteter Daten.

Jeder Batch tut also etwas Sinnvolles. Oft leistet er einen Beitrag zu einem Anwendungsfall (oder führt ihn vollständig aus, wie den Zahlungseingang) oder er produziert Druckausgaben (wie die Adressetiketten) oder beides. Viele Anwendungsfälle lassen sich sowohl im Dialog als auch im Batch ausführen (als Beispiel dient wieder der Zahlungseingang).

Grundlage der Batch-Spezifikation ist die vollständige Liste aller Batches. Für jeden Batch werden die folgenden Angaben gemacht:

- Selektionskriterium: Welche Sätze werden bearbeitet?
- Ablauf: Welche Anwendungsfälle werden bearbeitet, welche Druckausgaben produziert?
- Vorbedingungen: Unter welchen Vorbedingungen darf ein Batch überhaupt laufen? So sollte der Mahnungslauf möglichst erst starten, wenn der Zahlungseingang verarbeitet ist.
- Frequenz: täglich (oder sonst regelmäßig) oder auf Anforderung?
- Parameter: Welche Parameter kann der Fachbereich setzen? Als wichtiges Beispiel nennen wir die Datumsangaben: Welches Datum steht z.B. auf der Rechnung oder Mahnung? Es ist völlig ausgeschlossen, einfach das Maschinendatum zu nehmen, sondern es ist der Fachbereich, der dieses Datum mit rechtlicher Relevanz bestimmt.
- Angaben zum Datenvolumen und zur Laufzeit.
- Fehler: Dies ist wohl der wichtigste und ein oft vernachlässigter Punkt. In jedem Batch gibt es Fehler, die zwar eine technische Ursache haben (etwa wenn eine Eingabedatei nicht lesbar ist), aber fachliche Konsequenzen verursachen.

## 4.6 Alt- und Nachbarsysteme

### Nachbarsystem-Schnittstellen

Kaum ein System wird auf der grünen Wiese gebaut; fast jedes ist in eine vorhandene Systemlandschaft eingebettet. Im ersten Schritt (vgl. Baustein *Architekturüberblick*) werden alle Nachbarsysteme identifiziert und der grobe Datenfluss (Datenquelle oder Datensenke) bestimmt. Erstaunlicherweise ist es nicht ganz einfach, alle beteiligten Nachbarsysteme sicher zu bestimmen – oft entdeckt man erst spät, manchmal sogar nach der Inbetriebnahme, ein Nachbarsystem, das über eine privat betriebene Dateischnittstelle versorgt wurde. Für jedes Nachbarsystem sind die folgenden Angaben erforderlich:

- Organisatorische Zuständigkeit: Nachbarsysteme liegen in der Regel in anderen Organisationseinheiten. Deswegen gestalten sich Abstimmungen oft schwierig bis unmöglich. Abstimmungen betreffen simple Dinge (Bereitstellung von Testdaten, Vergabe von Zugangsrechten) und schwierige (Anpassungen des Nachbarsystems).
- Anpassungen des Nachbarsystem: Natürlich wird man Nachbarsysteme möglichst wenig ändern, aber manchmal sind Änderungen unausweichlich. Dieser Punkt ist vor allem aus Sicht der Projektleitung heikel: Wie bringt man die für das Nachbarsystem verantwortliche Mannschaft dazu, Änderungen durchzuführen, die nur dem eigenen System zugute kommen?

- Art der Koppelung: Man kann Systeme eng oder lose koppeln. Enge Koppelung heißt, dass entweder alle Systeme laufen oder keines – jedes reißt bei einem möglichen Absturz alle anderen mit sich. Lose Koppelung heißt, dass jedes System wenigstens innerhalb gewisser Grenzen autonom ist. Es kann also im Notverfahren auch ohne die anderen weiterlaufen.
- Datentransformation: In der Regel hat jedes System seine eigene Vorstellung von dem Format der Daten und den Konsistenzbedingungen, denen sie genügen.
- Frequenz und Art der Kommunikation.

## Datenmigration

Dieser Baustein beschreibt, wie bei der Ablösung des oder der Altsysteme die Daten in das neue System überführt werden. Dieser Übergang kann auf einmal stattfinden oder in mehreren Stufen. Die Datenmigration erwächst oft zu einem eigenen Projekt.

Die offensichtliche Aufgabe besteht in der Transformation der Daten. Grundlage ist die sorgfältige Analyse der Daten des Altsystems. Dazu verwendet man eine Abbildungstabelle etwa mit den folgenden fünf Spalten: Name des alten Entitätstyps, Name des alten Attributs, Transformationsregeln und -anmerkungen, Name des neuen Entitätstyps, Name des neuen Attributs. In der Regel bleiben Daten übrig, die sich einer automatischen Transformation entziehen. Dann bleibt nur die manuelle Nacharbeit, für die eigene Software zu schreiben ist.

Neben der reinen Transformation geht es darum, die Datenkonsistenz beim Übergang zu gewährleisten. Dies ist aus folgendem Grund ein Problem: Zum Übernahmezeitpunkt gibt es im Altsystem eine ganze Reihe von begonnenen Anwendungsfällen, die im Neusystem zu einem guten Ende zu führen sind. Es ist überhaupt nicht klar, ob diese Halbfabrikate im Neusystem überhaupt unterzubringen sind. Manchmal stellt sich heraus, dass im Neusystem provisorische Anwendungsfälle erforderlich sind, um die Altlasten nach und nach abzuarbeiten.

Obwohl wir noch in der Spezifikation sind, sollte man beim Entwurf der Datenübernahme vom ersten Moment an die technische Frage der Laufzeit betrachten. Das schönste Konzept ist wertlos, wenn sich herausstellt, dass die Datenübernahme mehrere Monate Rechenzeit benötigt (diese Zahl stammt aus einem realen Projekt).

## Inbetriebnahme

Der Baustein *Inbetriebnahme* befasst sich mit dem Prozess der Ablösung von produktiven Altsystem(en) durch das Neusystem. Es wird beschrieben, wie dieser Übergang prinzipiell durchgeführt werden kann, und welche Alternativen zur Wahl stehen. Der Ablauf und die Konsequenzen der gewählten Migrationsstrategie werden gezeigt. Oft wird eine gestufte, schrittweise Einführungsstrategie gewählt, an der sich das Vorgehensmodell der Projektentwicklung orientiert.

Im Rahmen des Bausteins *Inbetriebnahme* werden alle denkbaren Fehler gesammelt und analysiert. Für jeden Fehler definiert man die Reparaturmaßnahmen, die im schlimmsten Fall den Abbruch der Übernahme und die Rückkehr zum Altsystem bedeuten. Oft erkennt man bei dieser Analyse den *point of no return* – von da an gibt es kein Zurück.

## 4.7 Übergreifendes

### Nichtfunktionale Anforderungen

Neben den funktionalen Anforderungen gibt es auch die nichtfunktionalen Anforderungen wie Performance, Datenqualität, Flexibilität, Robustheit. Nichtfunktionale Anforderungen beschreiben wir nach dem VOLERE-Schema [Rob99]. VOLERE benutzt Formulare mit folgendem Standardaufbau:

- Kurzbeschreibung,
- Quelle,
- Prüfkriterium,
- Priorisierung,
- Abhängigkeiten,
- Konflikte mit anderen Anforderungen.

Zwei Punkte erscheinen uns besonders wichtig:

- Jede Anforderung ist messbar. Anforderungen, die man nicht prüfen kann, sind keine.
- Anforderungen werden eingeteilt in solche, die unabdingbar sind (System wird nicht akzeptiert), und alle anderen.

### Querschnittskonzepte

Unter Querschnittskonzepten werden die Konzepte zusammengefasst, die bestimmte Aspekte des Verhaltens oder Aussehens des gesamten Systems betreffen. Typische Beispiele hierfür sind Mandantenfähigkeit, Berechtigungen und Historisierung.

Dabei handelt es sich im weiteren Sinne um nichtfunktionale Anforderungen. Sofern der Umfang es erfordert, wird für diese Anforderungen ein eigenes Konzept erstellt.

## 4.8 Ergänzende Bausteine

### Leseanleitung

Die Leseanleitung enthält Empfehlungen für die verschiedenen Lesergruppen: Wer sollte was in welcher Reihenfolge lesen? Sie enthält Legenden für die grafischen Notationen und gibt eine Übersicht über die im Projekt gültigen Namenskonventionen.

### Glossar

Das Glossar enthält Definitionen der wichtigen Begriffe des Anwendungsbereiches. Es fasst alle Definitionen in einer Übersicht in fachlicher und/oder alphabetischer Ordnung zusammen. Die Begriffe im Glossar können zu den Begriffen im Datenmodell redundant sein.

Die Leseanleitung lässt die verschiedenen Arten von Lesern – wie z.B. Management, Endbenutzer, Entwickler – wissen, welche Teile der Spezifikation sie lesen sollten. Das Glossar enthält Definitionen und Erklärungen zu den anwendungsspezifischen Begriffen. Diese Bausteine gehören zum informellen Teil der Spezifikation.

# 5 Ergonomische Gestaltung von Dialogoberflächen

*von Friedrich Strauß*

> ? **Wie bauen wir aufgaben- und benutzerorientierte Oberflächen?**

Die Benutzerschnittstelle verbindet Computer und Benutzer. Sie nimmt Befehle und Daten des Benutzers entgegen und zeigt ihm das Ergebnis der Verarbeitung. Lange Zeit war man beschränkt auf zeichenbasierte Bildschirme (Character User Interfaces, CUI). Der Computer erwartete z.B. verschlüsselte Eingaben der Form *17, 0-, 168.008.2, Z1*, die je nach Situation bedeuten können: Stornierung, Bestellung Planfahrzeug oder auch den Abschluss eines Bausparvertrags. Das war nicht gerade ergonomisch.

Graphische Dialogoberflächen (Graphic User Interfaces, GUI) haben die interaktive Nutzung vereinfacht: Verschiedene Aufgaben kann man in Fenstern nebenläufig bearbeiten, Parameter werden aus einer angezeigten Liste ausgewählt statt durch ein Kürzel eingegeben; mit der Maus kann man Objekte direkt manipulieren (Anklicken, Verschieben, Verändern).

GUIs sind heute für die meisten Anwendungen etabliert, aber immer noch gibt es betriebliche Informationssysteme, denen der Wechsel von zeichenbasierter zu graphischer Oberfläche noch bevorsteht. Graphische Oberflächen sind aber nur dann ergonomischer als zeichenbasierte, wenn sich der Spezifikateur geplagt hat – aus den vielen Möglichkeiten graphischer Oberflächen muss er die beste nehmen: Auswahl einer Funktion durch Menüauswahl, durch direkte Manipulation oder durch eine Schaltfläche (Button) in einem formularbasierten Dialog. Was ist zu beachten, damit eine ergonomische, d. h. für den *Benutzer* und seine *Aufgaben* optimale Benutzerschnittstelle entsteht? Darum geht es in diesem Kapitel.

Zuerst formulieren wir die Kriterien an ein ergonomisches System: Ein System ist *ergonomisch*, wenn der Benutzer seine Aufgaben damit effektiv ausführen kann. Dann beschreiben wir Regeln für die Gestaltung von Dialogoberflächen, wie Anordnung im Fenster, Lokalität von Informationen, Feedback, und erläutern schließlich Sinn und Grenzen von Richtlinien (Style Guides).

## 5.1 Aufgaben- und benutzerorientierte Dialoggestaltung

Dialogoberflächen von Informationssystemen sind nicht zum Spielen da, sondern zur ernsthaften Arbeit. Die Ergonomie einer Dialogoberfläche eines betrieblichen Informationssystems wird daran gemessen, wie gut sie den Benutzer bei seiner Arbeit unterstützt.

## Das ABC-Modell

Das ABC-Modell [FrB89] definiert den für die ergonomische Gestaltung gültigen Kontext: Es stellt den Bezug her zwischen *A*ufgabe, *B*enutzer und *C*omputer (siehe Abbildung 5.1). Dazu betrachtet es drei Kriterien: *Angemessenheit*, *Handhabbarkeit* und *Persönlichkeitsförderlichkeit.*

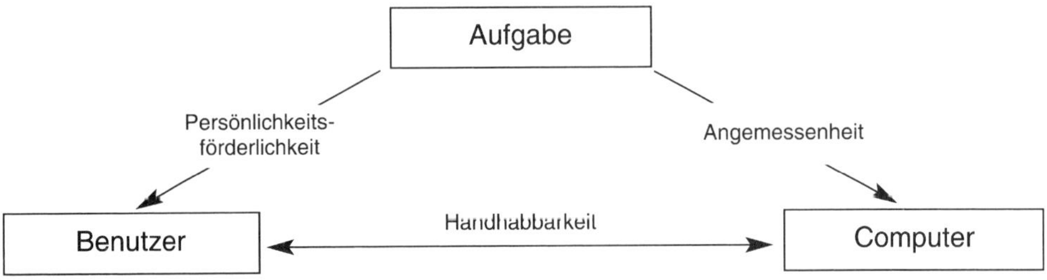


**Abb. 5.1:** Das ABC-Modell

### *Angemessenheit*

Das System stellt die zur Erledigung der Arbeit angemessenen Funktionen zur Verfügung. Die Angemessenheit eines Systems kann daher nur in Bezug auf die Aufgaben bewertet werden und hängt mehr von den Funktionen ab, nicht so sehr von der Dialogoberfläche. Wir unterscheiden drei Aufgabentypen:

- Aufgaben, die durch einen festen Algorithmus beschrieben werden, kann das System *ohne Interaktion* mit dem Benutzer allein ausführen (z.B. eine Zinsberechnung).
- Aufgaben mit festem Ablauf werden *computergesteuert* erledigt. Beispiele sind Bestell- oder Buchungsvorgänge. Die formularbasierte Bearbeitung unterstützt solche Abläufe angemessen.
- Aufgaben ohne festen Bearbeitungsablauf kann man nur *computerunterstützt* bearbeiten. Hierzu zählen Planungs- und Gestaltungsaufgaben. Die geeignete Interaktionsform hierfür ist die direkte Manipulation. Der Abschnitt *Auswahl der geeigneten Interaktionsform* enthält ein Beispiel zur Schichtplanung.

Da die Art der Aufgabenbearbeitung auch von der Nutzungshäufigkeit, dem Vorwissen der Benutzer und weiteren Faktoren abhängt, gibt es nur selten die *eine* beste Unterstützung. Das System sollte daher auch flexibel und anpassbar sein, um in verschiedenen Situationen die Arbeit angemessen zu unterstützen.

### *Handhabbarkeit*

Eine Oberfläche ist handhabbar, wenn sich das System dem Benutzer leicht erschließt und wenn sich die Funktionen des Systems einfach ausführen lassen. Das System soll nur solche Eingaben verlangen, die für die Arbeit unmittelbar erforderlich sind. Wenn zum Beispiel wichtige Informationen in einem anderen Fenster stehen, dann ist das System schlecht handhabbar: Der Benutzer muss zwischen zwei Fenstern hin und her wechseln. Folgende Fragen sind vor dem Entwurf der Dialogoberfläche zu beantworten:

- In welcher Arbeitsumgebung wird das System genutzt? Ein computergestütztes Videomischpult z.B. hat keinen Platz für eine Maus. Zudem ist die Maus für Feineinstellungen ungeeignet.
- Wie oft wird das System genutzt und von wem? Sind die Benutzer Anfänger, gelegentliche Benutzer, Routine-Benutzer oder Experten? Je nach Nutzungshäufigkeit steht effiziente Bedienbarkeit (Experte) oder Benutzerführung (Anfänger) im Vordergrund. Können wir uns darauf verlassen, dass nur geschulte Menschen unser System benutzen, oder bauen wir ein System vom Typ *Walk-up-and-use* wie einen Geldautomaten?
- Welche anderen Systeme kennen die Benutzer? Das neue System sollte den Benutzer möglichst wenig verwirren. Dies wird erreicht, indem man die Dialogoberfläche nach demselben Schema baut, das der Benutzer schon von anderen Anwendungen kennt (Icons, Menüs, Dialogführung).
- Welche systembedingten Aktionen werden den Benutzern zugemutet? Konfigurationseinstellungen z.B. sind immer systembedingt. Ein anderes Beispiel einer systembedingten Aktion ist der Wechsel zwischen Fenstern; diese Wechsel sind nicht zu vermeiden, sollten aber minimiert werden und am besten mit dem Abschluss einer Handlung korrespondieren.

### *Persönlichkeitsförderlichkeit*

Dieses schreckliche Wort stammt aus der Arbeitspsychologie und bedeutet Folgendes:

Das Aufgabenprofil ist an die Kenntnisse und Fertigkeiten des Menschen angepasst – es darf ihn weder über- noch unterfordern – und es öffnet ihm die Möglichkeit zur sinnvollen Betätigung und zur persönlichen Weiterentwicklung. Zum Beispiel braucht jeder Mensch eine gute Mischung aus anspruchsvoller Arbeit und Routine: Andauernd schwierige Probleme zu lösen überfordert genauso, wie Fließbandarbeit unterfordert. Die Persönlichkeitsförderlichkeit ist ganz allgemein ein Ziel der Arbeitsgestaltung und beeinflusst die ergonomische Gestaltung von Dialogoberflächen nur indirekt

Die Anforderungen des ABC-Modells (für einen Vergleich mit verwandten Modellen siehe z.B. Kapitel 3 in [EOO94]) an ein ergonomisches DV-System sind die Basis für verschiedene Normen (DIN ISO EN 2 9241 sowie DIN 66234 Teil 8). Laut EU-Richtlinie 90/270/EWG ist für neu eingerichtete Bildschirmarbeitsplätze nur Software zulässig, die nach den Grundsätzen der Ergonomie entwickelt wurde. Hierdurch sind auch die entsprechenden DIN und ISO-Normen zur Ergonomie verbindlich geworden. Dabei ist DIN EN 29 241/Teil 10 *Grundsätze der Dialoggestaltung* für uns am wichtigsten.

## Grundsätze der Dialoggestaltung (DIN EN ISO 9 241/Teil10)

Die DIN EN ISO 9241/Teil 10 *Grundsätze der Dialoggestaltung*[1)] beschreibt die Eigenschaften eines ergonomisch gestalteten Systems und verfeinert dabei die Begriffe Hand-

1) Die DIN EN ISO 9241 ist die Übersetzung der ISO Norm 9241, die wiederum in weiten Teilen auf der älteren DIN 66 234 aufbaut.

habbarkeit und Angemessenheit aus dem ABC-Modell. Folgende Systemeigenschaften werden nach diesen Grundsätzen gefordert:

- *Aufgabenangemessenheit*
  Ein System ist aufgabenangemessen, wenn es den Benutzer bei der Erledigung seiner Arbeitsaufgaben *effektiv und effizient unterstützt* und ihn nicht durch rein systembedingten Zusatzaufwand unnötig beansprucht.
- *Selbstbeschreibungsfähigkeit*
  Ein System ist selbstbeschreibend, wenn jeder Schritt dem Benutzer durch Rückmeldung *unmittelbar verständlich* ist oder ihm auf Anfrage erklärt wird.
- *Steuerbarkeit*
  Ein System ist steuerbar, wenn der Benutzer *den Ablauf* der einzelnen Schritte bis zum Ziel *gut beeinflussen* kann.
- *Erwartungskonformität*
  Ein System ist erwartungskonform, wenn es den *Kenntnissen* aus bisherigen Arbeitsabläufen und der *Erfahrung* des Benutzers sowie bezüglich der verwendeten Begriffe allgemein anerkannten Übereinkünften *entspricht.*
- *Fehlerrobustheit*
  Ein System ist fehlerrobust, wenn auch bei erkennbar fehlerhafter Eingaben das beabsichtigte *Arbeitsergebnis mit minimalem* oder ohne *Korrekturaufwand* erreicht wird.
- *Individualisierbarkeit*
  Ein System ist individualisierbar, wenn es an unterschiedliche Benutzeranforderungen und -fähigkeiten *angepasst* werden kann.
- *Lernförderlichkeit*
  Ein System ist lernförderlich, wenn es den Benutzer *während des Erlernens unterstützt* und anleitet.

Dazu einige Erläuterungen:

Eingeschränkte *Steuerbarkeit* kennen die Autofahrer: Man wird durch ein vorausfahrendes Auto *fremdgesteuert,* wenn man langsamer fahren muss als notwendig. Das heißt für die Arbeit am Computer: Der Benutzer kann immer entscheiden, wie er weitermacht. Fremdgesteuert ist ein Benutzer zum Beispiel dann, wenn er einen Dialog nicht abbrechen darf, sondern ihn unsinnigerweise bis zum Ende einer Dialogfolge fortsetzen muss. Der Benutzer sollte auch die Möglichkeit haben, die Geschwindigkeit des Systems an sein eigenes Tempo anzupassen: Scrollgeschwindigkeit, Tastaturwiederholung, Animationsgeschwindigkeit.

Ein System ist *erwartungskonform,* wenn es sich verhält, wie der Benutzer es erwartet. Hierbei spielen die in allen Anwendungen genutzten Oberflächen-Elemente eine wichtige Rolle (siehe auch Abschnitt Gestaltungsrichtlinien). Aber auch die Vorstellung des Benutzers von den Systemfunktionen bestimmen seine Erwartungen, wobei die gewohnten Arbeitsabläufe eine Rolle spielen. Die Erwartungen der Benutzer ändern sich: Von einer neu eingeführten Anwendung haben die Benutzer am Anfang nur ein rudimentäre Vorstellung auf Basis einer Schulung oder der abgelösten Altanwendung. Mit der Zeit verstehen die Benutzer die neue Anwendung, sie lösen sich von der Altanwendung – und das führt zu veränderten Erwartungen an das neue System!

Ein formularbasierter Dialog ist z.B. dann nicht fehlerrobust, wenn er nach einer fehlerhaften Eingabe die Eingabefelder löscht, so dass der Benutzer alle Eingaben wiederholen muss, um seinen Fehler zu korrigieren.

Die *Selbstbeschreibungsfähigkeit* eines Systems erreicht man durch zweckmäßiges Layout, geeignete Beschriftung, sinnvolle Oberflächen-Elemente sowie unmittelbare und spezifische Rückmeldungen: Sie unterstützen schnelle Orientierung und intuitive Nutzung. Die verbale Selbsterklärung eines Systems steht heute im Hintergrund – dafür genügt eine einfache Verzweigung zur passenden Hilfeseite.

*Individualisierbarkeit* kann sich auf die Anwendungsfunktionen oder die Dialogoberfläche beziehen. Bei Produkten gibt es beide Formen, wobei die Anwendungsfunktionen immer durch Makros angepasst werden. Bei Individualsoftware ist echte Individualisierbarkeit der Anwendungsfunktionalität selten; alle wichtigen fachlichen Anforderungen werden ja gezielt in der Spezifikation erfasst, priorisiert und implementiert. Die lästigen Bestätigungsmeldungen in GUI-Systemen sollte man (fast) immer abschalten können – eine der wenigen sinnvollen Individualisierungen für die Dialogoberfläche. Wichtiger als die Individualisierbarkeit ist die *Flexibilität* eines Systems: Die Anforderungen an die Dialogoberfläche variieren stärker in Abhängigkeit vom Arbeitskontext als durch unterschiedliche Benutzer. Einige Funktionen wie *Datei-Öffnen* werden über unterschiedliche Zugangswege wie Symbolleisten, Menüs, Tastenkombinationen und den Explorer angeboten. Je nach Kontext verwenden Benutzer mal die eine oder die andere Technik.

*Lernförderlichkeit* kann man durch zusätzliche passive oder aktive Hilfe erhöhen. Aktive Hilfe kann z.B. ein automatisch erzeugter Hinweis sein, wenn das System beim Benutzer umständliche Aktionsfolgen entdeckt („Mehrere Zellen im Spreadsheet können gleichzeitig formatiert werden, indem ..."). Eine andere Art der Unterstützung bieten Agenten (Wizards), die den Benutzer durch eine komplexe und selten genutzte Aktionsfolge führen – allerdings sind manche dieser Agenten ein Ärgernis (man denke an die lächerliche Microsoft-Büroklammer). Aktive Hilfe lohnt sich – wenn überhaupt – nur in Produkten, bei denen hohe Verkaufszahlen den Programmieraufwand und den beschränkten Nutzen ausgleichen. Dagegen verbessert der Undo-Mechanismus die Lernförderlichkeit nachhaltig: Der Benutzer traut sich, auch neue Funktionen auszuprobieren, wenn er weiß, dass er seine Aktionen rückgängig machen kann.

Die in der DIN Norm aufgeführten Kriterien sind teilweise schlecht definiert bzw. veraltet: Konkurrierende Leitfäden definieren abgewandelte Kriterien und nutzen aktuellere Begriffe wie Transparenz und Übersichtlichkeit statt Selbstbeschreibungsfähigkeit sowie Flexibilität statt Individualisierbarkeit. Vor allem aber sind die in den Grundsätzen der Dialoggestaltung genannten Kriterien *analyse-* statt *gestaltungsorientiert*: Sie beschreiben – auch wenn der Name etwas anderes behauptet – die geforderten Eigenschaften der fertigen Software, aber sie geben kaum Hinweise zur *Gestaltung*. Die Frage aber lautet: Wie kommt man zu einem System, das diese Eigenschaften hat? Der nächste Abschnitt über Interaktionsformen wird uns Auskunft geben, wann eine bestimmte Interaktionsform sinnvoll ist.

## Interaktionsformen

Im Folgenden beschreiben wir die Eigenschaften der wichtigsten Interaktionsformen. Anhand dieser Eigenschaften kann man die geeignete Interaktionsform auswählen.

### *Kommandoschnittstellen*

Kommandoschnittstellen erlauben die Eingabe von Kommandos mit Parametern: Die Return-Taste startet die Bearbeitung, und das Ergebnis erscheint. Kommandofolgen kann man zu Skripten zusammenfassen. Für die Älteren unter uns ist die Unix-Shell immer noch der Schaltknüppel des Ferrari und die Windows-Oberfläche die Automatik eines lahmen Diesel. Kommandoschnittstellen haben keine Auswahlfunktionen: Der Benutzer muss die Kommandos und die Syntax auswendig kennen. Dafür gibt es keine Menüwechsel – alle Kommandos sind immer nutzbar. Im Vergleich zu Menüs können Kommandos auch beliebig parametriert werden. Kommandoschnittstellen sind nur dann sinnvoll, wenn sie von *allen* Benutzern häufig benutzt werden *und* viele parametrierte Funktionen vorhanden sind.

*Vorteile:*

+ Beliebige Parametrierung unterstützt komplexe Aktionen (Flexibilität).
+ Die letzten Aktionen sind als Historie sichtbar.
+ Individualisierung ist dank Skript-Programmierung relativ einfach.

*Nachteile*:

– Der Lernaufwand ist hoch.
– Die Eingabe erfordert in manchen Fällen viel Tipparbeit (manchmal aber auch erstaunlich wenig)

Die DOS-Shell auf PCs und die verschiedenen Unix-Shells (bash, csh) sind die bekanntesten Kommandoschnittstellen. Die Kommandoschnittstelle ist die älteste interaktive Schnittstelle von DV-Systemen. Hierarchische Menüs bilden das Gegenstück zu Kommandoschnittstellen. Hierarchische Menüs zeigen dem Benutzer die verfügbaren Funktionen an. Menüs sollten dann gewählt werden, wenn der Benutzer die Funktionen nur selten benutzt und Auswendiglernen nicht in Frage kommt. Bei häufigerer Nutzung sind Tastenkombinationen und Symbolleisten nützlich.

### *Funktionstasten*

Funktionstasten sind einfach; wir finden sie vor allem bei den *walk-up-and-use*-Systemen (Bankautomaten oder Fahrkartenautomaten).

*Vorteile*:

+ Die Lernzeit ist praktisch Null.
○ Mehrstufige Aktionen verlangen eine zusätzliche Benutzerführung.

*Nachteile*:

– Komplexe Aktionen sind nicht möglich.

### *Formulare*

Formularbasierte Dialoge erlauben die Eingabe von vielen verschiedenen Daten mit festem Format – manche Formulare haben 100 Eingabefelder und mehr! Bei graphischen formularbasierten Dialogen lassen sich die Eingaben auf gültige Formate einschränken: *Listboxen* und *Optionsfelder* nennen die legalen Werte eines Aufzählungstyps; *Kontrollkästchen* stellen Ja/Nein-Eingaben dar usw. Abbildung 5.2 zeigt eine Auswahl von Standard-Oberflächen-Elementen (Widgets) in Windows, Abbildung 5.3 zeigt einen typischen Java-Swing-Dialog.

Mit formularbasierten Oberflächen kann man lange Aktionsfolgen mit vielen Eingaben effizient ausführen. Die Aktionsfolge ist vorab festgelegt; nur geringe Variationen sind möglich. Viele Aufgaben bei betrieblichen Informationssystemen wie die Bestellung eines Autos, die Eröffnung eines Kontos oder die Änderung einer Adresse, gehören zu diesem Typ.

*Vorteile*:

+ Die Eingabeobjekte (Widgets) passen zu den Datentypen.
+ Der Benutzer muss sich nur wenig merken.
+ Komplexe Daten kann man effizient ein- und ausgeben.
+ Eine transaktionsorientierte Bearbeitung ist gut möglich – die Bearbeitung wird in einem separaten Schritt gespeichert.
+ Der Lernaufwand ist geringer als bei Kommandoschnittstellen, auch komplexe und umfangreiche fachliche Eingaben werden gut unterstützt

*Nachteile*:

– Die Standard-Widgets unterstützen nur textuelle Daten (allerdings weichen Schieberegler und andere pseudo-analoge Einstell-Widgets diese Grenze auf).
– Die Bearbeitungsfolgen sind vorab definiert. Unstrukturierte Planungs- und Designaufgaben lassen sich nur schlecht durch Formulare unterstützen.

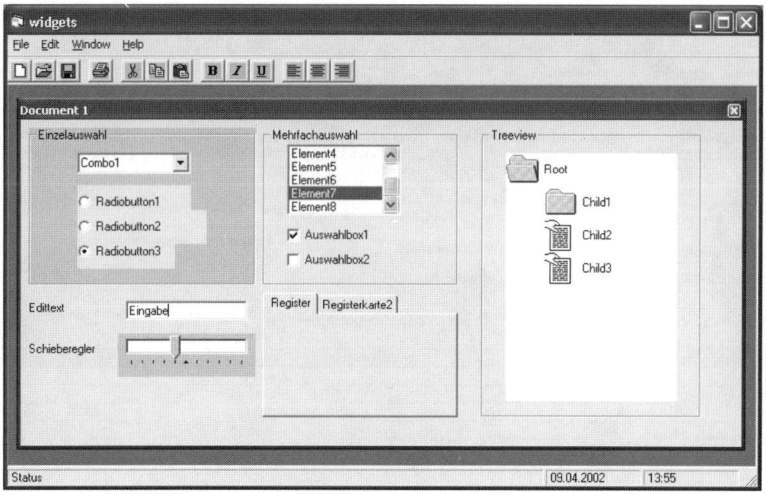


**Abb. 5.2:** Oberflächen-Elemente von Windows

### *Karteikarten*

Karteikarten (Register) strukturieren die Bearbeitung von unübersichtlichen Informationen, die nicht mehr in ein einziges Formular bzw. Fenster passen. Die Karteikarten sind durch ihre Reiter dauerhaft im Dialog sichtbar; zwischen den Karteikarten kann man beliebig hin und her wechseln. Der Benutzer sieht auf einen Blick, welche Karteikarten vorhanden sind; er kann zwischen den Karteikarten wechseln, wie er will. Das funktioniert allerdings nur, wenn jede Karte einen vernünftigen Namen hat – ungeschickt gewählte Namen führen den Benutzer in die Irre. Außerdem sollten die Inhalte auf einer Karteikarte möglichst keine Bezüge zu oder Abhängigkeiten von anderen Karteikarten besitzen.

*Vorteile*:

+ Große Datenmengen werden strukturiert angezeigt.
+ Dic Eingabcrcihcnfolgc ist frci wählbar.
+ Große Datenmengen kann man effizient ein- und ausgeben.

*Nachteile*:

- Die Eingaben lassen sich nur gemeinsam bestätigen oder verwerfen: Gibt der Benutzer in mehreren Karteikarten etwas ein, dann kann er nicht die Eingaben auf einer bestimmten Karteikarte rückgängig machen und die anderen bestätigen. Entweder er ersetzt die fehlerhaften Eingaben wieder durch den ursprünglichen Inhalt oder er verwirft alle Eingaben, um in einem neuen Anlauf wieder mit den ursprünglichen Daten zu beginnen.
- Abhängigkeiten zwischen einzelnen Karteikarten verwirren den Benutzer, lassen sich aber nicht immer vermeiden.

Karteikarten sind genau genommen keine eigene Interaktionsform; sie sind aber ein zentrales Hilfsmittel für formularbasierte Dialoge. Mehr zum hier genutzten Wahrnehmungseffekt der *Schließung* wird bei den Gestaltgesetzen im Abschnitt *Anordnung im Fenster* erläutert.

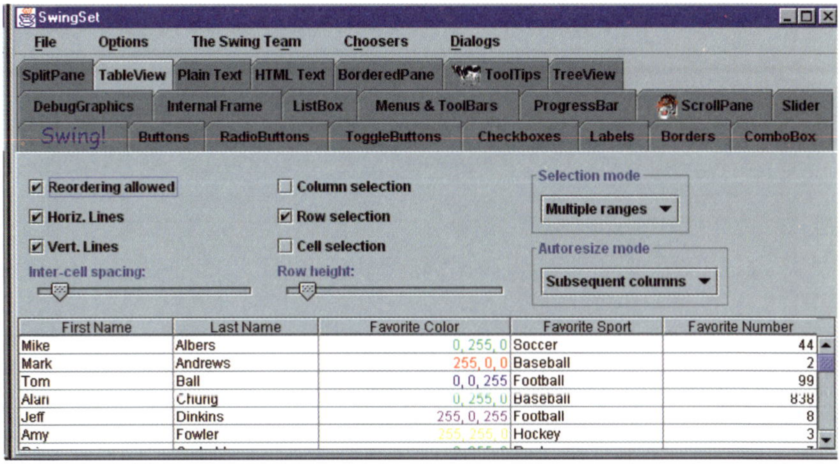


**Abb. 5.3:** Java-Karteikarte aus der Swing-Bibliothek mit mehreren Reihen von Reitern.

In der Praxis werden Karteikarten häufig falsch verwendet: Abhängige Informationen sind auf mehrere Karteikarten verteilt oder es gibt so viele Karteikarten, dass man den Überblick verliert. Beide Probleme erläutern wir im Abschnitt *Karteikarten.*

### *Direkte Manipulation (DM)*

Direkt manipulative Oberflächen stellen Objekte mit ihren Attributen und Beziehungen graphisch dar. Änderungen sind sofort sichtbar, so dass man schnell entscheiden kann, ob die Änderung zum gewünschten Ziel führt oder ob weitere Aktionen notwendig sind. So sind z.B. die Layoutfunktionen für Texte oder Grafiken in den Office-Werkzeugen direkt manipulierbar. Der Begriff Idee der direkten Manipulation wurde von Ben Shneiderman geprägt [Shn97].

DM eignet sich vor allem für Design- und Planungsaufgaben; hier ist der einfache Kreislauf *Aktion ausführen – Ergebnis anschauen – Korrektur- oder Folgeaktion ausführen* besonders wichtig. Diese Aufgaben lassen sich nicht vorab in eine feste Folge von Teilaufgaben zerlegen.

DM und formularbasierte Bearbeitung sind für verschiedene Aufgaben gedacht – es ist Unsinn zu behaupten, das Eine sei besser als das Andere: DM bietet direkte Benutzerrückmeldung (Feedback) und geringe Benutzerführung – das ist die richtige Interaktionsform für unstrukturierte Aufgaben. Ein formularbasierter Dialog erlaubt die effiziente Eingabe größerer Datenmengen; er liefert nur in bestimmten Situationen ein Feedback (etwa wenn das Formular bestätigt wird), und er führt den Benutzer an der kurzen Leine. Somit ist er die richtige Interaktionsform für klar strukturierte Aufgaben mit vielen Daten.

*Vorteile*:

+ Attribute und Beziehungen zu anderen Objekten lassen sich einfach ändern.
+ Der Benutzer erhält unmittelbares Feedback, weil die graphische Darstellung sofort aktualisiert wird.
+ Syntaktische Fehlbedienungen sind kaum möglich (die Interaktion funktioniert dann einfach nicht).

*Nachteile*:

○ Der Lernaufwand ist gering, hängt aber von den Vorkenntnissen ab.
○ Die Effizienz der Bedienung hängt von der Aufgabe ab, vor allem wenn DM und Formulare nebeneinander vorkommen: Hier sind häufige Wechsel zwischen Maus und Tastatur notwendig.
– Die DM bietet keine Benutzerführung.

Beispiele: Windows-Explorer, objektorientierte Zeichenwerkzeuge, viele Planungssysteme.

### *Modale und nicht-modale Dialoge*

Modale bzw. nicht-modale Dialoge gibt es nur in Dialogoberflächen mit Fenstersystemen. Nicht-modale Fenster kann man nach Lust und Laune verlassen und wieder betreten; modale Fenster blockieren andere Fenster. Hierbei unterscheiden wir zwischen anwendungsmodal und systemmodal: Anwendungsmodale Fenster blockieren alle anderen Fenster der selben Anwendung, systemmodale Fenster blockieren alle Fenster aller anderen Anwendungen. Zu jedem Zeitpunkt sind also beliebig viele nicht-modale Dialoge einer Anwendung aktiv, aber höchstens ein modaler.

Bestimmte Aktionen sollten nur in einem modalen Dialog erfolgen: z.B. Speichern eines Dokuments unter einem neuen Namen, Beenden der Anwendung. Dadurch kann der Benutzer diese irreversiblen Aktionen nicht mit konkurrierenden Aktionen durcheinanderbringen. Im allgemeinen aber sind nicht-modale Dialoge vorzuziehen, weil sie die Flexibilität verbessern. Allerdings bieten modale Dialoge eine stärkere Benutzerführung, die für gelegentliche Benutzer oder bei komplexen Abläufen vorteilhaft sein kann.

### *SDI: Single Document Interface*

SDI bedeutet: Die Anwendung kann immer nur ein Objekt (oder ein Dokument) auf einmal bearbeiten. Manchmal ist die parallele Bearbeitung mehrerer Objekte möglich, indem man die Anwendung mehrfach startet. Beispiel: Das Notepad in Windows.

### *MDI: Multiple Document Interface*

MDI-Anwendungen erlauben die parallele Bearbeitung von mehreren Objekten oder Dokumenten. Jedes Dokument wird in einem Unterfenster dargestellt; zwischen den Unterfenstern kann über das Fenster-Menü des Anwendungsfensters gewechselt werden. Es ist immer nur ein Unterfenster aktiv; Menüs und Symbolleisten des Anwendungsfensters wirken immer auf das aktive Unterfenster. Diese nur in der Windows-Welt existierende MDI-Technik mit Anwendungsfenster (Root-Window) und Unterfenstern (Child-Window) verwirrt manche Benutzer. Die Unterfenster sind nur über das Fenster-Menü des Anwendungsfensters erreichbar, während alle anderen Fenster auch über die Task-Leiste erreichbar sind. Will man als Benutzer zu einem anderen Fenster wechseln, so muss man abhängig vom Typ des Fensters die Task-Leiste, das Fenster-Menü oder beides nacheinander bedienen. Vergleiche hierzu auch die selbstkritischen Anmerkungen zu MDI in [WinLei]. Beispiele: Office-Programme in Windows.

## Ein Beispiel für direkte Manipulation: Schichtplanung von Zugbegleitern

Wir betrachten die Planung der Schichteinsätze von Zugbegleitern auf der Basis eines Zugfahrplans: Die Zugbegleiter sind an verschiedenen Orten stationiert; die gesetzlichen Regelungen zur Arbeitszeit (maximal 12 h pro Tag, mindestens 0,5 h Pause usw.) sind verbindlich; die Anfahrtszeiten und die externen Übernachtungen der Zugbegleiter sind zu minimieren. Dazu braucht der Planer eine Übersicht der zu verplanenden Züge und der verplanten Zugbegleiter.

Das macht man am besten mit Zeit-Wege-Diagrammen: Die horizontale Achse repräsentiert eine Zugstrecke (hier: Aachen, Köln, Dortmund, Münster), die vertikale Achse die Zeit. Jeder Zug entspricht einer diagonalen Linie, die je nach Fahrtrichtung steigt oder fällt. Die Zuordnung Zug – Zugbegleiter wird durch farbige Markierungen ausgedrückt (vgl. Abbildung 5.4).

Bei der Schichtplanung versucht der Planer, diese Randbedingungen zu berücksichtigen: Der Planer startet z.B. eine Schicht für einen Zugbegleiter mit dem Zug EC732 von Aachen nach Dortmund, indem er zuerst den gewünschten Zugbegleiter auswählt, danach den Haltepunkt von EC732 in Aachen anklickt und die Maus bis zum Haltepunkt Dortmund zieht. Im Zeit-Weg-Diagramm sieht er, welcher Zug in der Rückrichtung von Dortmund nach Aachen noch nicht verplant ist, und wählt nun mit der gleichen Technik eine passende Zugbegleitung mit Startpunkt in Dortmund. Zur Korrektur einer eingegebenen Planung kann man eine Schicht an jedem Start- oder Endpunkt einer Zugbegleitung mit der Maus verschieben, so dass der Zugbegleiter den Zug eine Station früher oder später verlässt. Eine schon geplante Rückrichtung wird daraufhin automatisch verlängert oder verkürzt, falls der Gegenzug die andere Station auch anfährt. Sonst wird die Schicht in zwei getrennte Abschnitte aufgeteilt, die danach weiter bearbeitet werden können.

Statt dieser DM-Oberfläche könnte man auch eine formularbasierte Eingabe bauen. Der Planer würde jedoch sehr schnell auf eine Papierplanung wechseln, wenn er für jede Fortsetzung einer Schichtplanung wieder einen Suchdialog starten müsste. In das Formular würden dann nur noch die mit Papier und Radiergummi erstellten Planungen eingetippt.

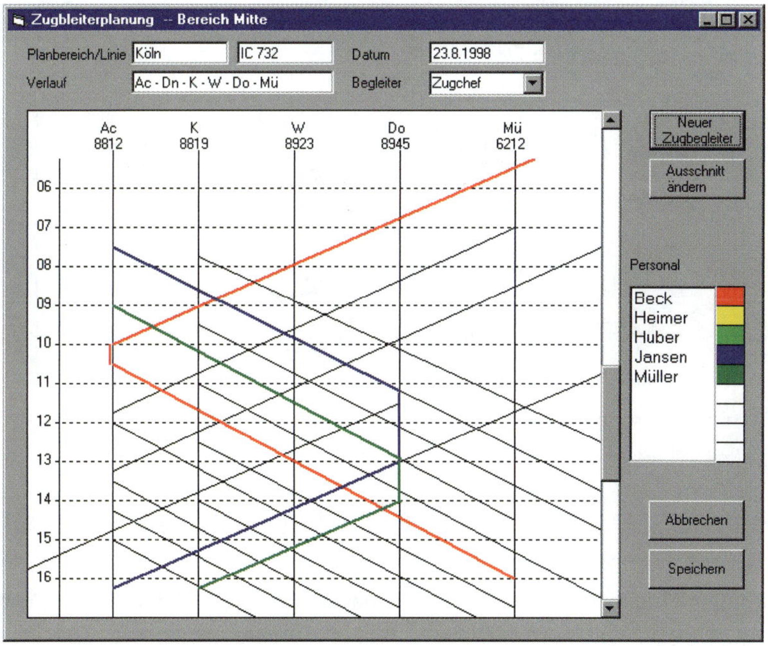


**Abb. 5.4:** Zeit-Weg-Diagramm: Zugbegleiter-Schichten auf der Strecke Aachen – Münster

## 5.2 Prinzipien der ergonomischen Dialoggestaltung

Sehen, Merken, Erinnern – das funktioniert bei allen Menschen nach denselben Mechanismen. Deshalb können wir Regeln zur Dialoggestaltung aufstellen, die allgemeine Eigenschaften bei der Wahrnehmung des Menschen berücksichtigen und unabhängig sind von den Benutzern und den Aufgaben: das Layout eines Fensters, gute Beschriftungen, Minimierung der nötigen Interaktionen und direktes Feedback.

## Anordnung im Fenster

Die Gestaltgesetze beschreiben, wie Menschen Objekte an ihrer äußeren Gestalt erkennen. Die wichtigsten Gestaltgesetze sind (vgl. Abbildung 5.5):

- *Nähe*:
  Objekte werden anhand des Abstands gruppiert.
- *Gleichartigkeit*:
  Ist der Abstand zwischen verschiedenen Objekten gleich, so entscheidet die Form über eine Gruppierung.
- *Fortsetzung*:
  Die sich kreuzenden Linien in Abbildung 5.5 lassen sich ohne einen Winkel einfacher mit der Hand zeichnen, deshalb wird man die in der Abbildung dargestellte Aufteilung als unnatürlich empfinden (keine gute Fortsetzung).
- *Schließung*:
  Wir ergänzen in unserer Vorstellung ohne Mühe unvollständige oder nur teilweise sichtbare Objekte. In Abbildung 5.5 ergänzen wir das Dreieck zum Kreissegment; wir ergänzen Kartenreiter zu einer Karteikarte, und wir ergänzen ein halbverdecktes Fenster zu einem ganzen.

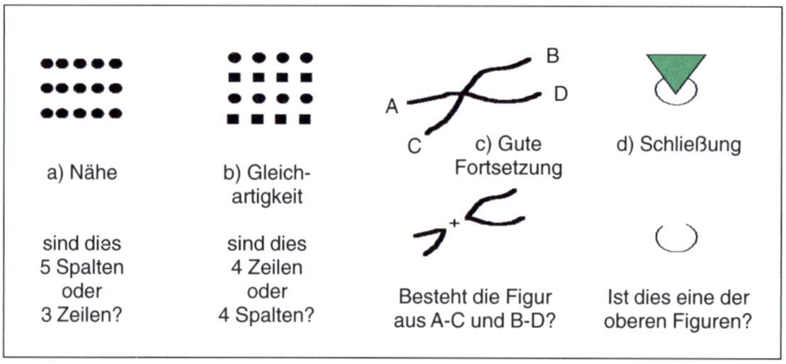


**Abb. 5.5:** Die Gestaltgesetze

Aus diesen Gesetzen lassen sich folgende Regeln für das Oberflächenlayout ableiten:

- *Spalten bilden*
  Nur wenige Eingaben benötigen eine ganze Zeilenlänge. Mehrspaltige Darstellung gliedert den Bildschirm und nützt die Fläche gut aus.
- *Elemente ausrichten*
  Beschriftungen, Eingabefelder, Listfelder usw. sollten rechts- und linksbündig angeordnet werden, also Blocksatz. Dazu kann man auch für kurze Eingaben längere Edit-Texte, Listfelder oder Comboboxen verwenden. Die Proportionen sollten aber beibehalten werden: Ein 20-stelliges Postleitzahl-Feld verwirrt mehr, als die beste Ausrichtung helfen kann. Bei zeichenbasierten Oberflächen mit fixen Zeichensätzen kann man noch von der Länge des Eingabefelds auf die erlaubte Eingabelänge schließen. Hier sollte das Eingabefeld immer genau die richtige Eingabelänge haben. Auch horizontal sollten die Elemente sinnvoll ausgerichtet werden.

- *Objekte gruppieren*
  Elemente eines Objekts gehören zusammen und sollten auch als Objekt wahrgenommen werden: Durch unterschiedlichen Abstand kann man Elemente unauffällig und effektiv gruppieren. Schattierungen oder anders eingefärbte Hintergrundflächen können Objekte besonders hervorheben. Vorbei sind glücklicherweise die Zeiten von Windows 3.x, wo nur mit Linien (Groupboxes) umrahmt wurde, und das womöglich noch mehrstufig. Anders als bei 3D-Schattierungen musste das Auge nebeneinander verlaufende Linien von verschachtelten Gruppenfeldern komplett verfolgen, um zu erkennen, welche Linie welches Objekt umrandet.

Weitere Informationen und Literaturhinweise zu den Gestaltgesetzen findet man in [EOO94].

### Erzwungene Sequentialität vermeiden oder: Ein Bild sagt mehr als tausend Worte

Die meisten Menschen können sich Bilder ziemlich gut merken. Aber einzelne Daten aus einem vorherigen Fenster im Dialog behalten wir nur schlecht, auch wenn es nur wenige sind und die Daten kurz vorher noch sichtbar waren. Was heißt das für die Dialogoberfläche?

- *Wichtige Informationen anzeigen*
  Alle benötigten Informationen stehen auf dem aktuellen Fenster. Der Benutzer braucht sich keine Informationen aus einem früheren Fenster merken oder gar notieren. Außerdem sollten zusammenhängende Informationen zusammen gruppiert werden.
- *Modale Fenster und sequentielle Dialoge vermeiden*
  Modale Fenster und sequentielle Dialoge werden sparsam eingesetzt, weil sie die Bearbeitungsreihenfolge zementieren. Stattdessen sollten Karteikarten genutzt werden: Sie sind einfacher zu bedienen als eine Folge von mehreren Fenstern. Man beachte aber die Beschränkungen bei der Nutzung von Karteikarten (nächster Abschnitt).
- *Kontext anzeigen*
  Die Darstellung von direkt manipulierbaren Objektgruppen in Tabellen, Baumansichten (*Treeviews*), Grafiken u.ä. ermöglicht eine bessere Orientierung des Benutzers bei der Navigation oder bei Planungsaufgaben – der Kontext kann dauerhaft angezeigt werden (man vergleiche das Beispiel zur Schichtplanung). Bei Ergebnislisten von Suchdialogen sollten die Selektionskriterien auch nach Abschluss der Suche sichtbar bleiben, damit man sehen kann, was für ein Ergebnis man gerade anschaut; siehe dazu auch die noch folgende Diskussion der Dateisuche in Windows 95. Für die integrierte Darstellung von Selektionskriterien und Ergebnisliste spricht auch das nachfolgende Kriterium.
- *Eingaben minimieren*
  Technisch bedingte Interaktionen zur Navigation wie Fensterwechsel können nerven. Die Aufteilung eines Suchdialogs in ein Selektionsfenster und ein Ergebnisfenster

wird schnell unangenehm: Muss man die Selektionskriterien mehrfach abändern, bevor man sein gewünschtes Ergebnis erhält, dann sollte der Wechsel von der Ergebnisanzeige zu neuer Selektionseingabe möglichst einfach sein. Viele Internet-Suchmaschinen bieten daher das Suchfeld mit der letzten Eingabe auch auf der Ergebnisseite an. Bei Dialogen zur Neuanlage ist eine Kopierfunktion zur Erfassung ähnlicher Sätze hilfreich.

- *Modusfrei arbeiten*
  Verschiedene Modi können zum Beispiel Edier- und Befehlsmodus sein oder auch Bearbeitungs- und Ansichtsmodus. Der Wechsel zwischen verschiedenen Modi erhöht den Denkaufwand: In welchem Modus befinde ich mich gerade? Beim ausgefeilten Unix-Editor vi führt die Trennung von Eingabe- und Befehlsmodus auch bei geübten Benutzern immer wieder zu Bedienungsfehlern und überflüssigen Orientierungspausen.

## Karteikarten

Im Abschnitt zu Interaktionsformen haben wir die Vor- und Nachteile schon genannt. Karteikarten sind oft nützlich, aber man kann auch viel falsch machen.

### *Mehrzeilige Reiter bzw. Scrollbare Karteikarten*

Solange die Karteikarten in eine Zeile passen, ist alles in Ordnung. Im anderen Fall gibt es zwei Möglichkeiten: Die erste Technik stellt die Reiter der Karteikarten in mehreren Reihen dar; beim Anwählen eines Reiters kommt die entsprechende Reihe nach vorn (Abbildung 5.7). Bei der zweiten Technik sind die Reiter der Karteikarten einzeilig angeordnet; dafür ist diese Zeile scrollbar. Rechts und links sind Pfeile dargestellt, mit denen der sichtbare Ausschnitt verändert werden kann (Abbildung 5.6). Beides hat Nachteile.

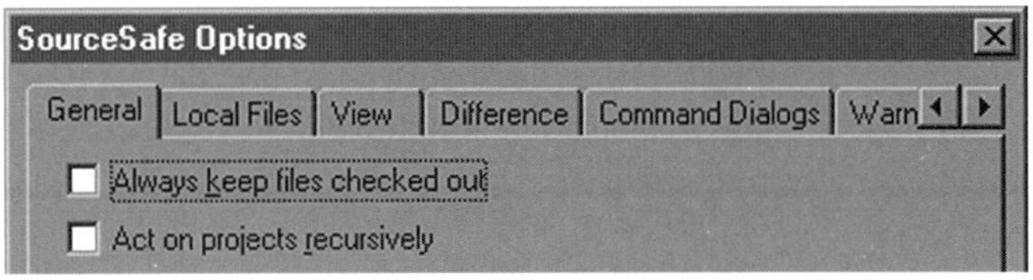


**Abb. 5.6:** Ein Register mit scrollbaren Karteikarten (Visual Source Safe)

Jeder hat wohl schon das Problem gehabt, sich in mehrzeiligen Reitern zu orientieren (zum Beispiel die Karteikarten zur Einstellung der Optionen in Word). Obwohl die Anordnung der Reiter einer festen Regel folgt, versteht man den Wechsel nicht einmal dann, wenn man die Regel herausgefunden hat: Die Reihen sind in einem Kreis angeordnet; nach der letzten Reihe folgt wieder die erste Reihe, aber das geht in der linearen Darstellung unter. Deshalb sollten in Windows maximal 2 Reihen von Karteikarten genutzt werden (wie in Abbildung 5.7).

Die Alternative (Register mit scrollbaren Reitern) hat ein ähnliches Problem: Hier ist jeweils nur ein Teil der Reiter sichtbar. Der ursprüngliche Vorteil von Registern geht verloren: „Welche Karteikarten gibt es überhaupt?“ Gut gelöst sind die Karteikarten der Java-Swing-Bibliothek (vgl. Abbildung 5.3): Hier wird der aktive Reiter anders eingefärbt; alle Reiter behalten immer ihren Platz. So sind auch mehrzeilige Reihen kein Problem.

### *Vorgegebene Bearbeitungsreihenfolge*

Bei Karteikarten erwarten die Benutzer eine freie Bearbeitungsreihenfolge: Ist die Bearbeitung der Karteikarten nicht wahlfrei, so sollte dies angezeigt werden (nicht wählbare Reiter sind z.B. grau gefärbt). Bei einer festen Bearbeitungsreihenfolge ist ein dauerhaft sichtbares Hauptfenster mit per Schalter aktivierbaren Subfenster manchmal die bessere Alternative: Dort stehen selten gebrauchte Informationen.

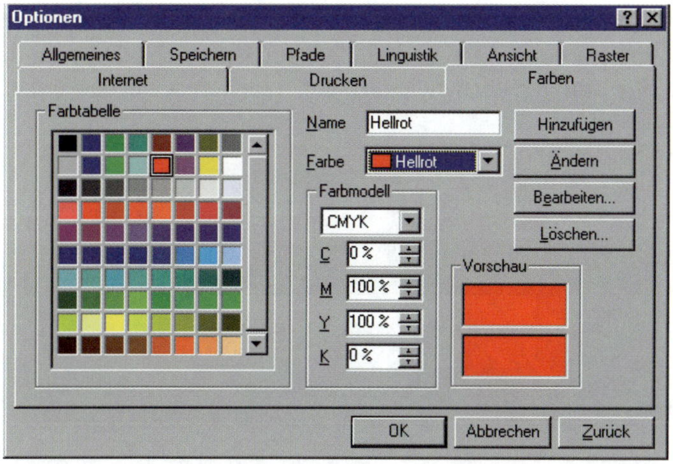


**Abb. 5.7:** Fenster zum Einstellen von Anwendungsoptionen (aus Star-Draw)

### *Aktionen zu einzelnen/allen Karteikarten*

Ein weiteres Problem entsteht durch die mangelnde Transparenz von Aktionen in Karteikarten. Bezieht sich ein Schalter auf alle Karteikarte oder nur auf die aktuelle (vgl. Abbildung 5.7)? Werden die Aktionen durch ein globales OK gespeichert, dann ist unklar, was passiert, wenn der Benutzer eine Karteikarte bearbeitet, dann auf eine andere Karte wechselt und später den Dialog mit *Abbrechen* beendet. Dieses Problem kann der Schalter *Übernehmen* mildern: Die bisher durchgeführten Änderungen werden gespeichert, ohne den Dialog zu beenden. Dieses Verfahren wird zum Beispiel bei den Eigenschaftsfenstern von Dateien in Windows95/NT4.0 angewendet. Eine andere Technik ist der Zurück-Schalter bei Star-Draw: Hier wird nur die aktuelle Karteikarte zurückgesetzt.

### *Wie man es nicht machen sollte: Die Suchfunktion im Windows-Explorer*

Ein schönes Beispiel für die ungeschickte Verwendung von Registern ist die Suchfunktion im Explorer von Windows 95 (Abbildung 5.8), die auf Kosten einer künstlichen Integration bei Windows XP endlich abgeschafft ist – aber das ist ein anderes Thema.

Der Suchdialog verletzt eine wichtige Grundregel, und zwar: Ein Register eignet sich dazu, große Mengen von *unabhängigen* Informationen in verschiedenen Karteikarten darzustellen.

Dagegen funktioniert die Suchfunktion im Windows-Explorer so: Auf der ersten Karteikarte gibt man einen Suchstring ein (z.B. „*.exe"). Auf der zweiten Karteikarte wird die Suche auf Dateien mit bestimmten Änderungsdatum eingeschränkt. Die dritte Karteikarte bietet die Suche nach speziellen Dateitypen – und dabei wird hinter dem Rücken des Benutzers der Suchstring in der ersten Karteikarte angepasst. Die Informationen auf den verschiedenen Karteikarten sind also voneinander abhängig. Die Folge: Der Benutzer sieht die nachträgliche Änderung an seiner Eingabe nicht.

Die Lösung wäre ganz einfach: Das Fenster vergrößern und alle drei Karteikarten nebeneinander darstellen; bei einer Suche mit mehreren Kriterien blieben alle Kriterien gleichzeitig sichtbar.

Ein weiteres Problem des Explorers sind die Namen der Schalter in der deutschen Version: *Durchsuchen* aktiviert eben nicht die Suche, sondern wählt das Verzeichnis, in dem gesucht werden soll.

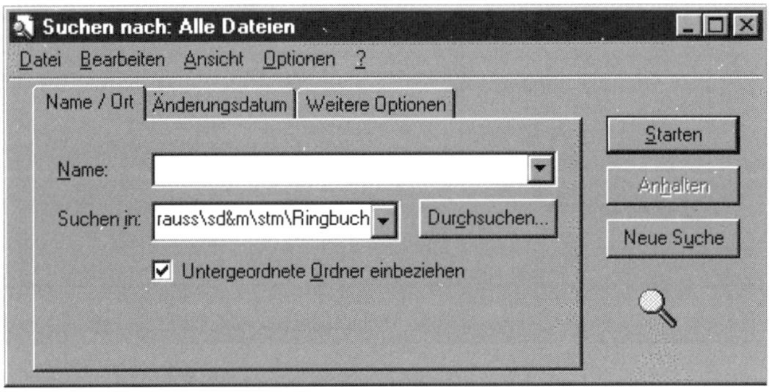


**Abb. 5.8:** Die Explorer Suchfunktion in Windows95

## Lokalität von Informationen – gute Beschriftungen

Information sollten da stehen, wo sie gebraucht wird. Ein gutes Beispiel sind die Beschriftungen von Schaltern: Bei dem Anklicken wollen wir wissen, was passiert. Deshalb sollte auf dem Schalter genau die Funktion genannt werden, die ausgeführt wird. Anwendungen, die immer nur den Schalter OK anbieten und ausschließlich an einer anderen Stelle im Fenster anzeigen, ob wir uns beim Anlegen, Bearbeiten oder sogar Löschen befinden, sind fehleranfällig und umständlich in der Bedienung.

Zum Beispiel zeigen die Dialogboxen im Atari-GEM und in Windows 3.11 nur im Fenstertitel, ob man eine Datei speichert, löscht oder öffnet. Das ist *fehleranfällig*, da der Benutzer leicht aus Versehen die falsche Funktion ausführt; es ist *umständlich*, weil er vor dem Drücken des Schalters woanders hinschauen muss, um zu erkennen, welche Funktion wirklich ausgeführt wird. Hiermit haben wir eine Erweiterung des Gestaltgesetzes zur Nähe: Informationen zu einer Aktion sollten da stehen, wo die Aktion auch ausgeführt wird.

Manche Styleguides standardisieren die Namen von Schaltern; alles heißt nun *OK*, *Abbrechen* oder *Weiter*. So wird dem Benutzer eine einfache Hilfe versagt: aussagekräftige Namen mit der wirklich ausgeführten Aktion (Anlegen, Ändern, Speichern).

Mehrzeilige Karteikarten verletzen das Lokalitätsprinzip besonders auffallend: Eine mit der Maus ausgewählte Karteikarte in einer hinteren Reihe verschwindet von der aktuellen Position (wo die Maus hinzeigt und der Benutzer zwangsläufig hinschaut) und wandert in die erste Reihe – so geht die Orientierung für einen Augenblick verloren.

Neben der Lokalität der Information zu einem Oberflächenelement ist – wie bei den Schaltern – auch die Informationsbeschreibung wichtig. Viele Dialogboxen fragen den Benutzer, ob er etwas wirklich *nicht* will – vielleicht sogar in einer länglichen Formulierung mit doppelter Verneinung, bei der die Schalter OK/Abbrechen oder Ja/Nein angeboten werden (deutsche Texte sind 60 % länger bei Verneinung, und die doppelte Verneinung wird zu 90 % falsch verstanden).

Die Texte von Dialogboxen sollten einfach und handlungsorientiert sein: Die Funktionen anbieten, statt zu fragen „Wollen Sie ...“. Der Benutzer will vielleicht nur noch nach Hause, wenn er diesen leidigen Vorgang am Freitagnachmittag endlich abgeschlossen hat! Bei Fragen an den Benutzer wird nur indirekt beschrieben, was das System daraufhin tut. Abbildung 5.9 enthält eine mehrdeutige und eine handlungsorientierte Dialogbox.

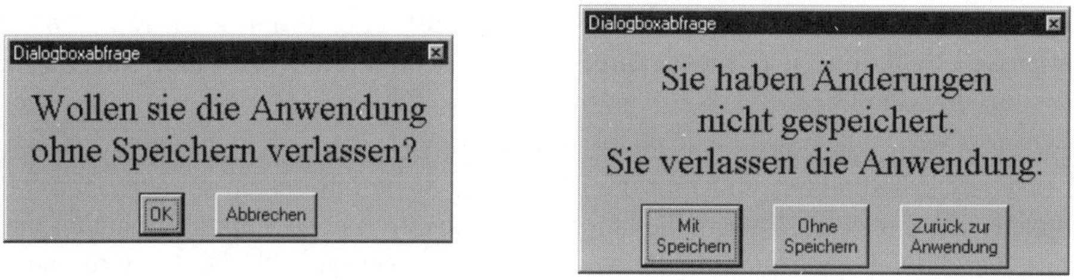


**Abb. 5.9:** Gute und schlechte Dialogboxen

Ein Hinweis ist angebracht zur Groß-/Kleinschreibung: Viele Altsysteme kennen nur Großschrift. Großschrift ist aber viel schlechter lesbar als die normale Groß-/Kleinschreibung, außerdem braucht proportionale Großschrift mehr Platz.

## Feedback

Direktes und spezifisches Feedback ist bei allen Interaktionsformen wichtig; bei der direkten Manipulation ist es Bestandteil der Interaktionsform. *Direktes* Feedback: Der Benutzer erhält *unmittelbar* eine Rückmeldung über seine Aktion. *Spezifisches* Feedback: Die Rückmeldung ist konkret – eine Sanduhr z.B. ist nicht spezifisch. Das *vorausschauende Feedback* gibt eine Rückmeldung, bevor die Aktion endgültig ausgeführt wird: der Benutzer kann vorab prüfen, ob die Aktion auch wirklich das tut, was er beabsichtigt.

Die meisten Oberflächen-Elemente besitzen ein elementares vorausschauendes Feedback: Schalter invertieren ihre Darstellung, wenn sie gedrückt werden; die Aktion startet aber erst beim Loslassen der Maustaste – wenn man die Maus erst vom Schalter herunter verschiebt und dann loslässt, passiert gar nichts.

Ein bekanntes Beispiel für vorausschauendes Feedback ist die Voransicht des Layouts, das manche Textsysteme (zum Beispiel Word) etwa bei der Absatzformatierung anbieten: Im Dialogfenster zeigt eine kleine Ansicht die Auswirkung der Änderung (z.B. Extra-Einzug auf *ohne*, *hängend* oder *erste Zeile*). Ein anderes Beispiel ist die Vorschau-Funktion, die Änderungen anzeigt, bevor sie endgültig bestätigt oder abgebrochen werden.

In komplexen Situationen ist ein vorausschauendes Feedback natürlich nur möglich, wenn die Aktion vorab visualisiert werden kann. Für komplexe Geschäftsvorfälle mit einer langen Folge von Aktionen ist so eine vorausschauende *visuelle* Darstellung nur selten möglich. Hier können *Simulationen* weiterhelfen. Dabei wird ein Geschäftsvorfall vollständig durchgespielt, ohne die Ergebnisse in der Datenbank abzulegen. Das ist nicht einfach zu implementieren, da bestimmte Funktionen in einer Geschäftsvorfallbearbeitung von Vorbedingungen ausgehen (z.B. Kunde ist angelegt und einer Tarifgruppe zugeordnet), die ebenfalls zu simulieren sind. Verwandt mit Simulationen sind Reservierungen in Buchungssystemen oder Prüf- und Berechnungsfunktionen ohne Speichern.

### *Feedback bei langen Aktionen*

Wenn ein Dialog viele Datensätze zur Anzeige liest, oder wenn er im Rahmen einer komplexen Funktion viele Sätze schreibt, dann ist direktes Feedback wichtig zur Beruhigung des Benutzers.

Dazu zeigt man den Fortschritt der Bearbeitung in einem Verlaufsfenster (z.B. durch einen Fortschrittsbalken) und gibt dem Benutzer die Möglichkeit des Abbruchs. Das reduziert den Stress, auch wenn die lange Aktion dadurch keine Zehntelsekunde schneller ist. Verlaufsfenster sagen ungefähr, wie lange die Aktion noch dauern wird und zeigen Veränderungen, die Benutzer während der Wartezeit beobachten können. Ggf. ist dann auch klar, dass man genügend Zeit für eine Kaffeepause hat.

Beim Lesen von Datensätzen sollte man optimieren: Es reicht aus, zunächst nur die Datensätze zu lesen, die der Benutzer sieht. Dies verteilt die Wartezeit und verkürzt sie insgesamt, wenn der Benutzer nicht bis zum Ende blättert. In der Praxis wird man so viele Datensätze bereitstellen, dass man bis zum Nachladen 3 bis 5 mal blättern kann.

Bei Dialogen, die sehr viele (1.000 oder auch 10.000) Sätze anzeigen, sollte man eine passende Anzeige oder Filterung der Daten wählen, so dass jeweils nur wenige Datensätze angezeigt werden (zum Beispiel auf Basis einer hierarchischen Struktur). Dies kann auch zu neuen Anforderungen an das System führen, wie zum Beispiel die Ablage von Aufträgen in einer Hierarchie.

## Mehrsprachigkeit

Viele Dialoge sind mehrsprachig, damit Benutzer aus verschiedenen Ländern das System in ihrer Sprache nutzen können. Die Mehrsprachigkeit besteht aber nicht nur aus der Übersetzung der Beschriftungen in den Fenstern und der Meldungen, sondern betrifft gelegentlich auch die Dateninhalte selbst. Diese werden bei einer Internationalisierung oder Lokalisierung gern vergessen: Langnamen und Bezeichner sind häufig sprachabhängig. Man vergleiche hierzu den unten dargestellten Dialog aus dem touristischen Bereich (Abbildung 5.11): Dort sind die Hotelnamen, die Ausstattungskürzel, die Zimmertypen und Verpflegungskürzel sprachabhängig. Insbesondere bei der Auswahl muss wohl durchdacht werden, wie die Darstellung von sprachabhängigen Namen integriert wird, damit der Benutzer einfach feststellen kann, ob er die richtige Auswahl getroffen hat.

Abbildung 5.10 zeigt, wie eine Auswahl sprachabhängiger Elemente platzsparend ausgeführt wird. Ist das Auswahlkürzel sprachunabhängig, dann bietet sich eine Klappliste an, die Kürzel und Langtext zusammen darstellt. Ist der Platz knapp, dann wird der Langtext nur im Tooltip (aktive Hilfe) angezeigt. Bei wenig aussagefähigen Codes sollte auch in einsprachigen Dialogen der Langname nach der Auswahl sichtbar sein: Der Benutzer weiß dann genau, dass etwa Hotel H53665 wirklich das gewünschte *Petra Mare* ist.

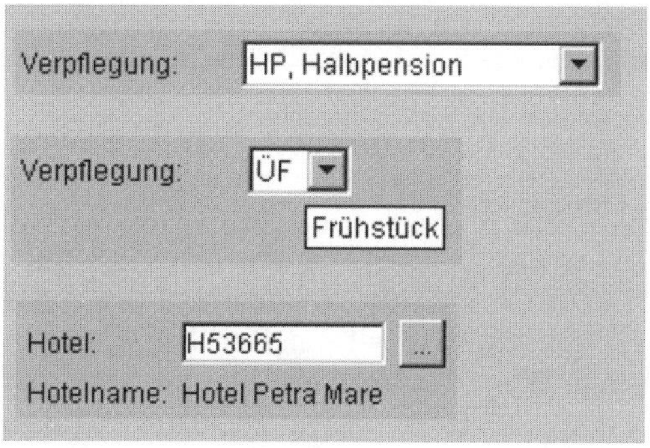


**Abb. 5.10:** Auswahl mehrsprachiger Daten zu einsprachigen Codes.

## Ein reales Beispiel: Die Definition von Hotel-Angeboten

Wir haben jetzt mehrere Kriterien zur Gestaltung eines Dialoges an kleinen Beispielen kenngelernt. In dem nun folgenden Dialog aus einer komplexen Individualentwicklung erläutern wir die Anwendung dieser Kriterien (Abbildung 5.11). Hierbei handelt es sich um den zentralen Dialog zur Unterstützung des Produktmanagers eines Reiseveranstalters bei der Definition von Hotel-Angeboten auf der Basis von eingekauften Leistungen.

Das vorgestellte Beispiel stammt aus einem Hotel-Einkaufsmanagementsystem und wurde von sd&m und der Thomas Cook AG gemeinsam entwickelt. Es wird unter anderem für die Marken Neckermann, Aldiana und Airmarin genutzt. Die Definition von Angeboten und die anschließende Kalkulation ist ein komplexer Prozess, der obendrein unter Zeitdruck erfolgt, da die Kataloge möglichst zeitig nach Einkauf erscheinen sollen. Der Dialog erlaubt es, die Angebote in der Regel ohne zusätzliche Papier-Informationen zu definieren, weil man alle wichtigen Informationen auf einen Blick sieht. So kann das Angebot in einem Akt vollständig zusammengestellt werden, inklusive aller Leistungszuordnungen.

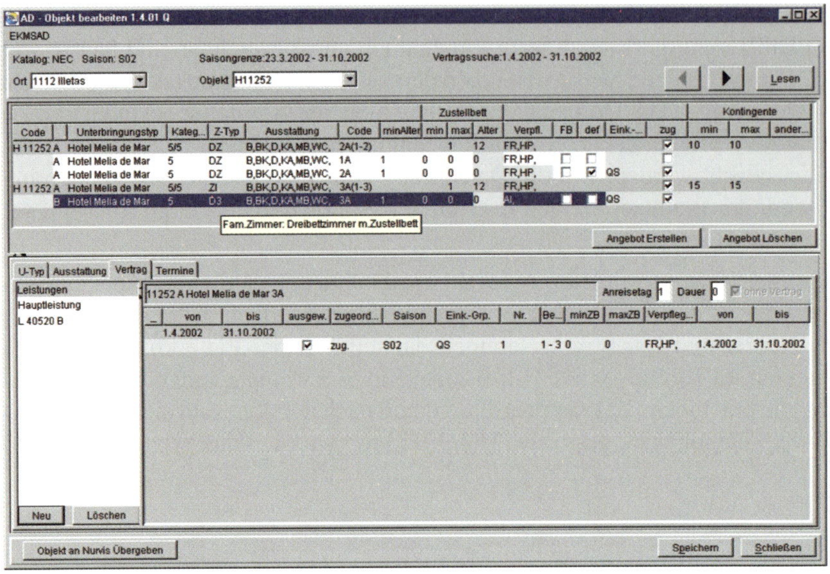


**Abb. 5.11:** Dialog zur Definition von Hotel-Angeboten.

## *Fachlicher Hintergrund*

Die in einem Reise-Katalog angebotenen Hotelzimmer werden als Angebote bezeichnet. Im Beispiel ist 2A der Code für ein Doppelzimmer mit den Ausstattungen D,WC, MB, KA, das mit FR oder HP gebucht werden kann. Daneben gibt es die beim Hotelier eingekauften Hotel-Leistungen. Dies kann auch ein 2A sein, bei dem mit dem Hotelier vereinbart wurde, dass es mit 1-3 Personen belegt und dann als Einzelzimmer, Doppelzimmer und auch als Dreibettzimmer verkauft werden darf. Diese eingekaufte Leistung kann also in drei Angebots-Variationen dem Kunden verkauft werden. 80 % aller Angebote bestehen aus einer einzigen Leistung, es gibt aber auch Angebote, die aus mehreren Leistungen bestehen. Unter die zweite Gruppe fallen zum Beispiel eine Wanderwoche (Hotel-Leistung mit Wanderkurs) oder eine Rundreise (mehrere Hotel-Leistungen, die auch nur jeweils für einen Teil der Reisezeit gelten). Die Zuordnung aller Leistungen ist u. a. wichtig für die Kalkulation der Verkaufspreise, die Verwaltung des Bettenbuchs pro Hotel, die Avisierung bei den Leistungserbringern und für die spätere Regulierung der eingekauften Leistungen.

## *Das Dialogfenster*

Der dargestellte Dialog unterstützt die Definition von Angeboten auf der Basis von eingekauften Leistungen. Die Tabelle im oberen Bereich zeigt zu jeder Hotel-Leistung (= graue Zeile, links über den Objektcode identifiziert) direkt in den Folgezeilen die dazu definierten Angebote. So sieht man sofort, wie das Angebot von der eingekauften Leistung abweicht. Der Benutzer vergleicht in der Spalte *Ausstattung* die Merkmale aus einer weißen Angebotszeile mit der grauen Leistungszeile darüber. Je nach Katalog (Premium-Marke oder Preisbrecher) sind Abweichungen bei den Ausstattungen gewünscht oder auch nicht. Ein kleiner Balkon wird z.B. für eine Premium-Marke nicht im Angebot ausgeschrieben oder eine Vollpension (VP) wird durch eingekaufte Zusatzleistungen zu einem All–Inclusive-Angebot aufgewertet. Die Angebote sind genauso dargestellt wie im Preisteil der Kataloge. Man kann Angebote kopieren (von anderen Angeboten oder Leistungen) – so sind die meisten Felder schon vorbelegt, und der Benutzer hat nur noch wenig zu tun: Das ist *Lokalität* und *Eingabeminimierung*.

Die grauen Leistungszeilen enthalten platzsparend Zusatzinformationen über die Einkaufsverträge: Hinter dem Zimmer-Code in Spalte 7 stehen in Klammern die eingekauften Belegungen. Die letzten Spalten enthalten das minimal und maximal eingekaufte Kontingent sowie die Zuteilung für andere Reisekataloge (in der Abbildung gibt es keine Zuteilung für andere Kataloge). Damit kann der Produktmanager entscheiden, ob er zum Beispiel ein Familienzimmer auch für seinen „Young&Sports"-Katalog anbieten will. Hat das Zimmer nur ein kleines Kontingent und ist es auch an den Familien-Katalog verteilt worden, dann wird er wohl darauf verzichten. So sieht der Produktmanager alle Informationen in einem einzigen Dialog

Zusatzfunktionen vereinfachen die Bedienung noch mehr: Der Zimmertyp ist aus Platzgründen nur als Kurzcode sichtbar – per Tooltip wird der Langtext in der Benutzersprache angezeigt. Die Abbildung zeigt den deutschen Langnamen *Fam.Zimmer: Dreibettzimmer mit Zustellbett*.

Auch die Zuordnung von Zimmertyp zu Angebot ist optimiert: Es gibt über 100 Zimmertypen, aber 90 % aller Zimmer gehören zu einem der sechs häufigsten. Für die Eingabe gibt es eine Klappliste: An erster Stelle steht immer der derzeit selektierte Wert, dann folgen die sechs häufigsten Zimmertypen, und schließlich verzweigt man über den Eintrag *Weitere ZiTypen* zu einem Auswahldialog für die übrigen Zimmertypen.

Über die Karteikarte *Vertrag* (in der unteren Hälfte des Formulars) kann der Produktmanager einem Angebot weitere Leistungen zuordnen. Neben Anreisetag und Dauer legt er fest, über welche Verträge die Regulierung erfolgen soll (linker Bereich der Karteikarte).

Minimierung von Navigations- und Eingabeaufwand unter Beibehaltung einer möglichst übersichtlichen Darstellung war hier die spannende Aufgabe. Die vorgestellte Lösung ist das Ergebnis mehrerer Abstimmungen mit den Benutzern.

## 5.3 Gestaltungsrichtlinien

Einheitliche Oberflächen sind Voraussetzung für die in der DIN-Norm 29241 Teil 10 geforderte Erwartungskonformität und Lernförderlichkeit. Damit eine von mehreren Personen erstellte Benutzerschnittstelle auch wirklich einheitliches Aussehen (Look) und gleichartige Bedienung (Feel) bietet, sind Vorkehrungen nötig. Gestaltungsrichtlinien (Style Guides, Guidelines) sind hier das wichtigste Hilfsmittel.

Gestaltungsrichtlinien sorgen für eine einheitliche GUI, indem sie Regeln zur Dialoggestaltung definieren und die Nutzung von Oberflächen-Elementen (Controls, Widgets) festlegen. Diese Gestaltungsrichtlinien sind konkreter als die am Anfang vorgestellte DIN-Norm EN ISO 9241. Vor allem sind die meisten Vorgaben *operational*: Man kann direkt feststellen, ob eine Vorgabe erfüllt ist oder nicht. Wir unterscheiden zwei Ebenen von Gestaltungsrichtlinien:

- *Hersteller-Richtlinien.* Dies sind Richtlinien von einem Betriebssystem-Hersteller, sie definieren das grundsätzliche *Look and Feel* für diese Plattform (Windows, Open Look, MacOS, OS/2).
- *Firmen- und projektspezifische Richtlinien.* Sie ergänzen Hersteller-Richtlinien und definieren zusätzlich spezielle, auf die Anwendung bezogene Gestaltungsregeln.

### *Hersteller-Richtlinien*

Hersteller-Richtlinien legen die Nutzung der vorhandenen Oberflächen-Elemente fest. Ein paar Beispiele:

- *Maximale Farbenanzahl*
  Zur Differenzierung verschiedener Objekte sind maximal 5 Farben ($\pm$ 2) erlaubt, weil wir uns mehr nicht merken können. Die verwendeten Farben sollten dabei unterschiedliche Grauwerte besitzen, damit auch farbschwache bzw. farbblinde Menschen die Farben unterscheiden können.
- *Menügestaltung*
  Breite/flache Menühierarchien sind schmalen/verschachtelten vorzuziehen, weil sie die Orientierung erleichtern (weniger Menüs). Acht Einträge in einem Menü führen zu geringsten Fehlerraten (bei mehr Einträgen wird die Orientierung wieder schlechter)
- *Kontrollkästchen (check box)*
  Kontrollkästchen werden verwendet, wenn man keine, eine oder mehrere Optionen auswählen kann. Ab fünf Elementen sind Listboxen (*combo box*) besser.
- *Optionsfelder (radio button)*
  Optionsfelder sind zu verwenden, wenn aus mehreren Optionen genau eine ausgewählt wird. Ab ca. fünf Optionen sollte statt dessen ein Klapptext (combo box) gewählt werden.

Die Gestaltungsregeln beschreiben, wie die Oberflächen-Elemente funktionieren (*feel*): Schalter werden erst beim Loslassen der Maustaste ausgeführt, Optionsfelder werden nur für die exklusive Auswahl genutzt, d. h. immer nur ein Element darf selektiert sein, usw. Diese Oberflächen-Elemente werden wiedererkannt und *intuitiv* richtig benutzt, weil sie in allen Anwendungen dasselbe bedeuten.

Die Gestaltungsregeln sagen auch, welche Oberflächen-Elemente wann sinnvoll sind: Bei einer exklusiven Auswahl aus mehr als fünf Optionen sollte man einen Klapptext oder ein Listenfeld nehmen, keine Optionsfelder. Diese Vorgaben hat sich der Hersteller nicht einfach ausgedacht, sondern er folgt den Regeln der Ergonomie: Wir haben am Beispiel der Suchfunktion zum Windows-Explorer die Auswirkungen beschrieben, wenn man Oberflächen-Elemente falsch benutzt (vgl. Abschnitt *Karteikarten*).

Verschiedene Regeln können sich widersprechen: Die *Open Look Guidelines* (SUN 1991) sagen zur Anordnung von Menüeinträgen:

- Use a logical order (if one exists) to help guide users through the process.
- Put most important or most frequently used functions at the top of the menu.

Bei Anordnung von Datei-Funktionen in logischer Reihenfolge erhalten wir *Open*, *Save*, *Close*. Bei Anordnung von Datei-Funktionen nach Häufigkeit müsste *Save* an die erste Stelle. Hier ist zu entscheiden, welche Regel besser passt.

### *Projektspezifische Richtlinien*

Projektspezifische Richtlinien verfeinern die Richtlinien der Hersteller. Sie haben zwei Aufgaben:

1. Sie regeln die Nutzung der verwendeten GUI-Umgebung: Schriftgröße, Farben, Namenskonventionen.
2. Sie garantieren eine projektweit einheitliche Benutzerschnittstelle: Fensterlayout (z.B. Schalter unten links oder unten rechts), Standardabläufe der Dialoge (mit/ohne Bestätigung), einheitliche Darstellung von Daten, die oft vorkommen (z.B. Adresse, Bankverbindung).

Wie bringt man die Programmierer dazu, sich an diese Vorgaben zu halten? Die erste, offensichtliche Antwort lautet: Kontrolle – im Rahmen der üblichen Qualitätssicherung wird jeder Dialog gegen die Richtlinien geprüft. Die zweite, viel bessere Antwort heißt: Vorbereitete Programmrahmen und Unterprogramme lassen dem Programmierer keine andere Wahl. Die Beachtung der im Programmrahmen umgesetzten Richtlinien ist bequemer als deren Umgehung.

### *Firmenspezifische Richtlinien*

Projektübergreifende Richtlinien sind ein sinnvolles Ziel für einheitliche und damit erwartungskonforme Dialogoberflächen. Allerdings ist es kein leichtes Unterfangen, eine firmenweite Richtlinie zu pflegen und durchzusetzen. Hier treten die gleichen Schwierigkeiten auf, wie wir sie bei der firmenweiten Definition von fachlichen Datentypen diskutiert haben (vgl. Kapitel 7). Ziel einer firmenweiten Richtlinie kann es nur sein, wenige Grundregeln zu definieren. Dazu gehört die einheitliche Darstellung von fachlichen Objekten, die Nutzung von speziellen Widgets, Farbvorgaben sowie Vorgaben zur Dialogstrukturierung und Navigationsunterstützung.

Wie weit soll man bei einer Standardisierung gehen? Eine firmenweite einheitliche Darstellung ist wünschenswert, für die bessere Nutzung genauso wie für ein einheitliches Corporate Design. Problematisch sind aber einengende Konventionen, wenn sie die aufgabenangemessene Gestaltung behindern. Typisch waren hier in der Vergangenheit Vorgaben zu einheitlichen Beschriftungen für Schaltflächen – nur noch nichtsagende Begriffe wie *OK/Abbrechen* und *Ja/Nein* waren erlaubt. Ein anderes, häufig angetroffenes Beispiel sind Vorgaben zur Dialogstrukturierung wie die Verwendung von MDI oder der Zwang zu Einfenster-Anwendungen, bei denen die gesamte Navigation über eine dauerhaft sichtbare Baumansicht erfolgt. Die Kombination einer guten Idee (Baumansicht zur Navigation) mit der Restriktion auf ein Fenster liefert schlechte Resultate.

# 6 Software-Architektur

*von Johannes Siedersleben*

> **Wie sieht eine gute Architektur für unsere Software aus und wie kommen wir dahin?**

Jedes Software-System besitzt eine *Struktur* – das ist seine Architektur. Gleichzeitig bedeutet Software-Architektur auch die *Lehre* vom Software-Entwurf. So befasst sich dieses Kapitel mit zwei Fragen:

- Wie erkenne und bewerte ich die Architektur eines Systems?
- Welche Regeln sind zu befolgen, damit am Ende des Projekts ein System herauskommt, das gut ist oder vielleicht sogar schön?

Schon bei Gebäuden ist die Bewertung der Architektur nicht immer klar: Manche Häuser sind vorn schön und hinten hässlich. Der Bewohner freut sich über die geglückte Raumaufteilung, den Kaminkehrer stört der schwer zugängliche Kamin. Und wenn sich der Statiker verrechnet hat, wird auch der schönste Neubau einstürzen.

Auch Software-Systeme werden aus unterschiedlichen Perspektiven unterschiedlich wahrgenommen: Der Anwender braucht das System für seine tägliche Arbeit, der Systembetreiber garantiert die tägliche Verfügbarkeit, der Programmierer wartet die Software, entwickelt sie weiter oder will sie in anderen Projekten wiederverwenden.

Wir unterscheiden *Außensicht* und *Innensicht* eines Systems. Die Außensicht ist für den Anwender unmittelbar oder wenigstens mittelbar wahrzunehmen, während sich für die Innensicht nur Architekt, Programmierer und Systembetreiber interessieren.

## Außensicht

Die Außensicht eines Systems entsteht in der Spezifikation. Sie besteht aus sechs Elementen:

1. *Geschäftsprozesse:*
   Die Automatisierung von Geschäftsprozessen ist der Daseinszweck eines jeden Informationssystems. Jeder Geschäftsprozess besteht aus einem oder mehreren Anwendungsfällen; jeder Anwendungsfall besteht aus einem oder mehreren Schritten, und jeder dieser Schritte wird ganz, teilweise oder gar nicht von dem betrachteten System unterstützt. Sinnvolle Grenzen zwischen der DV-unterstützten und der DV-freien Welt sind die wichtigste Voraussetzung für ein erfolgreiches System.

2. *Datenmodell:*
   Jedes System verwaltet einen bestimmten Teil der realen Datenwelt. Das Datenmodell kennt die fachlichen Begriffe und legt deren Bedeutung, Format und Wertebereich fest. Es bildet die Grundlage für den technischen Entwurf der Datenbank.

3. *Funktionenmodell:*
   Das Funktionenmodell beschreibt die Funktionen des Systems unabhängig von ihrer Darbietung im Batch oder in verschiedenen Dialogen. Beim objektorientierten Vorgehen werden Daten- und Funktionenmodell zum Klassenmodell zusammengefasst.

4. *Dialog-Benutzerschnittstelle:*
   Sie ist der einzig wirklich wahrnehmbare Teil eines DV-Systems. Die Bearbeitungseinheit des Anwenders ist der Dialog. Beispiele dafür sind die Kundensuche (Suche mit Suchbegriffen wie Kundennummer oder -name) und die Kundenpflege (Änderung von Adresse oder Bonität). Jeder Dialog unterstützt einen oder mehrere Anwendungsfälle und stellt sich über Formulare (Fenster, Masken) am Bildschirm dar. Die Benutzerschnittstelle ist die Gesamtheit der Dialoge.

5. *Batch-Benutzerschnittstelle:*
   Bei vielen großen Systemen macht der Batch oft mehr als die Hälfte der Funktionen aus. Jeden Tag laufen viele hundert Batches nach festen Regeln parallel und sequentiell ab. Der Start erfolgt meist automatisch, kann aber auch von besonders autorisierten Benutzern veranlasst werden. Diesen obliegt außerdem die verantwortungsvolle Aufgabe der Batch-Parametrierung. Zur Batch-Benutzerschnittstelle gehören schließlich die guten alten Listen, die sich trotz OLAP und Data Warehouses großer Beliebtheit erfreuen.

6. *Nachbarsysteme:*
   Betriebliche Informationssysteme werden nur selten auf der grünen Wiese gebaut, sondern sind Teil einer Software-Landschaft, in der sie mit unterschiedlichen Nachbarsystemen kommunizieren.

## Innensicht

Die Innensicht ist das Ergebnis der Konstruktion. Auch hier gibt es mehrere, sich gegenseitig beeinflussende Perspektiven:

1. *Komponentensicht*:
   Jedes System besteht aus fachlichen und technischen Komponenten (Abschnitt 6.4 liefert eine genaue Definition dieses Begriffs).
   a) *Fachliche* Komponenten erfüllen die Funktionen, um derentwillen das System überhaupt gebaut wurde: Kundenverwaltung, Adressenverwaltung, Datumsmodul. Die Kundenverwaltung verwendet die Adressenverwaltung; beide verwenden den Datumsmodul. Manche – etwa die Kundenverwaltung – sind für den Anwender direkt sichtbar; andere – wie der Datumsmodul – agieren im Hintergrund, sind aber deshalb nicht weniger nützlich.
   b) *Technische* Komponenten sind unabhängig von der Anwendung, aber von entscheidender Bedeutung für Eigenschaften wie Performance und Robustheit. Beispiele dafur sind die Datenverwaltung und die Batchsteuerung.
   Bei jeder Komponente ist zu fragen: Was leistet sie genau? Wie kann man sie aufrufen? Welche Fehler werden bereits intern behandelt, welche sind vom Aufrufer abzufangen? Welchen technischen Restriktionen unterliegt die Nutzung?

2. *Betreibersicht*:
   Wie kann man das System installieren, de-installieren? Lässt es sich auf einem Rechner mehrfach installieren, kann man es in mehreren, unterschiedlich parametrierten Instanzen betreiben? Wie verträgt es sich auf den unterschiedlichen Rechnern mit anderen Systemen? Wie wird es gestartet und angehalten? Welche Maßnahmen sind bei Zwischenfällen durchzuführen (Ausfall eines Rechners, einer Leitung, einer Software-Komponente)? Welche Datensicherungen sind vorgesehen, und wie spielt man diese im Notfall wieder ein? Daneben gibt es profane, aber wichtige Fragen wie die nach der Menge des täglich bereitzuhaltenden Druckerpapiers.
3. *Erstellungssicht*:
   Jedes System besteht aus einer Anzahl von technischen Einheiten, aus denen das Laufzeitsystem erstellt wird. Diese Einheiten sind: Programmquellen, statische und dynamische Bibliotheken, Skripte, Makefiles und ausführbare Programme. Die Verteilung der Software auf die vorgesehenen Rechner ist ebenfalls Bestandteil der Erstellungssicht.
4. *Physische Sicht*:
   Jedes System nutzt eine Reihe von physischen Geräten exklusiv oder gemeinsam mit anderen Systemen. Dazu gehören Rechner, Bildschirme, Drucker, Leitungen.
5. *Laufzeitsicht*:
   Zur Laufzeit existiert das System als eine Menge von Prozessen (und ggf. Threads innerhalb davon) und Dateien auf den Rechnern des Systems. *Dialogprozesse* reagieren auf Benutzereingaben; sie werden häufig von TP-Monitoren gesteuert. *Batchprozesse* sind für Aufgaben zuständig, die man wegen ihrer Dauer nicht im Dialog durchführen kann. Die Prozesse eines Systems können auf unterschiedliche Weise miteinander kommunizieren (Pipes, Sockets, RPC, COM, CORBA); sie können sich gegenseitig starten und beenden. In jedem größeren System ist die Steuerung der meist zahlreichen Prozesse ein delikates Problem: Was muss passieren, wenn von 437 Prozessen die Nummer 189 abstürzt? Welche reißt er mit? Welche können weiterlaufen?

Diese insgesamt elf Sichten beschreiben die Architektur eines Systems, ja sie *sind* die Architektur: Jedes System besteht aus irgendwelchen Programmen, läuft auf realen Rechnern in realen Prozessen. Es hat eine Architektur. Sie ist im besten Fall nachvollziehbar dokumentiert, häufig steckt das Wissen wenigstens in den Köpfen der vorhandenen Mitarbeiter, und gelegentlich ist nicht einmal das der Fall. *Software-Management* bedeutet auch, das zum Betrieb und zur Weiterentwicklung erforderliche Wissen über die Architektur eines Systems in Form von verständlichen Papieren und verfügbaren Köpfen jederzeit vorzuhalten. Es ist bei größeren Systemen völlig ausgeschlossen, dass ein Mensch alles weiß. Die Frage der *optimalen Wissensüberdeckung* lautet: Welche Köpfe braucht man mindestens, um alle Sichten der gesamten Architektur abzudecken? Eine klare Architektur braucht wenig Papier und wenige Köpfe.

Der Software-Entwicklungsprozess befördert jede Sicht schrittweise von der anfänglichen völligen Unbestimmtheit bis zum Zustand der vollständigen Definiertheit, die mit dem laufenden System erreicht ist: Es laufen genau 437 Prozesse auf sieben Rechnern der Marke XY. Software-Architektur existiert also in unterschiedlichen Graden der Konkretion.

Die Architektur ist die Struktur eines Systems, jedes System ist die Realisierung seiner Architektur. Architekturen verschiedener Systeme können in jeder Dimension und auf jedem Grad der Konkretion übereinstimmen. Es ist ohne weiteres möglich – wenn auch unüblich –, eine bestimmte Architektur auf dem höchsten Grad der Konkretion mit unterschiedlichen Teams mehrfach zu realisieren. Wenn wir sagen, dass zwei Systeme dieselbe Architektur besitzen, dann meinen wir in der Regel aber nur, dass sie in wenigen Dimensionen auf einem geringen Grad der Konkretion übereinstimmen. So besagt die *Fat-Client-Architektur*:

- Jeder Benutzer hat seinen eigenen Rechner (den Client-Rechner), auf dem im Wesentlichen die gesamte Anwendung läuft (dies betrifft die physische Sicht).
- Jeder dieser Clients kommuniziert mit einem Datenbank-Rechner (dem Server) über oft proprietäre Datenbankprotokolle (dies betrifft die Laufzeitsicht).

Die Software-Architektur als Disziplin der Informatik befasst sich vor allem mit der Komponentensicht, also der geschickten Aufteilung eines Systems in technische und fachliche Komponenten, denn das ist die entscheidende Stellschraube für die Qualität der Architektur. Man sollte aber immer bedenken, dass der Software-Architekt für *alle* elf Sichten verantwortlich ist. Diese dienen uns als Leitlinie bei der *Analyse* eines vorhandenen Systems; sie sagen uns, wie wir ein System zu betrachten haben, um dessen Architektur wahrzunehmen. Sie dienen uns ferner als Aufgabenliste beim Entwurf eines neuen Systems und helfen bei der *Konstruktion*: Das alles ist zu tun! Das alles ist zu gestalten!

## 6.1 Was ist gute Software-Architektur?

Wir unterscheiden zwischen der Architektur und ihrer Dokumentation: Ein perfekt dokumentiertes System kann grauenhaft strukturiert sein; ein undokumentiertes System, entwickelt von einem einzelnen genialen Programmier, kann eine hervorragende Architektur besitzen, die allerdings nur solange wertvoll ist, wie der Architekt zur Verfügung steht.

Wir unterscheiden ferner zwischen der Qualität eines *Systems* und der Qualität seiner *Architektur*: Die Qualität eines Systems wird maßgeblich, aber nicht ausschließlich durch die Qualität seiner Architektur bestimmt: Die mangelhafte Realisierung auch nur eines wichtigen Moduls kann Performance und Zuverlässigkeit eines hervorragend strukturierten Systems zunichte machen. Wenn die *lokale* Reparatur des betroffenen Moduls Performance und Zuverlässigkeit wiederherstellt, dann ist dies ein überzeugendes Indiz für die Qualität der Architektur. Die Qualität von Systemen misst man anhand von Kriterien, von denen einige zur Laufzeit objektiv messbar sind (die harten), andere sich jedoch erst im Lauf der Zeit offenbaren und einer quantitativen Bewertung nicht zugänglich sind (die weichen). Wir beginnen mit den harten (vgl. [BCK98]):

1. *Performance*:
   Maßgeblich für die Performance sind die Antwortzeiten im Dialog, die für sich allein jedoch keinerlei Aussagekraft besitzen. Man beurteilt Performance erstens anhand der im Pflichtenheft geforderten Antwortzeiten und zweitens anhand der Häufigkeit der Transaktionen. Eine Transaktion, die nur wenige Male im Jahr getätigt wird, kann ohne weiteres Stunden dauern. Pflichtenhefte sind an dieser Stelle leider notorisch

pauschal. Genauso wichtig wie die Antwortzeiten im Dialog sind die Batch-Laufzeiten. Der Erfolg des gesamten Projekts kann davon abhängen, ob es gelingt, einen zentralen Batchlauf von ursprünglich 10 auf – sagen wir – 7 Stunden zu bringen. Völlig gleichgültig ist es demgegenüber, ob ein kleinerer Batch nach vier oder nach zwei Minuten fertig ist. Die Kunst des Architekten besteht gerade darin, die wichtigen Dialoge (mit 100000 Transaktionen pro Tag) und die wichtigen Batches zu Lasten der weniger wichtigen Funktionen zu optimieren.

2. *Sicherheit*:
   Unautorisierter Zugriff kann erheblichen Schaden verursachen. Ein gutes System verhindert Missbrauch auf jeder Ebene: An der Benutzerschnittstelle greift ein adäquates Berechtigungssystem; auf der Ebene der Rechner-Kommunikation sind entsprechende Maßnahmen vorgesehen (Verschlüsselung, Firewall). Aber auch hier ist nur das Pflichtenheft die Messlatte.

3. *Verfügbarkeit und Zuverlässigkeit*:
   Maß für die Verfügbarkeit ist der Quotient zwischen den Zeiten der tatsächlichen und der versprochenen Verfügbarkeit. Die Zeit bis zum nächsten Ausfall (mean time to failure) ist das Maß für die Zuverlässigkeit eines Systems. Bei Systemen mit vielen Benutzern ist zu unterscheiden, ob das ganze System steht, oder ob nur einzelne Benutzer oder Benutzergruppen betroffen sind.

4. *Robustheit*:
   Falsche Eingaben des Benutzers und korrupte Daten von Nachbarsystemen werden weich abgefangen. Ein robustes System erkennt selbst, dass es vom richtigen Weg abgekommen ist und beendet sich ordentlich ohne Schaden anzurichten. Dies ist vor allem bei der Versorgung von Nachbarsystemen von Bedeutung.

5. *Funktionsumfang:*
   Hier geht es um die Frage, ob das System die versprochene Funktionen erbringt. Was aber wurde versprochen und zu welchem Zeitpunkt? Der Punkt ist: Software-Projekte sind höchstens dann erfolgreich, wenn es während des Projekts rechtzeitig gelingt, genau die 60 % der ursprünglich geforderten Funktionen zu erkennen, die 80 % des erhofften Nutzens stiften, und die gesamte verfügbare Energie auf diese 60 % zu konzentrieren.

6. *Benutzbarkeit:*
   Dieses Merkmal betrifft nur die Dialog-Benutzerschnittstelle. Mehr dazu in Kapitel 5.

Jedes der genannten Merkmale ist ein *mittelbares* Maß für die Qualität von Software-Architektur: Die Architektur ist dann gut, wenn es möglich ist, jedes Merkmal wie Performance, Sicherheit oder Benutzbarkeit in jedem sinnvollen Grad herbeizuführen durch lokale Reparaturen oder Ergänzungen im Rahmen der vorhandenen Struktur und dies mit vernünftigem Aufwand. Umgekehrt ist es zwar unwahrscheinlich, aber nicht ausgeschlossen, dass ein System mit miserabler Architektur in allen sechs Punkten hervorragend abschneidet. Es wäre aber unflexibel. *Flexibilität* ist ein *unmittelbares* Maß für die Qualität der Architektur: Das System wird im Lauf der Zeit an neue Anforderungen und Randbedingungen angepasst. Hierbei sind sechs weiche Kriterien zu unterscheiden (vgl. [BCK98]):

1. *Testbarkeit, Integrierbarkeit*:
   Ein Haus baut man von unten nach oben Stockwerk für Stockwerk; ein System baut man Modul für Modul, Komponente für Komponente. Jeder Modul, jede Komponente wird für sich getestet; getestete Moduln und Komponenten werden Schritt für Schritt zu größeren Einheiten zusammengefügt. Die vollständige *Stückliste* des Systems mit der genauen Angabe des Fertigstellungsgrades ist ein wichtigstes Hilfsmittel des Software-Managements. Abschnitt 6.4 befasst sich mit der Aufteilung eines Systems in Komponenten.

2. *Wartbarkeit*:
   Jedes System hat Fehler. Ein System ist wartbar, wenn man Fehler mit vernünftigem Aufwand lokal reparieren kann, ohne neue Fehler an anderen, unerwarteten Stellen zu verursachen. Für die Wartung im Sinn der laufenden Fehlerreparatur kalkuliert man als Faustregel pro Jahr maximal 5 % des Erstellungsaufwands, wobei dieser Wert im Lauf der Zeit abnimmt. Ein Wartungsprogrammierer sollte also ausreichen für ein System, das 20 BJ gekostet hat.

3. *Änderbarkeit*:
   Die Grenze zwischen Wartung und Änderungen ist nicht immer offensichtlich, sollte aber aus Gründen der Projekthygiene immer klar definiert sein, denn Wartung und Änderungen werden vertraglich in der Regel unterschiedlich gehandhabt. Änderungen sind notwendig durch den Einfluss des Gesetzgebers oder der Konkurrenten am Markt. Als Beispiele nennen wir die jährlich neuen Versionen des Kreditwesengesetzes (KWG), das von den Banken ein immer ausführlicheres und genaueres Berichtswesen verlangt, und die fast wöchentlich wechselnden Sondertarife der Telefongesellschaften. Niemand aber wird fordern, dass ein System, das ursprünglich als Buchungssystem geplant war, im Rahmen der vorhandenen Architektur zu einem System für Kundenverwaltung umgebaut wird.

4. *Portierbarkeit*:
   Verkraftet ein System den Wechsel des Betriebssystems, des DBMS oder des TP-Monitors, ohne dass man es neu schreiben muss? Selbst wenn zum Entwurfszeitpunkt ein solcher Wechsel völlig ausgeschlossen scheint, ist es eine hervorragende Übung für den Architekten, sich die Abhängigkeiten von der Systemsoftware genau klarzumachen und sie durch geeignete Zwischenschichten zu reduzieren.

5. *Skalierbarkeit*:
   Kann man ein System von maximal 10 Transaktionen pro Sekunde (TA/sec) auf 50 TA/sec bringen? Kann man 500 Benutzer anmelden, wo früher nur 100 möglich waren? Kann man Batch-Laufzeiten von zehn auf zwei Stunden reduzieren? Kann man das Datenvolumen vervielfachen? Viele altgediente Systeme haben eine solche Entwicklung hinter sich; in der Regel wurden sie dazu mehrfach neu geschrieben. Skalierung erreicht man immer durch ein Bündel von Maßnahmen auf der Ebene von Hardware, Systemsoftware und Anwendungssoftware. Unser Anspruch ist heute, dass Skalierung ohne nennenswerten Eingriff in die Anwendungssoftware möglich ist. Dies kann höchstens dann funktionieren, wenn die Abhängigkeiten der Anwendung von der Systemsoftware erstens minimal sind und zweitens genau definiert. Dieses Thema behandelt der Abschnitt 6.3.

6. *Wiederverwendbarkeit*:
   Viele existierende Systeme wurden mit erträglichem Aufwand getestet und integriert, gewartet und erweitert, portiert und skaliert. Das alles hat schon oft funktioniert. Dagegen ist die *projektübergreifende* Wiederverwendung von im Projekt entwickelten Komponenten ein seltenes Ereignis, das allemal eine Veröffentlichung verdient. Das liegt in der Regel nicht an der mangelhaften Architektur, sondern an der schlichten Tatsache, dass ein Projekt kein Softwarehaus ist: Wiederverwendbare Software hat Produkt-Charakter, und die bekannte Dreier-Regel besagt: Eine Komponente ist projektübergreifend wiederverwendbar nach dem dritten Einsatz und nach der dritten Re-Implementierung. Unser erstes Ziel ist daher die Wiederverwendung *innerhalb* eines Projekts, über die im Abschnitt 6.4 noch mehr zu sagen ist.

Ein System, das all diese Eigenschaften im gewünschten Umfang besitzt, hat eine gute Architektur – was will man mehr verlangen? Die Frage aber lautet: Wie kommt man dahin? Was muss man dafür tun?

## 6.2 Trennung der Zuständigkeiten

Es gibt kein Patentrezept für gute Architektur, aber es gibt eine verbindliche Leitlinie: Trennung der Zuständigkeiten (separation of concerns). Software, die sich mit verschiedenen Dingen gleichzeitig befasst, ist in jeder Hinsicht schlecht. Der Alptraum des Programmierers sind Returncodes verschiedener technischer APIs (application programming interface) (ist die Datenbank verfügbar?) vermischt mit Anwendungsproblemen (kann die Buchung noch storniert werden?), und all dies innerhalb weniger Programmzeilen.

Diese Idee kann man formalisieren: Jedes System befasst sich mit der fachlichen Anwendung, denn dafür wurde es gebaut, und mit technischen APIs (Betriebssystem, Datenbank, Verbindungssoftware), denn im luftleeren Raum kann es nicht laufen. Daher gehört jede Software-Komponente zu genau einer von vier Kategorien. Sie kann sein:

- unabhängig von Anwendung und Technik,
- bestimmt durch die Anwendung, unabhängig von der Technik,
- unabhängig von der Anwendung, bestimmt durch die Technik,
- bestimmt durch Anwendung und Technik.

Anwendungsbestimmter Code kennt Begriffe wie „Fluggast“, „Buchung“, „Fluglinie“. Technikbestimmter Code kennt mindestens ein technisches API wie ODBC oder OCI. Zur Abkürzung markieren wir anwendungsbestimmte Software mit „A“, technikbestimmte Software mit „T“ und neutrale Software mit „0“. Wir erhalten so die vier Kategorien „0“, „A“, „T“ und „AT“ und zusätzlich noch die Kategorie „R“ als Spezialfall von AT:

**0-Software** ist ideal wiederverwendbar, für sich alleine aber ohne Nutzen. Klassenbibliotheken, die sich mit Strings und Behältern befassen (etwa die zum C++-Standard gehörige Standard Template Library, STL), sind Beispiele für 0-Software. 0-Software implementiert immer ein abstraktes Konzept, z.B. einen assoziativen Array oder ein Zustandsmodell. Man beachte den Unterschied zwischen einer neutralen Bibliothek wie der STL und einem technischen API wie der MFC, die den Zugriff auf das darunterliegende Win32-API komfortabler macht. Die Verwendung von STL bedeutet die Nutzung abstrakter Konzepte (Behälter, Iteratoren, Adapter, ...) und funktioniert überall dort, wo C++ läuft. Dagegen schließt die Nutzung von MFC alle Nicht-Windows-Umgebungen aus.

**A-Software** kann immer dann wiederverwendet werden, wenn vorhandene Anwendungslogik ganz oder teilweise benötigt wird. Der technische Weg zur Wiederverwendung kann je nach Situation ganz unterschiedlich sein: Man kann A-Software direkt einbinden, man kann sie über DLLs ansprechen oder auch per Verbindungssoftware (COM, CORBA).

**T-Software** kann immer dann wiederverwendet werden, wenn ein neues System dieselbe technische Komponente einsetzt (JDBC, ODBC, MFC, CICS).

**AT-Software** befasst sich mit Technik und Anwendung zugleich. Sie ist schwer zu warten, widersetzt sich Änderungen, kann kaum wiederverwendet werden und ist daher zu vermeiden.

**R-Software** transformiert fachliche Objekte in externe Repräsentationen und wieder zurück. Beispiele für externe Repräsentationen sind Zeilen einer Datenbank-Tabelle, ein Bildschirmformat oder XML. Sie kann häufig aus Metainformationen generiert werden. R-Software ist die einzig akzeptable Art von AT. Ein Beispiel für R-Software sind die Tabellendefinitionen einer Datenbank: Die CREATE TABLE-Anweisung der Tabelle KONTO ist in SQL formuliert und kennt das Konto als Begriff der Anwendung.

Der Anteil an echter AT-Software (gemessen als Quotient von LoC), ist ein wichtiges Maß für die Qualität der Software-Architektur: Im besten Fall ist er Null, im schlechtesten Eins. Die vollständige Abwesenheit von AT-Code ist ein überzeugendes Indiz für die Qualität der Architektur. Sauber getrennte Zuständigkeiten sind die Voraussetzung für eine gute Implementierung: klarer, übersichtlicher, kompakter Code. Schlecht angeleitete Programmierer können eine saubere Architektur verunstalten, aber auch der beste Programmierer kann eine schlechte Architektur nicht retten.

Software-Kategorien ähneln den Blutgruppen: 0-Software kann ohne Einfluss auf die Kategorie zu A, T und AT hinzugefügt werden. Kombination von A mit A liefert A, T mit T liefert T und A mit T liefert AT. Die fünf Kategorien formalisieren die Trennung der Zuständigkeiten nur auf der obersten Ebene. Selbstverständlich sollte sich jede T-Komponente nur mit *einem* technischen API befassen und nicht gleichzeitig mit zwei oder drei; jede A-Komponente sollte nur *ein* Anwendungsthema bearbeiten.

Welche Vorteile bringt die Trennung der Zuständigkeiten? Die Antwort ist einfach: klaren Code – und weniger Code. Die Klarheit des Codes ist plausibel: Mehrere kleine Probleme unabhängig voneinander zu lösen ist immer einfacher als ein großes Problem direkt anzugehen. Zur Codemenge ist folgende Überlegung hilfreich: Der Umfang der fachlichen Anwendung (gemessen z.B. in der Anzahl der Moduln und der Anzahl der Attribute) bestimmt die Menge an A-Software im Wesentlichen linear. Für 0- und T-Software ist es aber weitgehend egal, ob das System 30 oder 600 Anwendungsklassen besitzt. 0- und T-Software sind und bleiben überschaubar; meist geht es hier um wenige tausend LoC. Große Mengen an AT-Software sind immer ein Hinweis darauf, dass Software, die eigentlich 0 oder T sein sollte, mehrfach, inkonsistent und fehlerhaft programmiert wurde.

Die Trennung der Zuständigkeiten ist ein mühsames Geschäft, für das in der Hektik unserer Projekte selten genügend Zeit bleibt. Die meisten existierenden Systeme enthalten gewaltige Mengen AT-Software, selbst wenn sie nach objektorientierten Methoden entworfen und implementiert wurden; viele Altsysteme sind praktisch nur AT – und laufen trotzdem. Ist das ein Argument gegen die eingeführte Kategorisierung? Wohl nicht. Wir, die Gemeinschaft der Software-Entwickler (Manager, Designer, Programmierer) sind mit erdrückenden Problemen konfrontiert:

- Die vorhandenen Systeme laufen zwar, sie sind aber schwer zu warten und zu erweitern. Umstellungen wie die auf das Jahr-2000 sind im Grunde trivial. Kein vernünftiger Mensch außerhalb der Informatik versteht, dass die Änderung von zwei- auf vierstellige Jahreszahlen einen achtstelligen Betrag verschlingt. Das war der Offenbarungseid der konventionellen Software-Architektur!
- Viele Projekte sind vom Typ „Umstellung 1:1+". Das bedeutet: Funktion und Performance des vorhandenen Systems (des Altsystems) sind in Ordnung, aber der unvertretbare Aufwand für Wartung und Weiterentwicklung erzwingt die Ablösung durch ein neues System mit gleicher Funktion, aber besserer Wartbarkeit und Erweiterbarkeit. Letzteres garantiert niemand; der Erfolg hängt ab vom Geschick des Software-Architekten, und mehr als einmal hat eine 1:1+-Umstellung bei achtstelligen Kosten vom Regen in die Traufe geführt.
- Wir stehen laufend einer Fülle von neuen technischen APIs gegenüber; monatlich erscheinen neue Versionen: JDBC, ODBC, OCI, ADO, OLE-DB, AWT, Swing, MFC, CORBA, COM+ usw. Das erschwert die Aufgabe des Software-Architekten: Auf welches API kann er sich verlassen? Welches funktioniert? Wie viele Notmaßnahmen (work arounds) werden notwendig sein? Wie teuer wäre es, von – sagen wir – OCI nach ODBC zu migrieren? In welchem Maße wird sein System von einem gegebenen API *infiziert* oder gar *verseucht*? Darüber hinaus gibt es eine Reihe von altmodischen, unkomfortablen aber zuverlässigen APIs der Host-Welt (BMS, CICS, IMS, VSAM), die so schnell nicht verschwinden werden und die wir oft auch bei der Architektur neuer Systeme berücksichtigen müssen. Wie kommen wir mit dieser Vielfalt von verschiedenen APIs unterschiedlichen Alters zurecht?

Es besteht also Handlungsbedarf: Unsere Systeme werden immer größer, komplexer und sind immer stärker verflochten. Dafür brauchen wir praktikable Leitlinien. Die Trennung der Zuständigkeiten ist die eine; die andere ist das Denken in Komponenten und Schnittstellen.

## 6.3 Datenabstraktion

Die kleinste Einheit des Software-Entwurfs ist das *Modul*, eine abgeschlossene softwaretechnische Einheit mit wohldefinierter Schnittstelle. Das Prinzip der Datenabstraktion [Par72] sagt uns, nach welchen Kriterien Systeme in Moduln zerlegt werden. Die Grundideen der Datenabstraktion sind die Trennung von Schnittstelle und Implementierung, die Unterscheidung zwischen Importeur und Exporteur und die Verbindung von Daten und Funktionen in Moduln besonderer Bauart, nämlich *Datenabstraktionsmoduln (DAM)*. Jeder DAM besitzt ein Modulgedächtnis, das er sich von einem Aufruf zum nächsten merkt und das der Aufrufer nur über die Moduloperationen erreicht.

*Abstrakte Datentypen (ADTs)* sind instanziierbare DAMs: Alle Instanzen eines ADTs haben dieselben Funktionen, aber jede Instanz hat ihre eigenen Daten. In objektorientierten Sprachen implementiert man ADTs mit Hilfe von *Klassen*; aber nicht jede Klasse ist ein ADT (man denke an die Funktionsobjekte der STL). ADTs lassen sich in jeder Programmiersprache (gerade auch COBOL, Fortran, C) mit Hilfe einfacher Programmierkonventionen nachbilden: Man legt das Modulgedächtnis in eine Struktur und implementiert die Moduloperationen als Unterprogramme, die über den Programmnamen (etwa ein gemeinsamer Präfix) mit dem Gedächtnis verknüpft sind. Alle späteren Entwicklungen (Vererbung, Schnittstellen und Komponenten) haben ihre Wurzeln in der Datenabstraktion.

Wichtig ist: Jedes Stück Software kann zwei Rollen spielen (eine von beiden oder beide gleichzeitig): die Rolle des Kunden (Client, Master, Importeur), der eine durch die Schnittstelle definierte Dienstleistung in Anspruch nimmt, und die Rolle des Dienstleisters (Server, Slave, Exporteur), der die Dienstleistung erbringt.

## Schnittstellen

Schnittstellen definieren die Aufgaben des Dienstleisters und den Nutzen des Kunden. Sie beschreiben Syntax und Semantik der Operationen, ggf. ergänzt durch die Definition von Parametertypen und Konstanten.

Sonst nichts: keine Attribute, keine privaten oder geschützten Elemente. Schnittstellen in diesem engen Sinn finden wir in Java (Interfaces) und in den verschiedenen Verbindungssoftware-IDLs (Interface Definition Language). Wir verlangen nicht, dass jede Schnittstelle über COM oder CORBA läuft, aber es soll technisch möglich sein.

Klassendefinitionen der OO-Sprachen und Paket-Spezifikationen von Ada beschreiben wesentlich mehr als nur die Schnittstelle und binden daher den Importeur eng an den Exporteur. Die *private/protected*-Angaben sind ein Widerspruch in sich: Der Client sieht sie, darf aber nichts damit anfangen; Änderungen des Servers erfordern die Neucompilierung der Clients. Nur die öffentlichen (*public*) Teile einer Klassendefinition sind Bestandteil der Schnittstelle; alles andere ist Bestandteil der Implementierung.

Während sich die *Syntax* einer Schnittstelle mit den Mitteln der Programmiersprache oder der IDL in der gewünschten Präzision notieren lässt, trifft dies für die *Semantik* nur eingeschränkt zu. Formale Spezifikationssprachen haben sich in der Praxis nicht durchgesetzt; sie funktionieren meist nur bei einfachen Beispielen (etwa dem Stack) zufriedenstellend. In der Praxis spezifiziert man informell, aber nach festen Regeln (vgl. [Den91]).

Dies gelingt nicht immer; selbst kommerzielle Schnittstellen sind oft notorisch unterspezifiziert. Im schlimmsten Fall trifft der Server-Programmierer die letzte Entscheidung über das genaue Verhalten einer Operation nach Gutdünken; der Client-Programmierer erforscht das genaue Verhalten der importierten Komponente empirisch auf dem Wege von Testaufrufen.

Leider gibt es bis heute keine praktikable Methode zur formalen Definition der Semantik. Eine wichtige Hilfe sind Testtreiber, die das Verhalten des Moduls in möglichst vielen Beispielsituationen definieren.

### Implementierungskern und Verpackung

Im einfachsten Fall finden Importeur und Exporteur bereits zur Bindezeit zueinander; der Importeur kompiliert Teile der Implementierung mit. Wenn Client und Server in verschiedenen Prozessen laufen, möglicherweise auf weit voneinander entfernten Rechnern, dann begegnen sie sich erst zur Laufzeit. Verbindungssoftware (z.B. CORBA, COM, RMI) verbindet entfernte Partner miteinander. Die Frage lautet jetzt: Welcher Teil des Moduls kennt die Art der Bindung? Unsere Empfehlung heißt (vgl. [BSC99]):

Jedes Modul besitzt einen *Implementierungskern*, der die in der Schnittstelle versprochenen Funktionen in Form von A- bzw. T-Code erfüllt. Dieser Kern steht – je nach Bedarf – in verschiedenen technischen *Verpackungen* zur Verfügung und gestattet somit unterschiedliche Bindungen. Er kann vorliegen als:

- statische oder dynamische Bibliothek;
- Server, der über COM, CORBA oder andere Verbindungssoftware ansprechbar ist und in Form von einem oder mehreren Prozessen auf Anfragen der Clients wartet;
- ausführbares Programm, das z.B. als Filter in einer Pipes&Filter-Kette verwendet wird;
- für sich allein nutzbares Subsystem, das mit anderen Komponenten über eine Datenbank kommuniziert;
- CICS-Programm
- usw.

Implementierungskern und Verpackung sind zwei verschiedene Zuständigkeiten, für deren Trennung wir mit Nachdruck eintreten. Ein Modul, das z.B. mit COM so verheiratet ist, das man es *nur* über COM nutzen kann, ist ganz einfach schlechte Software. Moduln realer Systeme entsprechen meist nicht dem skizzierten Idealbild. In der Regel begegnet man zwei Mängeln:

- *Mangelnde Trennung der Zuständigkeiten*:
  Die Trennung zwischen Implementierungskern und technischer Verpackung hat sich noch nicht herumgesprochen. Dabei ist sie – wenn man das Prinzip einmal kapiert hat – ohne Mehraufwand zu bewerkstelligen, führt zu weniger und besserem Code, hat keinen messbaren Einfluss auf die Performance und erhöht die Wiederverwendbarkeit um eine Größenordnung.

- *Unklare Schnittstellen*:
  Obwohl der Begriff *Schnittstelle* seit dem Beginn der Informatik-Zeitrechnung existiert, ist er außerordentlich verschwommen. Unklar und nicht-minimal sind daher häufig die Annahmen, die verschiedene Moduln übereinander machen. Insbesondere gehört die Vererbungsschnittstelle zur Innensicht eines Moduls.

## 6.4 Komponenten

Jedes System besteht aus fachlichen und technischen Komponenten. Diese Komponenten werden zusammengefasst zu Installationseinheiten und laufen in Form von Prozessen und Threads auf definierten Rechnern. Das ist die Innensicht des Systems, vgl. Abschnitt 6.1. Beispiele für technische Komponenten waren Datenverwaltung und Batchsteuerung; als fachliche Beispiele nannten wir: Kundenverwaltung, Adressenverwaltung, Datumsmodul. Obwohl jedes System dieser Welt auf irgendeine Art und Weise in Komponenten gegliedert ist, gibt es keine allgemein akzeptierte Definition dieses Begriffs. Jeder Software-Architekt malt seine Komponenten (oder das, was er darunter versteht) als Kästchen und verbindet sie durch Striche und Pfeile unklarer Semantik, oft mit der Bedeutung „Datenfluss von A nach B" oder „A hat irgend etwas zu tun mit B".

Die Komponente als einer der wichtigsten Begriffe der Software-Architektur überhaupt bedarf klarer Kriterien: Was ist eine Komponente und was ist keine? Die Minimalanforderung lautet: Eine Komponente erbringt eine bestimmte, abgegrenzte Dienstleistung, und sie ist eine sinnvolle Entwicklungs- und Liefereinheit der Software-Entwicklung. Im Sinne der Datenabstraktion verwenden wir die folgende, strengere Definition:

1. Jede Komponente besitzt eine verbindlich definierte Außensicht, ihre Schnittstelle. Diese Schnittstelle ist der Vertrag zwischen dem Aufrufer und der Komponente. Der Aufrufer sieht nur die Schnittstelle; es ist ihm egal, wie viele Moduln oder andere Komponenten zu deren Realisierung beitragen. Der Aufrufer ist in der Regel eine andere Komponente. Alle Annahmen der Partner übereinander sind in der Schnittstelle festgehalten. Es ist durchaus möglich, dass verschiedene Komponenten ein und dieselbe Schnittstelle realisieren. Jede Komponente macht minimale Annahmen über ihren Aufrufer und gewährleistet so ihre Wiederverwendbarkeit. Die Idee ist immer, dass jede Komponente mehrfach (zwei- oder zweitausend mal) zum Einsatz kommt oder wenigstens kommen könnte. Die Nutzungshäufigkeit ist grob gepeilt umgekehrt proportional zur Größe: Das kleine Datumsmodul hat viele tausend Nutzer; der große Anwendungskern oft nur zwei: Batch und Dialog.
2. Jede Komponente besitzt eine nicht weiter verbindliche Innensicht, nämlich die Implementierung selbst. Komponenten sind hierarchisch strukturiert: Eine Komponente kann eine andere unter Verwendung deren Innensicht *enthalten* und ist somit von Änderungen betroffen, während der Aufrufer nichts davon sieht. Verschiedene Komponenten sind unabhängig voneinander nutzbar. Sie mögen sich zwar gegenseitig aufrufen, aber weil sie dies strikt über die Schnittstelle tun, ist jede Komponente durch eine alternative Implementierung ersetzbar.

Komponenten bestehen also aus Moduln und/oder aus anderen Komponenten; jedes Modul ist eine spezielle Komponente besonders einfacher Bauart.

Die Komponenten eines Systems bestimmen den Entwicklungsprozess: Als Liefereinheit betrachtet besteht jede Komponente aus der Schnittstelle, der Implementierung, dem Nachweis der Funktionsfähigkeit in Form eines Testtreibers, und – im Idealfall – einem Zertifikat, welches nicht unmittelbar prüfbare Eigenschaften wie die Verlässlichkeit garantiert. Im Verlauf des Entwicklungsprozesses wird das Gesamtsystem aus den einzelnen Komponenten Schritt für Schritt zusammengebaut.

Die Eigenschaften der Komponenten bestimmen die Eigenschaften des Gesamtsystems. Wir betrachten als Beispiel die Performance: Jede Komponenten besitzt eine bestimmte Performance, messbar in der maximalen Anzahl von Aufrufen pro Zeiteinheit. Die Performance des Gesamtsystems wird bestimmt durch die Performance ihrer Komponenten. Für wichtige Szenarien kann man dies analytisch berechnen: Man ermittelt pro Transaktion, welche Komponenten wie oft aufgerufen werden und erhält daraus die maximale Transaktionsrate.

Auf die Frage: Wie finde ich denn Komponenten? muss der Hinweis auf die Architekturmuster genügen, die wir in Abschnitt 6.6 vorstellen. Immerhin aber gibt es ein schlichtes Kriterium für gute Komponentenbildung, und zwar die *funktionale Disjunktheit*, das heißt: Keine Funktion ist in mehr als einer Komponente realisiert. Das Gegenteil von funktionaler Disjunktheit ist funktionale Redundanz. Davon leisten sich reale Systeme beliebig viel: Datentypprüfungen sind in der Regel quer übers System verteilt und mehrfach realisiert; genauso häufig ist die Mehrfach-Realisierung fachlicher Funktionen für Batch und Dialog.

Jedes redundante Stück Software ist ein Kandidat für die Auslagerung als Modul oder Komponente und damit für Wiederverwendung. Wiederverwendung und funktionale Disjunktheit sind zwei Namen für denselben Sachverhalt, denn die Wiederverwendung *innerhalb* eines Systems ist genau dann optimal, wenn die funktionale Redundanz gleich Null ist.

## 6.5 Schnittstellen (Vertiefung)

### Zweiseitige Schnittstellen

Oft stellt man sich Schnittstellen als Einbahnstraßen vor: Komponente A ruft Komponente B über deren Schnittstelle, erhält eine Antwort, und das war's. Oft aber kann die gerufene Komponente B ihre Arbeit erst dann tun, wenn A bestimmte Rückfragen beantwortet hat. In anderen Fällen wird B die Folgeverarbeitung an A zurückdelegieren. Diese Situationen waren immer die Domäne der Rückruffunktionen (callbacks). In C wird man das auch heute so programmieren, aber die Idee dahinter ist die der *zweiseitigen Schnittstelle*. Drei Beispiele:

- Ein Behälter, der seine Elemente sortieren soll, muss das Sortierkriterium, etwa den Schlüssel, von seinen Elementen irgendwie erfragen (vgl. folgendes Beispiel).
- Bedienelemente (Widgets) der GUI-Bibliotheken benachrichtigen ihren Client (also den, der sie aufgerufen hat) bei bestimmten Ereignissen (z.B. *button_pressed*) mit zuvor registrierten Rückruffunktionen.
- Die Datenverwaltung erwartet etwa bei der *update*-Operation ein Objekt, das sie fragen kann: Aus welchen Datenfeldern bestehst Du? In welcher Tabelle wirst Du gespeichert? Mit diesen Angaben ist sie in der Lage, die richtige SQL-Anweisung aufzubauen und an die Datenbank weiterzugeben.

### Beispiel: Sortierbare Behälter

Wir betrachten als Beispiel einen sortierbaren Behälter in Java: Er sieht seine Elemente als Objekte, die auf eine bestimmte Methode reagieren (z.B. *compareTo*). Das ist die einzige Annahme des Behälters über seine Elemente, es ist seine Sicht auf das Objekt. Man würde etwa folgende Schnittstelle definieren:

```
interface Comparable {
        int compareTo(Object obj);
}
```

Der Behälter akzeptiert nur Objekte, die die *Comparable*-Schnittstelle realisieren. Alle Annahmen des Behälters über seine Elemente stecken in dieser Schnittstelle. Der Nutzer des Behälters sieht ebenfalls nur eine Schnittstelle:

```
interface SortableContainer {
          void put(Comparable c);
          Comparable get(Object key);
          void sort();
}
```

Listen, Vektoren und andere Behälter lassen sich auf die unterschiedlichste Art und Weise realisieren: über einen Array, eine flache Datei, eine TS-Queue (Transient Storage Queue (CICS)), eine relationale Datenbank. Davon hat der Nutzer aber keine Ahnung. Erst zur Laufzeit wird er mit einer realen, aber für ihn unsichtbaren Implementierung des Behälters in Verbindung gebracht. Jetzt sehen sich die beiden Komponenten ausschließlich über Schnittstellen (vgl. Abbildung 6.1).

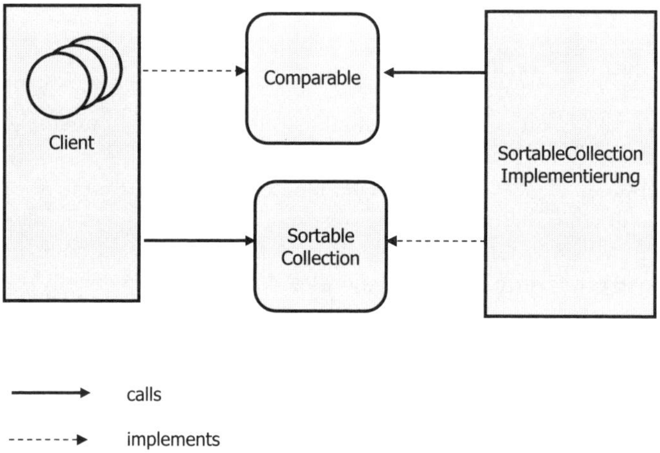


**Abb 6.1:** Zweiseitige Schnittstellen

Erfreulicherweise braucht man für eine Schnittstelle und zehn verschiedene Implementierungen nur *einen* Testtreiber. Ein Testtreiber reicht aus, um alle denkbaren Implementierungen zu validieren.

## Komponenten mit mehreren Schnittstellen

Wir haben gesehen, dass eine Schnittstelle von verschiedenen, völlig unterschiedlichen Komponenten realisiert werden kann. Umgekehrt ist es möglich und oft auch notwendig, dass eine Komponente mehrere, vielleicht sogar sehr viele verschiedene Schnittstellen implementiert. Wir betrachten die *Comparable*-Schnittstelle des letzten Abschnitts. In der Regel wird es so sein, dass eine Klasse die *compareTo*-Methode sozusagen nebenher erledigt, während sie sich hauptsächlich um ihren eigentlichen Daseinszweck kümmert: Sie implementiert ein Konto, eine Flugbuchung oder etwas ähnliches.

Ein Objekt hat beliebig viele Schnittstellen; es *kann* verschiedene Dinge. Das ist wie bei uns Menschen: Ein und dieselbe Person zeigt sich am Arbeitsplatz als Informatiker, im Straßenverkehr als Führerscheininhaber und am Wochenende vielleicht als Skilehrer.

Als weiteres Beispiel für den vorteilhaften Einsatz von mehrfachen Schnittstellen betrachten wir eine beliebige Anwendungsklasse: ein Konto. Dieses Konto wird manchmal in voller Schönheit (mit allen 137 Attributen) aus der Datenbank gelesen und steht dann im Schreibmodus zur Verfügung. Oft aber braucht man nur wenige Attribute im Lesemodus (z.B. für die Kurzdarstellung in diversen Fenstern). Hier definiert man einfach zwei Schnittstellen (*Konto_rw, Konto_ro*), welche die jeweils zulässigen Methoden enthalten, und spart sich damit eine Menge unangenehmer Zustandsverwaltung („Bin ich vollständig gelesen?"). Dem Konto bleibt es unbenommen, daneben auch noch die *CompareTo*-Schnittstelle (und beliebig viele weitere) zu realisieren.

Es ist neu, ungewohnt und vielleicht sogar beängstigend, dass wir zu unterscheiden haben zwischen dem logischen Objekt, das mehrere Schnittstellen besitzt, und dem physischen Implementierungsobjekt, das man etwa als C++-Klasse vorfindet, von dem aber der Aufrufer nichts weiß.

In COM werden Schnittstellen desselben Objekts durch die *QueryInterface*-Methode zusammengehalten. In COM kann man jede Schnittstelle fragen: „Was kann Dein Objekt denn sonst noch?" Die zentrale Regel der COM-Programmierung, die allerdings kein Werkzeug prüft, lautet: Alle Schnittstellen desselben Objekts kennen sich gegenseitig reflexiv, symmetrisch und transitiv. Dies definiert eine Äquivalenzrelation auf der Menge aller Schnittstellen; die logischen Objekte finden wir wieder als die zugehörigen Äquivalenzklassen.

CORBA verwendet die Begriffe *Schnittstelle* und *Objekt* weitgehend synonym; der Server kann ein CORBA-Interface/Objekt implementieren, wie es ihm passt: in einer Klasse, mehreren Klassen oder ganz ohne Klassen (wenn der Server z.B. in C geschrieben ist).

## Schnittstellen und Vererbung

Java ist die einzige verbreitete Sprache, die den Gedanken der Schnittstelle in der klinisch reinen Form unterstützt. Java braucht daher keine Funktionszeiger. In anderen Programmiersprachen lassen sich Schnittstellen leicht nachbauen:

- in C++ mit abstrakten Klassen und rein virtuellen Methoden,
- in Ada mit abstrakten Typen,
- in C mit Strukturen von Funktionszeigern,
- in COBOL mit Strukturen von Programm-Namen.

Manche bezeichnen den Nachbau von Schnittstellen mit abstrakten C++-Klassen als Spezialfall der Vererbung. In Wirklichkeit ist es gerade umgekehrt: Vererbung ist ein technischer Trick, um das wichtigere Konzept der Schnittstellen zu realisieren. Komponenten und Schnittstellen sind keine Konkurrenzveranstaltung zur Objektorientierung, sondern sie ergänzen sich. Schnittstellen und Komponenten sind – neben der Trennung der Zuständigkeiten – die wichtigste Leitlinie der Software-Architektur. Sie lassen sich in jeder Sprache realisieren (C, COBOL, Fortran und Assembler eingeschlossen), und in objektorientierten Sprachen besonders gut.

## 6.6 Muster

Der Begriff *Muster* (Pattern) ist eines der häufigsten Modeworte der Informatik und verdient daher eine besondere Würdigung. Auch er stammt aus dem Bauwesen, und zwar wurde er geprägt von Christopher Alexander, der in seinem Buch „A Pattern Language: Towns, Buildings, Constructions“ [Ale77] genau 251 verschiedene Entwurfsmuster für die Gestaltung von Städten, Gebäuden und Bauwerken beschreibt und empfiehlt. Die „Pattern Language“ ist der zweite Band eines dreibändigen Werkes, das jedem Bau-Architekten und Bauherrn wärmstens zu empfehlen ist: Unsere Städte, Gebäude und Bauwerke wären weniger unwirtlich, wenn Alexander mehr Nachahmer gefunden hätte. Informatiker aber sollten sich von dem Begriff „Language“, der im Titel vorkommt, nicht irreführen lassen. Mit einer Sprache im Sinne der Informatik haben die Alexanderschen Muster nichts zu tun. In der Informatik finden wir Muster auf zwei Ebenen:

- *Programmiermuster*, eingeführt von Gamma et al. [Gam96] und weitergetragen in zahllosen anderen Publikationen, helfen uns vor allem bei der Implementierung von Komponenten und sind mit wenigen Ausnahmen (etwa der Fassade) auf der Architekturebene nicht oder nur ansatzweise sichtbar.
- *Architekturmuster*, eingeführt von Shaw/Garlan [ShG96], beschreiben typische Konstellationen und Interaktionen verschiedener Komponenten. Eines dieser Architekturmuster ist die *Schichtenarchitektur* betrieblicher Informationssysteme, die wir im nächsten Abschnitt vorstellen. In den meisten realen Systemen findet man drei, vier oder sogar alle Architekturmuster nebeneinander. Aus diesem Grund ziehen wir den Begriff „Architekturmuster“ dem „Architekturstil“ von Shaw/Garlan vor.

Der von manchen Autoren beanspruchte Begriff der „pattern language“ suggeriert das Vorhandensein einer Grammatik, also formaler, harter Regeln, die die Kombination unterschiedlicher Muster steuern. Weil es eine solche Grammatik bis heute nicht gibt, vermeiden wir den Begriff „pattern language“. Genauso wenig folgen wir der Tendenz, den Muster-Begriff auf beliebige Bereiche wie Projektplanung, Projektorganisation oder den Ablauf von Betriebsausflügen auszudehnen.

Die Programmiermuster sind greifbare, lokale Konstrukte, die sich an wenigen Klassen festmachen lassen. Man kann jedes Programmiermuster im nächsten Projekt mit Gewinn einsetzen, teilweise sogar Code kopieren. In einem Kapitel über Software-Architektur spielen sie aber nur eine Nebenrolle. Wir erwähnen sie deshalb, weil sie sich auf wenige elementare Ideen zurückführen lassen, deren wichtigste just die Schnittstelle ist.

Shaw/Garlan beschreiben eine etwas heterogene Sammlung von Architekturmustern. Die Datenabstraktion ist eines davon; als weitere Beispiele nennen wir: Pipes&Filter, ereignisbasierte Programmierung und Schichtenarchitektur.

1. *Pipes & Filter*
   kennt jeder Unix-Nutzer. Wenn wir einen Sortieralgorithmus als Filter programmieren, dann liest er von der Standardeingabe und er schreibt auf die Standardausgabe. Wir verpacken also den *Implementierungskern* (den Sortieralgorithmus) auf eine bestimmte Art und Weise, eben als Filter. Filter machen keine technischen Annahmen über Ein- und Ausgabe (außer dass sie sequentiell erfolgt) und lassen sich daher über Pipes beliebig und ohne Programmieraufwand aneinander hängen; in der Regel

läuft jeder Filter als eigener Prozess. Syntax und Semantik von Ein- und Ausgabestrom sind Sache des Programmierers und desjenigen, der die Filter miteinander verknüpft. Pipes und Filter spielen eine große Rolle beim Software-Erstellungsprozess: Die verschiedenen Werkzeuge, die aus einer Quelle letztlich ein ausführbares Programm erzeugen (diverse Präprozessoren, Compiler, Linker) laufen oft nach diesem Muster.

2. *Ereignisbasierte Programmierung*
bezeichnet den Aufruf von Operationen (etwa einer Komponente) durch externe Ereignisse. Kennzeichnendes Merkmal der ereignisbasierten Programmierung ist die Registrierung der eigenen Operationen beim *Ereignisverwalter* (event handler), der vom Betriebssystem oder einem Gerätetreiber bereitgestellt wird: Wenn Ereignis X passiert (z.B. *mouse_clicked*), dann rufe bitte Operation Y auf (z.B. *on_mouse_clikked*). In der Regel kann man externe Ereignisse auch programmgesteuert auslösen und verfügt somit über einen mächtigen, aber sparsam zu nutzenden Aufrufmechanismus.
Die zentrale und oft diskutierte Frage der ereignisbasierten Programmierung lautet: Welcher Teil meiner Software kennt den ereignisbasierten Kontext? Im Sinne unserer Unterscheidung von Implementierungskern und Verpackung lautet die Antwort: Der Implementierungskern hat von Ereignissen keine Ahnung; es ist die Verpackung, die den Ereignisverwalter mit dem Kern verheiratet. Wir minimieren also den ereignisbestimmten Teil der Software.
Ein verbreiteter Irrtum besagt, dass ereignisbasierte Programmierung stets Parallelität impliziert und sich daher von der herkömmlichen Programmierung grundsätzlich unterscheidet: Ereignisse erreichen uns strikt sequentiell; echte Gleichzeitigkeit gibt es nicht. Jeder Software-Architekt ist daher gut beraten, sich im ersten Schritt die strikt sequentielle Bearbeitung der Ereignisse klarzumachen. Erst dann sollte er sich z.B. über Realzeitanforderungen Gedanken machen. Dort geht man oft so vor, dass jedes Ereignis (z.B. die Erfassung eines Messwerts) im Vordergrund extrem schnell erledigt wird, während im Hintergrund parallel dazu geeignete Auswertungs- oder Steuerungsprogramme am Werk sind.

3. *Die Schichtenarchitektur*
begegnet uns in mehreren Formen: Die sieben ISO-Schichten der Datenkommunikation, die Schalen eines Betriebssystems und die drei Schichten der Standardarchitektur von Informationssystemen sind bekannte Beispiele, die im Wesentlichen nur das folgende gemein haben:
   - Die Schichten sind linear geordnet (von außen nach innen, von oben nach unten).
   - Alle Aufrufe gehen nur in diese Richtung.

   Die zweite Regel gibt es auch in einer verschärften Form: Jede Schicht darf nur Operationen der unmittelbar darunter liegenden Schicht aufrufen. Dies reduziert die Annahmen, die eine Schicht über ihre Umgebung macht, und ermöglicht vor allem, dass jede Schicht unabhängig von den anderen ausgetauscht werden kann. Andererseits wird die zweite Regel oft aufgeweicht: Eine tiefere Schicht darf ihren weiter oben liegenden Aufrufer per Rückruf aktivieren. Erst dies macht es möglich, Ereignisse von unten nach oben weiterzureichen. Jede Schicht ist – im Idealfall – eine Komponente im vorher beschriebenen Sinn.

## 6.7 Das Schichtenmodell betrieblicher Informationssysteme

Leitgedanke des Schichtenmodells ist die Trennung der Zuständigkeiten: Drei abgegrenzte Schichten befassen sich mit Benutzerschnittstelle, Anwendungskern und Datenverwaltung. Bei der Benutzerschnittstelle unterscheiden wir Batch und Dialog. Viele Systeme sind heute über diverse Medien erreichbar: alphanumerische Terminals (z.B. 3270), GUI und Internet, und stellen daher besondere Anforderungen an die Bedienoberfläche: Wie viel Logik ist mehrfach zu schreiben, wenn ein System über zwei Medien gleichzeitig erreichbar sein soll?

Jede Schicht besteht aus einer Anzahl von Moduln; alle Moduln einer Schicht sind im wesentlichen nach demselben Muster aufgebaut; jede Schicht hat ihr eigenes Muster. Die Aufrufe laufen von oben nach unten, so wie es das allgemeine Architekturmuster vorschreibt. Der direkte Aufruf der Datenverwaltung durch die Bedienoberfläche ist in der Regel gestattet; dasselbe gilt für Rückrufe zum Aufrufer (vgl. Abbildung 6.2).

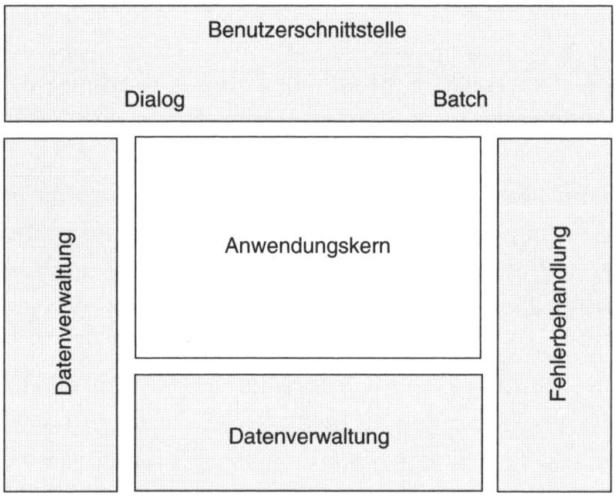


**Abb. 6.2:** Standard-Schichtenmodell

In den *Anwendungsdiensten* sind wiederkehrende Plausibilitäten und Berechnungen zusammengefasst: Datumsprüfungen und -Umrechnungen, Prüfziffer-Berechnungen, Rundungsregeln, Währungsumrechnungen und ähnliches. Mehr dazu im Kapitel 7 über Datentypen.

### Fehler- und Ausnahmebehandlung

*Eingabefehler* machen die Benutzer: Sie vertippen sich, sie verwechseln Eingabefelder und manchmal setzen sie sich auf die Tastatur. Dann muss das System mit einer Fehlermeldung sinnvoll reagieren, und genau das ist die Aufgabe der *Fehlerbehandlung*.

Aber wenn das System durch einen *Programmierfehler* oder aus irgendeinem anderen Grund in eine ausweglose Situation geraten ist (wenn z.B. eine Bestellung keinen Auftraggeber mehr besitzt, oder wenn im Feld „Anrede“ so etwas steht wie „)@“), dann greift die *Ausnahmebehandlung*. Sie macht das Beste aus der verfahrenen Situation, und zwar:

1. Sie protokolliert das Unglück für die spätere Analyse. Wie bei der Notrufsäule geht es um die Fragen: Was ist passiert und wo?
2. Sie gibt belegte Ressourcen frei; das sind vor allem Transaktionen der Datenbank.
3. Sie setzt die Verarbeitung an einer definierten Stelle wieder auf. Im Dialogbetrieb wird der Benutzer soweit zurückgesetzt, dass er wieder arbeiten kann; dies ist meist verbunden mit dem Hinweis, der Benutzer möge sich mit dem Systembetreuer in Verbindung setzen. Ein Batch überspringt den kaputten Satz und setzt beim nächstmöglichen Punkt wieder auf.

Eine ausweglose Situation nennen wir einen *illegalen Zustand* oder auch eine *Ausnahme*. Jeder Programmierer sollte seinen Ehrgeiz daran setzen, illegale Zustände rechtzeitig zu erkennen und sie der Ausnahmebehandlung zuzuführen. Die Ausnahmebehandlung sorgt dafür, dass das System keinen Schaden anrichtet (z.B. ein Nachbarsystem mit korrupten Daten versorgt); das Protokoll erleichtert die Fehlersuche.

Im Gegensatz dazu sind *nicht erkannte* Ausnahmen katastrophal: Das System läuft führerlos weiter, treibt beliebig viel Unsinn, um schließlich verzögert, aber um so heftiger und ohne jedes Fehlerprotokoll (abgesehen vom Dump) ins Bodenlose abzustürzen.

Neben den Benutzern gibt es noch andere Akteure, mit denen das System zusammenspielt:

- Hardware,
- Systemsoftware (Betriebssystem, Datenbank),
- Nachbarsysteme,
- physikalische Sensoren (die sind bei Informationssystemen selten).

Alle können Fehler machen: die Hardware ziemlich selten, Nachbarsysteme öfter. Welche Fehler des Umfelds muss das System weich abfangen; wann darf es eine Ausnahme setzen?

Bei den Benutzereingaben ist die Sache klar: Tippfehler des Benutzers rechtfertigen niemals eine Ausnahme. Ganz anders bei der Hardware: Nur wenige sicherheitskritische Steuerungssysteme besitzen redundante Hardware und reagieren weich auf den Ausfall einzelner Hardwarekomponenten. Die meisten Informationssysteme stürzen bei Hardwarefehlern einfach ab.

Wie soll sich das System S verhalten, wenn das Nachbarsystem N unsinnige Daten liefert, wenn N Daten von S nicht akzeptiert, oder wenn N ganz einfach nicht verfügbar ist? Es gibt zwei Möglichkeiten:

1. Wenn N nicht läuft oder fehlerhaft arbeitet, dann braucht S auch nicht zu laufen; man darf also eine Ausnahme setzen. Das ist einfach und billig zu realisieren.
2. Wenn Lösung (1) nicht akzeptabel ist, dann kennt S zwei Zuständen: Mit N oder ohne N. Das macht S um eine Größenordnung komplexer; der Aufwand erhöht sich um Bearbeitermonate, wenn nicht -jahre.

Es ist klar, dass die Entscheidung für (1) oder (2) auf die Systemarchitektur großen Einfluss hat. Sie sollte daher früh getroffen werden, und sie ist in jedem Fall Bestandteil der Spezifikation, wahrscheinlich auch der Studie. Wir fassen zusammen:

1. Die Fehlerbehandlung garantiert die weiche Reaktion des Systems auf Fehler der Umwelt, bei Informationssystemen vor allem des Benutzers. Die Spezifikation legt fest, auf welche Fehler weich reagiert wird.
2. Jede Ausnahme hat eine von zwei Ursachen:
   - Programmierfehler im eigenen System,
   - Fehler des Umfelds, die gemäß Spezifikation nicht behandelt werden.
3. In Ausnahmesituationen hat das System das Recht, die Arbeit einzustellen, zumindest vorläufig. Die Ausnahmebehandlung betreibt Schadensbegrenzung.
4. Erkannte Ausnahmen sind nicht schön, unerkannte sind eine Katastrophe.

Programmierer fragen oft: Was soll ich tun, wenn das Nachbarsystem (die Datenbank, der TP-Monitor, ...) ein unsinniges Ergebnis liefert? Die Antwort ist wasserklar: Erst mal eine Ausnahme setzen. Denn erstens kostet das nicht mehr als eine Programmzeile, und zweitens würde eine der Spezifikation widersprechende Ausnahme schnell auffallen. Es ist ein typischer Anfängerfehler, unsinnige Ergebnisse externer Systeme als ebenso unsinnige Returncodes an den Aufrufer weiterzugeben.

## Anwendungskern

Der Anwendungskern realisiert die eigentlichen Fachfunktionen und stellt sie über komfortabel zu nutzende Schnittstellen zur Verfügung. So können Benutzerschnittstelle, Batch und Nachbarsysteme gleichermaßen auf den Anwendungskern zugreifen. Im Anwendungskern wird entschieden, ob z.B. eine Flugbuchung noch storniert werden kann und wenn ja, welche Gebühren dabei anfallen.

Der Anwendungskern realisiert das Funktionenmodell der Spezifikation so unmittelbar und so direkt wie möglich. Jede fachliche Regel, die in der Spezifikation festgehalten wurde, ist im Programm nachvollziehbar hinterlegt. Beispiel: In der Spezifikation gibt es eine Klasse „Buchung", eine Methode „storniere" und eine Beschreibung dieser Methode. Dann gibt es auch im Anwendungskern eine Klasse „Buchung", eine Methode „storniere" und eine Implementierung, die genau das tut, was in der Spezifikation beschrieben wurde und sonst nichts: keine Aufrufe von Betriebssystem, Datenbank oder ähnliches. Dieses Prinzip nennen wir „Nettoprogrammierung".

Der Anwendungskern zeichnet sich durch folgende Merkmale aus:

1. Er vermeidet jede Abhängigkeit vom Ablaufkontext. Das heißt: Er wird niemals auf ein bestimmtes Dialogformular oder auf eine Datenbanktabelle Bezug nehmen. Berechtigungsprüfungen sind ebenfalls *nicht* die Aufgabe des Anwendungskerns, da sie nur im Dialog Sinn machen. Der Anwendungskern prüft alle situations-unabhängigen Plausibilitäten: Ein Konto darf niemals über das Limit hinaus überzogen sein; eine Stückliste darf niemals Zyklen enthalten. Das ist der Job des Anwendungskerns.
2. Die Trennung von Implementierungskern und Verpackung gewährleistet die Wiederverwendbarkeit des Anwendungskerns in verschiedenen technischen Konstellationen, z.B. im Batch und im Dialog. So ist es bei Host-Systemen gängige Praxis, alle CICS Abhängigkeiten eines Programms in Makros zu verstecken, so dass es per Präprozessor-Option mit und ohne CICS nutzbar ist.

Der Anwendungskern ist das Paradebeispiel für A-Software. Seine Verpackung ist natürlich T, in einzelnen Fällen auch AT.

## Datenverwaltung

Die Datenverwaltung befreit Anwendungskern und Benutzerschnittstelle von der Sorge um die Herkunft und die Speicherung der Daten. Sie hat folgende Aufgaben:

1. Sie trennt das reale DBMS vom Rest des Systems. Alle Abhängigkeiten von einem bestimmten Hersteller oder einer bestimmten Version stecken in der Datenverwaltung, und zwar möglichst in einem genau definierten Teil davon. Eine solche Trennung sollte selbst derjenige anstreben, der ganz bewusst für alle Zeiten den Wechsel des DBMS ausschließt, denn erstens ist die Trennung der Zuständigkeiten ein Wert an sich, und zweitens garantiert kein Hersteller für alle Zeiten die Abwärtskompatibilität neuer Versionen.
   Standardisierte APIs wie ODBC oder JDBC sind eine große Hilfe beim Bau einer Datenverwaltung, machen sie aber keineswegs überflüssig. Erstens nämlich gestatten beide APIs, beliebig viel herstellerabhängiges SQL an das DBMS zu schicken, und zweitens sollte – wie immer – möglichst wenig Code von ODBC oder JDBC infiziert sein: separation of concerns. Die Datenverwaltung trennt diese APIs vom Rest des Systems.
2. Transformation der unterschiedlichen Datenformate von Datenbank und Programmiersprache: Das DBMS kennt z.B. die flachen SQL-Datentypen und verwaltet Beziehungen über Fremdschlüssel; auf der Ebene der Programmierung benutzen wir meist geschachtelte Datentypen und stellen Beziehungen über Zeiger dar.
3. Der physische Datenbankentwurf kann von den Datenstrukturen des Anwendungskerns mehr oder weniger stark abweichen. Auch hier übernimmt die Datenverwaltung die Rolle des Übersetzers.
4. TP-Monitore (CICS, MTS und andere) übernehmen die effiziente Speicherung von Anwendungsdaten während der Benutzertransaktion. Es ist klar, dass Anwendungskern und Benutzerschnittstelle vom TP-Monitor genauso wenig wissen dürfen wie von der Datenbank. Die Datenverwaltung übernimmt die Kommunikation mit dem TP-Monitor.

Beim Entwurf der Datenverwaltung kommt es darauf an, die A-, T- und AT-Anteile zu identifizieren und voneinander zu trennen. In der Regel besitzt die Datenverwaltung eine Unterseite, die aus DBMS-bestimmtem T-Code besteht und einem seitlichen Eingang, der den TP-Monitor kennt (ebenfalls T). Die Kunst besteht darin, im restlichen Teil den AT-Code zu minimieren.

## Dialog-Benutzerschnittstelle

Wir haben zu Beginn dieses Kapitels den *Dialog* eingeführt als die für den Anwender geläufige Arbeitseinheit: die Kundensuche, die Kundenpflege. Die Dialog-Benutzerschnittstelle besteht aus all ihren Dialogen; die übergeordnete Dialogsteuerung überwacht die möglichen Wechsel von einem Dialog zum anderen oder auch deren parallele Existenz im Falle nichtmodaler Dialoge. Wie bei der Datenverwaltung geht es auch bei der Benutzerschnittstelle darum, die Abhängigkeiten von den vielfältigen APIs, die uns bei der Dialogprogrammierung zur Verfügung stehen, zu minimieren. Während aber bei den Datenbanken etwa ODBC, JDBC oder auch OCI insgesamt sehr ähnlich sind, liegen Welten zwischen den verschiedenen GUI-APIs: Ein MFC-Programm hat mit einem Motif-Programm so gut wie nichts zu tun, und beide unterscheiden sich grundsätzlich von einem Internet-Dialog, der mit JSPs (Java Server Pages) gebaut wurde.

Unabhängig vom konkreten API besteht jeder Dialog aus drei Teilen: Der Darstellung der Daten am Bildschirm, der Ereignisbehandlung und der Ablaufsteuerung. Diese Aufteilung folgt dem bekannten MVC-Muster: Der View entspricht der Darstellung, der Controller der Ereignisbehandlung und das Model dem Dialogkern.

Die bei MVC gern herausgestellte Kommunikation nach dem Beobachter-Muster (zu einem Model gibt es mehrere View/Controller-Paare, die als Beobachter des Models fungieren) spielt in der Praxis eine geringe Rolle. Dagegen ist die Synchronisation mehrerer gleichzeitig aktiver nichtmodaler Dialoge ein schwieriges Problem: Gesetzt den Fall, ein Benutzer öffnet den Dialog *Kundenpflege* zweimal und macht in den beiden Dialoginstanzen widersprüchliche Angaben. Dann entsteht ein unangenehmes Synchronisationsproblem, das man in der Regel auf der Ebene der Datenverwaltung löst.

Nun der grobe Ablauf eines Dialogs: Die Benutzerschnittstelle nimmt die Eingaben des Benutzers entgegen und übersetzt sie in eine Sprache, die Anwendungskern bzw. Datenverwaltung verstehen. Wenn z.B. der Benutzer in das Feld *Kundennr* einen Schlüssel eingibt und den Knopf *Suchen* anklickt, dann wird daraus den Aufruf *suche_kunde* an die Datenverwaltung mit dem eingegebenen Schlüssel als Parameter. Der gefundene Kunde wird sodann in geeigneter Form am Bildschirm dargestellt. Wenn der Benutzer im weiteren Verlauf die Adresse des Kunden ändert, dann wird dies als Aufruf *ändere_adresse* an den Anwendungskern weitergegeben.

Präsentation und Dialogkern sind für verschiedene Dinge zuständig: Der Dialogkern ist A-Software und hat keine Ahnung vom verwendeten API. Er sammelt die am Bildschirm darzustellenden Daten und übergibt sie zur weiteren Verarbeitung an die Präsentation. Der Dialogkern verwaltet die Dialogdaten, die erst die Präsentation auf ein reales API abbildet. In der Gegenrichtung landen die technischen Ereignisse (*mouse_clicked*) zuerst bei der Präsentation, die sie zu Dialogereignissen verdichtet. Dialogereignisse haben immer etwas zu tun mit dem Wunsch des Benutzers: Er will einen Kunden suchen, eine Adresse ändern oder auch nur den Dialog beenden. Dies ist die Ebene der Dialogereignisse, und es ist offensichtlich, dass wir hier vom realen API unabhängig sein sollten. Der Dialogkern ist der Mittler zwischen der am Bildschirm sichtbaren Präsentation des Dialoges und den nach außen unsichtbaren Schichten Anwendungskern und Datenverwaltung. In dieser Rolle leistet er Folgendes:

1. Der Zustand der angezeigten Objekte beeinflusst die Präsentation: Auf ein glattgestelltes Konto sind keine Einzahlungen möglich, eine abgeflogene Buchung kann nicht storniert werden. Der Dialogkern informiert die Präsentation über diesen Sachverhalt und erreicht so, dass Felder für die Eingabe gesperrt sind oder Buttons grau bzw. unsichtbar.
2. Prüfung situationsabhängiger Plausibilitäten: Dazu gehört vor allem die Berechtigungsprüfung: Darf der Benutzer das?
3. Herstellen der Vorbedingungen für den Aufruf von Operationen des Anwendungskerns. Der Anwendungskern darf – wie jede Komponente – die Bedingungen festlegen, unter denen der Aufruf von bestimmten Operationen legal ist. In diese Kategorie fallen die Kreuzplausibilitäten.

4. Verwaltung des Dialogzustands. Oft ist es sinnvoll, den Dialogablauf durch einen *Zustandsautomaten* zu modellieren. Der Zustandsautomat reagiert auf ein Dialogereignis, indem er
   - das Ereignis als illegal abweist, oder
   - das Ereignis akzeptiert und die zugehörige Aktion veranlasst und dann
   - als Ergebnis dieser Aktion einen Zustandsübergang durchführt.

   Diese Aktion ist in der Regel eine Operation des Anwendungskerns oder der Datenverwaltung.

Die Kreuzplausibilitäten sind also Aufgabe des Dialogkerns. Wo aber bleiben die Einzelfeldprüfungen: Ist dieser Eingabestring eine gültige Artikelnummer, eine gültige ISBN? Diese Typprüfungen realisiert man als Prüf-Operation bei den einzelnen Datentypen (vgl. Kapitel 7 über Datentypen). Im Dialog ruft man sie generell so früh wie möglich auf, am besten schon in der Präsentation, so dass also der Dialogkern erst dran kommt, wenn die Feldinhalte validiert sind. Wer jetzt befürchtet, dass die Dialogpräsentation dadurch zu einem Wasserkopf wird, der alle Typprüfungen des ganzen Systems kennt (eine oft vierstellige Zahl), der irrt: Die Präsentation sieht vom Datentyp nur eine Schnittstelle, die die Prüf-Operation garantiert.

Wir können unsere Erkenntnisse in der folgenden Tabelle zusammenfassen:

| **Prüfung** | **zuständig** |
|---|---|
| Datentypprüfung | Implementierung: Datentyp (Prüf-Operation)<br>Aufruf: Präsentation (per Schnittstelle) |
| Berechtigungen | Implementierung: Berechtigungssystem<br>Aufruf: Dialogkern |
| Kreuzplausibilitäten,<br>sonstige situationsbezogene Prüfungen | Implementierung: in der Regel Dialogkern.<br>Aufruf: Dialogkern |
| situations-unabhängige Prüfungen | Anwendungskern |

Wenn wir nach diesem Prinzip vorgehen, dann ist der Dialogkern wunderbarer A-Code, Teile davon (insbesondere der Zustandsautomat) sogar 0-Code, die Präsentation aber von vorn bis hinten AT. Wenn wir eine Benutzerschnittstelle auf zwei unterschiedlichen Wegen anbieten (etwa 3270 und GUI), dann schreiben wir mindestens die Präsentationsteile der doppelt darzustellenden Dialoge zweimal. Wer das vermeiden will, oder wer ganz allgemein die Abhängigkeit von einem realen GUI-API minimieren möchte, dem kann auf elegante Weise geholfen werden.

## Das virtuelle User Interface (VUI)

Bei aller Verschiedenheit weisen die diversen GUI-APIs folgende Gemeinsamkeiten auf:

1. Es gibt eine Menge von Bedienelementen (widget, control) mit Eigenschaften (Höhe, Breite, Position, Font, Inhalt usw.) und Methoden (show, hide, enable, disable, setContent, getContent.), die man nach dem Composite-Muster ineinander schachteln kann (das Fenster enthält einen Fensterbereich, der Bereich enthält zwei Eingabefelder usw.)

2. Jedes Bedienelement kennt bestimmte Ereignisse (z.B. *button_pushed*, *field_edited*, *focus_lost*), die es an eine zuvor registrierte Kontrollinstanz weiterleitet.

Bedienelemente leisten im Prinzip dasselbe wie der Präsentationsteil eines Dialogs: Sie erhalten von irgendeiner darunter liegenden Schicht (etwa vom Betriebssystem oder von X-Windows) Ereignisse der Form „Maus wurde geklickt an Position (x, y)". Das Bedienelement macht daraus das höherwertige Ereignis „der OK-Button wurde gedrückt", und leitet diese Information an die nächste Instanz, nämlich den Controller, weiter. Wir sprechen hier von der *Wertschöpfungskette* der Dialogprogrammierung. Man beachte, dass der Begriff „Bedienelement" alles umfasst vom statischen Text bis hin zu Baumansichten (Tree-Views) oder noch komplexeren Gebilden.

Das VUI besteht aus zwei Schnittstellen:

1. der Widget-Schnittstelle, mit deren Hilfe die nötigen Bedienelemente erstellt werden, und
2. der Listener-Schnittstelle, die der Controller realisiert, um auf die Ereignisse der Bedienelemente zu reagieren.

Jede VUI-Implementierung leistet zwei Dinge: Sie realisiert die Widget-Schnittstelle mit Hilfe eines realen APIs (etwa MFC) und sie übersetzt die Ereignisse, die das reale API liefert, in solche, die die Listener-Schnittstelle versteht. Die VUI ist also eine weitere Stufe der Wertschöpfungskette.

Der Punkt ist nun: Wenn der Präsentationsteil eines Dialogs gegen die Widget-Schnittstelle läuft und die Listener-Schnittstelle realisiert, dann ist er reiner A-Code – die Abhängigkeiten vom realen GUI-API sind komplett in die VUI gewandert: Ein und dasselbe Dialogprogramm läuft unter Motif, MFC oder Qt!

Ein schöne Implementierung des VUI-Gedankens ist die wingS-Bibliothek [wingS]. Das wingS-API orientiert sich weitgehend an Swing, ist aber mit Hilfe von Servlets und HTML implementiert.

## 6.8 Verteilte Systeme

Die Verteilung eines Systems ist Bestandteil der Laufzeitsicht (vgl. Abschnitt 6.1). Verteilte Systeme laufen auf mehreren Rechnern. Die Einheit der Verteilung ist die Komponente; die Trennung von Implementierungskern und Verpackung ermöglicht es, jede Komponente lokal oder entfernt laufen zu lassen. Jede Schnittstelle ist eine Sollbruchstelle der Software-Verteilung: Importeur und Exporteur können lokal oder über Rechnergrenzen hinweg kommunizieren.

Der Begriff „Client/Server", auf den der Leser möglicherweise wartet, ist aus Sicht der deutschen Grammatik ein geschlechtsloses Unding, das wir nach Möglichkeit vermeiden.

Wir beginnen mit einigen Vorüberlegungen zur Verteilung von Komponenten auf verschiedene Rechner. Der erste Grundsatz lautet: Sowenig Verteilung wie möglich, soviel Verteilung wie nötig, denn:

1. Jede Rechnergrenze erhöht die Komplexität des Systems, reduziert die Performance und öffnet Sicherheitslücken.

2. Jede zusätzliche Plattform stellt neue Anforderungen an den Betrieb des Gesamtsystems: Die Hard- und Softwarelandschaft wird heterogener, die Administration schwieriger.
3. Ohne redundante Auslegung kritischer Systemkomponenten nimmt die Ausfallsicherheit des Systems ab: Das Gesamtsystem ist nur so stabil wie die schwächste Komponente.
4. Verfügbare Übertragungsbandbreiten und Leitungskosten schränken die Verteilungsmöglichkeiten weiter ein. So sind Kompromisse nötig, z.B. durch Einführung von Datenreplikation als Ausgleich zwischen zentraler Datenhaltung auf dem Großrechner und schnellem Zugriff am Arbeitsplatz.

Warum soll man angesichts dieser Probleme überhaupt verteilen? Die Antwort lautet: Für jede Komponente gibt es einen *besten Ort*, und das ist nicht für alle Komponenten derselbe. Drei Beispiele:

- Ein Internet-Browser (eine relativ kleine Anwendung also) läuft selbstverständlich auf dem PC des Benutzers. Dasselbe gilt für die VUI des letzten Abschnitts.
- Zentrale Daten (etwa die Buchungen eines Reservierungssystems) sind auf einem zentralen Datenbankrechner am besten untergebracht.
- Nachbarsysteme lässt man dort weiterlaufen, wo sie sich befinden. Man kann sie nur in Ausnahmefällen verlagern.

Unter der Annahme, dass alle Komponenten bereits bekannt sind, ergibt sich der folgende Algorithmus zum Entwurf eines verteilten Systems:

1. Lege jede Komponente an ihren besten Ort.
2. Prüfe jede Rechnergrenze auf ihre Machbarkeit und verlagere ggf. Komponenten.

Die Prüfung der Machbarkeit bezieht sich vor allem auf zwei Kriterien:

1. *Performance*:
   Entfernte Aufrufe dauern je nach Bandbreite um Größenordnungen länger als lokale. Man muss für kritische Dialoge und Batches die entfernten Aufrufe wirklich zählen und dann eine Entscheidung treffen.

2. *Redundanz der Software*:
   Ein maßgebliches Kriterium ist die Anzahl der Schnittstellen, die auf beiden Seiten einer Rechnergrenze bekannt sind. Je weniger es sind, desto besser. Ein sinnvolles Beispiel ist ODBC, mit dem man nur über die SQL-Datentypen kommuniziert (das sind weniger als zwanzig). Als unsinniges Beispiel nennen wir die Trennung zwischen Anwendungskern und Benutzeroberfläche: Hier sind es oft viele hundert Schnittstellen, die über die Leitung gehen. Das bedeutet erstens einen sehr hohen Administrationsaufwand. Zweitens – das ist der wichtigere Punkt – lässt es sich kaum vermeiden, dass auf den beiden Seiten der Grenze viel Software redundant geschrieben wird, oft sogar in verschiedenen Programmiersprachen. Das ist der Beginn einer Altlast.

Neben diesen beiden Punkten sind auch die Betreibersicht, die Erstellungssicht und die physische Sicht zu prüfen (vgl. Abschnitt 6.1).

# 7 Datentypen

*von Johannes Siedersleben*

? **Wie übertragen wir Einheiten der realen Welt in Programme?**

Viele Konzepte der Informatik, die zunächst nur im Hinblick auf die Programmierung entwickelt wurden, haben sich im Lauf der Zeit in die frühen Phasen der Spezifikation und Konstruktion vorgearbeitet. So war es auch bei den Datentypen. In der Entwicklung der Programmiersprachen haben sie von jeher eine große Rolle gespielt; Datentypen waren und sind gelegentlich Anlass zu Glaubenskämpfen zwischen Anhängern typsicherer Sprachen wie Ada und pragmatischen Software-Ingenieuren, die der Typsicherheit nicht die zentrale Bedeutung beimessen. In der Spezifikation tauchten sie zunächst nur auf als probater Weg zur Vereinheitlichung von Formatangaben: Man braucht nicht mehr bei jeder Artikelnummer zu überlegen, ob sie nun 10 oder 12 Stellen hat, sondern legt diese Information in einem zentralen Verzeichnis ab. So werden Fehler vermieden; die Korrektur von Formatangaben ist *lokal*, also an einer Stelle möglich.

Bald aber erkannte man, dass Datentypen viel mehr Möglichkeiten bieten als nur die bloße Definition des Formats: Datentypen können komplex sein (also aus anderen Datentypen aufgebaut), sie können verschiedene externe Darstellungen besitzen, und man kann Plausibilitätsprüfungen mit ihnen verbinden. Zahlreiche CASE-Tools unterstützen dieses Konzept mehr oder weniger geschickt. Zwei Fragen drängen sich dabei auf:

1. Nachdem sich die Datentypen in der Spezifikation breit gemacht haben: Welche Beziehung besteht zwischen den Datentypen der Spezifikation und denen der Realisierung? Sind es dieselben? Eine Standardfrage des Software-Ingenieurs lautet ja: Was muss ich in der Spezifikation tun, damit mir in der Programmierung die richtigen Informationen zur Verfügung stehen? Es wird sich zeigen, dass sich die Datentypen der Spezifikation in einfacher Weise auf die Datentypen der Zielsprache abbilden lassen, dass aber die schlichte Eins-zu-Eins-Beziehung oft durchbrochen wird.
2. Welche Rolle spielen die Datentypen im Zeitalter der Objektorientierung? Haben sie überhaupt noch eine Existenzberechtigung, oder wird inzwischen alles zu Klassen und Objekten verrührt? Es wird sich zeigen, dass Datentypen im Sinne der weiter unten beschriebenen *fachlichen Datentypen* eine kaum zu überschätzende Bedeutung besitzen, und dass sie sich in objektorientierten Sprachen in idealer Weise realisieren lassen.

Der weitere Aufbau dieses Kapitels: Wir lassen zunächst die klassische Welt der programmiersprachlichen Datentypen Revue passieren und versuchen, die Unterschiede und Gemeinsamkeiten wichtiger Programmiersprachen herauszuarbeiten. Programmbeispiele sind in C, Java oder Ada formuliert. Ein eigener Abschnitt widmet sich dem zentralen Thema der externen Darstellung von Datentypen. Diese braucht man immer dann, wenn eine Variable das behütete Nest des eigenen Programms verlässt und hinaustritt in die rauhe Wirklichkeit, wo andere technische oder menschliche Instanzen die Daten weiterverarbeiten. Wir entwickeln schließlich das Konzept der *fachlichen Datentypen* in vollständiger Anlehnung an die Datentypen der Programmiersprachen und zeigen an verschiedenen Beispielen, wie man damit umgeht.

## 7.1 Was ist ein Datentyp?

Datentypen sind die Grundbausteine unserer Programme. Dieser Abschnitt erklärt, welche Datentypen es gibt, was sie können und was man damit macht. Was ein Datentyp eigentlich *ist*, lässt sich seltsamerweise nur schwer sagen.

### Elementare Datentypen

Die Minimalausstattung einer Programmiersprache sind die ganzen Zahlen und die Zeichenketten (z.B. awk). Andere Sprachen wie Ada bieten ein reichhaltiges Spektrum an elementaren Datentypen; Festkommazahlen allerdings sind das Merkmal von Ada, COBOL und PL/1. Zu den elementaren Datentypen zählt man in der Regel:

- Aufzählungstypen,
- ganze Zahlen (Integer),
- Festkommazahlen,
- Gleitkommazahlen,
- Zeichenketten (Strings).

Spezielle Aufzählungstypen sind der Datentyp *Boolean* mit den beiden Werten *True* und *False* sowie der Datentyp *Character*, dessen Wertebereich durch den zugrundeliegenden Zeichensatz (z.B. ASCII oder Unicode) definiert ist. In Abschnitt 7.3 wird gezeigt, wie man die elementaren Typen einer gegebenen Programmiersprache mit Hilfe des Baukastens der Datentypen beliebig erweitern kann.

Zu jedem Datentyp definiert man die Menge der zulässigen Werte (das ist der Wertebereich) und die Menge der zulässigen Operationen (diese Menge hat keinen eigenen Namen). Datentypen heißen strukturgleich, wenn sie denselben Wertebereich besitzen. In C und C++ sind strukturgleiche Datentypen immer zueinander kompatibel; Ada bietet in dieser Frage über das Konzept der Untertypen/abgeleiteten Typen filigrane Unterscheidungsmöglichkeiten.

Die wichtigsten Operationen sind die Vergleichsoperationen, die für alle elementaren Datentypen definiert sind, die arithmetischen Operationen, die für alle Zahltypen Sinn machen, und die Konkatenation von Zeichenketten. Operationen sind Abbildungen im Sinne der Mathematik, und zwar ist eine n-stellige Operation definiert auf dem Kreuzprodukt von n Wertemengen und liefert Werte in einer (n+1)ten Wertemenge. Beispiel: `Z` sei die Wertemenge der darstellbaren ganzen Zahlen (also z.B. von $-2^{31}$ bis $2^{31}-1$); `B = { False, True }` die Wertemenge von Boolean. Dann sind die für die ganzen Zahlen erklärten arithmetischen Operationen Abbildungen von `ZxZ` nach `Z`; die Vergleichsoperationen gehen von `ZxZ` nach `B`. Operationen werden in den verschiedenen Programmiersprachen unterschiedlich notiert: Zur Verfügung stehen Operatoren (also Sonderzeichen wie +, - oder %), Funktionen und Prozeduren. In manchen Sprachen konkateniert man Zeichenketten mit dem „+"-Operator, in anderen mit einer Funktion wie `strcat`.

## Literale

Ein Literal (oder Standardbezeichner) ist die Darstellung eines Wertes im Programmtext. Bei den Enumerationstypen wird der Wertebereich als Liste von Literalen explizit angegeben; die Kleiner-Relation ergibt sich aus der Reihenfolge in dieser Liste (oder kann – wie in C – explizit zugeordnet werden). Oft gibt es viele Darstellungen für ein und denselben Wert: So bezeichnen `1.1` und `0.11E1` ein und denselben Gleitkomma-Wert, den wir als solchen aber gar nicht benennen können, sondern immer nur über den Umweg einer willkürlich gewählten Darstellung. Wo aber bleibt dann der Wert an sich? Der Mathematiker definiert auf der Menge der Literale die Äquivalenzrelation der Gleichheit und erhält die Wertemenge als die Menge der Äquivalenzklassen.

## Polymorphie

Viele Programmiersprachen stellen durch die Variablendefinition eine explizite und dauerhafte Bindung der Variablen an einen Datentyp her. Andere Sprachen wie Lisp, Scheme, Smalltalk, Perl oder Python kennen überhaupt keine Bindung zwischen Variable und Datentyp: Jede Variable kann jeden beliebigen Datentyp beherbergen. Das ist der Extremfall von Polymorphie (Vielgestaltigkeit): Jede Variable darf jede Gestalt annehmen. Die von objektorientierten Programmiersprachen unterstützte Vererbungspolymorphie ist eine Zwischenstufe. Vererbung steht für die „is a"-Beziehung: Jedes Objekt irgendeiner Klasse K darf auch Objekt jeder Oberklasse von K sein.

## Überladung

Viele Operationen sind mit unterschiedlicher Bedeutung für eine ganze Reihe von Datentypen definiert. So steht die „+"-Operation für die Addition von ganzen Zahlen, Fest- oder Gleitkommazahlen, oft aber auch für die Konkatenation von Zeichenketten. Das bedeutet, dass ein Ausdruck

```
a = b + c;
```

erst ausgewertet werden kann, wenn der Typ der beteiligten Operanden bekannt ist: Die Addition zweier ganzer Zahlen erfolgt anders als die Addition zweier Gleitkommazahlen und diese wiederum anders als die Konkatenation zweier Zeichenketten. Bei einer festen Bindung von Variable zu Datentyp ist die Auswertung zum Zeitpunkt der Übersetzung möglich (Überladung), im anderen Fall erst zur Laufzeit (dynamische Bindung). Diese Urform der Überladung gibt es seit dem Beginn der Programmierung in höheren Sprachen. Bei den modernen, objektorientierten Programmiersprachen hat der Begriff der Überladung zwei weitergehende Bedeutungen:

1. Der eben beschriebene Mechanismus der Überladung funktioniert nicht nur bei den vordefinierten Operatoren (wie z.B. +, -), sondern auch bei normalen Funktionen. Man kann also schreiben:

   ```
   print(Kunde *k);
   print(Auftrag *a);
   ```

   und wie bei der Addition wird in Abhängigkeit vom aktuellen Parameter die passende Funktion ausgewählt.

2. Die von der Sprache unterstützten Operatoren lassen sich um- bzw. neu definieren, also überladen. Man kann z.B. eine Klasse `Rational` schreiben und die üblichen arithmetischen Operatoren für rationale Zahlen sinnvoll definieren.

Java unterstützt nur (1), Python nur (2), Ada 95 und C++ (1) und (2).

## Typkonvertierung und Typsicherheit

Überladung heißt für alle Programmiersprachen mit fester Bindung zwischen Variable und Datentyp, dass bereits zum Zeitpunkt der Übersetzung erkannt wird, ob die Operanden kompatibel sind. Sie sind es nämlich genau dann, wenn der Übersetzer für die verlangte Operation genau eine passende Routine kennt. Viele Programmierfehler werden somit nicht erst zur Laufzeit, sondern bereits vom Übersetzer erkannt. Der Übersetzer wird einen Array-Zugriff der Form

```
x = a[i];
```

nur übersetzen, wenn die Variable `a` ein Array ist, die Variable `i` zum Index-Typ von `a` und die Variable `x` zum Elementtyp von `a` passen. Dies ist ein Beispiel für Typsicherheit. Aber nicht immer wünscht man sich bedingungslose Typsicherheit. Betrachen wir den Ausdruck

```
x = y + i;
```

wobei `x` und `y` Gleitkommazahlen sein mögen, die Variable `i` aber eine ganze Zahl. Hier wird der Übersetzer keine Beschwerden vortragen, sondern erst `i` in eine Fließkommazahl konvertieren und dann die gewünschte Addition durchführen. (Dies ist eine der wenigen Situationen, wo Java implizit konvertiert.) Implizite Typkonvertierungen (um eine solche handelt es sich hier) sind seit Urzeiten Gegenstand heftiger Diskussion: Je mehr Typkonvertierungen implizit stattfinden, desto bequemer ist die Programmierung, aber desto weniger Fehler findet der Übersetzer. C und C++ sind ohne Zweifel die Sprachen, die mit der Typsicherheit eher lässig umgehen. Ein oft zitiertes Beispiel ist die in C und C++ vorgesehene (oder besser: nicht verhinderte) Konvertierung zwischen `char` und `int`:

```
char uc = 'A';
char lc = uc + 32; // lc = 'a'
```

Der ASCII-Wert eines Kleinbuchstabens ist nämlich immer der ASCII-Wert des Großbuchstabens plus 32 (Hex 20). Ada-Fans fallen bei diesem Beispiel regelmäßig vom Stuhl; der Pragmatiker freut sich, dass er seine Buchstaben ohne Assembler direkt in C konvertieren kann. Er wird als verantwortungsvoller Programmierer diese und ähnliche Tricks jedoch keinesfalls quer über sein Programm verstreuen, sondern er wird seine Kunststücke sauber einschalen, wie das die ANSI-C-Bibliothek mit den Character-Funktionen (z.B. `tolower`, `toupper`) vormacht.

## Casting

Neben der impliziten Typkonvertierung, die der Übersetzer nach eigenem Ermessen ausführt, gibt es die explizite Typkonvertierung durch den Programmierer, genannt Casting. Ein Beispiel in C:

```
float x = 1.1;
int i = (int)x;          /* i enthaelt den gerundeten Wert von x */
```

Den Typ, in den hinein man konvertieren möchte, schreibt man also vor den zu konvertierenden Wert; in Ada und Pascal setzt man die Klammern um den zu konvertierenden Ausdruck. Der Übersetzer wird eine geeignete Transformationsroutine einbauen; wenn keine vorhanden ist, liefert er einen Fehler. In C++ ist es möglich, eigene Transformationsroutinen anzugeben (etwa von String nach Integer), die der Übersetzer implizit anwendet, so dass man schreiben kann:

```
i = 3 + „vier";          // i = 7
```

Die meisten Programmierer denken beim Casting sofort an das Casting von Zeigern. Man „castet" in der Regel von einem allgemeinen Zeigertyp (einem typfreien Zeiger oder einem Zeiger auf eine Oberklasse) auf einen speziellen Zeigertyp. Ein Beispiel:

```
void *p;
p = ....                 /* p zeigt auf einen Kunden */
Kunde* k = (Kunde*) p;   /* Cast von void* auf Kunde* */
```

Mit dem Cast von `void*` auf `Kunde*` versichert der Programmierer dem Übersetzer, dass er weiß, was er tut. Der Programmierer übernimmt die Verantwortung dafür, dass der freie Zeiger `p` zum Cast-Zeitpunkt tatsächlich auf einen Kunden zeigt; der Übersetzer ist an dieser Stelle aus der Verantwortung entlassen. Eine besondere Transformation ist nicht erforderlich, denn Zeiger schauen bekanntlich immer gleich aus, egal worauf sie zeigen. Der in C allgegenwärtige Cast von `void*` auf etwas Konkretes wurde in Java ersetzt durch den ebenso allgegenwärtigen Cast von `Object`. Der Java-Cast hat gegenüber dem C-Cast den Vorteil, dass er von der JVM (Java Virtual Machine) zur Laufzeit geprüft wird und im Fehlerfall eine Java-Ausnahme liefert – und keinen harten Absturz wie C. Aber im Grunde sind beide Casts gleich hässlich.

Casting wird von manchen als regelrechtes Teufelszeug dargestellt. Daher möchte ich zur Rechtfertigung dieser Technik etwas ausholen.

Eine, wenn nicht *die* Grundfrage des Programmierens im Großen lautet: Was soll man tun, wenn mit vielen verschiedenen Datentypen im Wesentlichen immer wieder dasselbe zu programmieren ist (z.B. die read/update/insert/delete-Operationen beim Datenbank-Zugriff). Für dieses Problem gibt es drei sich gegenseitig ergänzende Hilfsmittel:

- typfreie Zeiger plus Wrapper,
- Vererbung/Polymorphie,
- Generizität.

In geordneten Projekten ist Casting nicht Ausdruck schlechten Programmierstils, sondern ergibt sich zwingend aus dem Bemühen um wiederverwendbare Software. Typfreie Zeiger, die man nur über einen Cast verwenden kann, kommen einfach vor, und zwar in unzähligen APIs (z.B. Sockets, ODBC, ...), mit denen der Informatiker in der Praxis konfrontiert wird. Die Kunst besteht darin, typfreie Zeiger so zu verpacken (to wrap), dass sie der normale Anwendungsprogrammierer nicht mehr sieht und er folglich keine Casting-Fehler machen kann. Dies ist in jeder Sprache über Wrapper (also typsichere Funktionen, die mittels Cast typunsichere Funktionen aufrufen) möglich. Solche Wrapper lassen sich meist auch leicht generieren. Im Idealfall aber realisiert man Wrapper über generische Funktionen/Klassen/Pakete, und das ist die Paradeanwendung für Generizität. Wrapper sind also generiert (z.B. in C) oder generisch (Ada, C++).

## 7.2 Der Baukasten der Datentypen

Aus den elementaren Datentypen kann man durch einfache Produktionen (im Sinne des Übersetzerbaus) neue, für die zu erstellende Anwendung passende Datentypen definieren. Nicht jede Programmiersprache unterstützt alle der folgenden Produktionen, doch ist es oft ein gangbarer Weg, Mängel der Sprache durch einfache Generatoren zu beheben.

### Bereiche (Ranges)

Der Wertebereich eines Bereichstyps ist immer eine Teilmenge des Wertebereichs eines bereits vorhanden diskreten oder reellen Datentyps. Die Ada-Angabe

```
type monat is new integer range 1 .. 12;
```

definiert `monat` als einen von Integer abgeleiteten Typ (derived type) mit dem angegebenen Wertebereich. Der Bereichstyp erbt die Operationen des übergeordneten Typs, ist zu diesem aber nicht kompatibel: Monate und Integer lassen sich nicht addieren.

### Reihungen (Arrays)

Ein Array ist eine lineare Liste fester Länge von Elementen desselben Typs. Mit dem Index greift man auf das entsprechende Element des Arrays zu. Für jeden Array braucht man zwei Datentypen: Einen diskreten Datentyp für den Index und einen zweiten, beliebigen Datentyp für die Elemente. Mehrdimensionale Arrays (Matrizen, Würfel) kann man entweder direkt durch Angabe von mehreren Indextypen definieren (z.B. Ada), oder man erhält – wie in C und Java – eine Matrix als Array von Arrays, einen Würfel als Array von Matrizen. Zeichenketten (Strings) werden in der Regel als Arrays von Zeichen abgelegt.

Die charakterisierende Array-Operation ist der Zugriff auf ein durch den Index identifiziertes Element:

```
x = a[i]; // lesender Zugriff
a[i] = y; // schreibender Zugriff
```

Es gibt drei Gattungen von Reihungen:

1. Arrays fester Länge (oder eingeschränkte Arrays). Hier ist die Länge bereits im Array-Typ festgelegt („einbetoniert"):
   ```
   type fester_array is array( 1..10 ) of float;
   ```
2. Offene (oder uneingeschränkte) Arrays. Die Typdefinition lässt die Länge offen; sie wird bei der Variablendefinition nachgereicht:
   ```
   type offener_array is array( integer range <> ) of float;
   ```
3. Dynamische Arrays. Diese können – im Gegensatz zu den beiden ersten – wachsen und schrumpfen. Speziell C und C++ bieten diese Möglichkeit, wobei die Verantwortung für die Speicherverwaltung allein beim Programmierer liegt.

In der objektorientierten Programmierung werden Reihungen zunehmend von intelligenten Behältern und Iteratoren verdrängt, z.B. Vektoren, Maps oder Sets, welche dem Anwendungsprogrammierer den direkten Zugriff auf Arrays ersparen. Diese Behälter, die z.B. JDK (Java Development Kit) bereitstellt, verwalten den Speicher, wenn sich der Behälter vergrößert oder verkleinert; die Iteratoren befreien den Programmierer von dem lästigen Problem, ob die Schleife von 0 bis n-1, von 1 bis n oder gar von 0 bis n laufen soll.

## Strukturen

Eine Struktur ist ein Behälter für eine feste Menge von Variablen beliebigen, unterschiedlichen Typs. Eine Struktur wird also definiert durch eine Liste von Datentypen, die selbst natürlich wieder Strukturen (oder Arrays oder etwas anderes) sein können. Das Standardbeispiel für eine Struktur ist die Adresse, in der die üblichen Bestandteile (Straße, Hausnummer, Postfach, ..) zusammengefasst sind. Die kennzeichnende Operation von Strukturen ist der Zugriff auf ein Strukturelement, was in der Regel durch einen Punkt „.“ dargestellt wird. Elemente von Strukturen haben also einen Namen, mit dem man sie ansprechen kann, während die anonymen Elemente eines Arrays nur über den Index erreichbar sind. Die Abwesenheit von Strukturen ist einer der schmerzlichen Mängel der Programmiersprache COBOL, den Copystrecken nur notdürftig ausbügeln.

## Varianten (Unions)

Varianten sind Strukturen, die in Abhängigkeit von einer Diskriminante unterschiedliche Gestalten annehmen können. So kann man abhängig von der Diskriminante „Land“ die länderspezifischen Adressformate in einer der Varianten ablegen. Eine Variante wird also definiert durch einen diskreten Typ (für die Diskriminante) und, für jeden Wert der Diskriminante, die Liste der Datentypen der Elemente. Varianten (genauer: Variable eines Varianten-Typs) können also je nach Wert der Diskriminanten völlig unterschiedliche Dinge enthalten. Sie stellen insofern eine Aufweichung der festen Zuordnung von Variablen zu einem Datentyp dar. Der Zugriffsoperator („.“) funktioniert nur, wenn das angesprochene Element auch tatsächlich gerade vorhanden ist; andernfalls passieren schlimme Dinge. Varianten stellen eine eingeschränkte, vom Programmierer über die Diskriminante kontrollierte Polymorphie dar und stehen insofern in Konkurrenz zu der Vererbungspolymorphie, wo sich der Programmierer um keine Diskriminante zu kümmern braucht.

## Zeiger

Zu jedem Datentyp kann man den zugehörigen Zeigertyp definieren, der damit typgebunden ist im Gegensatz zum freien Zeiger, der überall hinzeigen darf. Die grundlegende Zeigeroperation ist die Dereferenzierung. Man sagt zum Zeiger: Liefere mir bitte das, worauf du zeigst. Die Dereferenzierungs-Operation wird ganz unterschiedlich notiert: In C und C++ ist es der Stern „*“, in Pascal das Caret „^“, und in Ada schreibt man z.B. `p.all`, um die Zeigervariable `p` zu dereferenzieren. Zeiger können auf zwei Arten gefüllt werden:

1. Durch die Allokierung eines passenden Speicherbereichs auf der Halde (Heap) wird eine neue Variable erzeugt, die nun ausschließlich über die Zeigervariable erreichbar ist. Beispiel:

   ```
   pk = new Kunde; // pk zeigt auf einen neuen Kunden
   ```

2. Die Zeigervariable wird auf die Adresse einer bereits vorhandenen Variable umgebogen:

   ```
   Kunde k;
   pk = &k;
   ```

Man sagt, `pk` *referenziert* `k`. Die beiden wichtigen Fehlermöglichkeiten im Zusammenhang mit Zeigern seien kurz genannt:

1. Speicherverletzung (Storage Violation): Dies ist der Versuch, eine Zeigervariable zu dereferenzieren, die auf nichts Vernünftiges zeigt. Speicherverletzungen entstehen entweder, weil die Zeigervariable noch gar nicht initialisiert wurde, oder weil die referenzierte Variable nicht mehr lebt. Speicherverletzungen führen im besten Fall zu einer Ausnahmebehandlung, oft aber zum Programmabsturz oder zu erratischen, nicht rekonstruierbaren Fehlern.
2. Speicherlöcher (Heap Leaks): Speicherlöcher entstehen, wenn Heapvariablen nicht mehr zugänglich sind, weil die zugehörige Zeigervariable inzwischen nicht mehr lebt oder woanders hin zeigt.

Beide Fehlerarten sind außerordentlich tückisch und können sich bei der Fehlersuche als hartnäckig erweisen.

## Funktionstypen

Ein Funktionstyp wird definiert durch den Typ des Rückgabewertes und der Liste der Parametertypen, Beispiel:

```
typedef void unary_fct(void *);
```

definiert den Funktionstyp `unary_fct`, der einen freien Zeiger erwartet und keine Ausgabe liefert. Dieser Funktionstyp wird gerne für Behälter verwendet, die beliebige Elemente enthalten können:

```
void for_each(Container *c, unary_fct *f);
```

ist ein beliebter Prototyp für einen Iterator, der die Funktion `f` auf alle Elemente von `c` anwendet. Dabei steht `Container` für irgendeinen Behälter-Typ (Set, Vector, o.ä.). Die charakterisierende Operation von Funktionstypen ist der Aufruf: „Führe dich aus!". Beispiel:

```
unary_fct *f;
void *x;
f = ...; x = ...;
f(x); /* führe f aus */
```

In Java übernehmen Schnittstellen (interfaces) die Rolle der Funktionstypen. Sie leisten genau dasselbe, sind aber syntaktisch weniger sperrig als ihre C-Vorfahren.

## 7.3 Externe Darstellungen

Jeder Datentyp besitzt eine interne binäre Darstellung, deren Syntax die Privatsache des Übersetzers ist, sein Modulgeheimnis also: Bei Gleitkommazahlen etwa kann die Reihenfolge von Mantisse, Exponent und der beiden Vorzeichen ganz unterschiedlich sein. Bei Strukturen können unterschiedliche, von Übersetzer-Optionen abhängige Alignment-Regeln (sie steuern die Ausrichtung von Variablen an Speicherwortgrenzen) dazu führen, dass die Datenstruktur als Ganzes viel mehr Platz braucht als die Summe ihrer Elemente. Die binäre Darstellung hängt darüber hinaus ab von der Rechnerarchitektur: Bei manchen Rechnern kommen die hohen Bits vorne (Little Endian), bei anderen hinten (Big Endian). Es ist die vornehmste Aufgabe der Programmiersprache (genauer: des Laufzeitsystems), dafür zu sorgen, dass alle internen Darstellungen zu jedem Zeitpunkt in Ordnung sind. Nur durch Casting wird – wie wir gesehen haben – diese Verantwortung lokal auf den Programmierer verlagert.

Aus dieser Rede folgt, dass die interne Darstellung von Variablen nur für die *programminterne* Verarbeitung geeignet ist, nicht aber für die Kommunikation zwischen verschiedenen Programmen oder gar für die Kommunikation mit dem Benutzer. Verschiedene Programme können sich höchstens dann in ihrem internen binären Format unterhalten, wenn sie in derselben Programmiersprache geschrieben und mit demselben Übersetzer und denselben Optionen übersetzt wurden. Dieses Verfahren birgt offenbar viele Fehlermöglichkeiten, z.B. durch Versionsprobleme.

Daher wünschen wir uns für die jeweiligen Ein- und Ausgaben zu jedem Datentyp eine oder mehrere externe Darstellungen, die unabhängig sind von Programmiersprache, Übersetzer und Rechnerarchitektur. Diese externen Darstellungen werden meist in Form von Standardbibliotheken zur Verfügung gestellt; sie sind sinnvollerweise nicht mehr Bestandteil der Programmiersprache. Ein paar Beispiele:

- Die `sprintf`/`sscanf`-Funktionsfamilie von C. Diese Funktionen sind dazu gedacht, die elementaren C-Datentypen auf Strings abzubilden (`sprintf`) oder aus Strings einzulesen (`sscanf`). Die Datei-Ein/Ausgabe erfolgt analog über `fscanf`, `fprintf`; die Kommunikation mit Standard-IO über `printf`, `scanf`. Alle Funktionen sind von der Bauart:

  ```
  f(<Liste der Formate>, <Liste der Variablen>);
  ```

  und funktionieren nur für die elementaren Datentypen. Eine beliebte Übung besteht darin, aus den C-Typdefinitionen für aggregierte Datentypen die entsprechende Liste von `printf`-Formaten zu generieren (z.B. mit dem awk).

- Die IO-Pakete von Ada. Dies sind generische Pakete, die man für elementare Datentypen und solche, die davon abgeleitet sind, instanziieren kann, z.B.:

  ```
  type prozent is new integer range 0..100;
  package prozent_io is new integer_io(prozent);
  ```

  Diese Pakete bieten im Wesentlichen die Operationen `put` und `get`.
- Die XDR-Funktionen des Sun-RPC. Beim RPC (Remote Procedure Call) geht es darum, dass sich Programme, die auf unterschiedlichen Rechnern laufen und in ganz verschiedenen Programmiersprachen geschrieben sind, sozusagen online unterhalten.

Dies wäre dadurch möglich, dass der Sender seine Daten in Textform umsetzt und der Empfänger daraus seine eigene Binärdarstellung rekonstruiert. Effizienter ist es allerdings, mit einem einfacher erzeugbaren, neutralen Binärformat zu arbeiten. Genau dies leistet XDR (external data exchange). Die XDR-Konvertierungsfunktionen sind alle von der Bauart

```
xdr_typ( typ *t, ... );
```

und werden vom RPC-Übersetzer aus den Angaben der Schnittstellendefinition generiert. Ähnliche Konzepte gibt es bei allen anderen RPC-Varianten (beim DCE-RPC ist es z.B. NDR, Network Data Representation).

- Man kann jeden Datentyp nach XML transformieren und wieder zurück. Vor allem in Java gibt es dazu leistungsfähige Bibliotheken (z.B. Xerces), so dass für den Programmierer wenig zu tun übrig bleibt. Allerdings ist XML schlichter ASCII-Text, und deshalb sind XML-Transformationen nicht besonders schnell.
- Bei der Nutzung relationaler Datenbanken sind die Datentypen der Programmiersprache und die SQL-Datentypen aufeinander abzubilden. Diese Abbildung ist eine der Hauptaufgaben der zahllosen Zugriffsschichten, ohne die kaum ein Projekt auskommt. SQL kennt bekanntlich keine Strukturen, sondern nur flache Sätze. Daher ist auch hier eine eingeschränkte Art des (Un)Marshalling erforderlich.

Hinter all diesen Beispielen steckt die folgende Grundidee: Zu jedem Datentyp D und zu jeder Darstellung R (für Repräsentation) gibt es eine Ausgabe- und eine Eingabeoperation. Die Ausgabeoperation transformiert die interne Darstellung einer Variablen vom Typ D nach R, die Eingabeoperation rekonstruiert die interne Darstellung aus einer Zeichenkette oder einem binären Objekt. Middleware-Spezialisten sagen *Marshalling* für die Ausgabe und *Unmarshalling* für die Eingabe. Eine etwas saloppe, aber treffende Bezeichnung für Marshalling lautet *Flachklopfen*: Aus einer möglicherweise hochaggregierten Struktur wird (im Falle von XDR) eine lineare Bitwurst erzeugt oder, bei der Umsetzung in Text mit `sprintf`, eine lange Zeichenkette.

Die Idee der externen Darstellung hat für die Anwendungsentwicklung eine kaum zu überschätzende Bedeutung. Man kann mit nur geringer Übertreibung sagen, dass der eigentliche Daseinszweck der betriebswirtschaftlichen Anwendungen in der Transformation von Daten zwischen den verschiedenen Darstellungen besteht und dass der algorithmische Kern demgegenüber eine geringe Rolle spielt. Zur Erhärtung dieser These betrachten wir den Enumerationstyp *Anrede*. Dieser sieht in C so aus:

```
typedef enum{ Hr, Fr, Fa } anrede;
```

Welchen Vorteil ziehen wir aus diesem Enumerationstyp, verglichen mit der klassischen Methode, irgendwo zu notieren, dass „Hr" mit „1", „Fr" mit „2" und „Fa" mit „3" zu verschlüsseln ist? Im Wesentlichen sind es zwei Dinge:

- Unser Programm ist besser lesbar; die Programmiersprache übernimmt die Umsetzung zwischen der internen Integer-Darstellung und dem mnemonischen Literal.
- Die Programmiersprache sorgt dafür, dass jede Variable vom Typ `anrede` wirklich nur diese drei Werte enthalten kann (C ist hier ein schlechtes Beispiel).

Das ist nicht schlecht und rechtfertigt – selbst in C – die Verwendung von Enumerationstypen. Die Wirklichkeit aber ist komplizierter und verlangt nach weitergehenden Konzepten.

Die typische Situation in einem realen Projekt sieht so aus, dass wir eine Anrede als Enumerationstyp haben, dass diese Anrede in zwei verschiedenen Dialogen vorkommt, und zwar so, dass einmal die Kurzform (Hr, Fr, Fa) und das andere Mal die Langform (Herr, Frau, Firma) verlangt wird, und dass schließlich ein Altsystem zu bedienen ist, in dem „Hr" mit „01", „Fr" mit „02", das mittlerweise verblichene „Fräulein" mit „04" und schließlich die Firma mit „08" verschlüsselt sind. Wir arbeiten also mit drei externen Darstellungen (*Dialog_kurz*, *Dialog_lang*, *Altsystem*) und brauchen für jede dieser Darstellungen die beiden Transformationsoperationen. Man mache sich klar, dass der Enumerationstyp `anrede` zwar mnemonische Literale liefert, aber keinerlei Hilfestellung bietet bei der Umsetzung einer Zeichenkette, die etwa der Benutzer am Bildschirm eingegeben hat, in die interne Darstellung. Ada geht hier ein bisschen weiter, aber nicht weit genug: Mit der Ada-Anweisung

```
package anrede_io is new enumeration_io(anrede);
```

bekommt man `get`- und `put`-Funktionen, die tatsächlich die Transformationen für die Kurzdarstellung leisten. Die beiden anderen (*Dialog_lang* und *Altsystem*) sind aber selbst zu schreiben (oder man definiert zwei weitere Enumerationstypen und verwaltet deren Zusammenhang). Diese intelligenten Enumerationstypen spielen eine so zentrale Rolle, dass ihnen ein eigener, realisierungsnaher Abschnitt gewidmet ist (Abschnitt 7.8).

Ein ganz wichtiger Punkt ist anzufügen: Die Fehlerbehandlung bei Ausgabe bzw. Eingabe unterscheidet sich grundsätzlich. Bei der Ausgabe kann nach menschlichem Ermessen nichts passieren, denn die internen Darstellungen sind in Ordnung. Umgekehrt heißt das: Wenn die Ausgabeoperation wider alle Erwartung eine kaputte interne Darstellung antrifft, dann ist eine illegale Situation eingetreten (vgl. Kapitel 6 über Fehler und Ausnahmen). Ganz anders bei der Eingabe. Hier erhalte ich als Empfänger eine externe Darstellung, erstellt von einem Dritten, über dessen Qualität ich a priori nichts weiß. Dieser Dritte kann ein Programm sein, mit dem ich über RPC kommuniziere, eine Datei, die irgendwer auf dieser Welt erstellt hat, oder ein Benutzer am Bildschirm, der sich gelegentlich vertippt. Daher muss ich den Fall berücksichtigen, dass aufgrund von Nachlässigkeit und Missverständnissen eine externe Darstellung angeliefert wird, die nicht den Regeln entspricht, und daher nicht interpretiert werden kann. Dies ist also eine legale Situation: Man liefert einen schlichten Fehler, den der Aufrufer – je nach Kontext – in eine Bildschirmmeldung oder in seinen eigenen Fehlercode umsetzt, oder unter Umständen schließlich doch zu einer illegalen Situation eskaliert.

## 7.4 Fachliche Datentypen

Der Baukasten der Datentypen versetzt uns in die Lage, die fachlichen Attribute unserer Anwendungen angemessen darzustellen. Dabei können wir externe Darstellungen, Transformationsroutinen und weitere Operationen nach Belieben und Bedarf ergänzen mit dem Ziel, alle lokalen, also auf die Bestandteile des Datentyps bezogenen Regeln an einer Stelle, nämlich bei der Beschreibung des Datentyps, zu konzentrieren. Dies wird an einer Reihe von Standardbeispielen illustriert.

## Datum

Dies ist ein besonders reichhaltiger Datentyp, der wohl überall gebraucht wird. Groß ist die Vielfalt sowohl bei den internen als auch bei den externen Darstellungen. Datumsangaben werden intern gerne in kanonischer Form (also in Tagen seit Stichtag) abgelegt; die externen Darstellungen sind – auch abhängig von Land und Sprache – außerordentlich vielfältig. Neben den üblichen Ein- und Ausgabeoperationen gibt es gerade beim Datum eine große Anzahl nützlicher Dinge: Addition einer Anzahl von Tagen auf ein Datum; Differenz zweier Datumsangaben; Feiertagsregelungen: Wieviele Arbeitstage liegen in einem bestimmten Zeitintervall, welches ist der erste Arbeitstag nach einem gegebenen Datum? Ein funktional vollständiger, professionell aufbereiteter Datentyp *Datum* ist ein eigenes Projekt, vor allem wenn nationale und internationale Besonderheiten zu berücksichtigen sind. Glücklicherweise kann man so etwas kaufen. In Java ist die Situation kurios: Ursprünglich (bis JDK 1.0) gab es nur die Klasse *Date*. Sie war einfach zu handhaben, aber nicht besonders leistungsfähig. Seit JDK 1.1 gibt es ein rundes Dutzend neue Klassen und Interfaces, die (fast) alles können, was das Herz begehrt, aber so unübersichtlich sind, dass nur Experten damit umgehen können. Abschnitt 7.7 zeigt, wie man diese Situation meistert.

## Enumerationstypen

Enumerationstypen kommen in den meisten Systemen massenhaft vor, so dass es sich lohnt, sie gesondert zu behandeln. Sie sind gekennzeichnet durch einen festen, unveränderlichen Wertebereich (d. h.: eine Änderung des Wertebereichs ist nur über eine Codeänderung möglich) und durch mindestens eine, oft aber mehrere externe Darstellungen. Als Beispiele seien genannt die *Anrede*, der *Tarif* (z.B. einer Versicherung), die *Bonität* (eines Debitors) u.ä.

In fast allen Projekten gibt es fachliche Entscheidungen, die von der konkreten Ausprägung eines Enumerationstyps abhängen. So könnte es sein, dass von angenommenen zehn möglichen Ausprägungen des Aufzählungstyps *Bonität* nur sieben für einen Neukunden akzeptabel sind. Bei dem allgegenwärtigen Aufzählungstyp *Character* gibt es in ähnlicher Weise die Unterscheidung in *druckbar* und *nicht druckbar*. Die Frage lautet nun, wie man diese Entscheidungen im Programm abbildet. Die folgende Lösung ist ein softwaretechnischer GAU:

```
            //b1 bis b7 sind die akzeptablen Auspraegungen
if (boni == b1 || boni == b2 ..... || boni == b7) {
            // akzeptiere den Kunden
} else {
            // lehne ihn ab
}
```

Wenn sich nämlich eines Tages die Geschäftsregeln ändern (und das tun sie bestimmt), dann wird man in einem großen System viel Mühe haben, alle derartigen Stellen zu finden, sachgemäß umzustellen und das Ganze wieder zu testen. Die korrekte Lösung besteht darin, die betroffenen Enumerationstypen mit weiteren Operationen zu versehen, etwa von der Bauart `ok_fuer_Neukunden` oder `ist_druckbar`. Auf diese Weise sind alle Abfragen auf konkrete Ausprägungen im Datentyp konzentriert und somit im Falle einer späteren Änderung gut zugänglich. Aber Achtung: Auch diese Lösung stößt an ihre Grenzen, wenn mehr als ein Enumerationstyp betroffen ist. Beispiel: Ob ein Kunde akzeptiert wird, hängt ab von Bonität, Alter und Auftragsvolumen. Generell lässt sich sagen, dass sich diese Datentypen für *lokale* Prüfungen und Transformationen ausgezeichnet eignen, dass aber jede Art von *übergreifender* Fachlogik im Anwendungskern unterzubringen ist (vgl. Kapitel 6).

## Erweiterbare Enumerationstypen

Der Wertebereich erweiterbarer Enumerationstypen ändert sich so häufig, dass eine Programmänderung nicht akzeptabel wäre. Daher speichert man die Matrix der externen Darstellungen in einer Datei, die von besonders autorisierten Benutzern editiert wird. Diese Datei wird zu bestimmten Zeitpunkten, etwa beim Hochfahren des Systems, geladen. Der Markt bietet unter der Bezeichnung *Tabellensystem* eine Reihe von Produkten, die die Verwaltung der externen Darstellungen unterstützen.

## Stringtypen

Die Zeichenketten, die in unseren Anwendungen vorkommen, unterliegen häufig einer bestimmten Syntax, die man in idealer Weise an den Datentyp knüpft. Beispiele sind Prüfziffertypen (Artikelnummer, ISBN, ISSN), Pfadnamen eines Dateisystems, UUIDs (Universal unique identifier), IP-Adressen, die Flugfrequenz im Lufthansa-Flugplan (z.B. *xe6*) und ähnliches mehr. All diesen Datentypen ist gemeinsam, dass sie einem einfachen Format genügen, das sich durch eine kleine Grammatik beschreiben lässt. Interne und externe Darstellung sind in der Regel identisch, so dass die Ausgabeoperationen trivial sind; die Eingabeoperationen enthalten die Prüfung auf die zugrundeliegende Grammatik. Daneben wird es sinnvoll sein, weitere Operationen anzubieten: Beim Pfadnamen wird man den Dateinamen extrahieren, bei der ISBN wird man aus der ersten Ziffer die Sprache des Buches ableiten. Grundsätzlich sollte der Nutzer eines Stringtyps niemals in die Verlegenheit kommen, selbst auf der Zeichenebene die Zeichenkette zu analysieren.

## Geld

In allen kaufmännischen Anwendungen spielt selbstverständlich das Geld eine große Rolle. Aus rundungstechnischen Gründen ist es ausgeschlossen, Geld intern einfach als Gleitkommazahl abzulegen; oft verwendet man zwei oder mehr ganzzahlige Variablen für die Vor- und die Nachkommastellen. Eine andere Lösung bietet die BCD-Arithmetik, wo jede Zahl als Kette von Ziffern abgelegt wird. Währungsprobleme erledigt der Datentyp *Geld*: Im einfachsten Fall ermittelt die Ausgabeoperation auf der Basis einer einfachen Umrechnungstabelle den Wert der Geld-Variablen in der gewünschten Währung und liefert dabei die währungsspezifische Darstellung (z.B. $ oder £). Oft ist darüber hinaus eine tagesbezogene Umrechnungstabelle erforderlich: Rechne den vorliegenden Betrag in Dollar um gemäß Kurs vom 21.08.2001. Für den Euro schließlich brauchte man während der Umstellungsphase in jeder Geld-Variablen zwei Werte: den DM-Betrag und den Euro-Betrag. Neben den Ein-/Ausgabe-Operationen wird der Datentyp *Geld* die für das kaufmännische Rechnen erforderlichen Operationen anbieten: Addition, Subtraktion, Prozentrechnung, Abzinsung. Wie beim Datum ist ein funktional vollständiger Datentyp *Geld* im Rahmen eines normalen Projekts nicht zu realisieren; man wird in der Regel auf Standardsoftware zurückgreifen.

### Adresse

Der Adressenstamm ist für viele Unternehmen ein kostbares Gut, oft wertvoller als Gebäude oder Maschinen. Deswegen ist die Verwaltung der Adressen eine wichtige Angelegenheit: Adressen werden bei der Eingabe gegen eine Datenbank geprüft, in der die Postleitzahlen, Ortsnamen, Straßennamen und Hausnummern eines bestimmten Gebietes, etwa der Bundesrepublik, abgelegt sind. Bei der Eingabe einer Adresse wird geprüft, ob es diese Adresse überhaupt gibt; ggf. werden unvollständige Angaben (etwa eine fehlende Postleitzahl) soweit möglich ergänzt. Die Ausgabe einer Adresse ist auf vielfältige Weise möglich. Von besonderer Bedeutung ist die normierte Darstellung nach den Regeln der Deutschen Post. Oft ist es erforderlich, verkürzte Darstellungen (etwa für Altsysteme) aus der vollständigen Adresse abzuleiten. All diese Aufgaben übernimmt der Datentyp *Adresse*.

## 7.5 Initialisierung und Konsistenz

Eine zentrale Regel der professionellen Programmierung lautet: Jede Variable wird initialisiert. Der Grund dafür sind die nahezu unauffindbaren Fehler, die nicht initialisierte Variablen verursachen können. Initialisierungsfehler bleiben manchmal jahrelang ohne Auswirkung, und irgendwann läuft ein als wasserdicht eingeschätztes Programm nur deshalb nicht mehr, weil man die Bindereihenfolge geändert hat. Java prüft (als einzige der verbreiteten Sprachen) die korrekte Initialisierung aller Variablen.

Zuvor jedoch ist zu klären, welches denn sinnvolle Initialwerte sind. Diese Frage ist bei Zahlen und Zeichenketten mit „0“ bzw. Nullstring („„“) leicht zu beantworten. Schwieriger wird es schon bei den meisten Enumerationstypen: Womit soll man den Wochentag initialisieren oder die Anrede? Das Problem besteht darin, dass jede willkürliche Initialisierung (z.B. Wochentag auf „Montag“, Anrede auf „Hr“) dazu führt, dass man die zufällige Initialisierung und den bewusst gesetzten Wert nicht unterscheiden kann. Als Lösung dieses Problems wurde in vielen Projekten der Undefiniert-Wert (analog zum Null-Wert der Datenbanken) eingeführt, der seinerseits wieder unangenehme Konsequenzen nach sich zieht, weil die meisten Operationen für den Undefiniert-Wert nicht definiert sind.

Ein verbreitetes Design-Problem ist die Konsistenzprüfung von Variablen. Wir betrachten als Beispiel den Datentyp *Bankleitzahl*. Bankleitzahlen werden gegen eine BLZ-Tabelle geprüft, die regelmäßig aktualisiert wird. Hier das Problem: Man kann nicht unterscheiden, ob eine eingegebene Bankleitzahl wirklich falsch ist oder ob sie zu einer neu gegründeten Bank gehört, deren Bankleitzahl in der vorhandenen Tabelle noch nicht hinterlegt ist. Als häufig gewählter Ausweg bietet sich an, die unklare Bankleitzahl mit einem Status-Kennzeichen „geprüft/unklar“ zu versehen und die unklaren Bankverbindungen nach jeder Aktualisierung der Tabelle einer Nachprüfung zu unterziehen. Dieses Verfahren hat seinen Preis:

- Der Datentyp wird komplex. Oft braucht man die Operationen in zwei Ausführungen: Erst zur Herbeiführung des konsistenten, geprüften Zustands, dann für die eigentliche Arbeit.
- Es sind regelmäßige Hintergrundprozesse vorzusehen und zu verwalten, die die Prüfungszustände aktualisieren.

Andererseits kann der Verzicht auf diese datentypinterne Intelligenz dazu führen, dass die Verarbeitungslogik davor, also z.B. in einem Dialog- oder Batchprogramm, aufwendig wird. Das Thema „Konsistenz komplexer Datentypen" kann daher nicht allgemeingültig beantwortet werden und wird unsere Designer auch in den kommenden Jahren beschäftigen.

## 7.6 Fachliche Datentypen in Spezifikation und Konstruktion

Für objektorientierte Dogmatiker sind die fachlichen Datentypen einfach Klassen; eine besondere Behandlung erübrigt sich. Diese Betrachtung ist insofern richtig, als jeder fachliche Datentyp bei der Programmierung in einer objektorientierten Sprache in aller Regel als Klasse realisiert wird (manchmal braucht man auch mehrere; vgl. Abschnitt 7.8). Für die Spezifikation, die präzise Beschreibung des Systems aus fachlicher Sicht also, ist dieser Ansatz nicht hilfreich.

Die Spezifikation wird oft – und bei größeren Projekten immer – in die Grob- und die Feinspezifikation unterteilt. Ergebnisse der Grobspezifikation sind mindestens:

- Anwendungsfälle
- Entitätstypen (grob)
- Attribute (grob)

Die Frage nach dem Unterschied zwischen groben und feinen Entitätstypen bzw. Attributen wird in Kapitel 3 behandelt. Die Entitätstypen sind die tragenden Pfeiler, an denen eine Anwendung hochgezogen wird: das Konto, der Kunde, die Bestellung, der Artikel. Es spielt keine große Rolle, ob man einer OOA-Methode folgt oder ob man ein Datenmodell nach alter Väter Sitte erstellt: Diese Kernbegriffe wird es (unter dem Namen Entitätstyp, Klasse oder Objekt) immer geben. Ihre Merkmale sind seit langem bekannt:

- Man kann sie anlegen und löschen.
- Man kann sie zählen.
- Man kann und will sie durch Attribute beschreiben.
- Jeder Entitätstyp ist unverzichtbar: Wenn ich ihn weglasse, kann ich bestimmte Abläufe nicht mehr darstellen.
- Sie sind autonom, also für sich alleine lebensfähig, im Gegensatz zu einem Geldbetrag, der nur als Attribut eines Entitätstyps, z.B. als Saldo eines Kontos, sinnvoll ist.

Daraus ergibt sich kein Algorithmus für das Finden von Entitätstypen – und den wird es auch niemals geben; die Systemanalytiker werden dafür bezahlt, dass sie sinnvolle Entitätstypen finden.

Die Attribute beschreiben die Entitätstypen: Der Kunde hat diverse Adressen und Datumsangaben (Rechnungsadresse, Lieferadresse, Tag_Eintritt, Tag_letzte_Lieferung,

...), das Konto hat diverse Geldbeträge (Saldo, Kreditrahmen, ...) als Attribute. In der Grobspezifikation wird man diese Attribute auflisten, sie erläutern und eventuell das Format notieren, wobei man sich hier auf die wichtigsten externen Darstellungen beschränkt. Attribute sind nicht autonom; sie existieren nur in Verbindung mit dem Entitätstyp, den sie beschreiben. So wird z.B. *Farbe* in der Regel ein Attribut sein (von Artikeln oder Autos). Die Entscheidung „autonom oder nicht" hängt jedoch vom Umfeld ab: Ein Physiker könnte z.B. die Wellenlänge als *Attribut* des *Entitätstyps* „Farbe" festlegen.

Die fachlichen Datentypen, wie sie in Abschnitt 7.5 beschrieben wurden, treten erst in der Feinspezifikation auf den Plan. Eine wesentliche Aufgabe des Systemanalytikers besteht darin, aus den Attributen der Grobspezifikation die fachlichen Datentypen der Anwendung zu extrahieren, und zwar so, dass möglichst viel fachliche Logik in den Datentypen gekapselt wird. Der große Vorteil unserer Datentypen besteht darin, dass deren Operationen absolut lokal funktionieren. Es sind keinerlei Annahmen über das Umfeld (Dialog, Batch oder gar technische Dinge wie Programmiersprache) erforderlich. Kaufmännisches Rechnen funktioniert immer gleich, Datumsarithmetik ist immer dieselbe, egal ob es sich um ein Wertstellungsdatum oder ein Lieferdatum handelt.

Daraus ergibt sich eine kompakte, redundanzarme Darstellung der Feinspezifikation. Die Beschreibungen der eigentlichen fachlichen Funktionen, etwa der Abwicklung einer Bestellung, geraten kurz und – im besten Fall – gut lesbar, weil sich der Autor auf den Kern der Sache konzentriert und nicht durch Nebensächlichkeiten wie die Bestimmung des nächsten Werktages oder die kaufmännisch korrekte Berechnung des Rechnungsbetrages aus dem Gleis geworfen wird. Aber: So schön die Datentypen auch sind – man darf sie nicht überfrachten. Datentypen sind immer dann die Methode der Wahl, wenn es um lokale, also auf einen Datentyp und dessen Komponenten bezogene Prüfungen oder Transformationen geht. Die großen Zusammenhänge, die eigentliche Arbeit, die Funktionen, um derentwillen ein System überhaupt gebaut wird: All das ist die Sache des Anwendungskerns.

In der Feinspezifikation wird also beschrieben, welche fachlichen Datentypen es gibt, und welche Operationen sie besitzen. Oft kann und soll man hier auf die Literatur verweisen: Es ist nicht erforderlich, in jedem betriebswirtschaftlichen Projekt ein Lehrbuch über das kaufmännische Rechnen zu verfassen.

Die Spezifikation der Datentypen wird im Verlauf des Projekts naturgemäß immer präziser. Zunächst notiert man (in der Regel mit Hilfe eines CASE-Tools) alle aus fachlicher Sicht benötigten externen Darstellungen und die – ebenfalls aus *fachlicher Sicht* – notwendigen Operationen. In der Konstruktion ergeben sich in der Regel weitere externe Darstellungen, die aus *technischer Sicht* erforderlich sind: etwa die Darstellung in der Datenbank. Diese neu entdeckten externen Darstellungen wiederum können zu weiteren Operationen Anlass geben.

In der Spezifikation findet man naturgemäß nur solche Datentypen, welche die fachliche Anwendung liefert. Aus der Analyse des technischen Umfeldes ergeben sich dann weitere fachliche, also nicht-programmiersprachliche Datentypen, allerdings solche, die nicht für den Anwender, sondern für den Techniker von Bedeutung sind: Pfadnamen,

URLs (universal resource locator), GUIDs (global unique identifier), IP-Adressen sind die klassischen Beispiele. Sie werden genauso behandelt wie die Datentypen, die in der Spezifikation gefunden wurden.

Wenn alle Datentypen vollständig versammelt und mit allen Operationen und externen Darstellungen beschrieben sind, wird man die Umsetzung in die verschiedenen Zielumgebungen in Angriff nehmen. Das Problem hierbei ist der Plural: Zielumgebungen. Es ist eine vergleichsweise leichte Übung, Datentypen mit all ihren Operationen in eine bestimmte Sprache, sagen wir C++, umzusetzen. In Wirklichkeit hat man jedoch bei modernen Client/Server-Projekten eine Vielzahl von Zielumgebungen zu bedienen:

- Client-Sprache (oft Java in Verbindung mit JSP (Java Server pages))
- Ressource-Dateien (für das GUI)
- Server-Sprache (oft Java, aber auch COBOL)
- Datenbank (SQL-CREATE-Anweisungen)
- evtl. IDL-Dateien (z.B. CORBA, COM)

Diese Umsetzung erfolgt im Wesentlichen von Hand; ein Automatismus ist nur in besonderen Standardsituationen (etwa den Enumerationstypen) möglich. Der Punkt ist: *Alle* Formatangaben des *gesamten* Systems sind externe Darstellung eines Datentyps; umgekehrt findet sich ein und dieselbe externe Darstellung als Java-Klasse, als Spaltendefinition einer Tabelle und vielleicht noch als Cobol-Struktur wieder. Mir ist zum jetzigen Zeitpunkt keine CASE-Umgebung bekannt, in der diese Welt zufriedenstellend verwaltet wird.

Die sinnvolle Einschalung zugekaufter Komponenten (z.B. Adressprüfung, Datum) ist eine wichtige Aufgabe bei der Konstruktion komplexer Datentyen; häufig erwachsen daraus eigene Teilprojekte.

## 7.7 Konstruktionsbeispiel: Datum

Das Datum besitzt zahlreiche externe Darstellungen. Man wird in jedem Projekt gut daran tun, sich auf einige wenige zu beschränken, z.B. auf diese:

| | |
|---|---|
| 16.5.2002 | Darstellung 1 |
| 16. Mai 2002 | Darstellung 2 |
| 2002-05-16 | Darstellung 3 |

Folgende Aufgaben sind zu lösen:

1. Transformation einer String-Repräsentation in die interne Darstellung,
2. Transformation der internen Darstellung in einen String,
3. Ermittlung von Wochentag, Tag, Monat und Jahr,
4. Ermittlung, ob ein gegebenes Datum Arbeitstag, Feiertag oder Ultimo ist (unter Berücksichtigung des Bundeslandes),
5. Ermittlung des nächsten Tages, des nächsten Arbeitstages und des nächsten Feiertages zu einem gegebenen Datum, und schließlich
6. einfache Datumsarithmetik: Addition einer Anzahl von Tagen auf ein Datum, Bestimmung der Anzahl von Tagen bis zu einem Folgedatum.

Die Java-Klasse *Datum* leistet das Gewünschte:

```
public class Datum {
    public static final int DARST1 = 1;    // 16.5.2002
    public static final int DARST2 = 2;    // 16.Mai 2002
    public static final int DARST3 = 3;    // 2002-05-16

    public Datum() { .. }  // Konstruktor mit Initialisierung auf heute
        // Konstruktor mit expliziter Initialisierung
    public Datum(int jahr, int monat, int tag) { .. }
        // Konstruktor mit Initialisierung aus der
           String-Repräsentation s
    public Datum(String s, int rep) { .. }
        // Konversion Datum nach String,
    public String toString(int rep) { .. }

        // gib Auskunft ueber dich selbst
    public int tagDerWoche() { .. }
    public int tagDesMonats() { .. }
    public int monat() { .. }
    public int jahr() { .. }
    public boolean istFeiertag(Bundesland land) { .. }
    public boolean istArbeitstag(Bundesland land) { .. }
    public boolean istUltimo() { .. }

        // ermittle den naechsten Tag mit einer bestimmten
           Eigenschaft
    public Datum naechsterTag() { .. }
    public Datum naechsterArbeitstag(Bundesland land) { .. }
    public Datum naechsterFeiertag(Bundesland land) { .. }
    public Datum naechsterUltimo() { .. }

        // addiere tage
    public Datum add(int tage) { .. }
        // wieviele Tage bis d?
    public int diff(Datum d) { .. }
}
```

Zur Implementierung wird man sich u. a. der Java-Klassen `Date`, `GregorianCalendar` und `SimpleDateFormat` bedienen. Dabei erkennt man Stärken und die Schwächen des JDK: Die genannten Klassen sind außerordentlich mächtig und leisten viel mehr als unsere einfache Datumsklasse. Datumsarithmetik z.B. ist ein Kinderspiel. Aber sie sind unübersichtlich und mühsam zu lernen. Sie bieten vieles, was ein normales Projekt nicht braucht, und sie bieten vieles nicht, das in unseren Breiten unumgänglich ist (z.B. Bundesland-abhängige Feiertage).

Der aufmerksame Leser hat bemerkt, dass wir – wie in Java üblich – Tag, Monat und Jahr als int-Variable behandeln und auf eigene Klassen wie `Tag`, `Monat` oder `Jahr` verzichten.

## 7.8 Konstruktionsbeispiel: Enumerationstypen

Wir betrachten die in Abschnitt 7.4 am Beispiel der Anrede skizzierte Situation: Alle Enumerationstypen besitzen drei externe Darstellungen (*kurz*, *lang*, *Altsystem*). Wir nehmen an, dass es 100 Enumerationstypen gibt (ein realistischer Wert). Wir brauchen also hundert Eingabe- und Ausgabeoperationen, macht 200 Operationen. Was muss man jetzt wie oft programmieren? Wie kann man verhindern, dass Code kopiert wird (mit allen Konsequenzen für die Wartung)? Diese Aufgabe ist ein klassisches Gesellenstück des Software-Engineering: Das Problem wäre trivial, wenn man nur zwei oder drei Enumerationstypen hätte; die offensichtliche Triviallösung ist aber ab einer bestimmten Größenordnung (die man nicht genau angeben kann) völlig untragbar.

Wir beschreiben die Lösung in Java; die Umsetzung in jede andere objektorientierte Sprache, aber auch z.B. in C ist leicht möglich. Offenbar benötigt man für jeden Enumerationstyp einmal die Matrix der Darstellungen, im Beispiel *Anrede*:

| | | | | |
|---|---|---|---|---|
| INTERN | 0 | 1 | 2 | 3 |
| KURZ | „?“ | „Hr“ | „Fr“ | „Fa“ |
| LANG | „?“ | „Herr“ | „Frau“ | „Firma“ |
| ALTSYSTEM | „00“ | „01“ | „02“ | „04“ |

Die *Anrede* wird intern als Integer dargestellt; in der mit KURZ markierten Zeile stehen die Kurzdarstellungen; die übrigen Zeilen werden analog interpretiert. Bei der Eingabe einer Adresse in der Kurzdarstellung sieht man in der entsprechenden Zeile nach, ob der eingegebene String vorhanden ist; wenn ja, wird der interne Wert entsprechend gesetzt (also bei „Fr“ auf 2), wenn nein, bleibt der interne Wert unverändert; ein Fehlercode wird zurückgegeben. Die Ausgabeoperationen funktionieren analog.

Die Klasse `EnumData` ist in der Lage, derartige Matrizen in beliebiger Größe abzulegen, und sie ermöglicht den Zugriff darauf. Bei vielen Ausprägungen kann es sinnvoll sein, mit Hashtabellen zu arbeiten. 100 Enumerationstypen liefern 100 Objekte der Klasse `EnumData`.

```
public class EnumData {
   private String[][] matrix;      // Matrix der Auspraegungen

   public EnumData(String[][] m) { .. }

         // interne Darstellung aus externer
   public int in(String ext, int rep) { .. }
         // externe Darstellung aus interner
   public String out(int value, int rep) { .. }
}
```

Die Klasse `Enum` ist eine abstrakte Klasse; alle konkreten Enumerationstypen (*Anrede*, *Tarif*, ..) sind davon abgeleitet. Wir haben also insgesamt 102 Klassen: `EnumData`, `Enum` und 100 von `Enum` abgeleitete Klassen. Jede dieser konkreten Enumerationsklassen enthält als Klassenvariable das zugehörige Objekt von `EnumData`; die Instanzmethode `getdata` liefert eine Referenz darauf. Die beiden Transformationsmethoden werden bei EnumData realisiert; der Zugriff auf die zugehörige Matrix erfolgt über die bei Enum abstrakte Instanzmethode getdata.

```
public abstract class Enum {
   private int value;      // interne Darstellung
   protected abstract EnumData getData();
         // interne Darstellung aus externer
   protected Enum(String ext, int rep) {
         // Fehlerbehandlung erforderlich !!
      value = getData().in(ext, rep);
   }
         // externe Darstellung aus interner
   public String toString( int rep) {
         // keine Fehlerbehandlung
      return getData().out(value, rep);
   }
}
```

Jeder konkrete Enumerationstyp wird von Enum abgeleitet. Er enthält die Matrix der Darstellungen als statische Variable.

```
public class Anrede extends Enum {
   private static EnumData data = new EnumData(DefEnums.anrede);
   protected EnumData getData() { return data; }
      public Anrede(String ext, int rep) {
         super(ext, rep);
      }
}
```

Alle Enum-definierenden Matrizen sind in der Klasse DefEnums versammelt:

```
public class DefEnums {
   public static final String[][] anrede = ...;
   public static final String[][] tarif = ...;
      ...
}
```

Abbildung 7.1 zeigt alle Elemente des kleinen Bauwerks.

Für jeden neuen Enumerationstyp ist also Folgendes zu leisten:

1. Die Matrix der externen Darstellungen ist in DefEnums einzutragen.
2. Es ist eine vierzeilige Unterklasse von Enum zu schreiben.

Es ist klar, dass man diese Arbeit am besten einem kleinen Perl- oder Java-Skript überlässt. Mit dieser Lösung wurde Folgendes erreicht:

- Der Aufwand für neue Enumerationstypen ist minimal.
- Die gesamte Logik steckt in zwei Klassen (EnumData und Enum), so dass Fehlerbeseitigung und Optimierung lokal erfolgen.
- Weitere Entwicklungen, etwa das Laden aller Matrizen aus einer Datei beim Hochfahren des Systems oder die Verwendung einer Hashtabelle anstelle eines Arrays, lassen sich durch Änderungen in EnumData durchführen.
- Besonderheiten bei einzelnen Enumerationstypen (externe Darstellungen, die nur noch im Altsystem vorkommen und ansonsten ungültig sind) lassen sich ebenfalls lokal einbauen, ohne andere Enumerationstypen zu beeinträchtigen.

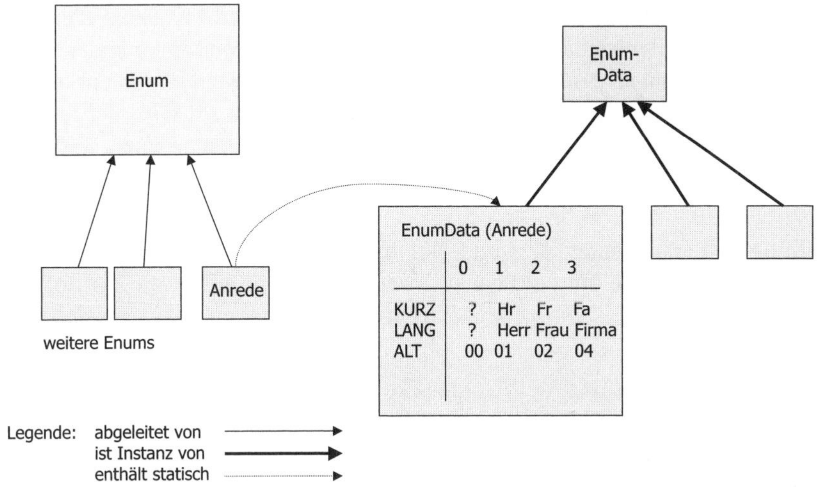


**Abb. 7.1:** Objektmodell Enumeration

# 7.9 Administration

Datentypen haben ein hohes Wiederverwendungspotential, das allerdings nur dann zum Tragen kommt, wenn die organisatorischen Voraussetzungen gegeben sind. Hohe Wiederverwendung bedeutet umgekehrt Abhängigkeit, viel Ärger also, wenn die vielgelobten Datentypen fehlerhaft sind oder Performanceprobleme verursachen. Entscheidend ist also die Frage der Wartung. Dabei unterscheiden wir nach dem Grad der Verbreitung:

- Basisdatentypen,
- Standarddatentypen,
- Anwendungsdatentypen.

Beispiele für Basisdatentypen sind String- oder Behälterklassen, Geld oder Datum. Es wurde mehrfach darauf hingewiesen, dass man so etwas kaum jemals im Projekt realisiert, sondern fast immer von einem externen Anbieter kauft, der dann selbstverständlich für die Wartung zuständig ist. Basisdatentypen sind im Prinzip weltweit verwendbar, und daher ist die Wahrscheinlichkeit groß, dass ein Anbieter diesen Markt bedient. Man kann Basisdatentypen geradezu dadurch definieren, dass man sie auf dem Markt findet. Auf der anderen Seite ist die Programmierschnittstelle solcher Produkte meist so flexibel und dadurch komplex, dass man nicht umhin kommt, eine projektspezifische Schale darüber zu legen.

Am anderen Ende der Skala stehen die Anwendungsdatentypen. Diese werden innerhalb des Projektes erfunden, spezifiziert und realisiert; Wiederverwendungspotential außerhalb der Projektgrenzen ist kurzfristig nicht sichtbar, oder es wird bewusst nicht genutzt, um wertvolle Projektressourcen zu schonen. Es darf nämlich nicht übersehen werden, dass auch relativ einfache Komponenten wie die Datentypen einen um Faktoren (drei bis vier) höheren Realisierungs-, Test- und Dokumentationsaufwand erfordern, wenn man sie über Projektgrenzen hinaus verfügbar macht.

Mit der Zeit wird es nicht ausbleiben, dass in verschiedenen Projekten dieselben oder ähnliche Datentypen entstehen. Dann stellt sich die Frage, ob man aus den projektspezifischen Anwendungsdatentypen projektübergreifende Standarddatentypen macht. Diese Entscheidung sollte man sich nicht zu leicht machen; oft wird der für Standardtypen erforderliche Aufwand massiv unterschätzt. Standarddatentypen sind ein großer Schritt in Richtung auf Software mit Produktcharakter. Dieser Aufwand ist zu berücksichtigen:

- sorgfältige Überarbeitung, Test und Dokumentation,
- Schulung und Einarbeitung der neuen Nutzer, also derjenigen, die die Software einsetzen, sie aber nicht selbst gebaut haben,
- Wartung und Beratung.

Dabei kann man sehr wohl zu dem Schluss kommen, dass es besser ist, zwei oder mehr Lösungen nebeneinander laufen zu lassen, als mit einem Kraftakt eine Vereinheitlichung herzustellen. In jedem Fall aber braucht man zur Verwaltung der Standarddatentypen eine geeignete Instanz, die mit den erforderlichen Kapazitäten und Kompetenzen ausgestattet ist (dazu mehr in Kapitel 10).

# 8 Anwendungsserver

*von Andreas Hess*

> **?** **Wie können wir Anwendungen bauen, die Tausende von Menschen gleichzeitig benutzen?**

Anwendungsserver gehören zum Kern von Informationssystemen, und jeder Software-Ingenieur sollte sie kennen. Man nennt sie auch Transaktionsmonitor, TP-Monitor oder Application Server. Sie sind Ausführungsumgebung für Transaktionsprogramme.

Dieses Kapitel erklärt, wie ein Anwendungsserver funktioniert und wie man ihn anwendet. Zwei wichtige Beispiele sind CICS aus der Welt der Großrechner sowie Servlets und Enterprise JavaBeans (EJB) der Java 2 Enterprise Edition (J2EE).

CICS ist für Informatik-Verhältnisse uralt. Das System hat seit den 70er Jahren eine lange Entwicklung hinter sich, ist ausgereift, weit verbreitet und unterstützt in den neuesten Versionen auch EJB. Wir stellen CICS und EJB in eigenen Abschnitten vor und zeigen an Beispielen, wie man sie einsetzt.

## 8.1 Transaktionssysteme

Anwendungsserver kommen immer dann zum Einsatz, wenn sehr viele (Hunderte bis Tausende) Benutzer gleichzeitig eine Anwendung benutzen. Solche Systeme heißen *Transaktionssysteme* oder *OLTP-Anwendungen* (*Online Transaction Processing*). Transaktionssysteme führen Transaktionen vieler verschiedener, oft räumlich weit verteilter Benutzer durch. Dabei ist jede einzelne Transaktion in der Regel einfach; ihr Bedarf an Ressourcen (Speicher, Prozessor, Ein-/Ausgabe) ist überschaubar. Transaktionssysteme sind gekennzeichnet durch folgende Eigenschaften:

- Die Zahl der Bildschirmarbeitsplätze ist hoch. Transaktionssysteme werden oft von Hunderten oder Tausenden Anwendern gleichzeitig benutzt, so dass sich insgesamt große Anforderungen an die Systeme ergeben.
- Die große Zahl der Benutzer und Geschäftsvorfälle führt zu hohen Transaktionsraten.
- Die Benutzer verlangen kurze Antwortzeiten ($<$1-3 Sekunden).
- Viele kurze Transaktionen werden konkurrierend ausgeführt.
- Der Zugriff auf gemeinsame Datenbestände mit größtmöglicher Aktualität wird synchronisiert.
- Die Anforderungen an die Verfügbarkeit sind hoch (bis zu durchgehend 24 Stunden an 7 Tagen pro Woche).

Wegen dieser Anforderungen sind Transaktionssysteme mit den Mitteln des Betriebssystems allein nicht realisierbar.

### Struktur von Transaktionssystemen

Die Bedienoberfläche von Transaktionssystemen ist direkt manipulativ (DM), formularbasiert oder – mittlerweile selten – kommandozeilenbasiert (vgl. Kapitel 5).

Dementsprechend ist die GUI-Schicht unterschiedlich: Bei formularbasierten Oberflächen ist sie reduziert auf den Browser, bei DM-Oberflächen ist sie wesentlich komplexer: Die GUI-Schicht verarbeitet den größeren Teil der Benutzereingaben selbst, aber spätestens die Datenbankoperationen finden unter Kontrolle des Anwendungsservers statt.

Es gibt verschiedene Formen der technischen Kommunikation zwischen GUI-Schicht und Server:

- HTTP-Aufrufe: Der Browser schickt den Formularinhalt im HTTP-Format an den Server.
- Terminal-Datenpakete: Das Terminal (z.B. IBM 3270) schickt den Formularinhalt an den Server.
- Message Queues: Der Client sendet über Nachrichtenkanäle (Message Queues) Nachrichten an den Server.
- Entfernte Prozeduraufrufe: Beispiele hierzu sind die *Remote Procedure Calls* in der Ausprägung *ONC RPC* von Suns Open Network Computing und *DCE RPC* des Distributed Computing Environment der Open Software Foundation. Ebenfalls in diese Rubrik gehört die *Advanced Program To Program Communication (APPC)* aus IBMs Architektur SAA.
- Entfernte Methodenaufrufe: Beispiele hierfür sind *CORBA* oder die *Remote Method Invocation RMI* von Java. Microsofts *DCOM* und das *Remoting Framework* von Microsofts .NET-Architektur sind weitere Vertreter dieser Gattung.

## Was gehört nicht zu den Transaktionssystemen?

Wie unterscheiden sich Transaktionssysteme von anderen Anwendungstypen, die keinen Anwendungsserver brauchen?

### *Stapelverarbeitung*

Stapelverarbeitung (Batch) braucht viele Betriebsmittel: Sie nutzt den Prozessor intensiv, weil viele Vorgänge nacheinander bearbeitet werden, und sie braucht viel Speicher, z.B. beim Sortieren. Stapelverarbeitung verwendet Speicher und Daten über Minuten bis Stunden exklusiv. Entsprechend verhält sich das Betriebssystem: Die Stapelverarbeitung bekommt alle nötigen Ressourcen und behält sie im Wesentlichen bis zum Schluss – alles andere würde die Performance verschlechtern. Einzige Ausnahme ist der Prozessor: Er hat bei Ein/Ausgabe-Operationen nichts zu tun und kann in dieser Zeit für andere Prozesse arbeiten.

### *Arbeitsplatzsysteme*

Typische Anwendungen auf Arbeitsplatzsystemen sind *Büroanwendungen* (Textverarbeitung, Tabellenkalkulation). Arbeitsplätze für Software Entwickler fallen ebenfalls in diese Rubrik.

Arbeitsplatzsysteme verwenden die Betriebsmittel *Prozessor* und *Arbeitsspeicher* ungefähr wie Stapelverarbeitung: *Dateien* wie Textdokumente werden zu einem Zeitpunkt exklusiv durch einen Benutzer genutzt. In Summe sind jedoch nur wenige Prozesse gleichzeitig aktiv. Dies liegt daran, dass die Ressourcen des Arbeitsplatzsystems nur für einen Benutzer verwaltet werden und zu einem Zeitpunkt auch nur wenige Anwendungen gleichzeitig aktiv sind.

*Server für grafische Terminals*

Solche Systeme kommen zum Beispiel dann zum Einsatz, wenn Büroanwendungen statt auf Arbeitsplatzsystemen unter Verwendung von Terminals betrieben werden. Die klassische Ausprägung sind Unix-Server in Kombination mit X-Terminals an den Arbeitsplätzen, neuerdings in Gesellschaft von Microsofts Windows Terminal Server mit entsprechenden Clients an den Arbeitsplätzen.

Was die Menge der je Benutzer am Server angeforderten Betriebsmittel betrifft, unterscheiden sich diese Systeme nur unwesentlich von Arbeitsplatzsystemen oder Stapelverarbeitung: Solche Dialogsysteme verwalten am Server pro Benutzer wenige Prozesse mit vielen Betriebsmitteln. Der Unterschied zur Stapelverarbeitung besteht im Wesentlichen aus zwei Punkten: dem Rhythmus, in dem die Betriebsmittel angefordert werden, und darin, dass die verschiedenen Anforderungen schlecht vorhersagbar sind.

Die Anzahl der Benutzer pro Server ist beim Terminalbetrieb selten höher als 100 je Server, beim Einsatz von grafischen Oberflächen ist sie noch niedriger.

## 8.2 Aufgaben eines Anwendungsservers

Jeder Anwendungsserver hat folgende Aufgaben:

- Transaktionsverwaltung (vor allem auch verteilte Transaktionen),
- Prozessverwaltung,
- Kommunikation,
- Objekt- und Komponentenverwaltung.

Die Transaktionsverwaltung steht im Mittelpunkt – daher der Name „Transaktionsmonitor".

### Transaktionsverwaltung

Den Begriff der Transaktion haben wir bislang nur informell verwendet. Hier die Definition:

Jede Transaktion ist eine Folge von zusammengehörigen Operationen mit den folgenden *ACID*-Eigenschaften [GrR93]:

- *Atomicity (Unteilbarkeit von Transaktionen)*
  Jede Transaktion ist atomar, d. h. unteilbar: Entweder werden alle Operationen wirksam oder keine einzige wird wirksam. Es gilt das Alles-oder-Nichts-Prinzip: Lässt sich eine Transaktion nicht vollständig durchführen, dann werden alle bereits durchgeführten Operationen rückgängig gemacht und die Transaktion wird zurückgesetzt (*Rollback*).
- *Consistency (Konsistenz von Zuständen)*
  Jede Transaktion überführt die Daten von einem konsistenten Zustand in einen anderen. Inkonsistente Zwischenzustände sind nur innerhalb einer Transaktion möglich.

- *Isolation (Isolation paralleler Transaktionen)*
  Jede Transaktion ist isoliert von anderen Transaktionen: Inkonsistente Zwischenzustände anderer Transaktionen sind für jede Transaktion unsichtbar.
- *Durability (dauerhafte Speicherung von Änderungen)*
  Wird eine Transaktion erfolgreich abgeschlossen (*Commit*), so ist der erreichte Datenzustand dauerhaft.

Transaktionen bilden also eine Verarbeitungseinheit (*Unit of Work*); Beginn und Ende jeder Transaktion definieren einen Synchronisationspunkt für das Wiederaufsetzen im Systemfehlerfall (*Unit of Recovery*).

Der Begriff der Transaktion ist eng verbunden mit dem *Dialogschritt*, der alles bezeichnet, was das System zwischen zwei Eingaben des Benutzers tut. Daher kommt der Ausdruck *Bildschirmtransaktion:* Das Programm, das den Dialogschritt durchführt, heißt *Transaktionsprogramm*, identifiziert durch einen *Transaktionscode* (TAC). Ein Transaktionsprogramm veranlasst oft – aber nicht immer – auch eine Transaktion im Sinn einer ACID-Transaktion auf Ressourcen wie z.B. einer Datenbank. Der allgemeine Sprachgebrauch ist lasch: Manche sagen „Transaktion", wenn sie in Wirklichkeit den Dialogschritt meinen oder das Transaktionsprogramm.

Transaktionsmonitore koordinieren zusammengehörige Änderungen an verschiedenen *Ressourcen.* Sie garantieren ACID ressourcenübergreifend. Für jede einzelne Änderung sichern dabei die einzelnen Ressourcenverwalter (*Resource Manager*) die ACID-Eigenschaften. Solche Ressourcenverwalter sind Datenbanksysteme, Verwalter von Nachrichtenkanälen (Queue Manager) sowie bei einigen Betriebssystemen auch Dateisysteme.

Dies allein reicht aber nicht aus, um das Alles-oder-Nichts-Prinzip der ACID-Eigenschaften für die gesamte Transaktion zu garantieren: Was passiert, wenn von drei Aufrufen von Ressourcenverwaltern zwei erfolgreich sind und einer nicht?

Die Antwort liefert der *Transaktionsverwalter.* Er ist die zentrale Komponente des Transaktionsmonitors, gegenüber dem die Anwendung die Transaktion für beendet erklärt. Er übernimmt die Transaktionssteuerung der beteiligten Ressourcen und verlässt sich dabei auf die Mitwirkung der Ressourcenverwalter.

Das Protokoll zwischen Transaktionsverwalter und den Ressourcenverwaltern heißt *Two-Phase-Commit*-Protokoll. Es stammt von der X/Open Group und beschreibt das Zusammenspiel zwischen Anwendungsprogrammen (Application – AP), Ressourcenverwaltern (Resource Manager – RM) und Transaktionsverwalter (Transaction Manager – TM).

Das Modell definiert zwei Schnittstellen: die *TX-Schnittstelle* mit den Operationen *Begin*, *Commit* und *Abort* zwischen Anwendungsprogrammen und Transaktionsverwalter sowie die *XA-Schnittstelle* mit den Operationen *Prepare*, *Commit* und *Abort* zwischen Transaktionsverwalter und Ressourcenverwaltern. Die XA-Schnittstelle definiert die Annahmen des Transaktionsverwalters über seine Ressourcenverwalter: Nur ein XA-fähiges Datenbanksystem kann an einer XA-Transaktion teilnehmen. Die Schnittstellen zwischen Ressourcenverwaltern und Anwendungsprogrammen gehören nicht zum XA-Modell, weil sie spezifisch für die Ressourcenverwalter sind. Den Ablauf einer XA-Transaktion zeigt Abbildung 8.1.

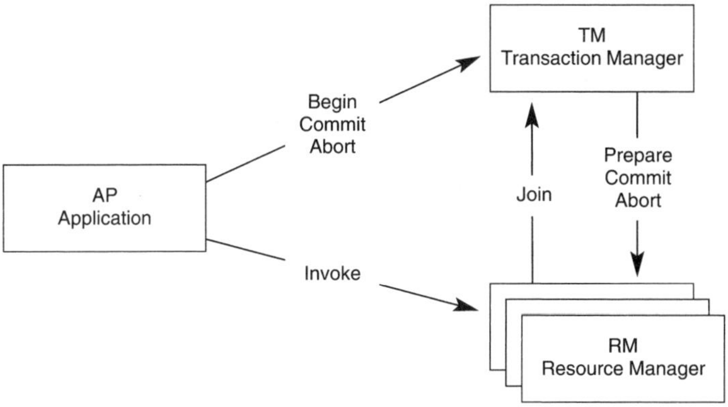


**Abb. 8.1:** XA-Transaktion

Das Anwendungsprogramm eröffnet die Transaktion gegenüber dem Transaktionsverwalter (*begin*). Eine Identifikation dieser Transaktion wird als Transaktionskontext bei allen Aufrufen (*invoke*) der Anwendung an Ressourcenverwalter mit übergeben. Durch Registrierung beim Transaktionsverwalter (*join*) mit dieser Identifikation wird der jeweilige Ressourcenverwalter Teil der Transaktion.

Irgendwann hat das Anwendungsprogramm die Verarbeitungsschritte der Transaktion ausgeführt, indem verschiedene Ressourcenverwalter aufgerufen werden. Das Anwendungsprogramm erklärt dann die Transaktion dem Transaktionsverwalter gegenüber für abgeschlossen (*commit*). Dies teilt der Transaktionsverwalter den Ressourcenverwaltern in zwei Phasen mit:

In der ersten Phase informiert der Transaktionsverwalter alle Ressourcenverwalter, dass die Transaktion abgeschlossen werden soll (*prepare*). Für die Ressourcenverwalter ist das der letzte Zeitpunkt, zu dem sie eventuelle Konflikte wegen Sperren oder paralleler Zugriffe auf die Ressourcen melden können. Ein Ressourcenverwalter, der eine *prepare*-Aufforderung positiv beantwortet, garantiert, dass die mit der Transaktion verbundenen Änderungen dauerhaft festgeschrieben werden können – aber er tut es noch nicht. Dies geschieht erst in Phase 2. Gleichzeitig garantiert er, dass die Änderungen bei einem Abbruch der Transaktion auch zurückgesetzt werden können.

Der Ablauf von Phase 2 hängt ab von den Antworten der Ressourcenverwalter. Wenn alle Rückmeldungen positiv sind, fordert der Transaktionsverwalter in der Phase 2 die Ressourcenverwalter auf, die Transaktion endgültig abzuschließen (*commit*). Wenn aber auch nur eine negative Rückmeldung dabei ist, wird die gesamte Transaktion abgebrochen: Alle Ressourcenverwalter der Transaktion machen ihre Änderungen rückgängig (*abort*).

So erfüllt der Transaktionsverwalter das *Alles-oder-Nichts*-Prinzip: Für die Anwendung selbst stellt der Abschluss der Transaktion nur einen Aufruf dar, der eine positive oder eine negative Antwort liefert. Das hinter der Fassade des Transaktionsverwalters ablaufende Protokoll bleibt ihr verborgen.

Den Abbruch einer Transaktion (*abort*) kann natürlich auch die Anwendung selbst initiieren. In diesem Fall informiert der Transaktionsverwalter alle beteiligten Ressourcenverwalter über den Abbruch.

Dieses Modell funktioniert auch für verteilte Anwendungen. Wichtig ist dabei, dass bei allen Aufrufen von entfernten Ressourcen der jeweilige Transaktionskontext mit übergeben wird. In der Regel bieten die Anwendungsserver hierfür Kommunikationsmechanismen an. Diese sind allerdings von Produkt zu Produkt verschieden und im X/Open-Modell nicht standardisiert. Einzelheiten zum Modell kann man in [X/Open] nachlesen.

Der Transaktionsverwalter zählt zu den zentralen Komponenten eines Anwendungsservers: Er übernimmt die gemeinsame Steuerung für Transaktionen mit mehreren beteiligten Ressourcen. Aber auch in Fällen, in denen Anwendungen nur auf eine Datenbank als einzige Ressource zugreifen, spielen Anwendungsserver eine wichtige Rolle, indem sie den Dialoganwendungen die Transaktionssteuerung weitgehend abnehmen.

Die Anwendungsserver unterstützen dabei ein besonders einfaches Verarbeitungsschema: Der Inhalt einer Bildschirmmaske wird eingelesen, und die darin enthaltenen Daten werden verarbeitet, indem zum Beispiel Eingaben in der Datenbank gespeichert werden. Am Ende werden Ausgaben in Form einer neuen Maske zurückgesendet. Typisch für die Ausführung solcher Bildschirmtransaktionen ist ihre kurze Dauer. Da betriebliche Informationssysteme viele Benutzer bedienen, ist es zweckmäßig, die verwendeten Ressourcen möglichst schnell wieder freizugeben. Anwendungsserver übernehmen hierzu die Transaktionssteuerung der Datenbank und führen sie so durch, dass das Ende einer Bildschirmtransaktion gleichzeitig auch das Ende der Datenbanktransaktion darstellt.

## Prozessverwaltung

Aus den oben beschriebenen Eigenschaften von Transaktionssystemen ergeben sich eine Reihe von Anforderungen an das verwendete Prozesskonzept: Das Erzeugen von Prozessen und die Zuteilung von Betriebsmitteln müssen ohne großen Aufwand möglich sein, da sie oft erfolgen. Betriebsmittel müssen in kleinen Portionen (einige Kilobyte Speicher, einzelne Datensätze) den einzelnen Prozessen zugeteilt werden können.

Prozesskonzepte, die dies unterstützen, nennt man *leichtgewichtig* im Gegensatz zu den *schwergewichtigen* Prozesskonzepten, die für Stapelverarbeitung geeignet sind. Letztere gehen aus von wenigen Prozessen, die lange laufen und denen Betriebsmittel in großem Umfang zugeteilt werden.

Eine weitere Anmerkung zu verwendeten Begriffen: Dieser Text verwendet den Begriff *Prozess* als Oberbegriff für jede Ausführungseinheit, die einem Prozessor zugeordnet werden kann. Für die leichtgewichtigen Formen von Prozessen, die von TP-Monitoren verwaltet werden, verwenden wir den im jeweiligen Umfeld gebräuchlichen Begriff *Thread* oder z.B. *CICS Task* und in Abgrenzung dazu den Begriff *Betriebssystem-Prozess* für die schwergewichtigen, von Betriebssystemen verwalteten Prozesse.

### *Prozesskonzepte für Anwendungen mit Terminals*

Betriebliche Informationssysteme lassen sich bis zu einer gewissen Größe direkt mit den Strategien zur Ressourcenzuteilung der verwendeten Betriebssysteme realisieren: Für jeden Benutzer wird ein eigener Betriebssystem-Prozess gestartet, der den Dialog mit dem Benutzer abwickelt. Wird die Benutzerzahl größer, trägt diese Strategie nicht mehr, weil der Ressourcenverbrauch zu groß wird und die Dauer für einen Prozesswechsel zu lange.

Die kritische Größe mag im Verlauf der Jahre gestiegen sein, das Problem bleibt aber dasselbe: Der typischen Großrechner der 70er Jahre (damals entstand CICS) hatte 0,5 MIPS Prozessor-Leistung und 256 KB Hauptspeicher – das reicht bestenfalls für wenige hundert Terminals, wenn jedes seinen eigenen Betriebssystem-Prozess beansprucht. Was die Prozessor-Leistung und den Hauptspeicher angeht, sind heutige Großrechner zwar um ein Vielfaches leistungsfähiger, gleichzeitig sind jedoch auch die heute realisierten Anwendungen größer und komplexer. Dies betrifft die Anzahl gleichzeitiger Benutzer, gleichzeitig ausgeführter Anwendungen, die Anzahl der verwalteten Datensätze und den Ressourcenverbrauch durch mächtigere Datenhaltungssysteme, so dass sich dasselbe Problem auf höherem Niveau weiter stellt.

Transaktionsmonitore wie CICS ersetzen deshalb die Prozessverwaltung des Betriebssystems durch eigene Funktionen, um den Anforderungen des Transaktionsbetriebs mit leichtgewichtigen Prozessen gerecht zu werden. CICS verwendet z.B. für die selbst verwalteten Prozesse den Begriff *CICS Task*. Transaktionsmonitore, die eigene Strategien zur Prozessverwaltung implementieren, stellen somit spezielle Ausführungsumgebungen dar. Sie sind auf das eigentliche Betriebssystem aufgesetzt und steuern die Prozesse von Transaktionsanwendungen mit ihren vielen Benutzern.

### *Prozesskonzepte verteilter Anwendungen*

Betriebliche Informationssysteme mit grafischen Oberflächen wurden oft als zweistufige verteilte Systeme realisiert. Bei der zweistufigen Architektur enthalten Arbeitsplatzsysteme neben der Oberfläche auch die gesamte Anwendungslogik und kommunizieren mit Rechnern, die lediglich Datenbank-Dienste zur Verfügung stellen.

Systeme mit dieser Architektur kommen in der Regel ohne Anwendungsserver aus: Für die Ausführung der Anwendungslogik für einen Benutzer reicht die Prozessverwaltung auf dem Arbeitsplatzrechner. Eine Transaktionssteuerung durch einen gesonderten Transaktionsmanager erübrigt sich, da nur auf eine Datenbank zugegriffen wird. Allerdings bringt diese Architektur auch eine Reihe von Nachteilen mit sich: Die umfangreiche Anwendungslogik, die als Software auf die oft weit verteilten Arbeitsplatzrechner auszuliefern ist, oder die Menge der Daten, die über das Netz zwischen Datenbank und den Arbeitsplatzrechnern mit der Anwendungslogik ausgetauscht wird, sind nur zwei Probleme.

Für verteilte Systeme mit Tausenden von Benutzern ist deshalb eine dreistufige Architektur die bessere Lösung. Solche Architekturen verwenden Arbeitsplatzrechner, die nur die Oberfläche darstellen, Rechner, die Anwendungslogik ausführen, und Rechner, die Datenbankdienste anbieten.

Mit dieser dreistufigen verteilten Architektur ergeben sich für die Rechner, die die Anwendungslogik ausführen, ähnliche Forderungen nach passenden Konzepten zur Prozessorganisation wie beim Dialogbetrieb auf Großrechnern. Bei den hier verwendeten Betriebssystemen werden leichtgewichtige Prozesse in Form von *Threads* oft vom Betriebssystem schon selbst implementiert. Trotzdem verwalten Anwendungsserver auch auf solchen Plattformen die zentrale Ressource *Prozess* mit eigenen Strategien, die auf die speziellen Anforderungen von Transaktionssystemen ausgerichtet sind – sei es als Teil des Betriebssystems wie bei den Komponentendiensten von Windows

Servern und .NET oder in Form von eigenständigen, auf das Betriebssystem aufgesetzten Produkten.

### *Prozesskonzepte von Internet-Anwendungen*

Internet-Anwendungen verwenden in der Regel eine Browser-Oberfläche: Der Inhalt eines HTML-Formulars wird vom Web-Browser in Form eines HTTP-Aufrufs an einen Web-Server übertragen. Zur Verarbeitung von solchen HTTP-Aufrufen durch Anwendungslogik gibt es bei allen Web-Servern die CGI-Schnittstelle (common gateway interface). Dabei wird für die Verarbeitung jeder an den Web-Server gesendeten HTML-Seite jedes Mal ein neuer Betriebssystem-Prozess erzeugt, der nach dem Zurücksenden der nächsten HTML-Seite wieder beendet wird. Dies führt dazu, dass ständig neue schwergewichtige Betriebssystem-Prozesse erzeugt werden – mit entsprechenden Folgen für die Antwortzeiten.

Daher bieten praktisch alle Web-Server neben der CGI-Schnittstelle eigene Techniken an: Entweder läuft die Anwendungslogik nicht als eigener Betriebssystem-Prozess ab, sondern als Teil des Betriebssystem-Prozesses des Web-Servers, oder der Web-Server leitet die Aufrufe vom Browser an den Anwendungsserver weiter, auf dem die Anwendungslogik ausgeführt wird. Seien die Techniken nun ISAPI, NSAPI oder Servlets: In Summe läuft es darauf hinaus, dass der Web-Server entweder allein oder in Kombination mit einem zusätzlichen Web-Anwendungsserver eigene Strategien zur Ausführung und Verwaltung von leichtgewichtigen Prozessen implementiert.

## Kommunikation

Eine für Anwendungsserver gängige Bezeichnung ist TP-Monitor. TP bedeutet neben Transaction Processing auch Teleprocessing. Teleprocessing bezieht sich auf diejenigen Funktionen, die die Entwicklung von Dialogsystemen unterstützen.

### *Dialogsysteme mit Terminals*

TP-Monitore bieten auf Großrechnern zusätzliche Funktionen für die Kommunikation mit Terminals, die das Betriebssystem nicht leistet.

Typisch für Systeme in diesen Umgebungen ist, dass zwischen Terminals und Anwendungsprogrammen der Inhalt der Bildschirmmasken im Block übertragen wird. Je nach Terminaltyp enthalten die zugehörigen Datenströme verschiedene Steuerdaten für Masken- und Feldattribute, oder es werden aus Effizienzgründen nur die Eingabedaten übertragen, aber nicht der gesamte Maskeninhalt.

TP-Monitore unterstützen den Dialogbetrieb (DC-Betrieb – data communication) dadurch, dass beim Absenden einer Bildschirmmaske der TP-Monitor diese Eingabe dem zugehörigen Transaktionsprogramm zuordnet. Falls notwendig, startet der TP-Monitor das Transaktionsprogramm in einem neuen Prozess.

Die von den Terminals kommenden Datenströme werden bei der Übertragung soweit aufbereitet, dass das Programm auf den Inhalt der Maskenfelder zugreifen kann. Hierzu verwendet es Datenstrukturen der jeweiligen Programmiersprache. Eine Reihe der oben beschriebenen technischen Aspekte kann so von den Transaktionsprogrammen ferngehalten werden.

### *Internet Anwendungen*

Ein ähnlicher Ablauf ergibt sich für Anwendungen mit einer Browser-Oberfläche: Der Inhalt eines HTML-Formulars wird vom Web-Browser in Form einer HTTP-Anfrage an einen Web-Server übertragen, der den Aufruf zum Beispiel an einen Anwendungsserver für Java Servlets weiterleitet.

Die Unterstützung des Dialogbetriebs besteht auch hier darin, dass zunächst das zu dem HTTP-Aufruf zugehörige Transaktionsprogramm in Form eines Java Servlets ermittelt und gestartet wird. Der Anwendungsserver bereitet den vom Web-Browser kommenden Datenstrom soweit auf, dass man über die Servlet-Schnittstelle einfach auf die Inhalte des HTML-Formulars zugreifen kann. Für das Erstellen der Antwort auf den HTTP-Aufruf in Form einer neuen HTML-Seite gibt es Unterstützung in Form der JavaServer Pages: Das sind Schablonen für HTML-Seiten, in die man die variablen Anteile dynamisch einfügt.

Vergleichbares gilt, wenn der Anwendungsserver statt mit Servlets und JavaServer Pages z.B. mit Microsofts Active Server Pages arbeitet. So sind die Transaktionsprogramme weitgehend frei von den Details des HTTP-Protokolls.

### *Verbindungssoftware*

Anwendungsserver ermöglichen die Verteilung der Komponenten eines Transaktionssystems auf verschiedene Rechner. Die unterschiedlichen Produkte liefern dazu Verbindungssoftware (middleware) und bieten zahlreiche Mechanismen zur Kommunikation: einfaches Versenden von Nachrichten (message passing), gepuffertes Versenden von Nachrichten über Kanäle (message queueing), verschiedene Formen von Aufrufen entfernter Prozeduren (remote procedure calls) und objektorientierte Mechanismen zum Aufruf von Objektmethoden (object invocation).

Die Protokolle der Verbindungssoftware sind dabei häufig herstellerspezifisch; es gibt sie zunehmend aber auch in standardisierter Form: Für den Aufruf von Methoden entfernter Objekte kommt bei den aktuellen Versionen vieler Produkte *CORBA IIOP* (Internet Inter ORB Protocol) zum Einsatz. Solche Transaktionsmonitore enthalten einen CORBA ORB (Object Request Broker). Ein älterer Standard für Kommunikation mit Transaktionsmonitoren auf Großrechnern ist *CPI-C* (Common Programming Interface – Communication).

## Objekt- und Komponentenverwaltung

Bisher haben wir Transaktionsmonitore als Ablaufumgebungen für Transaktionsprogramme beschrieben. Für die Aufrufschnittstelle zwischen Transaktionsmonitor und Transaktionsprogramm kann man folgende Entwicklung beobachten:

Bei Programmiermodellen wie dem von CICS realisiert man tatsächlich Programme in einer prozeduralen Programmiersprache wie C, COBOL oder PL/I. Um für eine eintreffende Anfrage das zugehörige Transaktionsprogramm aufrufen zu können, gibt der Transaktionsmonitor eine Aufrufschnittstelle vor, die man bei der Implementierung des Transaktionsprogramms einzuhalten hat. Man findet Varianten, die Parameter beim Aufruf einfach als Referenz auf einen Speicherbereich übergeben und sich die

Verbindungssoftware des Transaktionsmonitors darauf beschränkt, eine Kopie dieses Bereichs zum aufgerufenen Programm zu transportieren.

Fortgeschrittener sind die verschiedenen RPC-Varianten, bei denen Parameter mit Hilfe einer IDL (Interface Definition Language) unabhängig von einer konkreten Programmiersprache beschrieben werden. Coderahmen für das aufgerufene Programm können mit einem IDL-Compiler aus der IDL generiert werden.

Objektorientierte Ansätze wie CORBA definieren ein Objektmodell, das die Schnittstelle der aufzurufenden Objekte ebenfalls mit Hilfe einer IDL beschreibt. Für ihre Implementierung in einer Programmiersprache ist die Aufrufschnittstelle in Form von Sprachanbindungen (CORBA bindings) normiert und wird wieder durch IDL-Compiler unterstützt. Mit Produkten dieser Kategorie wurde auch der Begriff Anwendungsserver (Application Server) geläufig. Solche Anwendungsserver sind Ablaufumgebungen für Objekte mit Zuständen, für die sie Dienste wie Transaktionssteuerung oder auch Persistenz anbieten, d. h. automatische Speicherung in Datenbanken.

Der vorläufig letzte Schritt in dieser Entwicklung ist die Erweiterung des unterstützten Objektmodells zu einem Komponentenmodell. Die wesentliche Idee dabei ist, dass der Anwendungsserver als Ablaufumgebung für Komponenten ebenfalls Dienste wie Transaktionssteuerung und Persistenz zur Verfügung stellt, deren Anwendung in einer Komponente aber nicht mehr programmiert, sondern stattdessen nur noch deklariert wird. Beschreibt man für eine Komponente beispielsweise, dass (und vor allem auch wie) sie persistent in einer Datenbank gespeichert werden soll, wird der notwendige Code bei der Installation (deployment) der Komponente im Anwendungsserver generiert.

Das bekannteste und vielfach implementierte Komponentenmodell ist sicherlich Enterprise JavaBeans (EJB). Es beschreibt den Vertrag zwischen Komponente und Anwendungsserver im wesentlichen in Form von standardisierten Java-Schnittstellen. Daneben gibt es das sprachübergreifende CORBA Component Model der OMG. Kommerziell relevante Implementierungen dieses Standards sind derzeit jedoch derart Mangelware, dass wir darauf nicht weiter eingehen.

## 8.3 Realisierung von Transaktionsprogrammen

Wie programmiert man einen Dialog? Am einfachsten ist die konversationale Programmierung (engl. *conversational*). Wir nennen sie *dialogorientiert*, da sie die Folge der Dialogschritte als Schleife im Programm unmittelbar widerspiegelt. Hier der Pseudocode:

```
Dialogprogramm ()      {
     LoginAufforderungSenden();
           LoginEingabeVerarbeiten();

           // Hauptschleife über alle Dialogschritte
           while (not logout) do        {
               Verarbeitung();
          }
}
```

```
Verarbeitung() {
      AusgabeSenden();
      EingabeEmpfangen();
      // wartet auf Eingabe solange der Benutzer denkt

      if (not logout) {
           EingabeVerarbeiten();
      }
}
```

Diese Programmstruktur ist nur bei wenigen Benutzern sinnvoll, denn sie geht mit den Betriebsmitteln Prozess und Arbeitsspeicher verschwenderisch um: Transaktionssysteme verarbeiten eine Benutzereingabe schnell, die Programme werden auf kurze Antwortzeiten optimiert. Wesentlich länger, oft um einen Faktor 100, dauert die Denk- und Eingabephase des Benutzers. Ein dialogorientiertes Programm ist auch während dieser Zeit aktiv: Es beansprucht Arbeitsspeicher 100 mal länger als nötig.

Wie verhindert man, dass ein Prozess Ressourcen belegt, während er für einen Benutzer nichts tut? Anwendungsserver kennen zwei Strategien *transaktionsorientierter (non conversational)* Programmierung: 1. den Prozess beenden oder ihm 2. andere Aufgaben geben.

Strategie 1 führt zu einer Programmstruktur, bei der jeder Aufruf eines Clients einen neuen Prozess startet, der nur bis zur Ausgabe der Antwort läuft. Die Steuerung übernimmt der Anwendungsserver, und die Hauptschleife liegt nicht mehr im Programm, sondern im Anwendungsserver. Es werden also ständig Prozesse erzeugt und beendet: Jede Benutzereingabe startet einen neuen Prozess, der nur bis zur Bildschirmausgabe läuft. Betriebssystem-Prozesse Erzeugen ist teuer – ohne leichtgewichtige Prozesskonzepte würden diese Kosten den Gewinn der Ressourcenersparnis aufheben.

Strategie 2 vermeidet die unnötige Belegung von Ressourcen dadurch, dass der Prozess während der Denkpausen eines Benutzers Eingaben eines anderen Benutzers verarbeitet. Sie kommt auch ohne leichtgewichtige Prozesskonzepte aus, aber die Auswirkung auf die Dialogprogrammierung ist die gleiche – es gibt im Programm keine Schleife über die Dialogschritte *eines* Benutzers.

Die Steuerung übernimmt in beiden Fällen der Anwendungsserver. Darauf abgestimmt ist auch die Transaktionssteuerung: Bei ihr ist jeder einzelne Dialogschritt eine abgeschlossene Datenbanktransaktion.

Eine weitere Auswirkung von beiden Strategien besteht darin, dass das Transaktionsprogramm selbst keine Informationen über den Dialogzustand zwischen zwei Dialogschritten speichern kann – es ist *zustandslos*.

Zustandslose Dialogprogramme sind immer dann einfach zu realisieren, wenn der zu realisierende Dialog nur aus einem Schritt besteht. Typisch hierfür ist ein Dialog, der über eine Eingabemaske Datensätze in einen Datenbestand einfügt: Zur Verarbeitung einer vom Benutzer ausgefüllten Eingabemaske ruft der Anwendungsserver das zugehörige Dialogprogramm auf. Dieses fügt den neuen Satz in die Datenbank ein, sendet die Maske für die nächste Eingabe an das Terminal zurück und beendet sich. Mit dem Ende des Programms schließt der Anwendungsserver die Datenbanktransaktion ab. Bildschirm- und Datenbanktransaktion entsprechen sich also genau.

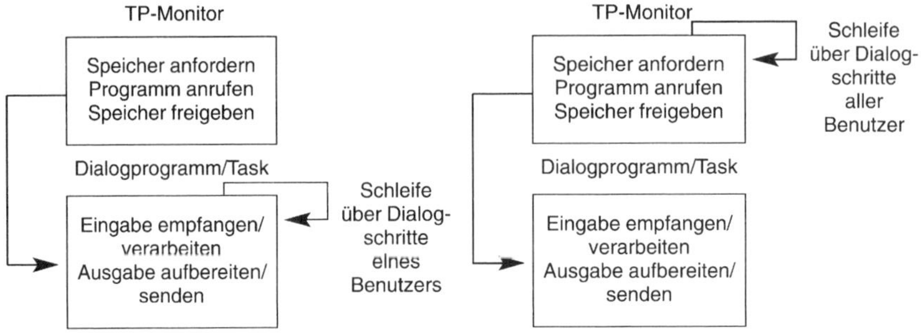


**Abb. 8.2:** Dialogorientierte und transaktionsorientierte Programmierung

Im Gegensatz dazu stehen Benutzerdialoge mit mehreren Dialogschritten und Dialogzuständen. Als Beispiel ein Pflegedialog mit zwei Dialogschritten: Im ersten Dialog schritt erfolgt eine Änderung eines Datensatzes auf der Maske durch den Benutzer, für die das Transaktionsprogramm Konsistenzbedingungen prüft. Bei einer erfolgreichen Prüfung muss der Benutzer im zweiten Dialogschritt eine Sicherheitsabfrage beantworten, ob die Änderung wirklich ausgeführt werden soll. Erst danach ändert das Transaktionsprogramm die Daten in der Datenbank.

Der Dialog kennt hier die beiden Zustände *Maskeninhalt erfolgreich geprüft* oder *nicht erfolgreich geprüft* sowie den Zustand *Änderung bestätigt*. Verallgemeinert sähe die hierfür notwendige Dialogsteuerung in Pseudocode etwa so aus:

```
Dialogsteuerung ()     {
     Dialogzustand = Anfang;
     LoginAufforderungSenden();
     LoginEingabeVerarbeiten();

     // Hauptschleife über alle Dialogschritte
     while (Dialogzustand != Ende) {
          Verarbeitung();
     }
}
Verarbeitung()  {
     AusgabeSenden();
     // hier ist der Dialogschritt zu Ende

     EingabeEmpfangen();
     // Beginn eines neuen Dialogschritts

     EingabeVerarbeiten();
     Dialogzustand = Folgezustand(Dialogzustand, Eingabe);
}
```

Mit zustandsloser Programmierung lässt sich das so aber nicht realisieren, weil entweder zwischen den Dialogschritten kein Prozess existiert, der Informationen speichern könnte (Strategie 1) oder aber der Prozess gerade mit dem Dialog eines ganz anderen Benutzers beschäftigt ist (Strategie 2). Folglich wird das Programm zu Anfang und Ende jedes Dialogschritts den Dialogzustand wieder herstellen und sichern.

Bei zustandsloser Programmierung ist außerdem zu berücksichtigen, dass durch die Transaktionssteuerung des Transaktionsmonitors jeder Dialogschritt auch eine abgeschlossene Datenbanktransaktion ist. In unserem Beispiel darf das Aktualisieren der Datenbank tatsächlich erst im zweiten Dialogschritt erfolgen, denn die Änderung kann ja vom Benutzer noch verworfen werden.

Neben dem Dialogzustand in der Präsentationsschicht können je nach Implementierungsstil also auch Module oder Objekte des Anwendungskerns einen Zustand besitzen, der bei zustandsloser Implementierung zwischen zwei Dialogschritten gesichert und wieder hergestellt wird.

Ein so realisiertes transaktionsorientiertes System präsentiert sich dem Benutzer genauso wie ein dialogorientiertes. Abhängig vom verwendeten Produkt unterstützen Anwendungsserver die Entwicklung von solchen quasi dialogorientierten (*pseudo conversational*) Transaktionsprogrammen unterschiedlich komfortabel.

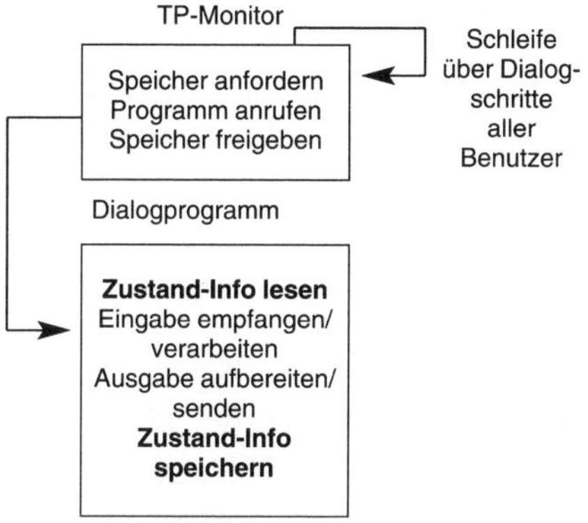


**Abb. 8.3:** Zustandsverwaltung bei zustandsloser Programmierung

In einigen Fällen ist man gezwungen, die Speicherung von Zustandsdaten zwischen zwei Dialogschritten selbst zu realisieren. Dann besteht die Aufgabe darin, die gespeicherten Daten einer Benutzersitzung zuzuordnen, um die richtigen zur Maske gehörenden Zustandsinformationen wieder herzustellen. In der Praxis kann dies z.B. über eine Identifikation des Terminals erfolgen, von dem die Eingabe kommt. Diese wird vom Transaktionsmonitor als Information zur Verfügung gestellt. Bei Internet-Anwendungen stellen HTML-Browser *Cookies* als einen möglichen Mechanismus zur Zuordnung von Zustandsdaten zu einer Benutzersitzung zur Verfügung. Während der Programmierer bei Verwendung der CGI-Schnittstelle diese Verwaltung selbst erledigt, übernehmen Anwendungsserver, die den Servlet-Standard unterstützen, diese Aufgabe vollständig.

## *Beispiele*

Am Beispiel des Transaktionsmonitors *CICS* der IBM und des von Sun propagierten Standards *Enterprise JavaBeans (EJB)* werden wir verschiedene Aspekte der Realisierung von Transaktionsprogrammen genauer betrachten. Beide Abschnitte sind keine Einführungen in die jeweiligen Produkte oder Standards. Gezeigt werden aber Gemeinsamkeiten, die bei allen Unterschieden existieren.

Andere Beispiele für Transaktionsmonitore sind IMS für OS/390 Großrechner, ebenfalls von IBM, sowie UTM von Siemens für BS2000. Ein älteres Beispiel für UNIX-Anwendungsserver ist Tuxedo von BEA. Auf Microsoft Plattformen stehen die Komponentendienste von Windows 2000 und der .NET Plattform als Nachfolger des Microsoft Transaction Servers (MTS) zur Verfügung und konkurrieren mit den eigenständigen Produkten anderer Hersteller auf Basis von CORBA oder EJB.

## 8.4 Beispiel CICS

CICS steht für *Customer Information Control System* und bietet die Funktionen *Teleprocessing* und *Transaction Processing* für verschiedene Plattformen und Betriebssysteme [CICS].

CICS ist auf IBM OS/390 Großrechnern der am meisten verbreitete TP-Monitor, ist jedoch auch für andere Plattformen wie AIX oder Windows NT erhältlich. Dies wird dadurch begünstigt, dass CICS die Strategie verfolgt, die angebotenen Funktionen unabhängig vom darunter liegenden Betriebssystem zu implementieren. So bietet CICS unabhängig vom Betriebssystem eine eigene Prozesssteuerung. Zur Unterscheidung von den Betriebssystem-Prozessen werden die von CICS verwalteten leichtgewichtigen Prozesse als *CICS Tasks* bezeichnet.

Zur Unterstützung des Dialogbetriebs besitzt CICS die Funktion *Basic Mapping Support* (*BMS*). Die Präsentationsdienste des BMS leisten im Wesentlichen die Abbildung der physischen Nachrichtenströme von den Terminals auf logische Datenstrukturen einer Programmiersprache für die Verwendung in Dialogprogrammen.

Daneben bietet CICS auch Funktionen für den Zugriff auf das Dateisystem VSAM und kann die Transaktionssteuerung für Ressourcenverwalter übernehmen. Beispiele hierfür sind die Datenbanksysteme DB2 und ADABAS.

CICS unterstützt zwei Arten von Tasks: Terminal-Tasks, die mit Terminals kommunizieren, und Non-Terminal-Tasks, die zur Realisierung von verteilten Systemen dienen. CICS bietet hierzu einen RPC-Mechanismus an. Im Gegensatz zur Transaktionssteuerung von CICS für Terminal-Tasks lässt sich hier auch eine Transaktionssteuerung über mehrere Aufrufe der CICS-Transaktion hinweg realisieren. Bei Terminal-Tasks ist jeder Aufruf der Transaktion eine abgeschlossene Datenbank-Transaktion.

Neben diesen Mechanismen zur Implementierung von Transaktionsprogrammen unterstützen die neuesten Versionen von CICS (CICS Transaction Server for z/OS) auch CORBA-Objekte in Java sowie das EJB-Modell.

### Aufrufschnittstelle

CICS-Transaktionsprogramme können in Assembler, COBOL, PL/I, C oder C++ implementiert werden, neuerdings auch in Java. Die Aufrufschnittstelle zwischen CICS und einem Transaktionsprogramm sieht als Parameter zwei Datenstrukturen vor, genannt *EXEC Interface Block (EIB)* und *Communication Area (COMMAREA)*. Die EIB-Struktur enthält unter anderem Parameter im Zusammenhang mit Terminal-IO, verschiedene Return-Codes sowie die Größe der zweiten übergebenen Datenstruktur. Mit Hilfe dieses zweiten Parameters, der Communication Area, können Daten von einem Dialogschritt zum nächsten transportiert werden. Dazu später mehr.

Mit Ausnahme von Java-Programmen verwenden Transaktionsprogramme, die CICS Services aufrufen, das EXEC CICS API. Dies ist eine Präprozessor-Schnittstelle, die nach demselben Prinzip funktioniert wie eingebettetes SQL: CICS-Aufrufe sind durch die Klammer EXEC CICS ... END-EXEC vom normalen Code getrennt. Der CICS-Präprozessor macht daraus Aufrufe von CICS-Funktionen mit den Mitteln der jeweiligen Programmiersprache.

Über das EXEC CICS API fordern Transaktionsprogramme Betriebsmittel an, die von den verschiedenen Benutzern konkurrierend genutzt werden. Solche Betriebsmittel sind die Datenhaltung, die Einrichtungen zur Datenkommunikation oder der Arbeitsspeicher.

Ein Beispiel: Für VSAM-Dateien existiert eine Reihe von Kommandos für das Einfügen, Lesen, Verändern und Löschen von Datensätzen. VSAM-Dateien sind Datenbestände, bei denen Zugriffe auf Datensätze über einen Index mit Schlüsselfeldern erfolgen können.

Ein Datensatz kann durch folgendes Kommando gelesen werden:

```
EXEC CICS READ
     DATASET('DATEI1')
     RIDFLD(SCHLUESSEL)
     INTO(DATENSATZSTRUKTUR)
     LENGTH(SATZLAENGE)
END-EXEC
```

Die Parameter des CICS READ Befehls sind die Bezeichnung der Datei, hier DATEI1, von der gelesen wird, eine Variable, die den SCHLUESSEL des zu lesenden Satzes enthält, die DATEN-SATZSTRUKTUR, in die der Satzinhalt übertragen werden soll, sowie die nach dem erfolgreichen Lesen erhaltene SATZLAENGE.

Wichtige weitere Kommandos für den Zugriff auf VSAM Dateien sind: INSERT, DELETE, REWRITE. Ein Satz, der später zurückgeschrieben werden soll, ist mit einer speziellen Option zu lesen, worauf er bis zur Freigabe gesperrt ist.

Unter den möglichen Programmiersprachen bildet Java eine Ausnahme. Hier kommt nicht das EXEC CICS API zum Einsatz sondern eine Bibliothek *JCICS*, bestehend aus Java Klassen mit vergleichbarem Funktionsumfang wie das EXEC CICS API. So enthält JCICS für Zugriffe auf VSAM Dateien eine Klasse *com.ibm.cics.server. KeyedFile* mit der Methode

```
public void read(byte[] key, RecordHolder holder).
```

Java bildet auch ansonsten eine Ausnahme, da mit Java nicht nur herkömmliche CICS Transaktionsprogramme implementiert werden können, sondern CICS damit auch CORBA Objekte, die über IIOP aufgerufen werden können, sowie Enterprise JavaBeans ausführen kann.

## Prozessorganisation

CICS läuft als ein Prozess des darunter liegenden Betriebssystems. Eine solche *CICS Region* kann dabei weder andere Anwendungen beeinträchtigen, noch von diesen gestört werden. Dafür sorgt der Speicherschutz, den das Betriebssystem in Verbindung mit der Hardware bietet.

Innerhalb dieses Prozesses implementiert CICS für die Ausführung von Transaktionsprogrammen eine eigene Task-Steuerung. Stellen, an denen CICS einen Taskwechsel vornehmen kann, sind z.B. Aufrufe der Anwendung von CICS-Funktionen.

Da die Prozessverwaltung vom darunterliegenden Betriebssystem unabhängig ist, können eigene Strategien zum Einsatz kommen, die eine Verwaltung der CICS-Tasks nach den Anforderungen von Transaktionsprogrammen durchführen.

Andererseits besteht durch die Ausführung in einem gemeinsamen Adressraum zwischen den CICS-Tasks kein Speicherschutz. Dies bedeutet, dass ein fehlerhaft programmiertes Transaktionsprogramm andere CICS-Tasks oder auch CICS selbst zum Absturz bringen kann. Ein weiterer Nachteil entsteht dadurch, dass CICS nur einen Betriebssystem-Prozess verwendet, wodurch auch nur ein Prozessor ausgelastet wird.

Beiden Problemen kann man dadurch begegnen, dass man auf einem System CICS mehrmals parallel ausführt. Innerhalb eines solchen *CICSplex* genannten Verbunds kann dann eine Lastverteilung über verschiedene CICS-Regionen durchgeführt werden.

Abbildung 8.4 zeigt die Lastverteilung (Workload Management - WLM) innerhalb eines solchen CICSplex-Verbunds mit einer 3-Stufen-Architektur. Bei den verschiedenen CICS-Regionen gibt es solche, die mit Terminals verbunden sind und Präsentationslogik ausführen (Terminal Owning Regions – TOR), sowie solche CICS Regionen, die Transaktionsprogramme mit der Anwendungslogik ausführen (Application Owning Regions – AOR).

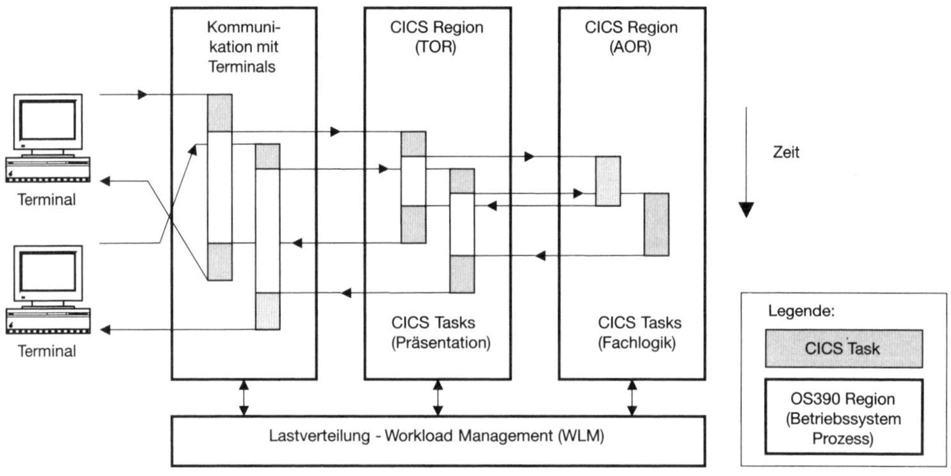


**Abb. 8.4:** CICS Prozessorganisation

## Kommunikation

Die Dialoge von Transaktionssystemen werden in Form von Masken mit Ein- und Ausgabefeldern gegliedert. Eine Unterstützung bei der Definition solcher Masken bietet CICS mit den Funktionen des *Basic Mapping Support*. Die BMS-Funktionen ermöglichen es, die festen Bestandteile einer Maske und ihre Felder mit einer Vielzahl von Eigenschaften (Helligkeit, Farbe, Eingabemöglichkeit, Format etc.) zu definieren sowie den Inhalt der Felder in der Anwendung in strukturierten Variablen zu halten.

CICS setzt voraus, dass das Terminal des Benutzers einen Bildschirminhalt selbst aufbereiten kann und erst bei Betätigung einer speziellen Taste (Datenfreigabe) den Maskeninhalt als Datenstrom an die Anwendung schickt. Für diese Datenströme übernimmt BMS dann die Konvertierung und Abbildung auf die Datenstrukturen der Anwendung für die Bildschirmmasken. Das Empfangen einer kompletten Bildschirmmaske schreibt man so:

```
EXEC CICS
     RECEIVE MAP(MASKENNAME) INTO(MASKEN-DATENSTRUKTUR)
END-EXEC
```

Nach der Ausführung des RECEIVE-Kommandos enthält MASKEN-DATENSTRUKTUR die vom Benutzer in die Maske eingegebenen Werte. Voraussetzung ist jedoch, dass zuvor die richtige Maske mit SEND an den Bildschirm gesendet wurde. Andernfalls ist die Eingabe nicht interpretierbar.

CICS kann auch so konfiguriert werden, dass direkte HTTP-Aufrufe aus einem Web-Browser möglich sind. Für das Verarbeiten von HTTP-Aufrufen und das Erzeugen von HTML-Dokumenten als Antwort auf einen solchen Aufruf gibt es die Kommandos EXEC CICS WEB sowie EXEC CICS DOCUMENT. Beispiel:

```
EXEC CICS
     WEB READ FORMFIELD(FELDNAME) VALUE(WERT) VALUELENGTH(LAENGE)
END-EXEC
```

ermittelt den Wert des Eingabefelds FELDNAME eines via HTTP übermittelten HTML-Formulars und übergibt Wert und Länge des Werts in den Variablen WERT und LAENGE.

## Programmaufrufe

CICS enthält Funktionen zur Steuerung des Kontrollflusses zwischen verschiedenen Transaktionsprogrammen. Diese ermöglichen es, ein Transaktionsprogramm aus einem anderen heraus aufzurufen und auch wieder zur Aufrufstelle zurückzukehren.

Das zugehörige CICS-Kommando wird wie folgt verwendet:

```
EXEC CICS LINK
     PROGRAM ('UNTERPROGRAMM')
     COMMAREA (PARAMETER-DATENSTRUKTUR)
     LENGTH (PARAMETERLAENGE)
END-EXEC
```

Aufgerufen wird ein UNTERPROGRAMM, das die Adresse einer PARAMETER-DATEN-STRUKTUR und die zugehörige PARAMETERLAENGE übergeben bekommt. Das gerufene Unterprogramm gibt nach Beendigung seiner Tätigkeit die Kontrolle mit

```
EXEC CICS RETURN
END-EXEC
```

an den Aufrufer zurück.

In gewisser Weise steht dieser Mechanismus in Konkurrenz zu den Mechanismen zum Programmaufruf in verschiedenen Programmiersprachen. Bei diesen werden in der Regel alle zu einer Verarbeitung gehörenden Programme mit Hilfe des Binders zu einem Lademodul zusammengebunden und gemeinsam zur Ausführung gebracht.

Programme, die mit `CICS LINK` aufgerufen werden, sind dagegen eigenständige Lademodule. Dies erlaubt es CICS, nicht mehr verwendete Programme wieder aus dem Speicher zu entfernen. `CICS LINK` ist in seiner Wirkung also mit Mechanismen zu vergleichen, die Bibliotheken für dynamisches Binden in anderen Betriebssystemen wie UNIX oder Windows bieten.

Ein weiterer Unterschied zu den Aufrufmechanismen der verschiedenen Programmiersprachen besteht darin, dass mit Hilfe von `CICS LINK`-Programme in anderen CICS-Regionen aufgerufen werden können. Ein solcher *Distributed Program LINK (DPL)* stellt also einen Mechanismus zur Realisierung von verteilten Anwendungen wie in Abbildung 8.4 dar. Ob das mit dem Parameter `PROGRAM` identifizierte Unterprogramm lokal oder in einer anderen CICS-Region angesiedelt ist, ist dabei außerhalb des Programms konfigurierbar.

## CICS Programmstruktur

Die Ausführung einer CICS-Transaktion für die Verarbeitung der Nachricht von einem Terminal hat folgenden Ablauf:

Durch die Betätigung der Datenfreigabe-Taste des Terminals wird der Bildschirminhalt an CICS übertragen, das feststellt, welcher Verarbeitungswunsch hinter dieser Benutzereingabe steht. Im einfachsten Fall ergibt sich dieser Verarbeitungswunsch aus den ersten vier Zeichen des Datenstroms, dem *Transaktionscode (TAC)*. CICS verwaltet eine Tabelle, die jedem TAC ein Programm zuordnet, das zur Realisierung dieser Transaktion ablaufen soll. CICS erzeugt für die Ausführung des Transaktionsprogramms einen Task und ruft das Programm auf.

Ein einfaches Transaktionsprogramm in COBOL unter CICS hat folgende Grundstruktur, wobei der erste Dialogschritt mit dem Senden der ersten Maske außerhalb des hier dargestellten Programms erfolgt.

```
CICS-DIALOGPROGRAMM.
       EXEC CICS RECEIVE
            MAP(Maskenname)
            INTO(Masken-Datenstruktur)
       END-EXEC
       PERFORM Zustand-Info-herstellen
       PERFORM Eingabe-Verarbeiten-Ausgabe-Aufbereiten
       PERFORM Zustand-Info-sichern
```

```
EXEC CICS SEND
     MAP(Maskenname)
     FROM(Masken-Datenstruktur)
END-EXEC
EXEC CICS RETURN
END-EXEC.
```

Falls der Dialog aus mehreren Dialogschritten besteht, wird ein transaktionsorientiert implementiertes Programm neben dem Einlesen der Maske zunächst den Zustand des letzten Dialogschritts wiederherstellen, um dann die entsprechende Verarbeitung auszuführen. Diese kann zum Beispiel aus einer Aktualisierung der Datenbasis sowie der Aufbereitung des nächsten Maskeninhalts bestehen. Abschließend wird der neue Dialogzustand gesichert und die Maske wieder an das Terminal zurückgesendet. Zuletzt gibt das Transaktionsprogramm mit `RETURN` die Kontrolle wieder an CICS zurück, wodurch der Task beendet wird.

Einige Aspekte wie das Wiederherstellen und Sichern des Dialogzustands sind im obigen Beispiel in eigene COBOL-Unterprogramme ausgelagert, die weiter unten dargestellt sind.

## Transaktionssteuerung

Ein explizites Öffnen und Beenden von Transaktionen durch Dialogprogramme ist allgemein nicht notwendig, da dies von CICS übernommen wird. Ohne eine explizite Transaktionssteuerung besteht ein Task aus einer Transaktion, die mit dem Ende des Tasks von CICS automatisch abgeschlossen wird.

CICS übernimmt dabei die Steuerung von angeschlossenen Ressourcenverwaltern wie zum Beispiel DB2. Dies bedeutet, dass in CICS-Transaktionsprogrammen via `EXEC SQL` ausgeführte Datenbankänderungen nicht durch `SQL COMMIT` bestätigt werden. Dies gilt auch deshalb, weil neben DB2 auch andere Ressourcenverwalter an der Transaktion beteiligt sein können. Statt dessen beendet CICS am Ende der Task automatisch gegenüber allen Ressourcenverwaltern die Transaktion – jede Bildschirmtransaktion bedeutet eine abgeschlossene Datenbanktransaktion.

In Fällen, in denen eine begonnene Datenbanktransaktion nicht abgeschlossen werden darf, kann ein Transaktionsprogramm die Transaktionssteuerung jedoch auch explizit durchführen, allerdings auch hier mit den Mitteln des TP-Monitors. Die entsprechenden EXEC CICS-Aufrufe lauten:

```
EXEC CICS SYNCPOINT
END-EXEC
```

sowie

```
EXEC CICS SYNCPOINT
     ROLLBACK
END-EXEC
```

wobei CICS auch hier die gemeinsame Transaktionssteuerung gegenüber allen beteiligten Ressourcenverwaltern übernimmt.

## Dialoggedächtnis

Mit Dialoggedächtnis sind Zustandsinformationen gemeint, die am Server zwischen zwei Dialogschritten aufbewahrt werden sollen. Für die Ablage von Dialoggedächtnissen bietet CICS mit der COMMAREA und TS QUEUEs verschiedene Mechanismen an:

Jedes CICS-Programm besitzt als einen Parameter die `COMMAREA`. Über die `COMMAREA` werden bei Aufrufen von Unterprogrammen mit `CICS LINK`-Parameter weitergereicht. Auch das erste Programm, das von CICS zur Ausführung einer Transaktion aufgerufen wird, besitzt wie bereits erwähnt diesen Parameterbereich, der am Ende der Transaktion mit `RETURN` an CICS zurückgegeben werden kann. Zwischen zwei Dialogschritten verwaltet CICS diesen Speicherbereich, um ihn beim Aufruf des nächsten Transaktionsprogramms, das mit dem Absenden der Maske gestartet wird, diesem als Parameter wieder zu übergeben.

Bei Verwendung dieser Technik können die beiden Abschnitte `Zustand-Info-herstellen` und `Zustand-Info-sichern` des obigen Programmausschnitts entfallen, da dies über Parameter von `CICS RETURN` erfolgt:

```
EXEC CICS RETURN
     TRANSID(TAC-ID)
     COMMAREA(Zwischenspeicher-Datenstruktur)
END-EXEC
```

Mit dieser Technik werden nach dem Ende der Task die in der `Zwischenspeicher-Datenstruktur` enthaltenen Information vom CICS verwaltet. Beim nächsten Absenden der Bildschirmmaske durch den Benutzer werden sie als `COMMAREA` an das Transaktionsprogramm übergeben, das dem in der Variablen `TAC-ID` enthaltenen Transaktionscode zugeordnet ist. Der Parameter `COMMAREA` wird vom CICS-Präprozessor jedem CICS-Programm automatisch zugeordnet.

Mit der Verwendung der `COMMAREA` sind jedoch auch Nachteile verbunden. Hierzu gehört eine Größenbeschränkung von 32K. Ein weiterer Aspekt ergibt sich bei der Realisierung von Modulgedächtnissen. Als Modulgedächtnis werden hier Variablen von Datenabstraktionsmodulen bezeichnet, die von Aufruf zu Aufruf ihren Wert behalten sollen. Modulgedächtnisse können somit ebenfalls Teil des Dialoggedächtnisses sein.

Unter Verwendung der `COMMAREA` ließen sich Modulgedächtnisse nur dadurch realisieren, dass die `COMMAREA` alle Variablen aus den Modulgedächtnissen der verschiedenen Unterprogramme enthält. Dies hat zum einen den Nachteil, dass die Probleme mit der Größenbeschränkung der `COMMAREA` noch mehr verschärft werden. Der weitaus schwerwiegendere Nachteil ist jedoch, dass die Verwendung einer gemeinsamen Datenstruktur wie der `COMMAREA` für die Modulgedächtnisse allen Überlegungen zur Kapselung von internen Aspekten von Datenabstraktionsmodulen entgegen läuft.

Für solche Fälle bietet CICS mit TS QUEUEs einen anderen Mechanismus zur temporären Speicherung von Werten an. Dabei handelt es sich um Warteschlangen (Queues) für Datensätze in temporärem Speicher (temporary storage – TS), auf die mit den Befehlen `READ` und `WRITE` über Queue-IDs zugegriffen werden kann.

Die beiden Abschnitte `Zustand-Info-herstellen` und `Zustand-Info-sichern` des obigen Programmausschnitts verwalten die Zustandsinformationen in der `Ge-`

`daechtnis-Datenstruktur`. Unter Verwendung von TS QUEUEs sehen sie wie folgt aus:

```
Zustand-Info-herstellen.
     EXEC CICS
          READQ TS
          QUEUE(Queue-ID)
          INTO (Gedaechtnis-Datenstruktur)
     END-EXEC.
Zustand-Info-sichern.
     EXEC CICS
          WRITEQ TS
          QUEUE(Queue-ID)
          FROM (Gedaechtnis-Datenstruktur)
     END-EXEC.
```

Als Queue-ID können Terminal-ID oder Task-ID für Non-Terminal-Tasks verwendet werden, für Modulgedächtnisse typischerweise in Kombination mit dem jeweiligen Programmnamen.

## 8.5 Beispiel J2EE – Servlets und JSP

Als Teil der Java 2 Enterprise Edition hat SUN verschiedene Standards definiert, die für Anwendungsserver relevant sind [J2EE]. Wesentlich sind unter anderem Servlets und JavaServer Pages (JSP), Enterprise JavaBeans (EJB) sowie das Java Transaction API (JTA).

*Servlets* sind Module in Java-Code, die in einer Server-Anwendung ausgeführt werden, um Anfragen von Clients zu beantworten. Servlets sind an kein bestimmtes Protokoll gebunden, werden in der Praxis aber immer zusammen mit dem HTTP-Protokoll verwendet. In diesem Text sind mit Servlets immer HTTP-Servlets gemeint.

*JavaServer Pages (JSP)* sind Schablonen für HTML Dokumente, die neben den statischen HTML-Anteilen spezielle Auszeichnungen enthalten, um Teile des Dokuments dynamisch zu erzeugen. Unter anderem können diese Auszeichnungen auch Java-Code enthalten, sogenannten Scriptlet Code. JSP werden vor der Ausführung zunächst in Servlets übersetzt, können also als Spezialfall eines Servlets angesehen werden. Die Java Ablaufumgebung für Servlets und JSPs wird als *Servlet Engine* oder *Servlet Container* bezeichnet. Je nach konkretem Produkt kann das ein Web Server sein oder ein eigenständiger Anwendungsserver.

### Aufrufschnittstelle

Die Schnittstelle zwischen dem Servlet Container und dem Code des Transaktionsprogramms bildet das Servlet Framework [J2EE Servlet]. Kernstück ist dabei die Java-Schnittstelle *javax.servlet.Servlet*, die jedes Servlet implementiert. Diese Schnittstelle enthält die Methode *service* zur Verarbeitung der Anfragen von Clients. Die Standard Implementierung *javax.servlet.http.HttpServlet* der Servlet-Schnittstelle sieht für die Vearbeitung von HTTP Anfragen in der Service-Methode den Aufruf der Methoden *doGet* und *doPost* vor. Diese entsprechen den Aufrufmethoden GET und POST des HTTP

Protokolls. In der Regel implementiert man ein Servlet dadurch, dass man es von *HttpServlet* ableitet und die Implementierung von *doGet* und *doPost* überschreibt:

```
public class FormServlet extends HttpServlet {
    void doGet(HttpServletRequest req, HttpServletResponse res)
    throws ServletException, IOException    {
        res.setContentType("text/html");
        PrintWriter out = res.getWriter();
        out.println("<HTML><HEAD><TITLE>eMail Formular</TITLE></HEAD>");
        out.println("<BODY><FORM METHOD=POST>");
        out.println("eMail Addresse: <INPUT TYPE=TEXT NAME=email><BR>");
        out.println("<INPUT TYPE=SUBMIT NAME=action VALUE=anmelden>");
        out.println("<INPUT TYPE=SUBMIT NAME=action VALUE=abmelden>");
        out.println("</FORM></BODY></HTML>");
        out.close();
    }
    ...
}
```

## Kommunikation

Prägend für die Kommunikation zwischen Browser und Anwendungsserver ist das HTTP-Protokoll mit der Abfolge von Anfragen (requests) des Browsers und Antworten (response) des Servers. Der erste Aufruf des Browsers ist in unserem Beispiel immer eine HTTP GET Anfrage, alle folgenden Aufrufe sind wie oben im HTML-Formular angegeben HTTP POST Aufrufe. Das *FormServlet* weiter oben zeigt, wie das Servlet Framework die HTTP Anfragen auf die beiden Parameter vom Typ *HttpServletRequest* und *HttpServletResponse* der *doGet* Methode abbildet. So steht z.B. über *HttpServlet-Response* ein Objekt *PrintWriter* zur Verfügung, über das unser *FormServlet* als Antwort auf eine HTTP GET Anfrage ein HTML-Formular an den Web-Browser zurückschicken kann.

Auf die Inhalte eines solchen HTML-Formulars kann man folgerichtig über den *Request* Parameter zugreifen. *HttpServletRequest* stellt dazu die Methode *getParameter* zur Verfügung um z.B. auf das Eingabefeld mit Namen *email* zuzugreifen:

```
void doPost(HttpServletRequest req, HttpServletResponse res)
throws ServletException, IOException {
    // ...
    String email = req.getParameter("email");
    // ...
}
```

Arien aus Print-Anweisungen wie in unserem Beispiel kann man vermeiden, wenn man das Erzeugen der HTML-Antwort einer JavaServer Page überlässt. Verbreitet sind zum Beispiel Architekturen, die Servlets verwenden, um eine HTTP-Anfrage zunächst zu verarbeiten, und die Aufbereitung der Antwort mit Hilfe einer JavaServer Page vornehmen. Das Servlet Framework bietet dazu die Möglichkeit, eine HTTP-Anfrage an ein anderes Servlet oder eben auch an eine JSP weiterzuleiten.

## Prozessorganisation

Um ein Servlet zu initialisieren, lädt der Servlet Container die Servlet-Klasse und erzeugt eine Instanz des Servlets. Anschließend ruft er die Methode *init* des Servlets. Das Servlet kann in dieser Methode einmalige Initialisierungen durchführen. Für die init-Methode ist garantiert, dass sie nur einmal während der Lebensdauer des Servlets aufgerufen wird, und das auch sicher vor dem ersten Aufruf der *service*-Methode. Nachdem das Servlet initialisiert wurde, wird die Methode *service* (*ServletRequest req, Servlet Response res*) für jede Anfrage an das Servlet vom Container aufgerufen. Mehrere Threads können diese Methode zur selben Zeit aufrufen. Dabei korrespondiert jeder Thread mit einer HTTP-Anfrage, die der Server parallel bearbeitet.

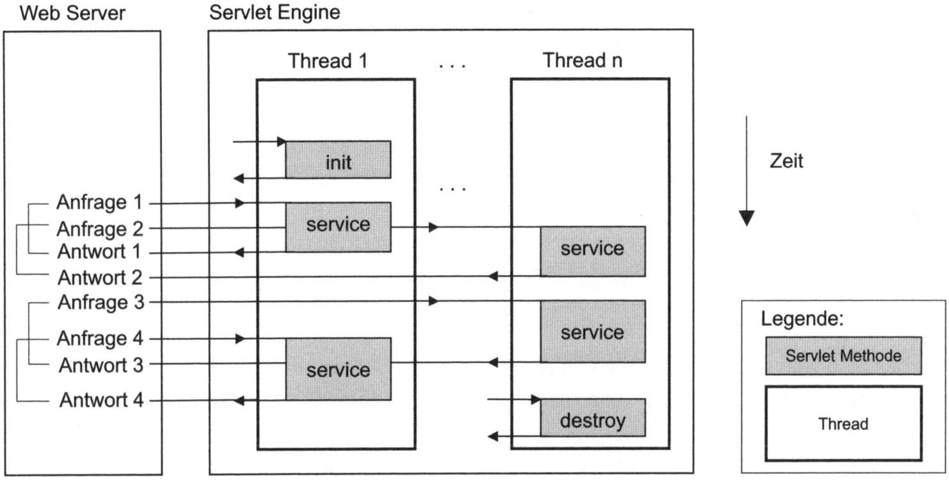


**Abb. 8.5:** Prozessorganisation mit Servlets

## Transaktionssteuerung

In Anwendungen, die auf Servlets basieren, können Transaktionen programmatisch kontrolliert werden. Dazu ist im Umfang von J2EE das *Java Transaction API* (JTA) definiert. Ein Anwendungsserver für Servlets, der diese Programmierschnittstelle implementiert, bietet einem Transaktionsprogramm die oben beschriebenen Funktionen eines Transaktionsmanagers. Dabei stehen über die Schnittstelle *javax.transaction.UserTransaction* die wesentlichen Funktionen zur Transaktionssteuerung zur Verfügung. Alle Zugriffe auf Ressourcen-Manager zwischen einem Aufruf von *UserTransaction.-begin* und dem Aufruf von *UserTransaction.commit* sind Teil einer Transaktion, für die der Anwendungsserver die ACID Eigenschaften sicherstellt.

## Dialoggedächtnis

Bei einer verteilten Server-Architektur, wie wir sie skizzieren, gehören zum Dialoggedächtnis Informationen, die den eigentlichen Dialogzustand der Präsentation im Servlet

Container beschreiben, sowie Zustandsinformationen des Anwendungskerns im EJB Container.

Der Servlet Container bietet für das Speichern von solchen Informationen die *HTTP-Session* an, die über den Request-Parameter der *doPost*-Methode zugänglich ist. In der HTTP-Session kann man mit den Operationen *putValue* und *getValue* Informationen ablegen bzw. diese wieder erfragen:

```
void doPost(HttpServletRequest req, HttpServletResponse res)
throws ServletException, IOException {
    // Dialoggedächtnis wieder herstellen
    String lastEmail;
    HttpSession session = req.getSession(true);
    if(session.isNew()) { // Dialoggedächtnis initialisieren
    // ...
    } else {
    lastEmail = (String)session.getValue("email");
    }
    // Eingabe, Verarbeitung, Ausgabe
    // ...
    String email = req.getParameter("email");
    // ...
    // Dialoggedächtnis wieder sichern
    session.putValue("email", email);
    // ...
}
```

Identifikationsmerkmal für eine solche HTTP-Session können je nach Konfiguration des Servlet Containers z.B. Browser Cookies sein oder eine ID, die als Teil der URL zwischen Browser und Server ausgetauscht wird. Was der Container zwischen zwei Aufrufen mit den in der HTTP-Session abgelegten Informationen macht, ist seine Sache. Im einfachsten Fall verbleiben die Informationen einfach im Hauptspeicher. Es ist aber auch möglich, dass der Container die Session Informationen auf ein externes Speichermedium auslagert, um z.B. in Fehlersituationen oder zur Lastverteilung die Session in einer anderen Java Virtuellen Maschine wieder restaurieren zu können.

## 8.6 Beispiel J2EE - EJB

Auf der Basis von Servlets lässt sich ein Informationssystem mit HTML-Oberfläche in Java bereits vollständig implementieren. Im Servlet Container laufen dann alle drei Schichten der klassischen Software-Architektur ab: *Präsentation*, *Anwendungskern* und *Datenzugriffe*. In einigen Fällen wird man allerdings statt eines Web-Browsers eine Java-Anwendung als Client einsetzen, z.B. um ein vollwertiges GUI anbieten zu können. Die Präsentation läuft dann auf einem Arbeitsplatzrechner und benötigt direkten Zugriff auf die Dienste des Anwendungskerns am Server. Damit sind auch andere Zugriffsprotokolle als HTTP die erste Wahl, z.B. CORBA IIOP.

Um beide Architekturvarianten bedienen zu können, bietet es sich an, neben der Servlet Engine einen weiteren Server einzusetzen, auf dem der Anwendungskern ausgeführt wird. Einfache Lösungen auf der Basis eines CORBA ORBs sind natürlich möglich,

SUN hat im Rahmen von J2EE jedoch ein umfangreicheres Komponentenmodell definiert: *Enterprise JavaBeans* [J2EE EJB]. Von Enterprise JavaBeans gibt es die beiden Kategorien *Session Beans* und *Entity Beans*. Session Beans sind Objekte, deren Dienste auf den Client hin ausgerichtet sind. Entity Beans sind in erster Näherung vorgesehen für die Abbildung von fachlichen Entitäten und für ihre persistente Speicherung in einer Datenbank.

## Aufrufschnittstelle

Ähnlich wie die Aufrufschnittstelle zwischen Servlet Container und Servlet funktioniert auch die Schnittstelle zwischen dem Framework des EJB Containers und einer Enterprise Bean. Sie ist allerdings deutlich umfangreicher: Zu einer Enterprise Bean gehören verschiedene Teile, für die es von Sun vorgegebene Namenskonventionen gibt. Am Beispiel einer Session Bean *Abo*, die Abonnements verwaltet, sind das

- die *Home-Schnittstelle* der Enterprise Bean (per Konvention mit Suffix *Home*, also *AboHome*),
- die *Remote-Schnittstelle* der Enterprise Bean (per Konvention ohne Suffix, also einfach *Abo*), sowie
- die Enterprise-Bean-*Klasse* (per Konvention mit Suffix *Bean*, also *AboBean*).

Die *Home-Schnittstelle* einer Session Bean definiert die Methoden, die Clients verwenden, um Instanzen der Bean zu erzeugen. Diese Schnittstelle wird vom Entwickler der Bean definiert und von einer Klasse implementiert, die der Container generiert, wenn die Bean im Container installiert wird. Die Home-Schnittstelle erweitert die Schnittstelle `javax.ejb.EJBHome` und implementiert mindestens eine `create`-Methode zum Erzeugen einer Instanz. Diese Methoden entsprechen den Methoden `ejbCreate` in der Enterprise-Bean-Klasse, die die eigentliche Arbeit tun.

```
...
public interface AboHome extends EJBHome {
     Abo create() throws CreateException, RemoteException;
}
```

Die *Remote-Schnittstelle* einer Session Bean liefert den Zugriff auf die fachlichen Methoden der Enterprise Bean. Diese Schnittstelle wird wiederum vom Entwickler der Bean definiert und von einer Klasse implementiert, die der Container bei der Installation der Bean generiert. Die Remote-Schnittstelle erweitert die Schnittstelle `javax.ejb.EJBObject` und implementiert die fachlichen Methoden, die mit gleichnamigen Methoden in der Enterprise-Bean-Klasse korrespondieren.

```
...
public interface Abo extends EJBObject {
     ...
     void abonniere(String email) throws RemoteException;
}
```

Die eigentliche *EJB-Klasse* schließlich implementiert die Java-Schnittstelle `javax.ejb.SessionBean`. Der Container verwendet diese Schnittstelle, um eine EJB-Instanz über signifikante Ereignisse in ihrem Lebenszyklus zu informieren. Außerdem implementiert jede EJB-Klasse die Home-Schnittstelle mit den `ejbCreate`-Methoden und die fachlichen Methoden der Remote-Schnittstelle.

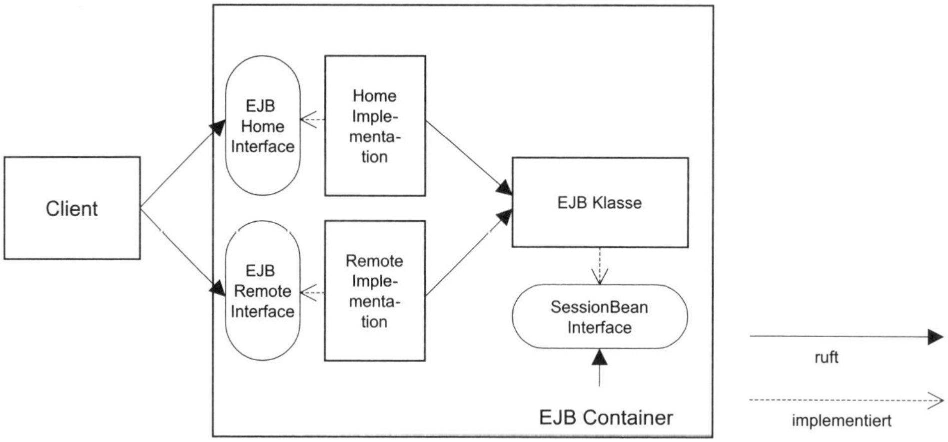


**Abb. 8.6:** Schnittstellen einer Enterprise Bean

Abbildung 8.6 zeigt die angesprochenen Schnittstellen einer Enterprise Bean. Wichtig ist, dass die Implementierungen der Home- und Remote-Schnittstellen vom Container gestellt werden. Dadurch laufen alle Aufrufe eines Clients an eine Enterprise Bean immer über den Container, der Transaktionssicherung und Lastverteilung gewährleistet. Für Entity Beans gilt im Prinzip die gleiche Struktur, allerdings mit einigen wesentlichen Unterschieden. Unter anderem haben Entity Beans einen Primärschlüssel, ihre Home-Schnittstelle hat `find`-Methoden, über die ein Client Objekte suchen kann, und der Zustand von Entity Beans wird im Gegensatz zu Session Beans dauerhaft gespeichert. Die persistente Speicherung einer Entity Bean kann entweder unter Kontrolle der Bean selbst erfolgen (*bean managed persistence*) oder vom Container durchgeführt werden (*container managed persistence*).

## Kommunikation

Für die Kommunikation mit Enterprise-Bean-Komponenten bietet der Anwendungsserver die Funktionalität einer Verbindungssoftware. In Version 1.1 der EJB-Spezifikation war der Aufruf einer Enterprise Bean immer ein entfernter Aufruf, ab Version 2.0 sind auch lokale Aufrufe einer Enterprise Bean möglich.

In unserem Beispiel einer dreistufigen Client/Server-Architektur wäre dies der entfernte Aufruf einer Session Bean durch ein Servlet. Das Servlet greift auf die Session Bean als Client über ihre Remote Schnittstelle zu, die durch das EJB-Objekt der Session Bean implementiert wird. Dieses Objekt ist ein entferntes Java-Objekt, erreichbar über die Standard-Java-Schnittstellen des RMI API für entfernte Methodenaufrufe. Ein typischer Ablauf ist dabei folgender:

Der Client ermittelt über den Java-Verzeichnisdienst JNDI und eine entsprechende Methode `lookup` aus einem registrierten Namen die `AboHome`-Schnittstelle.

```
AboHome myAboHome =
    (AboHome)javax.rmi.PortableRemoteObject.narrow(
        initialContext.lookup("java:comp/env/ejb/abo"), AboHome.class);
```

Ohne auf die Details genauer einzugehen, ist das Prinzip wie bei jeder Verbindungssoftware so, dass `myAboHome` einen lokalen Stub referenziert, der Kommunikation mit der Implementierung der Home-Schnittstelle im EJB Container ermöglicht. Über dessen `create`-Methode kann unser Servlet eine Instanz der Session Bean auf dem Server erzeugen und mit dieser kommunizieren – wiederum indirekt über einen Stub:

```
Abo myAbo = myAboHome.create();
myAbo.abonniere(email);
```

## Prozessorganisation

Stateful Session Beans können einen Zustand für einen Client speichern. Dieser Zustand beschreibt den Dialog zwischen dem Paar, bestehend aus Client- und Session-Objekt. Eine Session Bean, die keinen solchen Zustand besitzt, kann gegenüber dem Container als *zustandslos* deklariert werden. Weil alle Instanzen zustandsloser Session Beans gleichwertig sind, kann der Container für die Abarbeitung eines Client-Aufrufs eine beliebige Instanz aus der Menge der Session-Bean-Instanzen einer Klasse auswählen. Wegen der Denkzeit zwischen zwei Aufrufen eines Clients ist die Anzahl der vom Container benötigten Session-Bean-Objekten deutlich geringer als die Anzahl aktiver Clients.

Etwas anders sieht dies für *zustandsbehaftete* Session Beans aus. Unter großer Last kann ein EJB Container den Zustand von Session Beans aus dem Hauptspeicher auslagern, die Session Bean *passivieren* und durch eine andere Bean ersetzen. Der umgekehrte Vorgang wird *aktivieren* einer Session Bean genannt. Das eigentliche Auslagern bzw. Wiederherstellen einer Enterprise Bean kann vom Container automatisch durchgeführt werden. Die Schnittstelle `javax.ejb.SessionBean`, die jede Session Bean implementiert, sieht zusätzlich die beiden Methoden `ejbActivate` und `ejbPassivate` vor, um eine Bean von der bevorstehenden Passivierung bzw. einer erfolgten Aktivierung zu unterrichten.

## Dialoggedächtnis

Auch Objekte des Anwendungskerns können über einen Zustand verfügen; zustandsbehaftete Session Beans sind eine Möglichkeit, so etwas einfach zu implementieren. Durch die Unterstützung des EJB Containers braucht man sich um keine Details kümmern. Durch den Mechanismus Passivierung und Aktivierung von Enterprise Beans kann der Container dabei unter Last gerade nicht benötigte Objekte auslagern.

## Transaktionssteuerung

In EJB-Anwendungen kann man Transaktionen deklarativ oder programmatisch kontrollieren. Deklarativ können Transaktionen für eine EJB-Komponente auf der Ebene von einzelnen Methoden definiert werden. Dies bedeutet, dass jede Methode einer Enterprise-Bean-Klasse Transaktionen mit unterschiedlicher Transaktionssteuerung ausführen kann. Entwickler können Transaktionen außerdem programmatisch über das *Java Transaction API* (JTA) steuern.

Insgesamt gibt es sechs verschiedene Transaktionsmodi (NOT_SUPPORTED, SUPPORTS, REQUIRED, REQUIRES_NEW, MANDATORY, BEAN_MANAGED) und drei verschiedene Transaktionsstrategien (Client Managed, Bean Managed, Container

Managed) für die drei verschiedenen Bean-Typen (Stateless Session Beans, Stateful Session Beans, Entity Beans).

Eine programmatische Transaktionssteuerung kann wie am Beispiel von Servlets gezeigt erfolgen. Entscheidet man sich für den deklarativen Ansatz und Transaktionssteuerung durch den Container, erhält man mit dem Transaktionsmodus REQUIRES_NEW eine Steuerung, wie sie auch CICS durchführt: Jeder Aufruf einer Enterprise Bean startet eine neue Transaktion, und bevor das Ergebnis des Methodenaufrufs zurückgegeben wird, führt der Container das Two-Phase-Commit-Protokoll mit allen Ressourcen-Managern aus, mit denen die Enterprise Bean interagiert hat.

## 8.7 Ausblick

Die Beispiele zeigen die Verschiedenheit der Strategien und Schnittstellen der Anwendungsserver, mit denen ein Entwickler von Transaktionssystemen konfrontiert wird. Dies gilt auch für die aus dem UNIX-Umfeld stammenden Anwendungsserver wie Tuxedo oder die Komponentendienste von Windows und dem .NET Framework.

Aber letztlich befassen sich alle Produkte mit denselben Problemen: Transaktionssteuerung, Kommunikationsmechanismen und effizienter Umgang mit Betriebsmitteln. In dieser Form verstehen sich alle Anwendungsserver als Ausführungsumgebung für Transaktionssysteme auf verschiedenen Betriebssystemen.

Unsere Projekterfahrung zeigt uns: Es ist möglich, Transaktionssysteme so zu entwerfen, dass Abhängigkeiten von der jeweiligen Technologie in wenigen Bausteinen isoliert sind – auch wenn die bewusst einfach gehaltenen Codebeispiele dieses Kapitels dies nicht zeigen können. Wir wissen auch, dass es nicht nur machbar ist, sondern auch lohnend, eine solche Architektur wo immer möglich anzustreben. Fachlicher Code und technische APIs sind für sich genommen schon kompliziert genug. Mehr dazu in Kapitel 6.

# 9 Software-Renovierung

*von Dieter Keipinger*

**? Wie gehen wir mit Altsystemen um?**

Datenverarbeitungssysteme unterstützen betriebliche Geschäftsprozesse. Ein Unternehmen ist in Gefahr, wenn diese Aufgabe für die Kernprozesse nicht mehr erfüllt wird. Dafür kann es folgende Ursachen geben:

- Die Geschäftsprozesse haben sich geändert und werden im DV-System nicht mehr korrekt abgebildet.
- Die technische Basis des DV-Systems wird vom Hersteller nicht mehr unterstützt.
- Die Akzeptanz des Systems bei den Anwendern ist zu gering.

Verschärft wird die Situation durch den Wunsch nach flexibler Anpassung der Systeme; dieser wird um so wichtiger, je dynamischer die Marktentwicklung ist. So sind Altsysteme (Legacy Systems) heute für viele Unternehmen ein Risiko und ein Hemmschuh für die Weiterentwicklung, was sich in folgenden Situationen zeigt:

- Das Wissensmonopol einzelner Mitarbeiter ist ein Engpass; es verursacht die Abhängigkeit von Personen.
- Änderungen am System führen zu unerwarteten, erschreckenden Seiteneffekten und zu der Haltung: Never change a running system.
- Die Wartungskosten sind hoch – gemessen an den erzielten Verbesserungen.
- Das System hat hohe Ausfallrisiken – die Ausfälle können nur durch wenige Altsystemkenner aufgefangen werden.
- Mangelnde Transparenz der Software führt zu juristischen Problemen (Verweigerung des Wirtschaftsprüfer-Testats).

Bei solch ernsten Problemen liegt es nahe, das Altsystem zu entsorgen und unabhängig davon ein neues System zu schreiben – doch davor wird gewarnt! Zum einen sind Zeitaufwand und Kosten unüberschaubar hoch, zum andern reichen die Kapazitäten in der Software-Entwicklungsabteilung selten aus. Dazu kommt das hohe Risiko einer Stichtagsumstellung.

Die *Weiterverwertung des Altsystems* ist oft der einzige Weg zur flexiblen Unterstützung der Geschäftsprozesse – die völlige Abwendung vom alten System ist selten sinnvoll. Aber die Weiterverwendung ist leider nicht so einfach, denn:

- Oft sind die vorhandenen Prozesse und Nutzungsszenarien nicht oder zu ungenau dokumentiert (siehe [KHK96]) – es ist nicht klar, was das Altsystem überhaupt kann.
- Die Gestaltung eines neuen Systems kann nicht ausschließlich durch eine neue Spezifikation abgesichert werden – die Aussagen von Benutzern über die gewünschten Funktionen sind oft unvollständig und ungenau. Das *richtige System* kann man nur bauen, wenn man sich am vorhandenen System orientiert.

In jedem Fall sind die *Daten* des Altsystems zu analysieren, da diese größtenteils in das neue System übernommen werden müssen.

Doch mit der Übernahme von Daten ist nur der Anfang gemacht, denn viele Systeme speichern redundant zu den Daten die Ergebnisse von Berechnungen. Falls die zugrunde liegenden Algorithmen im neuen System nicht exakt nachgebildet werden, kommt es zu Konsistenzproblemen; diese sind oft nach außen nicht vertretbar. Dies zeigt, dass auch die *Funktionen* zu analysieren sind – so gewinnt das Altsystem weiter an Wert.

*Resumée*: Das Altsystem ist die Grundlage für den Neuanfang – sei es eine Software-Renovierung oder eine Neuentwicklung.

## 9.1 Begriffe

Software-Renovierung geschieht auf verschiedenen Stufen: Spezifikation, Konstruktion und Realisierung; dabei werden verschiedene Projekttypen eingesetzt: Redesign, Restrukturierung oder Portierung (vgl. Abbildung 9.1). Hierzu einige Begriffsklärungen:

Nach [JaL91] ist *Reengineering* der Prozess der Analyse des Altsystems, die Festlegung von Änderungen auf der Design-Ebene und die Re-Implementierung. Dies wird ausgedrückt in der Formel:

Reengineering = Reverse Engineering + $\Delta$ + Forward Engineering

$\Delta$ steht für die Modifikationen – sie ergeben sich aufgrund von Änderungen der Funktion, des Designs oder der Implementierungstechnik. Anstelle von *Reengineering* verwenden wir in diesem Buch den Begriff *Software-Renovierung*, denn er ist treffend, und er ist deutsch, wenigstens nach dem Bindestrich.

Die Besonderheit der *Software-Renovierung* – im Unterschied zur Software-Wartung im gängigen Software-Entwicklungsprozess – ist die zusätzliche Phase des Reverse Engineering: Sie schafft die notwendige Grundlage für die Weiterentwicklung. Deshalb ist Software-Renovierung aufwendiger als Software-Wartung.

*Reverse Engineering* bezeichnet den Analyseprozess, dem ein bestehendes Softwaresystem unterzogen wird, um aus der Realisierungsebene Informationen höherer Ebenen (Design und Spezifikation) zu gewinnen. Notwendig ist das immer dann, wenn eine Dokumentation nicht vorhanden ist, nicht mehr mit der Realisierung übereinstimmt oder nicht ausreichend genau ist. Dabei will man die Struktur und die Zusammenhänge des Systems erkennen und zweckmäßig darstellen, wie z.B. in Daten- und Kontrollflussdiagrammen oder in Entity-Relationship-Diagrammen.

*Forward Engineering* ist der traditionelle Software-Entwicklungsprozess; ausgehend von den Anforderungen der Anwender führt er über die implementierungsunabhängige Spezifikation zu der Konstruktion und der technischen Realisierung.

*Migration* stellt den Übergang zwischen Alt- und Neusystem dar.

*Redesign* bezweckt die Erhöhung der technischen Qualität eines ganzen Programmsystems – es erfolgt daher auf der Konstruktionsebene. Zuerst werden die Konstruktionsinformationen des Altsystems durch Reverse Engineering zurückgewonnen, dann erfolgt die Festlegung eines neuen Designs und nachfolgend werden im Forward Engineering die geänderten Systemteile neu realisiert.

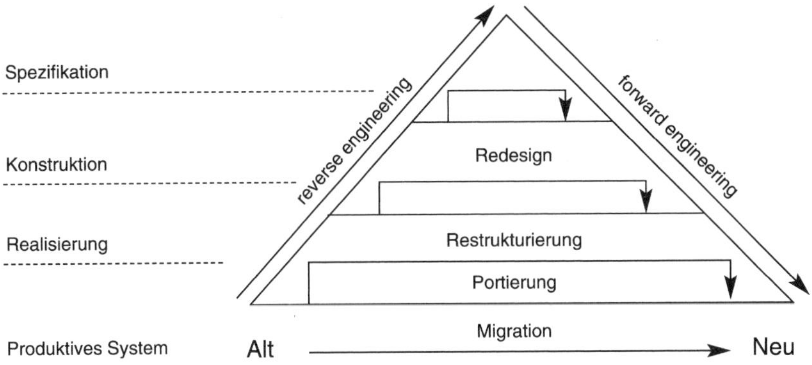


**Abb. 9.1:** Software-Renovierung: Begriffe

*Restrukturierung* soll die technische Qualität innerhalb der Moduln erhöhen und wird auf der Realisierungsebene durchgeführt. Der Anteil des Reverse Engineering ist geringer als beim Redesign und damit die Kosten niedriger. Erreicht wird die Verbesserung der Programm- oder Datenstruktur durch eine Vereinheitlichung von Parameterübergabe und Fehlerbehandlung, durch Ersetzen von direkten Sprungbefehlen oder durch Entfernen von unnötigen Datenzugriffen und redundantem Code. Auch die fachliche und technische Nachdokumentation sind wichtige Maßnahmen der Restrukturierung.

*Portierung* hat einen Wechsel der Systemplattform zum Ziel oder einen Wechsel der Sprache. Sie kostet weniger; Reverse- und Forward-Engineering beschränken sich auf die niedrigste Ebene, die Realisierung. Durch den hohen Formalisierungsgrad sind die Umsetzungen weitgehend automatisierbar; strukturelle Verbesserungen erreicht man aber nicht.

## 9.2 Ausgangssituationen für Software-Renovierung

### Problemgruppen

Altsystemprobleme sind nicht alle gleich; sie müssen unterschiedlich behandelt werden. Eine geeignete Gruppierung ergibt sich aus den Ursachen der Probleme:

- die Systemstruktur,
- die Datenstruktur,
- das technische Basissystem,
- die Benutzeroberfläche.

*Systemstrukturprobleme* behindern die Weiterentwicklung und Wartung der Systeme durch mangelhafte Durchschaubarkeit. Programmänderungen werden gar nicht oder nur eingeschränkt durchgeführt, da die Auswirkungen nicht mehr absehbar sind. Die undurchsichtige Vernetzung der Komponenten führt zu einem unkalkulierbaren Risiko bei jeder Modifikation. Innerhalb von Moduln verhindern Sprünge mit GO-TO-Befehlen und redundanter Code jede Übersicht und erhöhen die Analysezeit. Module in mehreren Kopien und mit geringen Abwandlungen behindern die Wartung durch mehrfachen Änderungsaufwand. Hart codierte Logik, versteckte Semantik und Mehrfachverwendung von Datenfeldern sind weitere Stolpersteine für die Weiterentwicklung. Die gewachsene Struktur im Kleinen – innerhalb von Programmen – sowie im Großen – also im gesamten Programmsystem – schränkt die Flexibilität bei Änderungen ein.

*Datenstrukturprobleme* beziehen sich auf Datenformate und Datentypen. Gängige Beispiele dafür sind zweistellige Jahreszahl-Felder und unpassende Schlüssel. Problematisch sind diese Felder deshalb, weil sie sich nicht isoliert betrachten lassen. Durch die Weitergabe von Werten sind immer auch andere Felder betroffen, die aufwendig ermittelt werden müssen – es bilden sich so genannte Infektionsketten. Auch Parameterübergaben über Modulgrenzen hinweg sind hierbei zu beachten.

*Basissystemprobleme* werden akut, wenn produktiv eingesetzte Hardware oder Software vom Hersteller nicht mehr unterstützt wird. In der Entstehungszeit heutiger Altsysteme wurde noch kein Wert auf Offenheit und Plattform-Unabhängigkeit gelegt; die Systeme basieren deshalb oft auf einer proprietären Technik. Ein Wechsel der Hardware ist wiederum eng mit dem Wechsel des Betriebssystems verbunden – und diese Wirkungskette geht oft noch weiter: Der Wechsel des Betriebssystems erzwingt den Wechsel der Programmiersprache oder des Datenbanksystems.

Wer sich die Umstellung auf die jeweils neueste Version des Betriebssystems spart, der geht ein weiteres Risiko ein: Hardware-Erweiterungen sind eines Tages nicht mehr möglich, weil die neue Hardware mit der alten Version des Betriebssystems nicht läuft. So ist die Skalierbarkeit dahin.

Weniger risikoreich sind *Oberflächenprobleme*, solange sie nur unternehmensintern sichtbar sind. Der Wechsel von einer alphanumerischen auf eine graphische Benutzeroberfläche für den Inhouse-Betrieb ist meist nicht dringend, kann aber durchaus Geld sparen. Ein Beispiel ist der Ersatz von dicken Büchern mit Schlüsselverzeichnissen durch feldsensitive Auswahllisten in der graphischen Oberfläche – so werden hohe Druck- und Verteilungskosten vermieden, und die Schlüssel sind aktuell.

Wichtiger ist die Sicht von außen auf ein Unternehmen: Neue Vertriebswege wie Internet sind für viele Unternehmen in Zukunft unerlässlich – und diese erfordern eine Umstellung auf eine graphische Benutzeroberfläche. Dafür gibt es viele Lösungen: von der reinen Umsetzung der Großrechner-Masken auf GUI (Graphical User Interface) bis zum völligen Umbau auf ein ereignisgesteuertes Modell.

## Eignung von Projekttypen

Nicht jeder Projekttyp eignet sich für alle Problemgruppen. Abbildung 9.2 zeigt die sinnvollen Kombinationen.

Generell ist Redesign aus technischer Sicht die beste Lösung. Unter Einbeziehung der Wirtschaftlichkeit und des Zeitaufwands ist aber oft eine Restrukturierung oder Portierung vorzuziehen.

Probleme auf der Ebene der *Systemstruktur* erfordern ein Projekt vom Typ *Restrukturierung* oder *Redesign*. Je mehr die Probleme die Gesamtstruktur des Software-Systems betreffen, desto eher ist die Design-Ebene betroffen. Eine wesentliche Änderung der Systemarchitektur erfordert immer ein Redesign-Projekt.

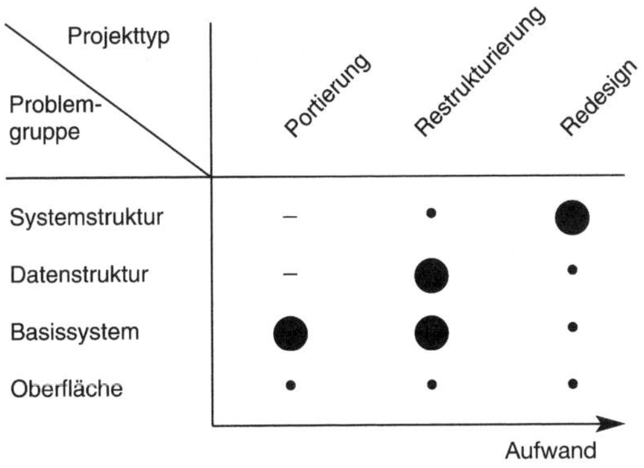


**Abb. 9.2:** Eignungsmatrix für Projekttypen
– nicht geeignet
• geeignet
● gut geeignet

*Datenstrukturprobleme* sind mit einem Restrukturierungs-Projekt am besten bedient, sie können weitgehend auf der Implementierungs-Ebene abgehandelt werden.

Bei Problemen mit dem *Basissystem* kann oft eine Portierung ausreichend sein, wenn sich das Zielsystem nicht allzu sehr vom Ausgangssystem unterscheidet. Sind Änderungen in der Struktur notwendig oder sind die Antwortzeiten ein besonderes Problem, dann eignet sich eher ein Restrukturierungs- oder Redesign-Projekt.

Bei *Oberflächenproblemen* ist die vorhandene Struktur des Systems entscheidend; ist eine Schichtenarchitektur mit einer strikten Trennung von Präsentation und Anwendungskern vorhanden, so kann die Präsentationsschicht mit Hilfe einer Portierung ausgetauscht werden; wenn nicht, ist eine Restrukturierung angesagt. Bei völliger Vermischung von Präsentations- und Anwendungslogik sind diese per Redesign zu entkoppeln.

## 9.3 Das Vorgehensmodell der Software-Renovierung

Software-Renovierung ist kein kontinuierlicher Prozess innerhalb einer Entwicklungsabteilung, sondern eine besondere Maßnahme, die *als Projekt* mit eigenem Team durchgeführt wird.

Zu Beginn einer Software-Renovierung ist selten klar, welchen Umfang das Projekt haben wird, welche Ziele realistisch sind und wie lange man brauchen wird. Mangelhafte Dokumentation und Information zeigen sich oft dadurch, dass man nicht einmal weiß, aus welchen Moduln das Altsystem besteht. Deshalb ist das Vorgehensmodell bei diesen Projekten geprägt durch einen hohen Anteil an Voruntersuchung und Vorstudie; in der Praxis gibt es Vorphasen mit einer Dauer von mehreren Monaten. Bei Jahr2000- und Euro-Projekten sind zwar Zeitrahmen und Ziele klar, technische Strategie und Machbarkeit sind aber offen – das folgende Modell (Abbildung 9.3) gilt auch für diese Projekte. Der Fokus dieses Modells liegt auf der Vorphase; sie wurde deshalb besonders detailliert dargestellt.

| | Voruntersuchung | Vorstudie | | | | Durchführung |
|---|---|---|---|---|---|---|
| | Vorphase | Ist-Analyse | Vorkonzept | Pilot | Endkonzept | Durchführung |
| Aufgabe | Ermitteln von Mengengerüst und Komplexität, Festlegung von Projektumfang und Projektzielen | Portfolio-Analyse: Datenhaltungen, Programme | Kundenspezifische Reengineering - Strategien, - Konzepte, - Werkzeuge | Verifikation der Konzepte, Verfeinerung der Werkzeuge, Erfahrung sammeln | Einbringen der Pilot-Erkenntnisse | Anwendung der Reengineering-Konzepte, Test, Integration, Einführung |
| Ziel | (adaptierte) Vorgehensweise | (maschinell auswertbare) Beschreibungs-Dokumente | vorläufige Konzept-Dokumente | Reengineerter Durchstich des Gesamtsystems, Planungsgrundlagen | Endgültige Konzept-Dokumente | Reengineertes Gesamtsystem |

➡ Zeitablauf

**Abb. 9.3:** Vorgehensmodell der Software-Renovierung

## Voruntersuchung

Ausgangspunkt für die Voruntersuchung ist das Altsystem als Black Box, über das nur unzureichende Informationen vorliegen. Oft kennt man nicht einmal den Umfang des Altsystems. Die Bestandsaufnahme wichtiger Eckdaten ist Grundlage für alle weiteren Schritte: Mengengerüst des Gesamtsystems, Komplexität der Programme und Abgrenzung der zu berücksichtigenden Systemteile. Daraus kann der Projektumfang grob abgeleitet und ein adaptierter Vorgehensplan erstellt werden.

## Vorstudie

Die Vorstudie schafft die Voraussetzungen für die Durchführung der Software-Renovierung. Sie besteht aus den Schritten Ist-Analyse, Vorkonzept, Pilot und Endkonzept.

### *Ist-Analyse*

Die Ist-Analyse führt die Informationserhebung über das Altsystem weiter, die in der Voruntersuchung begonnen wurde. Die Programme und Datenhaltungen werden geprüft auf deren Wichtigkeit und Wert für die Organisation. Diese Betrachtung wird auch Portfolio-Analyse genannt – sie liefert die Abgrenzung der zu behandelnden Systemteile. Die hier entstehenden Dokumente werden in speziellen Archiven abgelegt (siehe Abschnitt „Analyse und Dokumentation"). Sie beschreiben neben den Analyseergebnissen das noch vorhandene Wissen von Mitarbeitern, entschärfen also Wissensmonopole der Altsystemkenner.

### *Vorkonzept*

Hier wird der passende Projekttyp ausgewählt. Das Vorkonzept beschreibt eine kundenspezifische Strategie; es definiert das passende technische Konzept und untersucht die Möglichkeit der Werkzeugunterstützung.

Die wichtigste Frage lautet: Wie kommt man an die Informationen über das Altsystem? So muss man z.B. bei der Erweiterung eines Schlüsselfeldes herausfinden, welche Programmvariablen und Datenfelder betroffen sind (siehe auch Abschnitt „Umformung"). Welche Werkzeuge können dabei helfen?

### *Pilot*

In der Pilotphase verifiziert man das Vorkonzept – erst dann kann man im großen Stil weitermachen. Dazu baut man einen Prototyp: Eine überschaubare Menge von Programmen des Gesamtsystems wird testweise umgestellt. Die Auswahl dieser Programme sollte repräsentativ sein für alle Umstellungsfälle, da die Erfahrungen mit dem Piloten Grundlage sind für die Aufwandskalkulation. Der Pilot wird realisiert in Form eines vertikalen Durchstichs: Er enthält alle Teilaufgaben für die Umstellung. Es ist eine gute Idee, auch die wirklich schwierigen Fälle zu betrachten, denn ein solcher Problemfall kann ein ansonsten schlüssiges Konzept in Frage stellen. Ein einziges Modul kann soviel Umstellungsaufwand verursachen wie alle anderen Moduln zusammen.

### *Endkonzept*

Das Endkonzept fasst die Ergebnisse und Erfahrungen von Vorkonzept und Pilot zusammen. Sie werden umgesetzt auf eine Verarbeitung von großen Mengen an Moduln, die in der Durchführungsphase anfallen. Beim Pilot liegt der Schwerpunkt auf der *Verifikation* der technischen Möglichkeiten; beim Endkonzept geht es um die *Effizienz*: Die geschickte Gestaltung einer produktiven Software-Umstellungsumgebung ist bei einer Software-Renovierung ebenso wichtig wie bei konventioneller Software-Entwicklung.

Da Software-Renovierung im Kern vor allem ein Mengenproblem ist, achtet man streng darauf, dass jeder Arbeitsschritt des Reverse- und Forward-Engineering optimal unterstützt wird. Andernfalls ist die Bearbeitung dieser Massen von Moduln weder wirtschaftlich noch terminlich machbar.

Eine Umstellungsumgebung besteht aus einzelnen Werkzeugen wie Editoren, Übersetzer, Debugger, Generatoren, Archiven, Transferwerkzeuge und kleinen Hilfsprogrammen, die in ihrem abgestimmten Zusammenspiel eine hohe Produktivität ermöglichen. Alle Arbeitsschritte der Entwickler, die keine intellektuelle Leistung enthalten, werden automatisiert. So spart man Zeit und vermeidet Fehler.

Oft muss man Programme und Datendefinitionen durchforschen. Ohne Entwicklungsumgebung macht man das am Großrechner im Programmeditor; jedes Modul wird separat selektiert und geladen; für das Nachsehen einer Datenbankdefintion wird oft ein anderes Werkzeug benutzt. In einer professionellen Entwicklungsumgebung stehen alle Moduln, Datenbankinformationen, JCLs und weitere Elemente in *einem* Archiv; mit Hilfe von Hypertextfunktionen kann man schnell zu referenzierten Informationen springen. So spart man Zeit.

### Durchführung

Für die eigentliche Umstellung werden die Ergebnisse des Endkonzepts angewendet, jedoch in Teamarbeit und mit personell höherer Beteiligung. Für so ein Renovierungsprojekt gelten dieselben Grundsätze wie bei jedem anderen Entwicklungsprojekt; die besonderen Aspekte der Software-Renovierung betrachten wir im Abschnitt 9.6.

Das Endkonzept, das mit dem Erkenntnisstand der Pilotphase aufgestellt wurde, wird in der Durchführungsphase noch weiter verfeinert oder sogar geändert. Diese Iteration lässt sich nie ganz vermeiden, da die Auswahl eines Systemteils für den Piloten nie vollständig repräsentativ für das Gesamtsystem sein kann; also akzeptiert man die Iteration und berücksichtigt sie in der Planung.

Der Systemtest läuft bei Renovierungsprojekten anders als sonst: Wenn sich das renovierte System vom Altsystem nur wenig unterscheidet, dann testet man gegen die Spezifikation *und* gegen das Altsystem. Dazu werden Testfälle und Testdaten vorab festgelegt und sowohl mit dem Altsystem als auch mit den umgestellten Programmen durchgeführt. So kann man die Ergebnisse des alten und neuen Programmstands direkt vergleichen. Den aufgetretenen Differenzen geht man auf den Grund; regelmäßig kommen hier auch noch Fehler im Altsystem zu Tage.

## 9.4 Migration

### Planung

Systeme, die mit einer Software-Renovierung abgelöst werden, betreffen meist zentrale Geschäftsprozesse des Unternehmens; daher kann man das System nur für kurze Zeit (z.B. wenige Stunden) anhalten. Der Übergang vom alten System zum neuen – die Migration – ist also eine kritische Angelegenheit.

Die Migrationsplanung definiert die Migrationsstufen, die Migrationsschritte, und sie enthält die Aufwandsschätzung.

Das eine Extrem ist die *Stichtagsumstellung*, der *big bang*: Das gesamte Altsystem wird zu einem Zeitpunkt abgeschaltet und das neu entwickelte System in Betrieb genommen. Das hat schon öfters funktioniert, aber das Risiko ist hoch; Maßnahmen für den Notfall sind teuer in der Planung und der Realisierung. Auch ist der Projektfortschritt bei dieser Methode schwer zu kontrollieren, weil man erst bei der Umstellung erfährt, ob das neue System funktioniert.

Die *stufenweise Ablösung* ist die Alternative; sie verursacht jedoch zusätzliche Kosten für jede Einführungsstufe und sie macht die Datenmigration komplizierter (siehe Abschnitt „Migrationsstrategien“).

Für die optimale Anzahl der Stufen gibt es keine Formel, aber Erfahrungswerte: Sie bewegt sich – abhängig von der Projektgröße – in einem Spektrum von wenigen bis zu mehreren Dutzend Stufen (vgl. Abbildung 9.4).

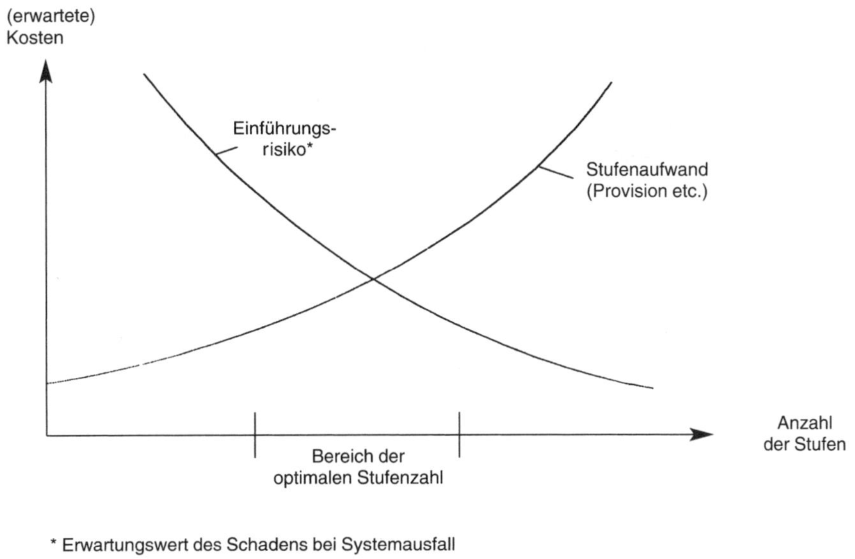


**Abb. 9.4:** Optimale Stufenzahl bei der Migration

Das Problem der Migration ist die Verflechtung des Altsystems. Meist besteht keine Trennung von fachlichen und technischen Programmen; auf Daten wird aus allen Ebenen direkt zugegriffen und die Aufrufbeziehungen sind unüberschaubar. Es ist schwer, Ablösungsstufen zu definieren, denn das Herauslösen eines Systemteils erfordert viele Eingriffe in den Rest des Altsystems. So wird man zuerst diejenigen Systemteile als Einführungsstufen definieren, die mit dem geringsten Aufwand zu isolieren sind.

## Migrationsstrategien

Der Datenzugriff ist immer der Ausgangspunkt für die Migration. Wir erläutern zwei datenorientierte Lösungsvarianten.

### *Bridge-Kreislauf*

Hier arbeiten die alten und die neuen Programme vollständig isoliert. Eigene Bridge-Programme synchronisieren periodisch oder nach Bedarf die Datenbestände der alten und neuen Programme – sie etablieren eine Brücke (bridge) zwischen alter und neuer Welt.

*Vorteile:*
Diese Strategie lässt viel Freiheit bei Hard- und Software des neuen Systems, weil die alten Programme nicht auf die neuen Daten zugreifen. Die Datenzugriffsschicht der neuen Programme wird bereits in der endgültigen Fassung realisiert, falls die Abbildungsunterschiede zwischen Alt- und Neusystem nicht zu groß sind. Außerdem werden die Datenzugriffe der alten Programme nicht provisorisch umgestellt, sondern bleiben bis zur Ablösung durch neue Programme unverändert.

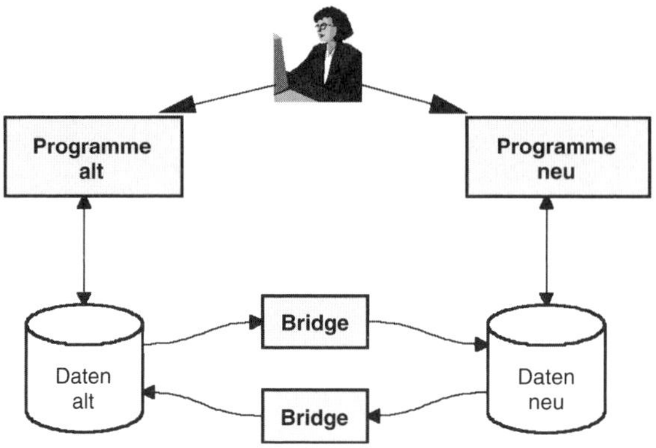


**Abb. 9.5:** Bridge-Kreislauf

*Nachteile:*
Alte und neue Programme arbeiten jeweils auf einem eigenen Datenbestand; dies verursacht Datenredundanz und das Problem des Abgleichs. Da die Bridge-Programme komplizierte Umsetzungen machen, können sie in der Regel nur im Batch laufen, und sie sind schwer zu beherrschen. Die Änderungen können erst mit Verzögerung ins jeweils andere System befördert werden, was zu unabhängigen Änderungen von Daten führt. Die Konflikte beim Abgleich können nur manuell behoben werden.

### *Vorzeitige Datenmigration*

Bei der vorzeitigen Datenmigration arbeiten alte und neue Programme auf denselben Daten. Dazu wird die Datenzugriffsschicht so gebaut, dass sie von beiden Programmständen (alt und neu) genutzt werden kann – das erfordert Kompromisse in der Konstruktion. Vor der Umstellung bzw. Neuerstellung der Programme werden die Datenzugriffe provisorisch auf diese Datenzugriffsschicht umgestellt; die Daten werden einmalig in die neue Datenbank übertragen.

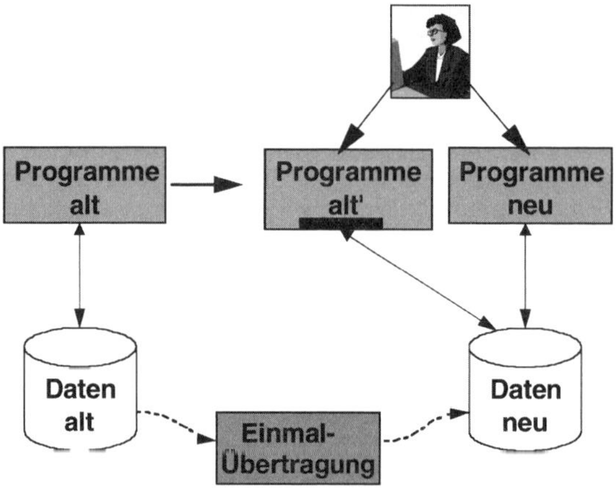


**Abb. 9.6:** Vorzeitige Datenmigration

*Vorteile:*
Alte und neue Programme arbeiten auf denselben Daten. Eine gemeinsame Transaktionssteuerung ist möglich. Die Änderungen sind für alle sofort sichtbar.

*Nachteile:*
Damit die alten Programme die Datenzugriffsschicht nutzen können, werden alle Datenzugriffe in allen Programmen erfasst und geändert. Diese Maßnahme schränkt die Flexibilität bei der Migrationsplanung ein und erhöht die Komplexität: Man kann die Altdaten erst ablösen, wenn alle Zugriffe umgestellt sind. Die Anpassung der alten Programme an die neue Zugriffsschicht kann so teuer sein, dass man sie am besten neu schreibt.

## 9.5 Techniken und Werkzeuge

Software-Renovierung ist ein Mengenproblem: Hunderte, manchmal Tausende von Programmen sind umzustellen. Dabei fallen immer wiederkehrende, gleichartige Arbeiten an, die Werkzeuge effizient unterstützen können. Es gibt zwei Möglichkeiten, Werkzeuge einzusetzen:

- Manche Arbeiten kann man komplett automatisieren.
- Tätigkeiten, die nicht vollständig automatisierbar sind, kann man in Teilbereichen unterstützen und dadurch beschleunigen.

Die Automatisierungsmöglichkeiten sind auf der Realisierungsebene am höchsten, da hier der Entscheidungsspielraum geringer ist und die Informationen formalisiert vorliegen.

Die Einteilung der Werkzeuge in verschiedene Gruppen ergibt sich aus der Aufgabe und der Funktion eines Werkzeuges. Dabei ist zu beachten, dass z.B. eine Einordnung in die Gruppe für Analyse und Dokumentation nicht bedeutet, dass der Einsatz des Werkzeugs auf diese *Phase* beschränkt ist, sondern für die durchzuführende Aufgabe gilt. So ist ein Analysewerkzeug gerade auch bei der Durchführung einer Änderung hilfreich, da auch dort ständig Analyseaufgaben anfallen.

### Analyse und Dokumentation

In der Analysephase und bei der Durchführung von Änderungen in einem Altsystem ist es besonders wichtig, den Überblick über das System erst einmal zu bekommen und dann auch zu behalten, denn ohne Systemkenntnis kann man das Altsystem nicht ändern. Dabei geht es um folgende Fragen:

- Wie groß und komplex ist das Altsystem?
- Welche Zusammenhänge und Abhängigkeiten gibt es?
- Welche Stellen sind von der geplanten Änderung betroffen?
- Welche Auswirkungen hat eine geplante Änderung auf andere Systemteile?
- Wie hoch ist der Änderungsaufwand?

Um verlässliche Antworten zu erhalten, wird man alle für die Renovierungsmaßnahme relevanten Informationen erheben, im Archiv speichern und für alle Projektmitarbeiter zugänglich machen.

So versteht man das Altsystem mit der Zeit immer besser; man weiß genau, was alles zu tun ist. Fragen der Art: „Welche Programme sind betroffen, wenn der Schlüssel X von acht auf zehn Stellen erweitert wird?“ kommen bei einer Software-Renovierung hundertfach vor; deshalb lohnt es sich, in eine vollständige Dokumentation zu investieren.

### *Erhebung von Informationen über das Altsystem*

Die Erhebung von Informationen erfolgt durch:

- Zählen von Programmen, Wörtern, Zeilen (LoC)
- Komplexitätsmessung (Metrik)
  Dazu verwendet man einfache Betriebssystem-Routinen wie *wordcount*, Makrosprachen wie *perl* und schließlich spezielle Werkzeuge für die Messung von Komplexität.
- Erhebung von Strukturinformationen, z.B. Aufrufhierarchie, Abhängigkeiten und Schnittstellen
  Für diese Aufgabe sind Makrosprachen wie *perl* sowie Scanner und Parser geeignet, deren Funktionsweise im Abschnitt „Umformung“ erläutert wird.

### *Archiv*

Die erste Stufe ist die Speicherung aller Informationen, die für die Durchführung der Änderungen notwendig sind, in einem zentralen Archiv (vgl. Abb. 9.7). Damit wird ein umständliches und zeitintensives Zusammensuchen aus unterschiedlichen Systemen vermieden.

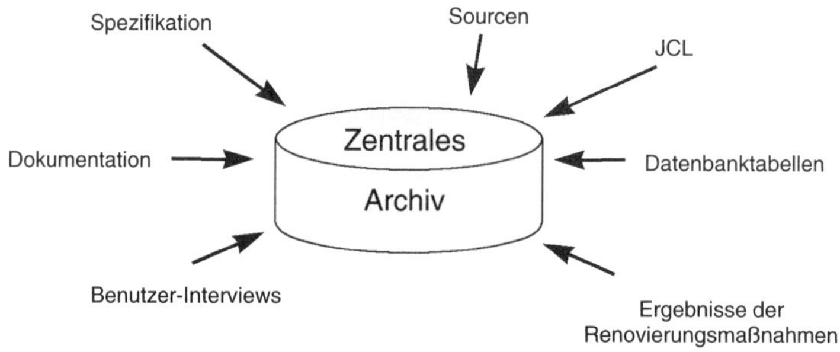


**Abb. 9.7:** Zentrales Archiv

Der Inhalt des Archivs hängt ab von der Systemumgebung und der projektspezifischen Aufgabe. Deshalb ist die Struktur des Archivs flexibel. Dies wird ermöglicht durch ein variables – im jeweiligen Projektkontext zu definierendes – Metamodell. In der Praxis sehen die Metamodelle von Fall zu Fall unterschiedlich aus; sie werden am Anfang eines Projektes konzipiert und während des Projekts weiterentwickelt. Zum Beispiel kann es für die Performanceanalyse wichtig sein, verschiedenartige Programmaufrufe zu unterscheiden. In einem anderen Fall kommt es darauf an, verschiedenartige Datenbankzu griffe auseinander zu halten.

Der Mehrwert eines Archivs gegenüber einer schlichten Informationssammlung besteht darin, dass die Informationen miteinander verknüpft sind: Es werden Informationen über die Beziehungen der Objekte gespeichert. Damit kann man z.B. folgende Fragen beantworten: Welche Programme rufen diese Datenhaltung auf? Welche Beschreibung gibt es zu diesem Modul?

### *Hypertext-Navigation*

Für die Nutzung des Archivs ist Hypertext-Navigation ideal. Der Einstieg erfolgt über ein beliebiges Dokument, z.B. den Quellcode. Über Querverweise kann man direkt auf andere Stellen im selben Dokument springen (z.B. Definition einer Variablen) oder einem Verweis auf ein anderes Dokument folgen, z.B. die Datendefinition in der Datenbank. Bei konventioneller Technik müssen für die gleiche Aufgabenstellung verschiedene Werkzeuge aufgerufen und jeweils die Selektion eingegeben werden, was in der Masse der Dokumente zeitaufwendig wird.

### *Reports und Abfragen*

*Reports* sind Auswertungen, die immer wieder gebraucht werden und deshalb vorgefertigt sind. Sie basieren auf den Daten des Archivs; die Ergebnisse werden als Datei gespeichert oder ausgedruckt. Sie behandeln Fragen wie:

- Aufrufhierarchie der Programm-Moduln,
- alle Benutzer einer Copystrecke,
- rekursive Strukturbeschreibung durch Includes,
- Programm-Benutzerbaum einer Datenhaltung.

*Abfragen* (queries) sind individuelle Auswertungen, die man mit einer Abfrage-Sprache ad hoc formuliert. Die Grenze zwischen Report und Abfrage ist unscharf.

### *SHORE, ein integriertes Renovierungs-Werkzeug*

Ein Beispiel für ein Werkzeug, das alle genannten Techniken unterstützt, ist SHORE (Sd&m Hypertext Object REpository). Es entstand im Rahmen von unterschiedlichen Entwicklungsprojekten; ein Produkt mit vergleichbarem Funktionsumfang gab es nicht auf dem Markt.

SHORE ist ein Hypertext-Archiv: Es vereinigt die Eigenschaften eines Hypertextsystems mit denjenigen eines Archivs. SHORE erlaubt es, den Überblick über eine große Anzahl komplexer, miteinander vernetzter Dokumente zu behalten, einer typischen Anforderung einer Software-Renovierung.

SHORE ist in erster Linie ein Auskunftssystem zum Betrachten und Analysieren von vernetzen Dokumenten. Die Dokumente sind unterschiedlich formal; es gibt Modulbeschreibungen und Testfälle, Quellcode und Datendefinitionen. Alle maschinell analysierbaren Dokumente können in das System integriert werden, sofern ein Scanner oder Parser existiert, der die Objekt- und Beziehungsinformationen herausfiltert.

In zweiter Linie dient SHORE als Instrument der Qualitätssicherung, da es Ungereimtheiten im System aufspürt: Datentypen, die nicht benutzt werden, Operationen, die nie gerufen werden. Außerdem stellen die zu SHORE gehörenden Scanner sicher, dass jedes Dokument den vorgegebenen formalen Richtlinien genügt.

Drittens dient SHORE dazu, die Auswirkung von geplanten Änderungen abzuschätzen (Betroffenheitsanalyse, impact analysis). Typisch sind Fragen der folgenden Art: Wer ruft Funktion X? Auf welchen Bildschirmmasken gibt es Felder vom Typ Y? Welche Änderungsdokumente gehören zu Stufe 1b?

Das Arbeiten mit SHORE als Browser gestaltet sich so, dass man über den Einstieg der Dokumenttypen (z.B. Cobol-Moduln) ein beliebiges Dokument selektiert. Dort kann man Beziehungen zu anderen Dokumenten auswählen (z.B. *benutzt Datenhaltung vom Typ VSAM*). Durch Volltextsuche mit regulären Ausdrücken wird die Suche nach Dokumenten eingegrenzt, die Trefferliste bietet dabei eine direkte Sprungmöglichkeit an die Fundstelle.

Die einfache, aber leistungsfähige Abfragesprache zum Traversieren von Pfaden arbeitet auf der internen Datenbasis, die durch Scannen der Dokumente speziell für solche Navigationszwecke aufgebaut wird.

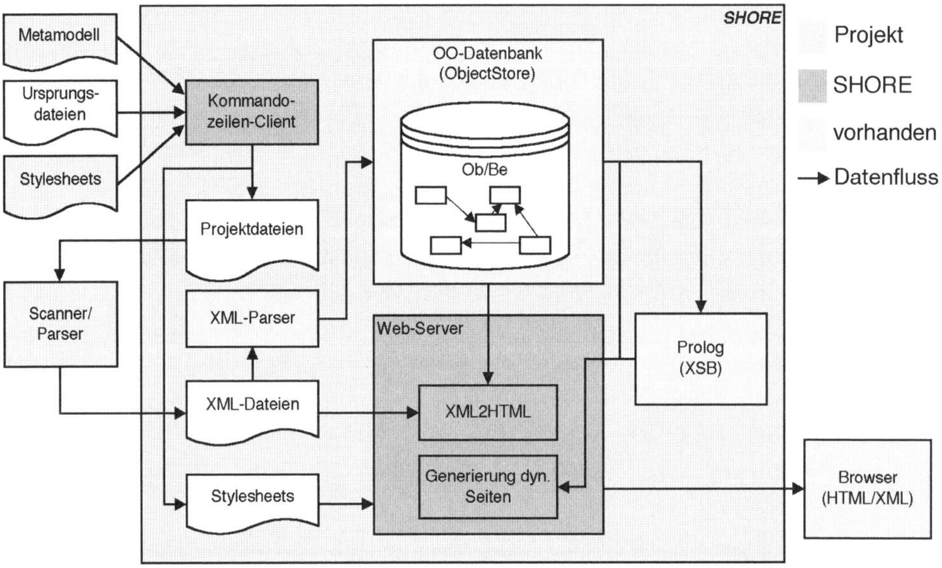


**Abb. 9.8:** SHORE-Architektur

Die Architektur von SHORE ist modular aufgebaut und besteht aus einem festen und einem projektspezifischen Teil.

Der *feste* Teil enthält eine Abfragekomponente für Reports auf Prolog-Basis, einen Web-Server für die Navigation in den XML-Dokumenten, einen XML-Parser für die Umsetzung der Dokumente in die Objektstruktur der Datenbank und einen Kommandozeilen-Client für das Aktualisieren der Dokumente. Die Datenbank kann beliebige Dokumenttypen, zugehörige Objekttypen und Beziehungstypen speichern. Es gibt Beziehungen innerhalb von Dokumenten und zwischen Dokumenten unterschiedlichen Typs. Durch die integrierte Hypertext-Navigation können alle Beziehungen direkt am Bildschirm verfolgt werden. Grundlegende Reports sind Bestandteil von SHORE.

Der *projektspezifisch* anzupassende Teil besteht aus dem individuell zu erstellenden Metamodell, den davon abhängigen Scannern oder Parsern für das Einlesen der Dokumente und aus individuellen Auswertungen.

Durch die Integration aller Funktionen in *ein* Werkzeug ist die Produktivität höher als mit einer Sammlung von einzelnen Werkzeugen.

## Umformung

Umformung bedeutet hier: Analyse bestehender Dokumenten und die Generierung von neuen Dokumenten. Beispiele:

- Übersetzung von einem Dialekt in einen anderen (z.B. K&R-C nach ANSI-C)
- Analyse von Programmaufrufen und die Erzeugung von Beziehungen für das Archiv.

Für die Analyse von Code und Dokumenten gibt es verschiedene Techniken, die abhängig vom Schwierigkeitsgrad der Aufgabe eingesetzt werden: einfache Mustersuche, Suche mit Syntaxanalyse/semantischer Analyse und pragmatische Analyse (vgl. Abbildung 9.9). Diese Techniken werden im Folgenden kurz erläutert. Das anschließende Generieren von Dokumenten ist kein spezifisches Renovierungs-Thema, deshalb wird an dieser Stelle nicht näher darauf eingegangen.

| Werkzeugtyp | Wirkungsebene | Analyse-Merkmale |
|---|---|---|
| Parser + Erweiterungen | Pragmatik | Konventionen<br>Kontext |
| Parser | Semantik | Struktur<br>Definition/Verwendung |
| | Syntax | Variablen<br>Funktionen<br>Kommentare |
| Mustersuche | Muster | Strings |

**Abb. 9.9:** Werkzeugtypen und deren Wirkungsebene

### *Einfache Mustersuche*

Gesucht sind z.B. alle Stellen im Programm, an denen die Variable *XC12A* vorkommt. Das kann mit Betriebssystem-Routinen wie *grep* oder mit Makrosprachen wie *awk, sed* oder *perl* bewerkstelligt werden. Beispiel in *perl*:

Suchen der Zeichenfolge „XC12A“ und Ersetzen durch „Tarifschluessel“:

```
perl -i.bak -pe 's/\bXC12A\b/Tarifschluessel/g' dateiname
```

Dieser Befehl ersetzt in der Datei *dateiname* jedes Auftreten von *XC12A* durch *Tarifschlüssel* So verbessert man Lesbarkeit und damit Wartbarkeit eines Programms.

### *Syntaxanalyse und semantische Analyse*

Oft reicht die einfache Mustersuche nicht aus, z.B. für die Suche nach Feldern, die eine bestimmte Variable enthalten. Dann setzt man Parser ein; diese arbeiten mit Syntaxanalyse: Erzeugung und Analyse eines Syntaxbaumes, der anstatt des Programmtextes traversiert wird.

Der Parser erzeugt aus dem Programmtext einen Syntaxbaum. Dadurch steht bei jedem Knoten die Typinformation zur Verfügung. Der Parser weiß also, ob A eine Variable ist oder ein Teil einer Zeichenkette (vgl. Abbildung 9.10 und 9.11).

Jeder Parser arbeitet mit einer Grammatik. Für geläufige Sprachen wie Cobol, PL/1, Java oder C++ ist sie fertig erhältlich; für besondere Dialekte oder ungewöhnliche Sprachen sind Eigenanfertigungen oder Anpassungen bestehender Grammatiken notwendig. Parser kann man mit frei erhältlichen Werkzeugen wie *lexx/yacc*, *flex/bison oder javacc* erzeugen; für höhere Ansprüche gibt es käufliche Werkzeuge wie die *Cocktail-Toolbox*; diese bieten für den Aufbau und die Traversierung eines Syntaxbaumes bereits vorgefertigte Moduln und sparen dadurch Entwicklungsaufwand.

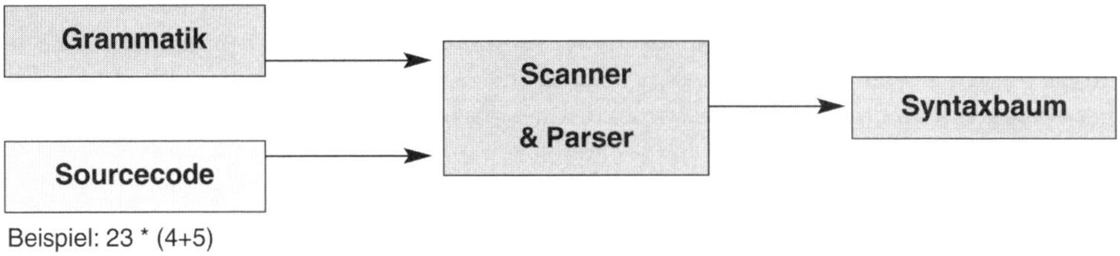


**Abb. 9.10:** Erstellung eines Syntaxbaums

Grammatik:

```
exp           :=  factor moreExp

moreExp       :=  '+' factor moreExp
              |   '-' factor moreExp
              |   NOTHING

factor        :=  primary moreFactors

moreFactors   :=  '*' primary moreFactors
              |   '/' primary moreFactors
              |   NOTHING

primary       :=  '(' exp ')'
              |   '-' primary
              |   num

num           :=  digit moreDigits

moreDigits    :=  digit moreDigits
              |   NOTHING

digit := 0|1|2|3|4|5|6|7|8|9
```

Syntaxbaum:

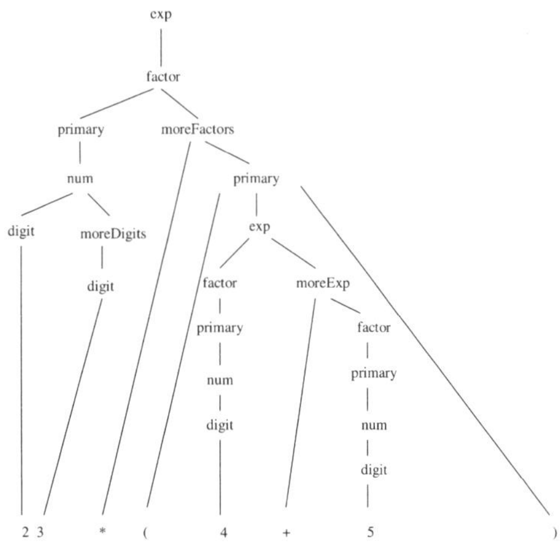

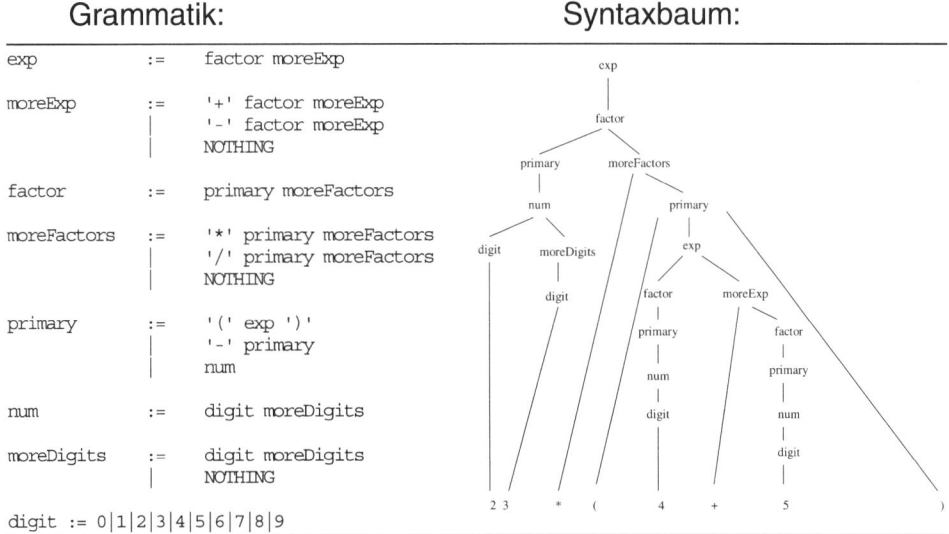

**Abb. 9.11:** Grammatik und Syntaxbaum

### *Pragmatische Analyse*

Für besonders schwierige Suchaufgaben ist selbst die Semantik der Programmiersprache noch nicht ausreichend für eine treffsichere Analyse. Dann berücksichtigt man eine weitere Komponente, die Semantik der Konventionen. Diese Konventionen können sein:

- Programmierkonventionen (z.B. alle Modulnamen für Querschnittsaufgaben beginnen mit „QU")
- Konventionen über den Aufbau von Dokumenten (z.B. nach der Überschrift „Use Case" folgt immer die Beschreibung des Use Case)

Wenn man diese Erkenntnisse in die Analysewerkzeuge integriert, erreicht man oft eine entscheidende Verbesserung gegenüber der Beschränkung auf die Semantik der Programmiersprache.

## Portierung

Portierung setzt man ein, wenn die System-Plattform gewechselt wird; sie findet auf der Implementierungsebene statt. Da nur wenig Reverse-Engineering nötig ist und dieses sich auf die Technik beschränkt, kann man viel automatisieren. Wir betrachten zwei Arten der Portierung:

- Portierung von einer Programmiersprache in eine andere,
- Portierung auf ein anderes Datenbanksystem.

### *Portierung auf eine andere Programmiersprache*

Die schwache Form ist die Übersetzung in eine andere *Sprachversion*, etwa der Wechsel von OS/VS Cobol auf Cobol II oder von Report Writer zu Native Cobol. Das ist nicht besonders aufwendig, da Sprachversionen in der Regel aufwärtskompatibel sind und die grundsätzlichen Eigenschaften der Sprache erhalten bleiben. In diesem Fall wird nur die Syntax einiger Befehle eins zu eins umgesetzt. Das ist bei einem Umstieg auf eine neuere Sprachversion kein Problem, da in der Regel keine Sprachkonstrukte gestrichen werden, sondern nur neue dazukommen. Was bringt solch eine Umsetzung?

- Programme werden besser lesbar, z.B. durch END-Konstrukte (END-IF, END-READ) und automatische Einrückung.
- Spezialkenntnisse für alte Systeme werden überflüssig; die Entwickler können sich auf eine Sprachversion konzentrieren.
- Portabilität zu anderen Systemen als Vorstufe zu einer weiteren Migration wird hergestellt.
- Der Weg ist offen für eine moderne Architektur (z.B. ESA) und deren leistungsfähige Werkzeugen (Übersetzer, Debugger, Archive).

Mit guten Werkzeugen kann man den Umstellungsaufwand auf fünf bis zehn Prozent einer manuellen Umsetzung begrenzen.

Eine andere Form ist der Wechsel der *Sprachgeneration*. Mit guten Werkzeugen ist der Wechsel von einer 2GL wie Assembler zu Cobol oder eine andere 3GL machbar. Besonders kritisch sind jedoch Besonderheiten wie selbstmodifizierender Code – hier sind viele manuelle Eingriffe notwendig.

Auch die umgekehrte Richtung wird praktiziert, also der Wechsel von einer 4GL auf eine 3GL, z.B. von Natural auf Cobol. Dies hat nichts mit der Qualität der Sprache zu tun, sondern wird gewählt, um nicht mehrere Programmiersprachen und das zugehörige Wissen im Unternehmen vorhalten zu müssen. Dabei entsteht umständlicher und langer Code, da die Übersetzer kaum optimieren. Auch das Systemverständnis wird durch die Übersetzung eher geringer, da technische Programmkommentare mit übertragen werden, aber nach der Übersetzung nicht mehr sinnvoll sind.

Für die Umsetzung in eine andere Programmiersprache gibt es spezielle Übersetzer, allerdings nur für häufige Kombinationen von Quell- und Zielsprache. Eine automatische Umsetzung ohne manuellen Eingriff kann man nicht erwarten; oft nutzen die Programmierer alle angebotenen Möglichkeiten einer Sprachimplementierung aus – das macht in der Praxis dann oft Probleme im Detail. Für seltene Sprachen bleibt nur der Weg des do-it-yourself. Die ideale Technik ist die Nutzung eines Parsers für die Erzeugung eines Syntaxbaumes, der in einem weiteren Schritt durch einen Übersetzer auf die andere Sprache umgesetzt wird.

### *Portierung auf ein anderes Datenbanksystem*

Bei der Portierung auf ein anderes Datenbanksystem gibt es folgende Varianten:

- *Portierung auf ein anderes Produkt mit derselben Basistechnik*, z.B. von der *relationalen* Datenbank des Herstellers X auf die *relationale* Datenbank des Herstellers Y. Die Übernahme der Datenbanktabellen ist meistens kein Problem; die SQL-Befehle für den Aufbau der Tabellen kann man generieren. Besondere Beachtung verdienen Spracherweiterungen und Funktionen, die nicht im ANSI-SQL-Standard enthalten sind (SQL-Erweiterungen, Stored Procedures u.ä.); sie werden manuell umgesetzt. Viele Hersteller bieten inzwischen Umstellungswerkzeuge auf ihr eigenes Produkt an, um neue Kunden zu gewinnen. Was noch bleibt, ist die Umstellung der eingebetteten SQL-Anweisungen im Programmcode; diese Anweisungen übersetzt man mit Hilfe von Makrosprachen wie *perl.*
- Die *Portierung auf eine andere Basistechnik*, z.B. der Wechsel von einer *hierarchischen* auf eine *relationale* Datenbank. Die Datenbanksysteme sind so verschieden, dass eine automatisierte Abbildung keinen Gewinn an Struktur und Übersichtlichkeit bringt und somit nur die technische Abhängigkeit vom alten System beseitigt. Eine Portierung kann nur die einzelnen Segmente der hierarchischen Datenbank durch jeweils einzelne Tabellen in der relationalen Datenbank ersetzen. Eine automatische Zusammenfassung dieser Einzeltabellen können die Werkzeuge nicht leisten, dazu müsste das Werkzeug die Semantik der Segmente kennen. Die Aggregation nach ähnlichen Datenstrukturen ist zwar technisch möglich, führt aber zu Tabellen mit völlig unterschiedlichen Inhalten.

Bei den Werkzeugen gibt es unterschiedliche Leistungsklassen:

Die konventionellen Werkzeuge erzeugen aus den Definitionen der Datenhierarchie (z.B. IMS DB: Data Base Descriptions (DBD), Program Specification Blocks (PSB) und Segment Layout Descriptions) die SQL Data Definition Language (DDL) für relationale Datenbanktabellen. Auch die Erstellung von Entladeprogrammen für die hierachische Datenbank und Ladeskripten für die relationale Datenbank wird bei vielen

Werkzeugen unterstützt. Was noch bleibt, ist die Umstellung des Programmcodes, d. h. das Ersetzen der Zugriffe auf die hierarchische Datenbank durch die SQL-Statements. Das kann man nicht automatisieren, da die Aufrufe der Datenbank individuell programmiert sind.

Inzwischen gibt es moderne Werkzeuge für eine Umsetzung in kleinen Schritten, Tabelle für Tabelle, ohne Änderung des Programms. Die Datenbankzugriffe werden für die umgestellten Tabellen auf die relationale Datenbank umgeleitet, die restlichen Zugriffe bleiben auf der hierarchischen Datenbank. Ein einzelnes Segment der hierarchischen Datenbank wird dabei auf mehrere relationale Tabellen aufgeteilt. Sogar eine Abbildung von numerischen und alphanumerischen Datentypen auf Datum-Datentypen in der relationalen Datenbank kann man festlegen. Dem Vorteil der äußerst bequemen Ablösestrategie steht der Nachteil gegenüber, dass eine enorme Anzahl von Tabellen entsteht, die Übersichtlichkeit leidet sehr darunter.

Generell ist bei der Portierung von hierarchischen Datenbanken auf relationale ein deutlich schlechteres Antwortzeitverhalten zu erwarten, da einem Segmentzugriff der hierarchischen Datenbank viele Zugriffe auf Einzeltabellen gegenüberstehen. Das wird mit einer reinen Portierung nicht vermieden, deshalb ist ein anschließendes Redesign der relationalen Datenbank wichtig.

## Restrukturierung

Restrukturierung erhöht die technische Qualität der Programme, um das Altsystem zu stabilisieren oder die Funktionen weiterhin zu gewährleisten. Sie zielt auf eine Verbesserung der Programmstruktur ab oder auf eine Anpassung der Datenstruktur auf neue Anforderungen.

Die Verbesserung der Programmstruktur kann durch viele Maßnahmen erreicht werden. Zum einen sind Sprunganweisungen zu eliminieren. Eine einfache Methode zur Verbesserung der Lesbarkeit ist die Kommentierung von Schleifen, Endebedingungen und Fallunterscheidungen. Die einheitliche Gestaltung der Parameterübergabe und Fehlerbehandlung bringt einen weiteren Gewinn an Systemverständnis. Redundanter Code und unnötige Datenzugriffe kosten bei jedem Lesen und bei der Ausführung des Programms unnötig Zeit.

### *Auswirkungsanalyse*

Eine verbreitete Technik innerhalb der Restrukturierung, die oft auch im Zusammenhang mit Jahr2000-Projekten genutzt wird, ist die Auswirkungsanalyse (Infektionsanalyse, Betroffenheitsanalyse, Impact Analysis). Dahinter steht die Idee, den *Datenfluss* zu verfolgen, damit man alle betroffenen Felder einer Datenstrukturänderung erhält.

Im ersten Schritt werden die Befehle ermittelt, die eine Infektion weitergeben. In Cobol sind dies die Zuweisungsbefehle wie MOVE, ADD, SUBTRACT und COMPUTE; aber auch Redefinitionen führen über eine Speicherüberlagerung zu einer Weitergabe.

Startpunkt für die Analyse sind Felder, die offensichtlich betroffen sind. Man beginnt mit der Eingabe: Parameter, Datenhaltung, Masken, Online-Kommunikationsbereich, Systemdatum und JCL.

Als nächster Schritt wird der weitere Weg der Infektion im Programm und über Modulgrenzen hinweg verfolgt, indem alle betroffenen Variablen auf die Weitergabe der Infektion durch die kritischen Befehle untersucht werden. Alle gefundenen Variablen dienen wieder als Ausgangspunkt für die weitere Suche.

Abbildung 9.12 zeigt, wie sich – ausgehend von einem Datenhaltungsfeld – der Datenfluss und damit die Infektion über Modulgrenzen bis zur Bildschirmmaske fortsetzt. Dieser Weg ist zu verfolgen und sämtliche betroffenen Variablen sind für die notwendige Änderung zu markieren.

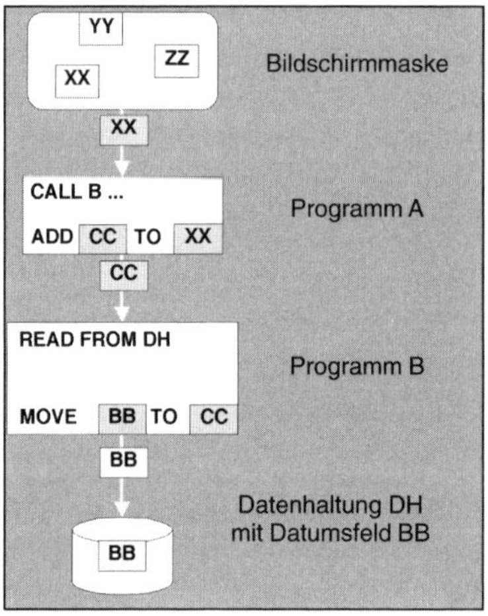


**Abb. 9.12:** Weitergabe einer Infektion

## *Fenster-Technik als Beispiel für die Lösung von Datumsproblemen*

Für die Umstellung auf ein Jahr2000-fähiges Datum gibt es verschiedene Ansätze. Wir zeigen die oft genutzte *Fenstertechnik* (Windowing): Die Jahreszahl ist nach wie vor zweistellig; ein eigener Modul besorgt die Umsetzung von zwei auf vier Stellen und umgekehrt (vgl. Abbildung 9.13). Für diese Umsetzung gibt es zwei Varianten: die *fixed window*-Variante mit fester Jahresgrenze und die *sliding window*-Variante mit variabler Jahresgrenze. Die Jahresgrenze steuert die Interpretation des zweistelligen Wertes: Alle Werte ab Jahresgrenze bekommen den Jahrhundertwert 19, alle Werte darunter 20.

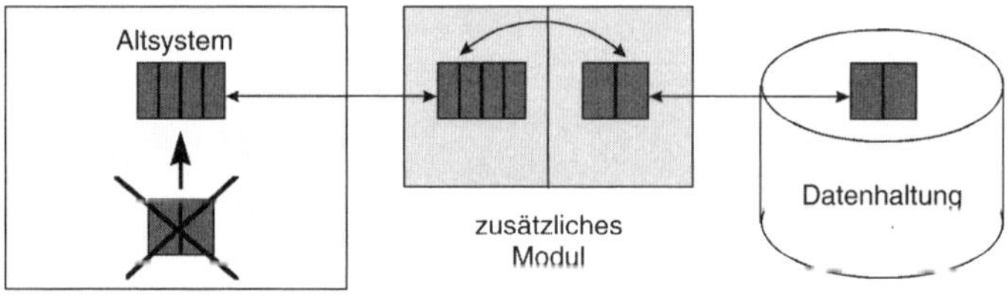


**Abb. 9.13:** Fenstertechnik für das Jahr2000-Problem

In den Programmen werden die internen Datums-Variablen und -Maskenfelder auf vier Stellen erweitert.

Die Fenstertechnik erfordert rund ein Fünftel bis ein Drittel des Aufwands der vollständigen Umstellung. So ist das Problem zwar nicht vollständig gelöst, aber doch um weitere Jahrzehnte aufgeschoben.

## Redesign

Redesign verbessert die Systemarchitektur; es ist die Grundlage für spätere Änderungen. Im ersten Schritt analysiert man das Altsystem: Der Ist-Zustand in Form von Entity-Relationship-Diagrammen, Datenflussdiagrammen und Funktionsbäumen ist der Ausgangspunkt für weitere Arbeiten.

Dringend ist davor zu warnen, mit einem neuen Design *gleichzeitig* wesentliche Funktionserweiterungen einzubringen, da die Komplexität eines solchen Redesign-Vorhabens alleine schon hoch genug ist. Das Risiko des Scheiterns ist geringer, wenn die gewünschten Erweiterungen *anschließend* als weitere Phase realisiert werden.

### *Einziehen einer Datenzugriffsschicht.*

Als Beispiel dient hier das Einziehen einer Datenzugriffsschicht zur Entflechtung der Anwendung.

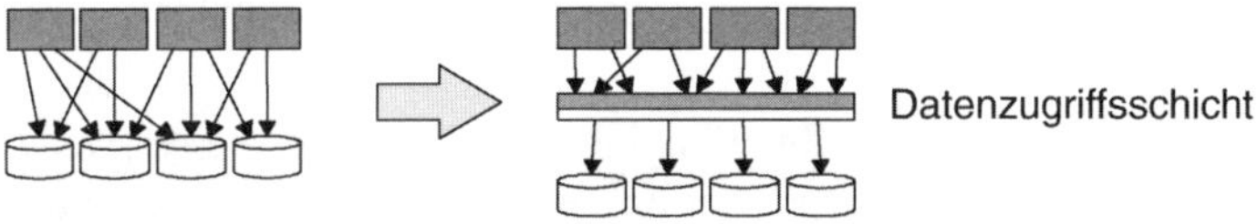


**Abb. 9.14:** Einziehen einer Datenzugriffsschicht

Ausgangspunkt sind Module, die direkt auf die Datenbanktabellen zugreifen. Diese werden ersetzt durch Aufrufe der Datenzugriffsschicht, die mit einheitlichen Aufrufen die Datenbank bedient. Damit ist zum einen die Voraussetzung für einen späteren Wechsel der Datenbank geschaffen, da nur wenige Module der Datenzugriffsschicht ausgetauscht werden und der Anwendungskern davon unberührt bleibt. Zum anderen ist bei Änderungen des Datenbankschemas (z.B. andere Datentypen) nur noch das Modul der Zugriffsschicht betroffen. Vorteil: Reduzierter Wartungsaufwand, flexibles Datenbankschema.

Jeden direkten Datenbankzugriff ersetzt man *manuell* durch einen Aufruf der Zugriffsschicht. Automatisch geht das leider nicht, denn individuell programmierte Zugriffe kann ein Werkzeug nicht erkennen. Eine gute Unterstützung bietet hier jedoch ein Hypertext-Archiv für die Navigation im Altsystem (vgl. Abschnitt über SHORE). Damit kann man z.B. einfach herausfinden, an welchen Stellen Datenbankzugriffe auf eine bestimmte Tabelle vorkommen.

## 9.6 Teamgestaltung

### Peopleware

Menschen machen Projekte. Dies gilt für die Software-Renovierung ganz besonders. Bei aller Bedeutung der Technik sind die Menschen, die Software renovieren, ausschlaggebend für den Erfolg oder das Scheitern des Projekts. Am wichtigsten sind die Kenner des Altsystems: Entwicklung, Wartung, Betrieb. Ein Renovierungsprojekt kann nur mit ihnen gelingen, niemals gegen sie.

Externe Projektmitarbeiter denken oft – auch unbewusst –, dass die Altsystemkenner schlechte Arbeit geleistet haben, weil diese für den schlechten Zustand des Altsystems verantwortlich sind. Sie übersehen, dass Sachzwänge zu bestimmten Entscheidungen geführt haben, z.B. 2-stellige Jahreszahlen wegen Speicherplatzmangel. Außerdem ist jedes System im Lauf der Zeit Opfer der Entropie: Viele Änderungen zerstören mit der Zeit die Struktur.

Ein System hat am Ende seines Lebens einen hohen Nutzen für das Unternehmen erbracht; das muss das Neusystem erst einmal nachmachen. Neusysteme sind oft noch komplexer und noch weniger durchschaubar und damit Kandidaten für eine spätere Renovierung.

Junge Kollegen kann man nur schwer begeistern für das Durchforsten von Altsystemen. Helfen kann hier einerseits die Aussicht auf eine wichtige Rolle bei der Gestaltung des zukünftigen Systems oder eine Aufgabe beim Bau von leistungsfähigen Renovierungs-Werkzeugen.

Jede Reverse-Engineering-Maßnahme beginnt mit der Analyse des Altsystems. Leider stimmt die dokumentierte Nutzung nicht immer mit der tatsächlichen Nutzung überein: Manchmal stehen in dem Datenbankfeld STRASSE in Wirklichkeit die Auslands-Postleitzahlen mit mehr als fünf Stellen. Deswegen braucht man die Altsystemkenner für fachliche und für technische Fragen. Aber dabei kann es Probleme geben:

- Das Renovierungsprojekt beendet das Wissensmonopol der Altsystemkenner. Sie sind daher eher Gegner des Projekts. Andererseits ist man auf sie angewiesen, um überhaupt die genauen Funktionen des Altsystems zu analysieren.
- Jedes Renovierungsprojekt kritisiert Entwicklungs- und Betriebsteam: „Wie konntet ihr es soweit kommen lassen?" Diese Kritik der Unternehmensführung ist bei vielen Renovierungs-Projekten spürbar, und damit auch die Erwartung, solch eine Situation in Zukunft zu verhindern. Dazu muss man die Software-Entwicklungs-Verfahren optimieren und den Prozess etablieren.
- Jede Veränderung des Softwareentwicklungs- und Softwarewartungs-Prozesses verändert Rollen und Verantwortungen in der DV-Abteilung. Für jeden Mitarbeiter im Team muss sorgfältig geprüft werden, ob er sich für die neue Rolle eignet und ob er sich dazu motivieren lässt. Sonst geht man das Risiko ein, dass einzelne Mitarbeiter oder gar ganze Abteilungen gegen das Projekt arbeiten.

## Projektorganisation

Aus der Erfahrung von Renovierungsprojekten kommen folgende Regeln (vgl. [Kut97]):

- Altsystemkenner und das Betriebsteam gehören ins Projekt. Ohne deren Wissen scheitert das Projekt. Altsystemkenner übernehmen gern die Rolle des Beraters oder Gutachters. Die hohe Wertschätzung durch diese Rolle, aber auch die Anerkennung des Wissens im persönlichen Umgang ist die Grundlage für das Mitziehen aller Beteiligten. Auf jeden Fall ist zu vermeiden, die Altsystemkenner als die Schuldigen für den Ist-Zustand abzustempeln oder arrogant auf sie hinabzusehen.
- Für das neue Vorgehen braucht man aufgeschlossene Mitarbeiter. Sie sollen die eingefahrenen Pfade verlassen und ein neues System mit neuen Entwicklungsgrundlagen schaffen. Für die Führung von Teilprojekten wählt man Mitarbeiter, die etwas bewegen wollen. Sie tragen die Gestaltungsverantwortung und werden am Ende der Umstellung die Kenner des neuen Systems sein.
- Die Neuorganisation muss im Laufe des Renovierungs-Projektes gefestigt werden, damit sich nicht wieder alte Fehler im Entwicklungsprozess einschleichen. Vor allem muss die strenge Abfolge von Spezifikation, DV-Konzept und Realisierung zur Selbstverständlichkeit werden, damit nicht in wenigen Jahren durch veraltete Dokumentation ein neues Renovierungsprojekt ansteht.

# 10 Wiederverwendung

*von Rupert Stützle*

? **Wann ist es sinnvoll, Wiederverwendung anzustreben und was ist bei ihrer Umsetzung zu beachten?**

## 10.1 Wiederverwendung – ein Mythos des Software Engineering

Seit Software Engineering als eigenständiges Gebiet besteht, ist Wiederverwendung ein vieldiskutiertes Thema, nicht zuletzt, weil die Einführung neuer Techniken regelmäßig mit der zu erzielenden Wiederverwendbarkeit begründet wird. Beispielsweise wurde bei einer Konferenz zu Objektorientierung (Boston Object World) im Jahr 1995 Wiederverwendung neben kürzerer Entwicklungsdauer als Hauptgrund für die Einführung von OO-Techniken genannt [McCl97]; Wiederverwendung wird auch als treibender Faktor von Component-based Software Engineering angeführt [Szy99]. Der Grund dafür wie auch für die anhaltende Popularität der Wiederverwendung allgemein liegt in den hohen Erwartungen an den durch sie zu erzielenden Nutzen. Dramatische Verbesserungen werden bei Geschwindigkeit und Kosten der Softwareentwicklung und der Qualität des Ergebnisses erwartet: Für die Erhöhung der Produktivität beispielsweise werden ganzzahlige Faktoren angesetzt, die von einer Verdopplung [Kar95] bis zu einer Steigerung um Faktor zehn [Tra95] reichen.

Wiederverwendung wurde dadurch im Lauf der Zeit zu einem schillernden Thema, man könnte sagen: zu einem Mythos des Software Engineering. Die Erwartungen waren zeitweise so hoch, dass Wiederverwendung sogar zum *silver bullet* erklärt wurde [Cox90], also zu der Wunderwaffe für die Produktivitätssteigerung, die es – wie von Brooks überzeugend dargelegt [Bro87] – gar nicht geben kann. Viele aktuelle Veröffentlichungen stoßen nach wie vor in dieses Horn. Dem steht die Wirklichkeit in der industriellen Praxis diametral gegenüber: Wenig ist umgesetzt, umfangreichen Bemühungen zum Trotz.

Zur Erklärung dieses offensichtlichen Widerspruchs wurden bereits viele Vermutungen angestellt. Bisher wurde die große Zahl an bestehenden Erklärungshypothesen – u.a. das Not-invented-here-Syndrom, organisatorische Fehler, grundlegende Unterschiede zwischen Software Engineering und klassischen Ingenieurdisziplinen bis hin zu mangelnder Verankerung im Entwicklungsprozess – allerdings keiner befriedigenden Überprüfung auf empirischer Basis unterzogen. Warum der erwartete Erfolg der Wiederverwendung bisher ausbleibt, ist deshalb bis heute ungeklärt. Sollte er grundsätzlich erreichbar sein, so stellt sich die Frage nach dem geeigneten Vorgehen. Wir haben eine Untersuchung dieser Fragen auf empirischer Basis durchgeführt, deren Ergebnisse – in ausführlicher Form in [Stü02] veröffentlicht – wir hier zusammenfassen.

Im Folgenden gehen wir zunächst auf wesentliche Begriffe und Grundlagen ein. Dann beschreiben wir zwei Fallstudien zur Wiederverwendung bei sd&m und fassen wesentliche Ergebnisse einer ökonomischen Analyse der Wiederverwendung zusammen. Daraufhin beschreiben wir empirisch erhobene Rahmenbedingungen und Status quo der Wiederverwendung in der industriellen Praxis, geben softwaretechnische Kriterien für die Bewertung von Projektvorhaben an und gehen auf Anforderungen, Kosten sowie Maßnahmen der Wiederverwendbarmachung ein. Schließlich formulieren wir softwaretechnische Leitlinien für die Entwicklung wiederverwendbarer Software.

## 10.2 Begriffe und Grundlagen

### Was ist Software-Wiederverwendung?

Der Begriff der Wiederverwendung ist scheinbar intuitiv verständlich, weil er auch in der Alltagssprache verwendet wird. Wenn zwei über Wiederverwendung sprechen, meinen sie aber in der Regel nicht dasselbe. Daher stellen wir im Folgenden die von uns zugrundegelegte Definition vor. Wir konzentrieren uns dabei auf betriebliche Informationssysteme und betrachten zunächst die Zusammensetzung eines zu erstellenden betrieblichen Informationssystems (für eine beispielhafte Darstellung siehe Abbildung 10.1). Es besteht einerseits aus intern entwickelter Software; dabei handelt es sich entweder um Software, die spezifisch für diesen Zweck neu entwickelt wurde, oder um Software, die bereits vorhanden war und – eventuell in modifizierter Form – eingesetzt wird. Andererseits geht von außen bezogene Software in Form von kommerziellen Produkten und Open Source-Software in das System ein. Wir nehmen dabei die Sicht der Einheit ein, die das System entwickelt. Diese Einheit kann ein Unternehmen sein, das Softwareprodukte herstellt oder Softwareprojekte durchführt, oder die EDV-Abteilung eines Unternehmens, dessen Kerngeschäft nicht Softwareentwicklung ist, beispielsweise einer Bank.

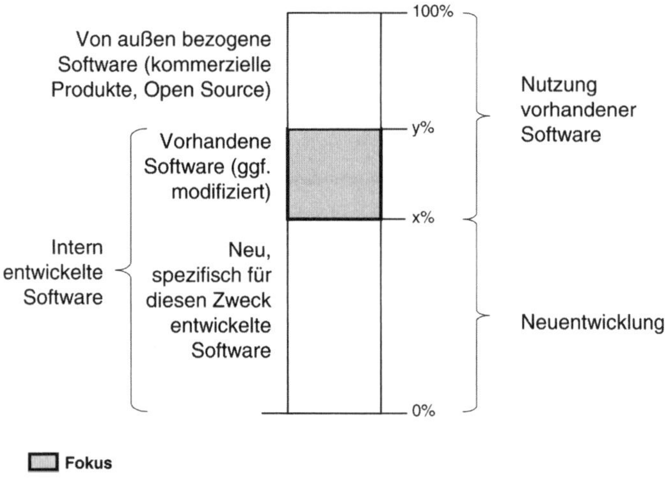


**Abb. 10.1:** Zusammensetzung eines betrieblichen Informationssystems

Unsere Definition der Wiederverwendung (siehe Abbildung 10.2) geht von der Nutzung vorhandener Software aus. Zunächst unterscheiden wir nach der Herkunft der Software.

Handelt es sich um intern entwickelte Software, so sprechen wir von *Wiederverwendung*. Wird extern entwickelte Software eingesetzt, so nennen wir dies *Verwendung*.

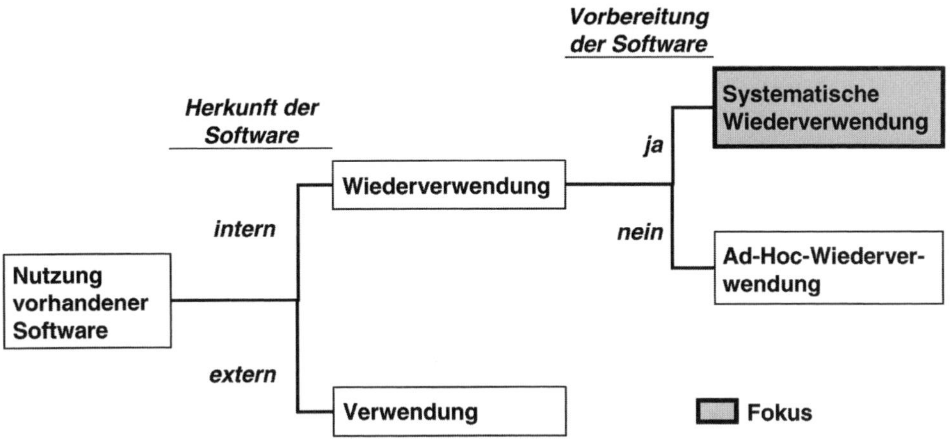


**Abb. 10.2:** Definition von Wiederverwendung

Diese Abgrenzung entspricht dem Sprachgebrauch und dem intuitiven Verständnis, auch wenn sie in der Literatur nicht immer so klar vorgenommen wird. Sie ist auch sachlich sinnvoll, weil wesentliche Unterschiede bestehen, insbesondere in der Vermarktung und der Möglichkeit, Standards zu setzen; das wirkt sich wiederum auf die Rahmenbedingungen der Entwicklung aus.

Wir sprechen von *systematischer Wiederverwendung*, wenn Software genutzt wird, die explizit für die Wiederverwendung aufbereitet ist. Wird hingegen Software genutzt, die nicht zur Wiederverwendung aufbereitet wurde, so nennen wir dies *Ad-Hoc-Wiederverwendung*. Diese Art der Wiederverwendung tritt regelmäßig auf: Viele Entwickler verwenden Software wieder, die sie selbst in vorangegangenen Projekten entwickelt haben, wenn sie auf ähnliche Anforderungen stoßen. Systematische Wiederverwendung hingegen ist weniger verbreitet. Auf sie konzentrieren wir uns, denn ihre Reichweite ist ungleich größer; gleichzeitig ist es aber auch schwieriger, sie zum Erfolg zu führen.

## Merkmale wiederverwendbarer Software

Nun wollen wir klären, was wiederverwendbare Software auszeichnet, d.h. welche Merkmale benötigt werden und daher bei der systematischen Aufbereitung zur Wiederverwendung im Mittelpunkt stehen. Entscheidend für die Wiederverwendbarkeit von Software ist, dass diese in mehr als einem Kontext eingesetzt werden kann, d.h. in unterschiedlichen Entwicklungsprojekten oder im selben Projekt an verschiedenen Stellen. Zwei Merkmale sind ausschlaggebend: *Nutzbarkeit für Entwickler* und *Variabilität* (diese Merkmale sind jeweils aus verschiedenen Teilmerkmalen zusammengesetzt, auf die wir unten eingehen). Einen Überblick über die Merkmale wiederverwendbarer Software zeigt Abbildung 10.3. Es handelt sich um diejenigen Qualitätsmerkmale von Software, die wiederverwendbare Software grundsätzlich in höherem Maß als nicht wiederverwendbare Software besitzt. Darüber hinaus gelten für wiederverwendbare Software weitere Qualitätskriterien, die sich jedoch nicht von den Kriterien für nicht wiederverwendbare Software unterscheiden, wenn sie an derselben Stelle eingesetzt wird: Spezifikationstreue der Funktionen, Zuverlässigkeit, Benutzbarkeit für den Endbenutzer und Effizienz (zusammengesetzt aus Performance und Ressourcenverbrauch).

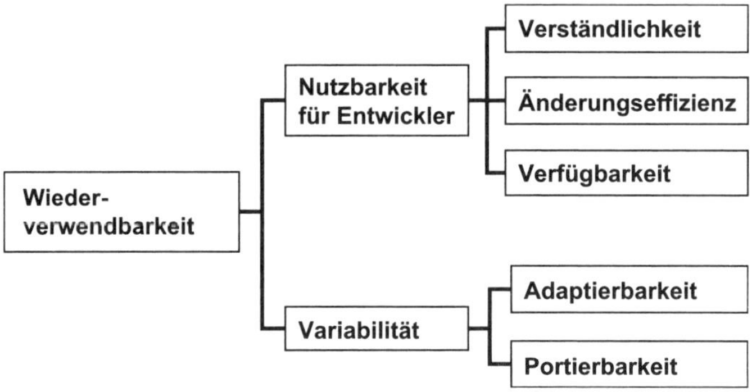


**Abb. 10.3:** Merkmale wiederverwendbarer Software

## *Nutzbarkeit für Entwickler*

Die Nutzbarkeit für Entwickler ist besonders dann von Bedeutung, wenn ein anderer als der ursprüngliche Programmierer Änderungen und Anpassungen vornehmen soll, was bei Wiederverwendung regelmäßig der Fall ist. Sie setzt sich aus folgenden Merkmalen zusammen:

- *Verständlichkeit*
  Ein Entwickler kann Software nur wiederverwenden, wenn er versteht, welche Spezifikation sie erfüllt und wie er sie einsetzen kann. Verständlichkeit setzt voraus, dass die Software ausreichend dokumentiert ist. Wir unterscheiden zwei Arten der Dokumentation: die Dokumentation im Code und die Dokumentation in einem separaten Dokument. Daneben verbessern – im besten Fall ausführbare – Anwendungsbeispiele die Verständlichkeit. Auch Testfälle, die Unterstützung durch eine Support-Funktion – telefonisch oder online – und Code Reviews können dazu beitragen.
- *Änderungseffizienz*
  Sowohl bei der Codierung als auch beim Testen fällt unterschiedlich hoher Aufwand an, je nachdem, wie gut die Software auf Änderungen vorbereitet ist und welche Hilfsmittel zur Verfügung gestellt werden. Je geringer der für das Ändern notwendige Aufwand, desto höher ist die Änderungseffizienz. Ein wesentliches Mittel dafür, die Änderungseffizienz wiederverwendbarer Software sicherzustellen, ist die Bereitstellung von Hilfsmitteln für Regressionstests, d.h. Testdaten und Testprogrammen, die es ermöglichen, die korrekte Funktionsweise bei der Nutzung innerhalb eines bestimmten Rahmens zu prüfen. Daneben kann der Aufwand bei der Codierung durch Bereitstellung von Codegeneratoren verringert werden.

- *Verfügbarkeit*
  Je geringer der Aufwand dafür ist, von der Existenz wiederverwendbarer Software zu erfahren und sie dann auch in der jeweils aktuellen Version zu erhalten, desto höher ist ihre Verfügbarkeit. Die Verfügbarkeit wiederverwendbarer Software kann auf unterschiedliche Arten hergestellt werden. Die populärste Methode ist die Bereitstellung einer Wiederverwendungs-Bibliothek mit online-Zugriff.

### *Variabilität*

Variabilität ist die Eigenschaft von Software, in unterschiedlichem Kontext einsetzbar zu sein. Unter Kontext verstehen wir dabei sowohl die fachliche Umgebung und die daraus entstehenden Anforderungen an die bereitzustellenden Funktionen als auch die technische Umgebung oder Systemumgebung. Wir definieren zwei Merkmale, die diesen zwei Arten von Umgebung entsprechen und aus denen sich Variabilität zusammensetzt:

- *Adaptierbarkeit*
  Sie ist die Eigenschaft von Software, an unterschiedliche fachliche Anforderungen anpassbar zu sein. Dies bezieht sich sowohl auf Anforderungen an die Funktionen einer Komponente selbst als auch auf ihre Fähigkeit, mit unterschiedlichen Systemen fachlich zusammenzuarbeiten, d.h. eine fachliche Systemintegration zu ermöglichen. Adaptierbarkeit ist deshalb ein wichtiges Merkmal, weil wiederverwendbare Software in unterschiedlichem Kontext eingesetzt wird. Es ist wenig wahrscheinlich, dass die fachlichen Anforderungen dabei jeweils genau die selben sind. Deshalb sollte sie Mechanismen dafür zur Verfügung stellen, sie in einem vorher festgelegten Rahmen an die Anforderungen anzupassen, die bei einer konkreten Nutzung an sie gerichtet werden. Je weiter dieser Rahmen gespannt wird, desto größer ist die geforderte Adaptierbarkeit der Software und desto schwieriger ist es in der Regel auch, sie zu erreichen. Voraussetzung für Adaptierbarkeit von Software ist im Fall von A-Posteriori-Wiederverwendung, dass sie aus ihrem ursprünglichen Kontext herausgelöst werden kann.
- *Portierbarkeit*
  Damit beschreibt man die Fähigkeit von Software, in unterschiedlichen Umgebungen technisch einsetzbar zu sein, d.h. eine technische Systemintegration zu ermöglichen. Das bezieht sich zunächst auf die technische Systemumgebung der Komponente, aber auch auf die technische Realisierung der Kommunikation mit Nachbarsystemen, mit denen sie fachlich zusammenarbeitet. Man unterscheidet grundsätzlich zwei Arten der Systemumgebung: die Laufzeitumgebung, in der ein Softwaresystem produktiv eingesetzt wird, und die Entwicklungsumgebung, in der es entwickelt und gewartet wird. Portierbarkeit bezieht sich zunächst auf die Laufzeitumgebung des Systems, die im einfachsten Fall aus der Hardware, d.h. aus den Rechnern und Netzwerkkomponenten, und aus der Betriebssystemsoftware besteht. Bei betrieblichen Informationssystemen gehören dazu in der Regel außerdem folgende Software-Komponenten, die die technische Infrastruktur darstellen: Datenbanksystem, Netzwerksystem, TP-Monitor oder Application Server und Web Server; ergänzt werden sie durch fachliche Nachbarsysteme, z.B. Systeme für ERP (Enterprise Resource Planning), CRM (Customer Relationship Management) etc. Die Entwicklungsumgebung (vgl. Kapitel 11) setzt sich zusammen aus Compiler, Debugger und Konfigurationsmanagementsystem

– oft in einem Produkt zusammengefasst – und eventuell einer Testumgebung, die beispielsweise eine Testdatenbank und Testversionen von fachlichen Nachbarsystemen enthält. Falls die Software an eine geänderte Umgebung angepasst werden soll, kann es ggf. notwendig sein, sie auf eine geänderte Laufzeitumgebung und zusätzlich auf eine geänderte Entwicklungsumgebung zu portieren.

Bei der Konstruktion kann Variabilität durch Einsatz verschiedener Mechanismen erreicht werden. Die wichtigsten Variabilitätsmechanismen sind:

- Austausch von Schnittstellenimplementierungen (d.h. Verhaltensvererbung durch Schnittstellen),
- Parametrierung,
- Generierung stereotyper Software.

Voraussetzung für den Einsatz dieser Mechanismen ist eine Zerlegung des Systems in durch Schnittstellen entkoppelte Komponenten, bei der das Geheimnisprinzip nach Parnas (information hiding) befolgt wird. Von der häufig empfohlenen Implementierungsvererbung raten wir nachdrücklich ab, da sie das Geheimnisprinzip verletzt und das Verständnis unnötig erschwert.

### *Systematisch und ad hoc wiederverwendbare Software*

Wiederverwendbarkeit kann nebenbei entstehen, wenn Software Merkmale der Wiederverwendbarkeit hat, ohne dass diese explizit angestrebt wurde. Daher klassifizieren wir intern entwickelte Software danach, ob Wiederverwendbarkeit angestrebt und ob sie tatsächlich gegeben ist (siehe Abbildung 10.4). In vielen Fällen wird Wiederverwendbarkeit nicht angestrebt. Ist die Software dennoch wiederverwendbar, spricht man von *ad hoc wiederverwendbarer Software*. Ist Wiederverwendbarkeit nicht gegeben, nennen wir die Software *nicht wiederverwendbar*.

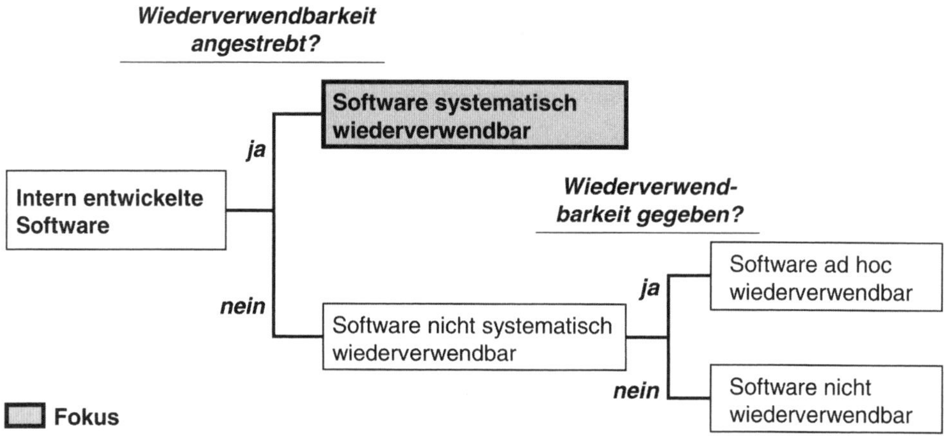


**Abb. 10.4:** Wiederverwendbarkeit intern entwickelter Software

Wird Wiederverwendbarkeit angestrebt und nach den oben ausgeführten Kriterien systematisch hergestellt, spricht man von *systematisch wiederverwendbarer Software*. Auf sie konzentrieren wir uns; um die Notation zu vereinfachen, werden wir den Begriff „wiederverwendbare Software“ im Folgenden immer dann synonym mit „systematisch wiederverwendbare Software“ verwenden, wenn die explizite Abgrenzung zu ad hoc wiederverwendbarer Software nicht notwendig ist.

Die Maßnahmen, die ergriffen werden, um Software systematisch wiederverwendbar zu machen, erfordern einen erhöhten Aufwand im Vergleich zur Entwicklung nicht systematisch wiederverwendbarer Software und führen damit zu Zusatzkosten für Wiederverwendbarkeit. Diese zusätzlichen Kosten für die Wiederverwendbarmachung sind ökonomisch als Investition zu sehen, die sich rentieren muss.

Es gibt zwei Alternativen bei der Entwicklung wiederverwendbarer Software, die sich darin unterscheiden, ob Wiederverwendbarkeit von Beginn an angestrebt wird oder nicht (vgl. [Kar95]). Grundsätzlich kann Software, die zunächst nicht systematisch wiederverwendbar entwickelt wurde, nachträglich zur systematischen Wiederverwendung aufbereitet werden. Diese Art von Software nennen wir *a posteriori* wiederverwendbar. Um sie zur Wiederverwendung aufzubereiten, wird im Anschluss an die ursprüngliche Entwicklung ein Projekt durchgeführt, das die Software so modifiziert oder erweitert, dass deren Wiederverwendbarkeit erhöht wird; wir sprechen auch von *Wiederverwendbarmachung* (siehe Abbildung 10.5). Voraussetzung ist selbstverständlich, dass sich die fragliche Software dafür eignet.

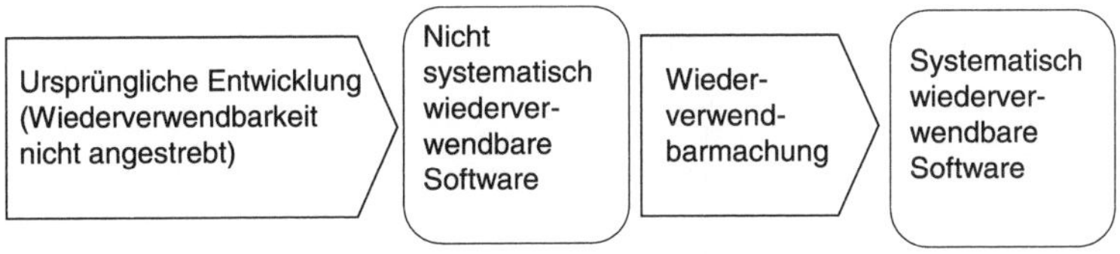


**Abb. 10.5**: A-Posteriori-Wiederverwendbarkeit

Wird Software hingegen von vornherein so entwickelt, dass sie wiederverwendbar ist, nennen wir sie *a priori* wiederverwendbar. In diesem Fall sind ursprüngliche Entwicklung und Aufbereitung zur Wiederverwendung nicht getrennte Aktivitäten, sondern fallen zusammen; die Entwicklung wiederverwendbarer Software umfasst beide (siehe Abbildung 10.6).

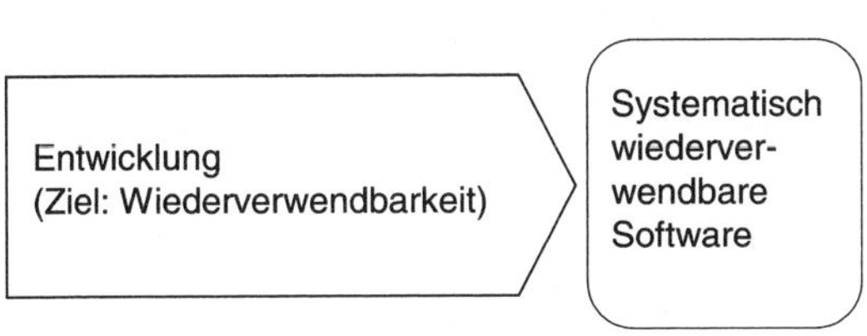


**Abb. 10.6**: A-Priori-Wiederverwendbarkeit

Der A-Posteriori-Wiederverwendbarkeit sind durch die Entwurfsentscheidungen bei der ursprünglichen Entwicklung natürliche Grenzen gesetzt. Teilweise wird daher in der Literatur A-Priori-Wiederverwendbarkeit als überlegener Ansatz propagiert. Allerdings setzt die erfolgreiche Entwicklung von a priori wiederverwendbarer Software große Weitsicht bei Spezifikation und Konstruktion voraus, da zukünftige Anforderungen antizipiert werden müssen, was in der Regel sehr schwierig ist.

## 10.3 Fallstudien zur Wiederverwendung

Wir führten bei sd&m mehrere Fallstudien zur industriellen Praxis der Wiederverwendung durch. Dazu wählten wir Projekte aus, in denen in substantiellem Umfang Software zur systematischen Wiederverwendung entwickelt wurde, wobei die erfolgreiche Wiederverwendung der hergestellten Software kein Kriterium für die Auswahl war. Zwei dieser Projekte stellen wir hier vor: das Projekt *Data Warehouse Loader* und das Projekt *Client Framework*. Im Projekt *Data Warehouse Loader* wurde ein Data Warehouse-Ladewerkzeug a posteriori wiederverwendbar gemacht, im Projekt *Client Framework* wurde ein a priori wiederverwendbares Framework für die Client-Seite eines Hostsystems entwickelt. Einen Überblick über die Fallstudien gibt Tabelle 10.1.

**Tab. 10.1:** Übersicht über die Fallstudien

| **Name des Projekts** | **Entwickelte wiederverwendbare Software** | **Wiederverwendbarkeit** |
|---|---|---|
| **Data Warehouse Loader (DWL)** | Data Warehouse-Ladewerkzeug | A posteriori |
| **Client Framework** | Framework für die Client-Seite eines Host-Systems | A priori |

### Projekt Data Warehouse Loader

Der *Data Warehouse Loader* wurde ursprünglich für einen Kunden entwickelt, der ein Netzwerk für den Buchungsverkehr zwischen Reisebüros und Reiseveranstaltern betreibt. Er hat folgende Funktionen:

- Extraktion von Daten aus unterschiedlichen Datenquellen (u.a. Datenbanken und ISAM-Dateien für Indexed Sequential-Access Method)
- Konsolidierung der Daten, um Inkonsistenzen zu vermeiden
- Transformation der Daten in das Zielformat (Änderung von Struktur und Format der Daten)
- Einstellen („Laden“) der transformierten Daten in das Data Warehouse.

Der *Data Warehouse Loader* wurde zweimal erfolgreich wiederverwendet. Die Wiederverwendbarmachung erfolgte *a posteriori*: die Entscheidung dafür fiel erst, nachdem die ursprüngliche Entwicklung abgeschlossen war, weil in einem anderen Projekt ein ähnliches Werkzeug benötigt wurde. In diesem Projekt, dessen Kunde ein Energieunternehmen war, wurde der *Data Warehouse Loader* erfolgreich genutzt, nachdem er vorher in einem separaten Projekt wiederverwendbar gemacht worden war. Später wurde er in einem weiteren Projekt für ein Inkassounternehmen erfolgreich genutzt. Diese beiden Nutzungen waren über einen Zeitraum von 4 Jahren verteilt.

### *Herstellung des Data Warehouse Loader*

Da es sich um a posteriori wiederverwendbare Software handelt, beschreiben wir zunächst das ursprüngliche Entwicklungsprojekt und anschließend die Wiederverwendbarmachung.

Das ursprüngliche Entwicklungsprojekt hatte einen Umfang von 1,5 Bearbeiterjahren. Anwendungsfunktionen spielten, abgesehen von den Datenformaten, in den Anforderungen keine Rolle; insbesondere bestanden keine direkten Anforderungen von Endbenutzern. Die genutzte Systemumgebung bestand aus dem Betriebssystem Windows NT und dem Datenbanksystem Informix.

Variabilität war ein vorrangiges Ziel bei der ursprünglichen Entwicklung. Zum einen sollte eine spätere Portierung auf das Betriebssystem Unix ermöglicht werden, weil unklar war, ob der anfangs gewählte Windows-Server den Anforderungen hinsichtlich der Zuverlässigkeit und der Last genügen würde. Um diese Portierbarkeit sicherzustellen, wurden folgende Entscheidungen getroffen: Als Programmiersprache wählte man ANSI C, weil es standardisiert ist und insofern bei der Portierung keine Kompatibilitätsprobleme zu befürchten waren. Zum Speichern der Zwischenergebnisse wurden flache Dateien gewählt, da sie ein einfaches und gut portierbares Format darstellen. Auch in einer zweiten Hinsicht war Variabilität von Bedeutung: Neue Datenquellen sollten leicht zu integrieren sein. Außerdem sollte auch ein späterer Wechsel der Warehouse-Datenbank möglich sein. Daher wurde entschieden, sowohl sämtliche Datenquellen als auch die Warehouse-Datenbank durch Schnittstellen zu entkoppeln. Zusätzlich wurde vorgesehen, das Metadatenmodell für das Data Warehouse flexibel zu halten, da das ursprüngliche Modell nicht dem üblicherweise verwendeten Stern-Schema [BeS97] entsprach. Schließlich sollte auch ermöglicht werden, die Menge der im Data Warehouse zu speichernden Daten zu erweitern, d.h. fachliche Adaptierbarkeit hergestellt werden. Dafür musste die fachliche Transformation variabel gemacht werden. Zu diesem Zweck wurde auch sie über Schnittstellen entkoppelt. Der Code für die Transformation wurde unter Nutzung von Metadaten generierbar gemacht.

Für die Wiederverwendbarmachung nach Abschluss der ursprünglichen Entwicklung wurde ein eigenes Projekt durchgeführt, für das ein Budget von 40 Bearbeitertagen zur Verfügung gestellt wurde. Es wurde für die folgenden Maßnahmen genutzt:

- Ein Code Review wurde durchgeführt. Dabei wurden der Programmierstil vereinfacht und Variablen-Namen und Kommentare verallgemeinert, so dass spezifische Bezüge zum ursprünglichen Projekt beseitigt wurden.
- Eine aus zwei Dokumenten bestehende Dokumentation wurde erstellt. Ein Dokument diente der Beschreibung des Konzepts und der Funktionen aus der Sicht des Endbenutzers. Das andere war ein Handbuch für Programmierer, das diese in den Code einweist.
- Ein kleines ausführbares Programm mit beispielhaften Daten wurde entwickelt, um die Funktionsweise zu illustrieren.

### *Nutzung des Data Warehouse Loader*

Die Systemumgebung im Nutzungsprojekt setzte sich zusammen aus einem Solaris-Betriebssystem der Firma Sun Microsystems und einem Oracle-Datenbanksystem. Das

Data Warehouse wurde nach dem Stern-Schema (s.o.) strukturiert, so dass das Modell für die Metadaten modifiziert werden musste. Der Code für die fachliche Transformation der Datenformate musste ebenfalls angepasst werden. Da der *Data Warehouse Loader* bereits von der ursprünglichen Entwicklung her über die notwendige Variabilität verfügte, wurde entschieden, zunächst wie oben beschrieben in seine Wiederverwendbarmachung zu investieren.

Die notwendigen Anpassungen an das neue Betriebssystem, die neue Datenbank, das neue Data Warehouse-Schema und die neuen fachlichen Datenformate wurden anschließend erfolgreich durchgeführt. Dazu wurde zunächst der Generator angepasst. Anschließend konnte der Code der Adapter-Komponenten wie geplant mit Hilfe der geänderten Metadaten neu generiert werden. Der Aufwand für diese Anpassungen betrug insgesamt 20 Bearbeitertage.

### *Architektur des Data Warehouse Loader*

Die Operationen des *Data Warehouse Loader* (s.o.) werden in mehreren Schritten durchgeführt, wobei das Ergebnis jedes Zwischenschritts in Dateien gespeichert wird.

Die Architektur des *Data Warehouse Loader* (siehe Abbildung 10.7) ist von dem Gedanken geprägt, dass die zentrale Ablaufsteuerung (*Loader Engine*) über Schnittstellen von allen fachlichen und technischen Spezifika entkoppelt ist. Dies entspricht einer prozeduralen Variante des Prinzips der Programmierung gegen Schnittstellen. Die Kommunikation mit den verschiedenen Datenquellen und -senken erfolgt dementsprechend über Schnittstellen, die in der Programmiersprache C mit Hilfe von Funktionszeigern realisiert werden. Im Einzelnen hat der *Data Warehouse Loader* folgende Schnittstellen:

- Die Extraktions-Schnittstelle für die Extraktion der Daten aus den verschiedenen Datenquellen
- Die Datenbank-Schnittstelle für den Import der Daten in die Warehouse-Datenbank
- Die Transformations-Schnittstelle für die fachliche Transformation der Quelldaten in das Zielformat
- Die Format-Schnittstelle für die Transformation der technischen Repräsentation der Daten von Dateien/Datenbanktabellen in C-Strukturen und zurück
- Die Betriebssystemfunktionen-Schnittstelle für diverse Funktionen des Betriebssystems, u.a. den Zugriff auf die Dateien, in denen die Zwischenergebnisse abgelegt werden.

Die Betriebssystemfunktionen-Schnittstelle wird durch die Standardbibliotheken von ANSI C implementiert. Die anderen Schnittstellen werden jeweils von entsprechenden Komponenten des *Data Warehouse Loader* implementiert. Diejenigen Komponenten, die den Zugriff auf die jeweilige Datenquelle oder -senke realisieren, rufen wiederum deren Anwendungs-Schnittstelle (z.B. Datenbank-API) auf. Für diese Module definieren wir den Namen *Adapter-Komponenten*. Sie arbeiten mit den Funktionen, die die jeweilige Datenquelle oder -senke an ihrer Anwendungs-Schnittstelle (API) zur Verfügung stellt und müssen daher auch für jede Datenquelle oder -senke individuell realisiert werden, wenn wie in dem untersuchten Projekt eine spezifische Adapter Komponente für eine Informix-Warehouse-Datenbank vorhanden ist, so muss diese für den Einsatz einer Oracle-Datenbank überarbeitet oder ganz neu erstellt werden.

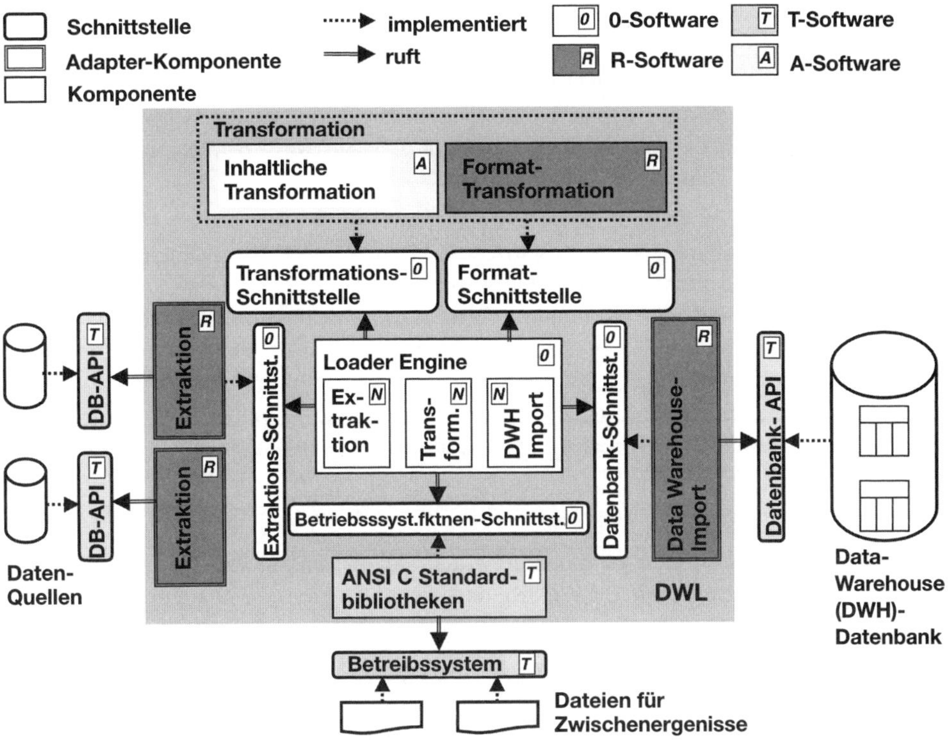


**Abb. 10.7**: Architektur des Data Warehouse Loader

Die Schnittstellen zu den Datenquellen und -senken definieren allgemeine, abstrahierte Funktionen (z.B. *open*, *read*, *close* für die Extraktions-Schnittstelle oder *insert*, *update* und *delete* für die Datenbank-Schnittstelle). Die technischen Spezifika der Realisierung sind vollständig in der implementierenden Adapter-Komponente versteckt. Daher ist die zentrale Ablaufsteuerung – die *Loader Engine* – vollkommen frei von technischen Spezifika der jeweiligen Datenquelle oder -senke. Auch das notwendige Wissen über die Struktur der Daten ist in die Adapter-Komponenten ausgelagert, so dass die zentrale Ablaufsteuerung davon frei bleibt.

Die Adapter-Komponenten dienen der Transformation von Datenrepräsentationen. Demzufolge gehören sie zur Kategorie der R-Software (vgl. Kapitel 6). Ihr Code ist stereotyp; er unterscheidet sich für verschiedene Tabellen nur im Namen und der Struktur der Tabelle und im Namen und dem Typ der jeweiligen Tabellenspalten. Dieser Code kann vollständig generiert werden; der Generator benötigt lediglich die o.g. Informationen über Name und Struktur der Datenbanktabellen. Im hier betrachteten Fall einer relationalen Datenbank gemäß SQL-Standard liegen sie als statische, vom Datenbanksystem verwaltete Metadaten vor.

Da darüber hinaus auch die Funktionen zur Transformation von Quell- in Zieldaten über die Transformations- und Formatschnittstelle zur Verfügung gestellt werden, ist die *Loader Engine* vollkommen unbeeinflusst durch Spezifika der Anwendung, in diesem Fall dem Wissen über die Struktur der Quell- und Zieldaten. Die Komponente, die die inhaltliche Transformation durchführt, ist nur von der Anwendung beeinflusst und gehört somit zur Kategorie der A-Software. Die Komponente, die die Format-Transformation durchführt, gehört wie die Adapter-Komponenten zur Kategorie der R-Software und ist mit Hilfe der Metadaten vollständig generierbar. Die Software-Kategorien (0, A, T, R) werden in Kapitel 6 eingeführt und erklärt.

Bei der *Loader Engine* handelt es sich folglich um 0-Software. Neben der Wiederverwendbarkeit hat dies einen weiteren Vorteil, der diese Art des Designs ursprünglich motiviert hat: Der *Data Warehouse Loader* ist problemlos erweiterbar, wenn neue Datenquellen hinzukommen oder eine andere Warehouse-Datenbank eingebunden wird. In diesem Fall wird lediglich die Adapter-Komponente angepasst, die die jeweilige Schnittstelle implementiert. Dazu werden API-Experte und Generator modifiziert oder neu geschrieben; die R-Software für die Datentransformationen wird anschließend mit Hilfe der Metainformationen komplett generiert.

### *Fazit*

Allgemeine Schlussfolgerungen aus den beiden Fallstudien ziehen wir am Ende dieses Kapitels. Hier gehen wir auf Besonderheiten des soeben beschriebenen Projekts ein.

Trotz der vergleichsweise geringen Investition in Wiederverwendbarkeit (11,1 Prozent des Aufwands der ursprünglichen Entwicklung) betrug der Aufwand für die Nutzung nur 5,6 Prozent des Aufwands für die ursprüngliche Entwicklung, mit dem man bei einer Neuentwicklung hätte rechnen müssen. Das Verhältnis von Investition zu Ersparnis ist somit sehr günstig: bereits durch die erste Nutzung wird die Investition amortisiert. Der Grund dafür liegt in der hohen Variabilität, die in der ursprünglichen Entwicklung hergestellt wurde.

Besonders bemerkenswert ist, dass diese Variabilität nicht mit dem Ziel der Wiederverwendbarkeit, sondern dem der Wartbarkeit erzeugt wurde. Insbesondere stellten die ursprünglichen Entwickler fest, dass sie z.B. von Beginn an für neutrale Bezeichner hätten sorgen können, wenn Wiederverwendbarkeit ein Ziel gewesen wäre; das hätte die Wiederverwendbarkeit zusätzlich erhöht. Dennoch war die Nutzung mit geringem Aufwand möglich; positiv wirkte sich dabei aus, dass keine Variabilität hinsichtlich der Anforderungen von Endbenutzern eingeplant werden musste. Insgesamt zeigt dieses Beispiel, dass Wartbarkeit und Wiederverwendbarkeit ähnliche Anforderungen haben, d.h. zwei Seiten derselben Medaille sind.

Die Fallstudie belegt außerdem, dass Komponentenbildung und Entkopplung der Komponenten durch Programmieren gegen Schnittstellen auch mit prozeduralen Sprachen möglich sind. Die Konstruktion wäre bei objektorientiertem Vorgehen aufgrund der dann möglichen Polymorphie eleganter, aber grundsätzlich gleich.

## Projekt Client Framework

Untersucht wurde ein Teilprojekt eines großen Projekts, in dem für einen Kunden aus der Automobilindustrie ein weltweites Bestellsystem entwickelt wurde. In diesem Teilprojekt wurde eine Anwendungskomponente des Gesamtsystems entwickelt, über die die

Distribution der Fahrzeuge abgewickelt werden sollte. Daher nennen wir das Teilprojekt *DIST*. Das Gesamtprojekt wurde mit großem Erfolg abgeschlossen; die geplante Wiederverwendung des in *DIST* entwickelten Client-Frameworks jedoch scheiterte.

Das gesamte Bestellsystem besteht aus einer zentralen Host-Komponente und weltweit verteilten Client-Komponenten. Diese Komponenten sind über eine *logisches Netzwerk* genannte Middleware-Komponente verbunden, die das Intranet des Unternehmens nutzt.

Die Distribution war die erste Anwendung, für die eine Client-Komponente entwickelt werden sollte. Als Basis wurde ein aus einer sehr großen Zahl von Klassen bestehendes Framework entwickelt, das folgende Funktionen zur Verfügung stellen sollte:

- Querschnittsfunktionen wie Logging, Tracing, Assertions, Fehlerbehandlung etc.,
- Serverseitige Anbindung an das logische Netzwerk,
- Hilfsklassen für den Anwendungskern mit Datentypen und Stellvertreterobjekten für die zu rufenden Host-Module,
- Hilfsklassen für die Benutzerschnittstelle (GUI), bestehend aus Dialogablaufsteuerung und den zu präsentierenden graphischen Elementen (Fenster, Widgets).

Es wurde entschieden, das Framework *a priori wiederverwendbar* zu entwickeln, um es auch bei der künftigen Entwicklung anderer Anwendungen als der Distribution einzusetzen. Dazu sollte die Architektur für andere Teilprojekte einsetzbar und stufenlos zu erweitern sein. Dies stand explizit in Gegensatz zum Auftrag des Teilprojekts *DIST*. Daher sollte der Zusatzaufwand für die Wiederverwendbarkeit gering gehalten werden; trotzdem wurde hinsichtlich der zu erreichenden Wiederverwendbarkeit keine klare Einschränkung gemacht. Es wurde also keine offizielle Entscheidung herbeigeführt, um zusätzliches Budget für die Wiederverwendbarmachung im Rahmen von *DIST* oder in einem separaten Projekt bewilligt zu bekommen.

Die Wiederverwendung des Frameworks bei der Entwicklung anderer Anwendungen war lediglich für die serverseitige Anbindung an das logische Netzwerk erfolgreich; für die Querschnittsfunktionen, den Anwendungskern und die Benutzerschnittstelle scheiterte sie. Es wurde ein Redesign notwendig, das mehrere Unzulänglichkeiten beseitigen sollte, die sich teilweise bereits im Projekt *DIST* auswirkten:

- Die Portierung auf eine neue GUI-Bibliothek war nicht möglich (es ging um den Wechsel von AWT nach Swing).
- Die rigide Dialogsteuerung ließ den Entwicklern zu wenig Flexibilität und wurde daher abgelöst.
- Das Framework war nur schwer beherrschbar – dieses Problem bestand selbst in *DIST* – und konnte deshalb von den Entwicklern nicht wie vorgesehen verwendet werden.

### *Herstellung des Client Framework*

*DIST* hatte insgesamt einen Umfang von fünf Bearbeiterjahren. Als Programmiersprache wurde Java mit der GUI-Bibliothek AWT (Abstract Window Toolkit) eingesetzt. Da das Framework den Anwendungskern und die Benutzerschnittstelle umfasste, hatten die Anforderungen der Endbenutzer starken Einfluss auf die Konstruktion.

Das Framework basiert auf einer Zerlegung in Komponenten, wobei der Komponentenbegriff jedoch nicht klar bestimmt ist. Als Variabilitätsmechanismus wurde Implementierungsvererbung eingesetzt. Spezialisierte Klassen sollten von allgemeineren abgeleitet werden und so eine Anpassung an spezifische Anforderungen erzielt werden.

Die Konstruktions-Entscheidung, einen Anwendungskern für dezentrale fachliche Logik am Client vorzusehen, stellte sich gegen die für das gesamte Projekt gemachte Vorgabe, die fachliche Logik am Host zu konzentrieren. Sie machte das Framework komplizierter und hatte damit Anteil am Scheitern der Wiederverwendung.

Ziel beim Entwurf des Frameworks für die Benutzerschnittstelle war, typische Abläufe in abstrakter Form zu standardisieren, was zu einer sehr detaillierten Festlegung dieser Abläufe führte. Das bewirkte den oben erwähnten Mangel an Flexibilität der Dialogsteuerung.

Entsprechend dem oben erwähnten Ziel wurde keine explizite Investition in Wiederverwendbarkeit getätigt, was insbesondere zur Folge hatte, dass keine Maßnahmen im Sinne der Nutzbarkeit für Entwickler durchgeführt wurden.

### *Nutzung des Client Framework*

Der Versuch, das Framework bei der Entwicklung weiterer Anwendungen einzusetzen, scheiterte, obwohl die Systemumgebung genau dieselbe war. In Interviews mit mehreren Entwicklern aus diesen Projekten kristallisierten sich zwei hauptsächliche Ursachen dafür heraus:

- Das Framework war zu unflexibel. Die bei der Nutzung notwendigen Änderungen waren zu aufwendig.
- Die Entwickler verstanden das Framework nicht. Der Grund dafür lag in drei Unzulänglichkeiten:
  - Die Komplexität des Frameworks war zu groß: Die Benutzerschnittstelle allein umfasste 150 Klassen; zusätzlich erschwerte eine Vererbungshierarchie mit mehreren Ebenen die Übersicht.
  - Die Qualität der Dokumentation war unzureichend. Sie war zwar umfangreich – z.B. über 100 Seiten für die Benutzerschnittstelle –, aber schwer verständlich. Die Struktur trennte nicht zwischen den bereitgestellten Funktionen und den Details ihrer Implementierung; außerdem gab es neben der Darstellung im Detail keine dem Überblick dienende Darstellung auf einer höheren Abstraktionsebene.
  - Es wurden keine Beispiele zur Erleichterung des Verständnisses zur Verfügung gestellt.

### *Architektur des Client Framework*

Bei der Untersuchung der Architektur konzentrieren wir uns auf die Benutzerschnittstelle, da wegen der großen Anzahl der Klassen der Aufwand für die Analyse des Quellcodes sonst in keinem vertretbaren Verhältnis zum zusätzlichen Nutzen stünde.

Es zeigt sich, dass zwar eine Zerlegung in Komponenten vorliegt, dass diese aber größtenteils nicht über Schnittstellen entkoppelt sind. Das führt dazu, dass in vielen Fällen das Geheimnisprinzip verletzt wird, d.h. dass Änderungen nicht lokal auf die jeweilige Komponente begrenzt bleiben, sondern schwer kontrollierbare Auswirkungen haben.

Eine zusätzliche Verletzung des Geheimnisprinzips stellt die oben erwähnte Vererbungshierarchie mit mehreren Ebenen dar. Insgesamt wird durch diese Merkmale der Architektur die Anpassung bei der Nutzung sehr erschwert.

Eine Untersuchung der Software-Kategorien ergibt darüber hinaus, dass keine Trennung der Zuständigkeiten vorliegt: ein großer Teil der Komponenten ist sowohl von der Anwendungslogik als auch von einer technischen Anwendungsschnittstelle (API) beeinflusst und ist folglich der Kategorie AT zuzuordnen. Das erhöht den Anpassungsaufwand bei der Nutzung, da die Zahl der von einer Änderung betroffenen Komponenten nicht minimiert wird.

Wir analysieren exemplarisch einen Ausschnitt der Architektur der Benutzerschnittstelle im Detail. Um zu zeigen, wie die beschriebenen Unzulänglichkeiten zu vermeiden wären, stellen wir diesen Ausschnitt einer Vorbild-Architektur gegenüber. Wir wählen dafür das Model-View-Controller- (MVC-) Muster, das ein klassisches Entwurfsmuster für Benutzerschnittstellen ist. Es besteht aus drei Komponenten für Model, View und Controller. View und Controller sind beide von Anwendung und technischer Anwendungsschnittstelle (API) beeinflusst, jedoch stereotyp. Daher können sie als R-Software realisiert werden, die mit Hilfe von Meta-Information generierbar ist. Das Model hingegen sollte bei einer optimalen Realisierung nicht vom technischen API beeinflusst sein und als A-Software realisiert werden. Dazu muss es von View und Controller jeweils über eine Schnittstelle der Kategorie A entkoppelt werden; dafür ist das Observer-Entwurfsmuster geeignet, das eine entsprechende *update*-Methode zur Verfügung stellt. Den Vergleich zwischen der Framework-Architektur und der Vorbild-Architektur zeigt Abbildung 10.8.

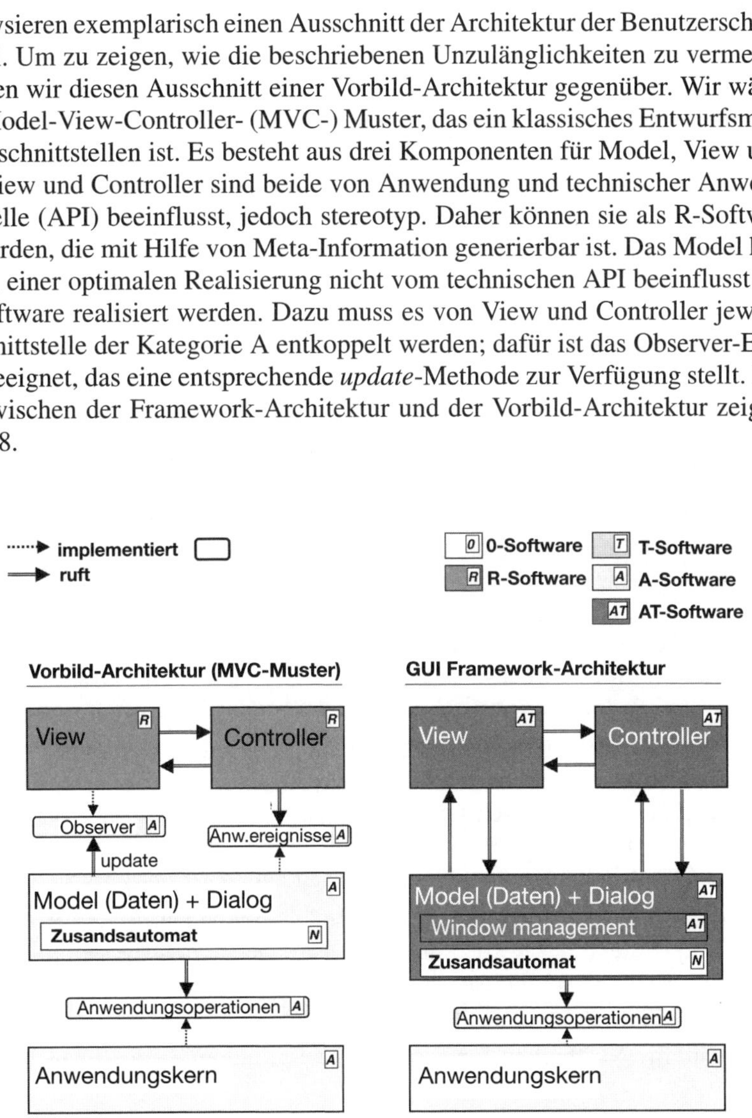


**Abb. 10.8:** Architekturvergleich von klassischem MVC-Muster und GUI Framework

In der GUI-Framework-Architektur hingegen sind alle drei MVC-Komponenten als AT-Software realisiert. Bei View und Controller ist der gleichzeitige Einfluss von Anwendung und Technik nicht zu vermeiden; die Folgen sind jedoch abzumildern, indem man sie wie in der Vorbild-Architektur als R-Software realisiert. Das Model jedoch enthält eine Window Management-Komponente, die von der Technik beeinflusst ist und so unnötigerweise die gesamte Model-Komponente zu AT-Software macht. Die Kommunikation von View und Controller mit Model und umgekehrt erfolgt durch direkte Aufrufe; sie könnte jedoch über Schnittstellen realisiert werden, wie die Vorbild-Architektur zeigt. Dadurch wäre eine Entkopplung möglich.

### *Fazit*

Die Schwierigkeit der Aufgabe wurde offensichtlich unterschätzt. Das zeigt sich, wenn man die Grundlagen untersucht, auf denen das Projekt basierte: eine bewusste Investition in Wiederverwendbarkeit wird nicht gemacht; gleichzeitig wird ein hohes Maß von A-Priori-Wiederverwendbarkeit angestrebt. Dabei wird kein Versuch unternommen, die zu erfüllenden Anforderungen klar zu begrenzen. Darüber hinaus gibt es eine Schwachstelle, die sich in der Konstruktion negativ auswirkt: der Komponentenbegriff ist unklar.

Die Aufgabe wurde dadurch wesentlich erschwert, dass entsprechend dem Anteil der fachlichen Funktionen die Anforderungen der Endbenutzer eine wichtige Rolle bei der Spezifikation des Frameworks spielten. Trotzdem wurde speziell im Fall der Dialogablaufsteuerung der Versuch unternommen, von der Komplexität dieser Anforderungen zu abstrahieren und sie zu standardisieren. Dieses Ziel ist jedoch grundsätzlich schwer zu erreichen, da es sich um inhärente, unsystematische Komplexität handelt, die nicht auf ein fundamentales Prinzip zurückgeführt werden kann. Eine Lösung kann nur dadurch herbeigeführt werden, dass der Endbenutzer dazu gezwungen wird, die Standardisierung zu akzeptieren und seinen Arbeitsablauf daran anzupassen. Entsprechender Zwang kann aufgrund der Marktmacht eines großen Produktanbieters gegeben sein; für einen Anbieter wie die sd&m AG kollidiert er jedoch im Kern mit dem Anspruch, individuelle Software zu entwickeln, bei der sich der Nutzer gerade nicht den Einschränkungen unterwerfen muss, die ihm von Produkten auferlegt werden. Der beschriebene Versuch der Standardisierung ist also auch aus strategischen Gründen grundsätzlich fragwürdig.

Schwächen der Architektur und Versäumnisse bei der Implementierung führten zum Scheitern an der ohnehin schwierigen Aufgabe. Was die Architektur angeht, so ist die Einhaltung des Geheimnisprinzips insbesondere zur Erreichung der Variabilität wichtig, die eine grundlegende Eigenschaft wiederverwendbarer Software ist. Die Architektur des Client-Frameworks verletzt das Geheimnisprinzip auf drei Arten:

- Die Komponenten sind nicht über Schnittstellen entkoppelt.
- Die Software-Kategorien werden nicht in ausreichendem Maße getrennt.
- Vererbung wird als Variabilitätsmechanismus eingesetzt. Das führt dazu, dass Anpassungen nur in sehr engem Rahmen möglich sind.

Zusätzlich wird die Nutzbarkeit für Entwickler aufgrund mehrerer Unzulänglichkeiten erschwert:

- Aufgrund der großen Anzahl von Klassen ist es für Nutzer sehr schwer, die Funktionsweise zu verstehen und sich einen Überblick zu verschaffen.

- Die Dokumentation ist schlecht strukturiert:
  - Keine Trennung von Außen- und Innensicht.
  - Keine hierarchische Struktur mit unterschiedlichen Abstraktionsebenen.
- Es stehen keine ausführbaren Beispiele zur Verfügung, die das intuitive Verständnis erleichtern würden.

Es sei angemerkt, dass lediglich für den letzten Punkt die höheren Kosten als Begründung ins Feld geführt werden können. Die beiden anderen Unzulänglichkeiten und sämtliche Schwächen der Architektur wären bei geändertem Vorgehen, das nicht notwendigerweise mehr Aufwand bedeutet hätte, grundsätzlich zu vermeiden gewesen.

### Analyse der Fallstudien: Softwaretechnische Erfolgsfaktoren für die Entwicklung wiederverwendbarer Software

Aus der Analyse ergeben sich verallgemeinernd drei übergeordnete softwaretechnische Erfolgsfaktoren:

1. Durchführbarkeit sicherstellen.
2. Variabilität richtig realisieren.
3. In Nutzbarkeit für Entwickler investieren.

*Ad 1.* Softwareentwicklungsprojekte können daran scheitern, dass die Aufgabe zu schwierig ist. Sie wird zu wesentlichen Teilen festgelegt bei der Spezifikation der Anforderungen an die zu entwickelnde Software. Da erhöhte Wiederverwendbarkeit von Software in der Regel durch eine Steigerung von Anzahl und Komplexität der unterschiedlichen abgedeckten Anforderungen erreicht wird, ist die Gefahr besonders groß, bei ihrer Spezifikation das Maß des Machbaren zu überschreiten.

Eine Reihe von Maßnahmen hilft, das zu vermeiden. Zunächst steigt die Gefahr mit der Projektgröße; Projekte zur Entwicklung wiederverwendbarer Software sollten daher so klein wie möglich gehalten werden. Es gibt zwei weitere wirksame Möglichkeiten zur Begrenzung der Anforderungen. (1) Die ursprüngliche Ausrichtung auf einen konkreten Anwendungsfall bei a posteriori wiederverwendbarer Software erleichtert die Begrenzung der Anforderungen. (2) Fachliche Anforderungen bezüglich der Anwendungsfunktionen sind besonders schwer zu standardisieren und zu begrenzen. Man sollte darum Software umso bevorzugter zur Wiederverwendbarmachung auswählen, je geringer sie dadurch bestimmt ist.

Was den Entwicklungsprozess angeht, so ist ein frühzeitiger iterativer Rückfluss von Erfahrungen der Nutzer hilfreich bei der Spezifikation. Dazu sollten früh produktive Versionen erstellt und einem Beta-Test unterzogen werden. Bei der Wiederverwendbarmachung a posteriori ist dies zu einem gewissen Grad immer gegeben, da zunächst eine produktive Version in Form nicht systematisch wiederverwendbarer Software vorliegt, die in einem zweiten Schritt wiederverwendbar gemacht wird. Im Falle der Wiederverwendbarmachung a priori muss dieser Prozess explizit eingeführt werden.

Schließlich ist aus Sicht des Managements der Zwang zur realistischen Bestimmung des für die Wiederverwendbarmachung notwendigen Budgets ein geeignetes Mittel zur Disziplinierung bei der Spezifikation. Dieses Budget muss dann auch zur Verfügung gestellt werden, um sicherzustellen, dass die geplanten Maßnahmen realisiert werden.

*Ad 2.* Variabilität ist ein wesentliches Merkmal wiederverwendbarer Software. Wichtig ist, dass Variabilität auf geeignete Weise und in ausreichendem Umfang realisiert wird. Entscheidend ist dafür die Einhaltung des Geheimnisprinzips, das die Grundlage für die Änderbarkeit von Software generell darstellt. Dazu dienen zwei Maßnahmen auf Ebene der Architektur: die Zerlegung des Systems in durch Schnittstellen entkoppelte Komponenten und die Trennung der Zuständigkeiten in Form der Software-Kategorien. Objektorientierte Programmierung ist dafür keine Voraussetzung, kann aber hilfreich sein, wenn sie richtig eingesetzt wird.

Als hauptsächlicher Variabilitätsmechanismus sollte der Austausch von Implementierungen eingesetzt werden. Wird objektorientiert programmiert, so konkurriert damit die Spezialisierung durch Implementierungsvererbung. Sie hat jedoch den großen Nachteil, dass sie das Geheimnisprinzip verletzt und sollte daher vermieden werden. Im speziellen Fall der Software für Formattransformationen sollte Generierung als Variabilitätsmechanismus eingesetzt werden. Voraussetzung dafür ist, dass sie als stereotype R-Software implementiert wird und dass die entsprechenden Metainformationen zur Verfügung stehen.

*Ad 3.* Alle bisher erwähnten Maßnahmen sind zwar Voraussetzungen für erfolgreiche Nutzung, reichen aber für sich genommen nicht aus. In die Nutzbarkeit für Entwickler muss investiert werden. Diese Investition dient folgenden Zielen: der Verständlichkeit, der Änderungseffizienz und der Verfügbarkeit.

Im Sinne der Verständlichkeit ist eine Dokumentation zu erstellen, die zwischen Außen- und Innensicht trennt. Dafür muss ausreichend Zeit zur Verfügung stehen, die im Sinne der Qualität (d.h. Strukturiertheit) und nicht der Quantität der Dokumentation einzusetzen ist. Durch Code Reviews kann Entwicklern das Verständnis des Codes erleichtert werden, indem er vereinheitlicht und allgemein verständlich dokumentiert wird; erfolgt die Wiederverwendbarmachung a posteriori, ist in diesem Zusammenhang bei Variablen-Namen und Kommentaren vom ursprünglichen Anwendungsfall zu abstrahieren. Eine Beispielimplementierung dient ebenfalls der Verständlichkeit. Nicht zuletzt sind Investitionen in Schulungen und Support-Leistungen Mittel, das Verständnis der Nutzer zu erhöhen.

Eine wesentliche Investition in die Änderungseffizienz stellen Testfälle für Regressionstests dar, weil sie ermöglichen, schnell das korrekte Funktionieren nach dem Durchführen einer Änderung sicherzustellen. Ein häufig auftretender Nebeneffekt ist, dass auch Testfälle die Verständlichkeit erhöhen. Darüber hinaus verringern Generatoren den Aufwand bei der Anpassung, weil zu ändernder Code nicht von Hand geschrieben wird.

Der Verfügbarkeit dienen alle Maßnahmen, die das Auffinden der Software erleichtern: u.a. Publikationen über wiederverwendbare Komponenten, Einstellen in eine Bibliothek, Schulungen.

## 10.4 Ökonomische Analyse der Wiederverwendung

Da ausreichende Daten zu den ökonomischen Aspekten der Wiederverwendung in der industriellen Praxis nicht verfügbar waren, analysierten wir sie auf Basis eines umfassenden Modells, das die relevanten Größen auf Parameter abbildet. Die Nutzung wird statistisch beschrieben und mit der Monte-Carlo-Methode simuliert. Ausgangsgröße der Simulation ist die Rendite (gemessen als Internal Rate of Return *IRR*) der Investition in die Wiederverwendbarmachung der Software, deren Verteilung aufgenommen wird. Neben dem Erwartungswert der IRR werden zwei weitere wesentliche Werte berechnet: die statistische Streuung der IRR, die als Messgröße für die mit der Investition verbundene Unsicherheit dient, und die Zeit bis zum Break-Even, d.h. bis zur Amortisation der Investition durch die Einsparungen bei der Nutzung.

Um den Umfang dieses Kapitels zu begrenzen, verzichten wir darauf, die Simulationsergebnisse im Einzelnen wiederzugeben. Wir fassen jedoch kurz die Schlussfolgerungen zusammen, die sich aus der Gesamtheit der Simulationsergebnisse ableiten lassen:

- Die Investition in die Herstellung wiederverwendbarer Software lohnt sich entgegen der weitverbreiteten Überzeugung nicht immer. Je nach den Rahmenbedingungen, die sich in der Parameterkonstellation ausdrücken, ergeben sich große Unterschiede in der zu erwartenden Rendite. Die Schwankungsbreite reicht dabei von sehr hohen Gewinnen bis zu sehr hohen Verlusten. Auch die Investitionsunsicherheit schwankt sehr stark mit den Rahmenbedingungen. Pauschale Aussagen über die Rentabilität wiederverwendbarer Software allgemein sind daher nicht sinnvoll, wenn nicht gar gefährlich.
- Deshalb sollten Rendite und Unsicherheit der Investition in wiederverwendbare Software auf Basis eines detaillierten Modells genau analysiert werden, um gewinnbringende von verlustträchtigen Szenarien zu unterscheiden. Dabei ist es wichtig, die Wartung zu berücksichtigen, denn bei geringer Nutzung entsteht durch die Wartungsverpflichtung ein zusätzlicher Verlust, der sogar dazu führen kann, dass der Gesamtverlust die ursprüngliche Investition übersteigt. Eine mögliche Methode dafür ist die Anwendung des von uns entwickelten ReValue-Modells.
- Die Zeitverzögerung, mit der der Break-Even (d.h. die Amortisation der Investition zu Nominalwerten) eintritt, ist je nach Szenario und Berücksichtigung der Unsicherheit unterschiedlich: wir beobachten Erwartungswerte zwischen einem viertel Jahr (für T-Software) und einem dreiviertel Jahr (für 0-Software). Die Untergrenze eines 95-Prozent-Konfidenzintervalls liegt für diese beiden Werte bei über eineinviertel respektive eineinhalb Jahren. Der Nutzen, insbesondere die Produktivitätsverbesserung, tritt also mit erheblicher Verzögerung ein.
- Das ökonomische Potential verschiedener Software-Kategorien bezüglich der Wiederverwendbarkeit ist sehr unterschiedlich. Am besten schneidet 0-Software ab, die sehr hohe Renditen bei geringer Unsicherheit verspricht und zudem am wenigsten empfindlich auf Fehler bei der Parameterschätzung reagiert. Sehr hohe Renditen können auch mit wiederverwendbaren Komponenten der Kategorie T-Software erzielt werden, allerdings bei ebenfalls sehr hoher Investitionsunsicherheit und größerer Empfindlichkeit auf Schätzfehler in den Parametern. A-Software zeigt geringes ökonomisches Potential bei gleichzeitig hoher Unsicherheit und der im Vergleich höchsten Empfindlichkeit auf Parameterschwankungen. Von der Entwicklung wiederverwendbarer AT-Software ist auch unter ökonomischen Aspekten nachdrücklich abzuraten, da sie in der Regel sehr hohe Verluste verursacht.

## 10.5 Rahmenbedingungen und Status quo

Neben den softwaretechnischen Fallstudien und der ökonomischen Analyse haben wir eine große empirische Untersuchung zu Rahmenbedingungen und Status quo der Wiederverwendung durchgeführt. Die wesentlichen Erkenntnisse zu Rahmenbedingungen und Status quo der Wiederverwendung in der industriellen Softwareentwicklung aus allen Untersuchungen fassen wir im Folgenden kurz zusammen.

### Generelle Einschätzung des Potentials für Wiederverwendung

Die allgemein vorherrschende, nahezu uneingeschränkt positive Einschätzung der Wiederverwendung wird durch unsere Untersuchungen in Frage gestellt und weicht einer differenzierten Sichtweise. Wie im vorangegangenen Abschnitt dargelegt, ist die Entwicklung wiederverwendbarer Software entgegen weitverbreiteter Überzeugung ökonomisch nicht in allen Fällen vorteilhaft. Daneben birgt sie auch ein erhebliches softwaretechnisches Risiko bis hin zur Gefährdung des ursprünglichen Entwicklungsprojekts bei A-Priori-Wiederverwendbarmachung. Insofern kann es durchaus sinnvoll sein, auf die Wiederverwendbarmachung von Software zu verzichten, auch wenn dies zur Folge hat, dass mehrfach für ähnliche Anforderungen neu entwickelt wird.

### Hindernisse

Hauptsächliches Hindernis für Wiederverwendung ist die mangelnde Bereitschaft, Ressourcen in Form von Zeit und Personal für die Wiederverwendbarmachung bereitzustellen, d.h. in finanzieller Sicht eine Investition zu tätigen. Dies ist eine direkte Folge der Industriestruktur und nicht nur auf eine verfehlte Einschätzung durch die Verantwortlichen zurückzuführen. Zur Erläuterung stellen wir in Tabelle 10.2 die Anforderungen systematischer Wiederverwendung den strukturell bedingten Voraussetzungen für den Erfolg in der Softwareindustrie gegenüber.

**Tab. 10.2:** Anforderungen systematischer Wiederverwendung und Erfolgsvoraussetzungen in der Softwareindustrie

| **Anforderungen systematischer Wiederverwendung** | **Voraussetzungen für den Erfolg in der Softwareindustrie** |
|---|---|
| Herstellung von Wiederverwendbarkeit erfordert Zeit | Time to market ist entscheidend |
| Kontinuierliche Planung notwendig | Flexible Reaktion auf Angebote der Konkurrenz notwendig |
| Investition in Wiederverwendbarkeit in der Regel kurzfristig unprofitabel | Stetige hohe Gewinne gefordert |

Ein Mangel an Ressourcen hat den zusätzlichen negativen Effekt, dass kein Personal bereitgestellt werden kann, um Entwickler wiederverwendbarer Software zu unterstützen. Bedarf dafür besteht in der Regel bei den Maßnahmen, die der Nutzbarkeit für Entwickler dienen (z.B. Erstellung von Beispielanwendungen, Code Reviews, Dokumentation, Erstellung von Testfällen) und bei der Wartung. Diese Tätigkeiten werden häufig als abschreckend empfunden. Eine Unterstützung ist insofern besonders wichtig, damit der abschreckende Effekt vermieden wird, zumal für die Lösung der schwierigen softwaretechnischen Probleme bei der Entwicklung wiederverwendbarer Software gezielt die besten Entwickler eingesetzt werden sollten, ohne dass sich diese jedoch automatisch – und womöglich gegen ihren Willen – längerfristig für Wartungsaufgaben verpflichten müssen.

Bereitstellung von Ressourcen ist lediglich eine notwendige, nicht aber eine hinreichende Bedingung für den Erfolg. Zentrale Bedeutung hat die Architektur und hier insbesondere die Trennung der Zuständigkeiten. Während Kriterien dafür angegeben werden können, was eine gute Architektur im Allgemeinen auszeichnet (beispielsweise die Verwirklichung der Trennung der Zuständigkeiten), ist es nur in begrenztem Maß möglich, die Methode zu formulieren, die dorthin führt, ähnlich wie der Weg zu einem eleganten mathematischen Beweis nicht formalisierbar ist. Menschliche Kreativität und Erfahrung sind in beiden Fällen nicht zu ersetzen. Insofern ist die Verpflichtung eines guten Chefdesigners indirekt ein entscheidender Einflussfaktor für die Qualität der Architektur.

## Unterschiede nach Software-Kategorien

Die nach Software-Kategorien getrennte Untersuchung der Erfolgsaussichten für Wiederverwendung in softwaretechnischer und ökonomischer Hinsicht hat große Unterschiede zutage gefördert:

- *0-Software* hat sowohl technisch als auch ökonomisch das höchste Erfolgspotential. Allerdings ist davon auszugehen, dass der Bedarf teilweise bereits durch verfügbare Bibliotheken wie JDK für Java oder STL für C/C++ abgedeckt ist. Zudem ist der Anteil an 0-Software an der gesamten Softwareentwicklung nicht beliebig erweiterbar. Es ist aber davon auszugehen, dass die Möglichkeiten zur Maximierung dieses Anteils durch konsequente Trennung der Zuständigkeiten bei weitem noch nicht ausgeschöpft sind.
- *T-Software* hat ökonomisch großes Renditepotential, gleichzeitig ist jedoch die Investitionsunsicherheit hoch, so dass diese Kategorie insgesamt etwas schlechter dasteht als 0-Software. Die gute Standardisierbarkeit ist ein softwaretechnischer Vorteil bei der Wiederverwendbarmachung.
- *A-Software* schließlich fällt ökonomisch stark ab; auch softwaretechnisch ist die Wiederverwendbarmachung durch die mangelnde Standardisierbarkeit deutlich erschwert. Die hohen Erwartungen an wiederverwendbare Anwendungskomponenten erscheinen vor diesem Hintergrund ungerechtfertigt.

## Nachteile

Die Entwicklung systematisch wiederverwendbarer Software birgt eine Reihe von Nachteilen, die in der Literatur bisher fast vollständig ignoriert wurden. Die wichtigsten sind:

- Die Entwicklung systematisch wiederverwendbarer Software ist schwieriger als die Entwicklung vergleichbarer nicht systematisch wiederverwendbarer Software. Daher muss die Durchführbarkeit eines geplanten Projekts zur Wiederverwendbarmachung sorgfältig geprüft werden, um das Risiko des Scheiterns zu minimieren. Bei A-Priori-

Wiederverwendbarmachung fällt dieses Projekt mit dem ursprünglichen Entwicklungsprojekt zusammen. Insofern ist besondere Vorsicht geboten, zumal die Gefahr des Over-Engineerings in diesem Fall groß ist.

- Durch die Entwicklung systematisch wiederverwendbarer Software wird zunächst die Geschwindigkeit der Entwicklung verringert; die time to market verzögert sich, was – speziell, aber nicht nur im Falle von Produktfirmen – ein gewichtiges Gegenargument sein kann.
- Investitionen in die Entwicklung systematisch wiederverwendbarer Software sind mit – teilweise sehr hoher – Unsicherheit behaftet, was sie angesichts der hohen Gewinnerwartungen von Seiten des Kapitalmarkts unattraktiv erscheinen lässt, zumal die unvermeidliche operative Unsicherheit (z.B. durch Fehleinschätzungen des Marktes oder Stornierungen von Kundenaufträgen) erheblich ist.

## 10.6 Softwaretechnische Kriterien für die Bewertung von Projektvorhaben

Bei der Bewertung eines Projektvorhabens muss zunächst untersucht werden, ob das Projektvorhaben aus softwaretechnischer Sicht durchführbar ist. Dabei geht es vor allem darum, Vorhaben auszusondern, bei denen das Risiko des Scheiterns zu groß ist. Wir geben allgemeine Kriterien hierfür an und gehen anschließend auf besondere Kriterien für den Fall der A-Priori-Wiederverwendbarkeit ein.

Die ebenfalls notwendige ökonomische Bewertung orientiert sich an den in Abschnitt 10.4 zusammengefassten Erkenntnissen. Der an einer detaillierten Behandlung interessierte Leser wird auf [Stü02] verwiesen.

### Allgemeine Kriterien

Die allgemeinen Kriterien beziehen sich auf drei Bereiche: Spezifikation, Architektur und Projektmanagement:

- *Spezifikation*
  Bei der Entwicklung wiederverwendbarer Software ist es besonders schwierig, die spezifizierten Anforderungen klar zu begrenzen, da Variabilität diesem Ziel grundsätzlich entgegensteht, indem sie eine Erweiterung des Spezifikationsumfangs bedeutet. Insofern ist die Versuchung besonders groß, auf eine Begrenzung zu verzichten. Die Begrenzung ist jedoch unabdingbar und daher sicherzustellen. Dies ist umso schwieriger, je geringer die Bereitschaft dazu ist, eine Standardisierung der Anforderungen zu akzeptieren. Diese Bereitschaft ist bei fachlichen Funktionen am geringsten, so dass die Begrenzung umso leichter wird, je weniger die Anforderungen die fachlichen Funktionen betreffen. Unter diesem Aspekt eignet sich daher A-Software tendenziell am wenigsten gut zur Wiederverwendbarmachung. Bei T-Software hingegen ist die grundsätzliche Bereitschaft zur Standardisierung deutlich höher, da viele Standards bereits bestehen – seien sie De-Facto-Standards oder von Gremien beschlossen (z.B. für verteilte Verarbeitung DCOM von Microsoft respektive CORBA).

- *Architektur*
  Die Architektur muss sich zur Wiederverwendbarmachung eignen. Dieses Kriterium hat große Bedeutung für a posteriori wiederverwendbare Software, da bestehende Architekturen nicht wesentlich geändert werden können. Geprüft werden muss hier, ob die notwendige Variabilität im Rahmen der bestehenden Architektur realisiert werden kann; eine Zerlegung in entkoppelte Komponenten hat hierfür große Bedeutung (auf die Variabilitätsmechanismen im Einzelnen gehen wir in Abschnitt 10.8 ein). Bei a priori wiederverwendbarer Software bezieht sich das Kriterium auf die geplante Architektur. Der Unterschied ist, dass in diesem Fall in der Regel Änderungen zu vertretbaren Kosten möglich sind, da die Entwicklung in einem frühen Stadium ist. Darüber hinaus wird die Nutzbarkeit für Entwickler zu einem gewissen Grad ebenfalls durch die Architektur bestimmt, was eine zusätzliche Prüfung erfordert: nur bei ausreichender Einfachheit und Klarheit ist sichergestellt, dass die Architektur für nutzende Entwickler verständlich ist.
- *Projektmanagement*
  Das erste Kriterium hinsichtlich des Projektmanagements ist trivial, aber schwer einzuhalten: Es muss erreicht werden, dass ein ausreichendes Budget zur Verfügung steht, was wegen der geringen Bereitschaft zur Investition äußerst schwierig sein kann und voraussetzt, dass vorher eine Projektkalkulation durchgeführt wird, was nicht immer der Fall ist. Außerdem ist die Projektgröße kritisch zu bewerten: Die Schwierigkeit und damit die Gefahr des Scheiterns steigt generell mit dem Umfang des Projekts. Schließlich ist zu überprüfen, ob die Maßnahmen getroffen wurden, die für Projekte unter erschwerten Bedingungen – darum handelt es sich bei Projekten zur Entwicklung wiederverwendbarer Software – notwendig sind: Dazu gehören u.a. die Auswahl eines Projektleiters und eines Teams mit ausreichender Erfahrung sowie besondere Rigorosität beim Projektcontrolling.

## Besondere Kriterien bei A-Priori-Wiederverwendbarkeit

Im Falle der A-Priori-Wiederverwendbarkeit ergeben sich Besonderheiten in allen drei Bereichen:

- *Spezifikation und Architektur*
  Die Gefahr des Over-Engineerings ist bei a priori wiederverwendbarer Software besonders groß, weil die Anforderungen nicht dadurch eingeschränkt sind, dass die Spezifikation ursprünglich auf einen konkreten Fall bezogen war. Insofern ist es besonders wichtig, dass die Spezifikation auf den Anforderungsumfang überprüft wird.
- *Projektmanagement*
  Es muss dafür gesorgt werden, dass das ursprüngliche Entwicklungsprojekt nicht in Mitleidenschaft gezogen wird. Dies ist beispielsweise der Fall, wenn es durch den zusätzlichen Zeitaufwand für die Wiederverwendbarmachung unzulässig verzögert wird.

## 10.7 Wiederverwendbarmachung: Anforderungen, Kosten und Maßnahmen

### Das Wiederverwendbarkeitskontinuum

Die Merkmale der Wiederverwendbarkeit können von Komponente zu Komponente jeweils unterschiedlich ausgeprägt sein. Wenn wir sie uns zu den zwei übergeordneten Merkmalen Variabilität und Nutzbarkeit für Entwickler zusammengefasst denken, können wir uns ein Kontinuum mit diesen zwei Dimensionen vorstellen, in dem jede Komponente einen Ort einnimmt, der dem Maß entspricht, in dem diese beiden Merkmale ausgeprägt sind. Je stärker die Variabilität einer Komponente ausgeprägt ist, desto weiter rechts befindet sie sich im Koordinatensystem; analog dazu bedeutet höhere Nutzbarkeit für Entwickler eine Position weiter oben. Anhand dieses Wiederverwendbarkeitskontinuums wollen wir Anforderungen und Kosten der Wiederverwendbarmachung diskutieren.

Wir betrachten nun, wie sich Maßnahmen zur Steigerung der Wiederverwendbarkeit auf die Kosten der Entwicklung wiederverwendbarer Komponenten auswirken und welches Ausmaß an Expertise im Software-Entwurf notwendig ist. Dabei stellen wir fest, dass sich die beiden Dimensionen wesentlich im Ausmaß unterscheiden, in dem die Kosten aufgrund der Maßnahmen ansteigen, was durch die unterschiedlichen Pfeile in Abbildung 10.9 illustriert ist: während die Maßnahmen zur Steigerung der Variabilität einen geringen Kostenanstieg verursachen, ist der Kostenanstieg durch Maßnahmen zur Steigerung der Nutzbarkeit für Entwickler groß. Dasselbe gilt mit vertauschten Dimensionen für die geforderte Software-Entwurfs-Expertise, wie in Abbildung 10.10 gezeigt.

Die Begründung für den Unterschied im Kostenanstieg ist wie folgt: Variabilität wird zunächst durch eine geeignete Architektur erreicht, die durch Zerlegung in entkoppelte Komponenten und Trennung der Zuständigkeiten das Geheimnisprinzip verwirklicht. Nebenbei wird so der Austausch von Schnittstellenimplementierungen ermöglicht, der einen wichtigen Variabilitätsmechanismus darstellt. Dafür fällt grundsätzlich kein höherer Aufwand an als für eine Architektur, die diese Kriterien nicht erfüllt, sondern

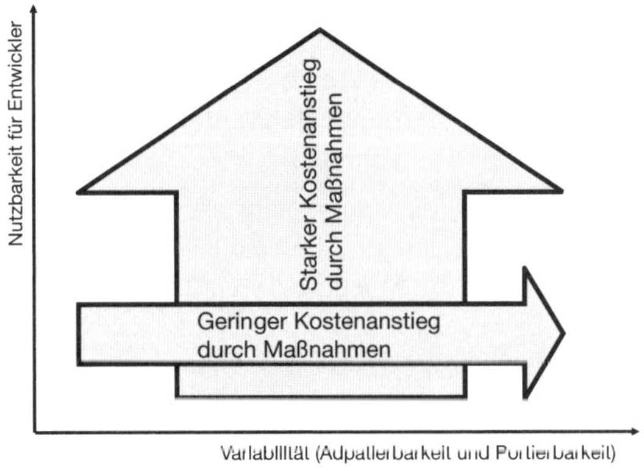


**Abb. 10.9:** Kostenanstieg durch Maßnahmen

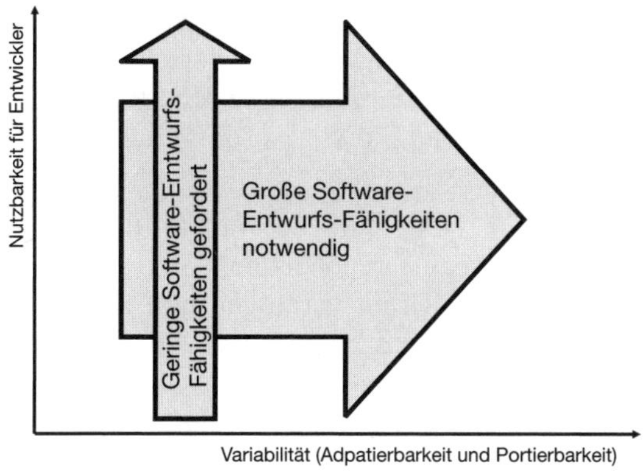


**Abb. 10.10:** Geforderte Fähigkeiten im Software-Entwurf

es wird lediglich anders vorgegangen. Das dadurch – ohne Mehrkosten – erreichbare Maß an Variabilität bezeichnen wir als *inhärente Variabilität der Architektur.* Darüber hinaus wird Variabilität durch den Einsatz weiterer Variabilitätsmechanismen (u.a. Parametrierung, Vererbung, Generierung) erreicht, die in der Regel geringe Zusatzkosten verursachen. Eine Erhöhung der Nutzbarkeit für Entwickler hingegen erfordert substantiellen zusätzlichen Aufwand, sei es für zusätzliche Dokumentation (z.B. ein Tutorial), Bereitstellung von Beispielanwendungen oder Unterstützung der nutzenden Entwickler, beispielsweise durch eine Hotline. Die durch eine Investition konstanter Höhe erreichbare Wiederverwendbarkeit in Form unterschiedlicher Kombinationen von Variabilität und Nutzbarkeit für Entwickler ist in Abbildung 10.11 dargestellt. Die Kurve hat folgende charakteristische Merkmale:

- Die mit derselben Investition erreichbare Steigerung der Variabilität ist deutlich größer als die der Nutzbarkeit für Entwickler, so dass der Schnittpunkt der Kurve mit der

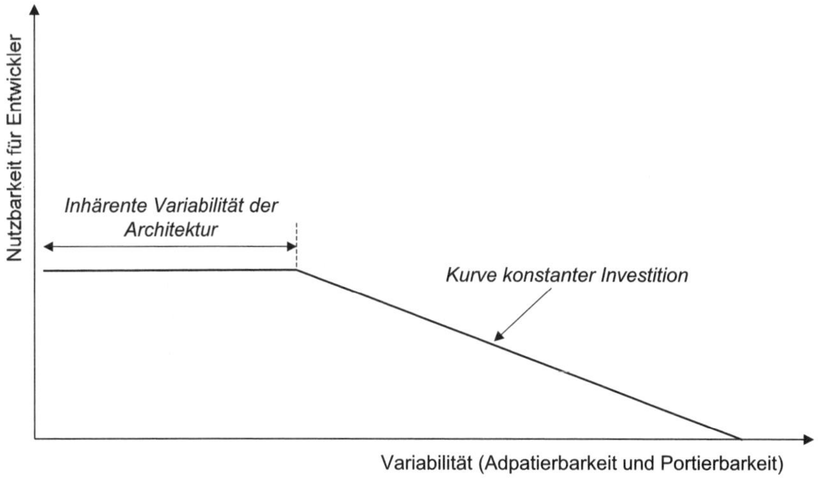


**Abb. 10.11:** Investition und Wiederverwendbarkeit

x-Achse (Variabilität) deutlich weiter außen liegt als der mit der y-Achse (Nutzbarkeit für Entwickler) – vergleichbare Maßstäbe vorausgesetzt.

- Die Steigerung der Variabilität aufgrund der realisierten inhärenten Variabilität der Architektur verursacht keine Mehrkosten, so dass die Investitionskurve in diesem Bereich flach verläuft.

Wenn der Kostenanstieg für eine Steigerung der Variabilität auch gering ist, ist es trotzdem keinesfalls einfach, sie zu realisieren. Vielmehr sind hierfür große Fähigkeiten im Software-Entwurf notwendig, die Urteilsvermögen und Kreativität einschließen. Der dafür entscheidende Erfolgsfaktor sind kompetente und erfahrene Software-Architekten. Die Hauptschwierigkeit liegt darin, dass solche Software-Architekten knapp und überdies äußerst gefragt sind. Die Steigerung der Nutzbarkeit für Entwickler verlangt hingegen lediglich ein Verständnis des Entwurfs, aber keine aktive Eigenleistung, so dass die entsprechenden Maßnahmen von Entwicklern mit durchschnittlicher Qualifikation durchgeführt werden können.

## Maßnahmen zur Wiederverwendbarmachung

Eine Zusammenstellung wesentlicher Maßnahmen, die mit dem Ziel der Nutzbarkeit für Entwickler ergriffen werden, ist in Tabelle 10.3 zu sehen. Einige der Maßnahmen haben neben dem hauptsächlichen Effekt einen Nebeneffekt. Beispielsweise dient die Bereitstellung von automatisierten Testfällen dazu, Änderungen effizient durchzuführen, indem der Testaufwand verringert wird. Daneben bewirkt sie aber in der Regel auch ein verbessertes Verständnis der jeweiligen wiederverwendbaren Komponente.

Auf die letzte der in Tabelle 10.3 angegebenen Maßnahmen wollen wir näher eingehen: Bereitstellung alternativer Implementierungen. Variabilität bedeutet die Bereitstellung einer Möglichkeit der Anpassung. Die Implementierung dieser Anpassung obliegt üblicherweise dem nutzenden Entwickler. Es besteht jedoch die Möglichkeit, von vornherein alternative Implementierungen für verschiedene, häufig auftretende Variationen der Anforderungen bereitzustellen, z.B. indem Treiber für unterschiedliche Systemumgebungen entwickelt werden. Dies bedeutet eine zusätzliche Investition, die nicht der Variabilität an sich, sondern der Erleichterung von Anpassungen dient, also der Änderungseffizienz und damit der Nutzbarkeit für Entwickler. Die damit verbundenen Kosten sind in der Regel erheblich. Zur Illustration wählen wir das Beispiel der Entkopplung einer Anwendung von der verwendeten Datenbank, z.B. durch Verwendung einer Datenbankzugriffsschicht: Dadurch wird Variabilität im Sinne von Portierbarkeit bereitgestellt, d.h. es wird ermöglicht, die Anwendung an eine andere Datenbank anzupassen. Werden darüber hinaus Adapter für verschiedene Datenbanken implementiert und bereitgestellt, entspricht das alternativen Realisierungen. Da die dafür anfallenden Kosten besonders hoch sind und dementsprechend hohe Nutzungsraten erfordern, um die Wirtschaftlichkeit sicherzustellen, ist ihr Einsatzgebiet stark beschränkt: Nach Erfahrung des Autors ist Potential dafür nur in seltenen Fällen (in der Regel bei großen Produktunternehmen) zu erwarten.

**Tab. 10.3:** Maßnahmen mit dem Ziel der Nutzbarkeit für Entwickler – Effekte im Detail

| Maßnahme | Verfügbarkeit | Verständlichkeit | Änderungs-effizienz |
|---|---|---|---|
| Einstellen in Bibliothek | ** | | |
| Publizität herstellen (Veröffentlichungen, Informations-veranstaltungen) | ** | * | |
| Erstellen von Dokumentation | | ** | |
| Erstellen von Beispielen | | ** | |
| Unterstützung (Hotline) | * | ** | |
| Schulungen | * | ** | |
| Bereitstellung von Testfällen | | * | ** |
| Bereitstellung von Generatoren | | | ** |
| Zentrale Wartung | | | ** |
| Bereitstellung alternativer Implementierungen | | | ** |

** hauptsächlicher Effekt, * Nebeneffekt

Auf die Maßnahmen, die mit dem Ziel der Variabilität ergriffen werden, gehen wir im folgenden Abschnitt ein.

## 10.8 Softwaretechnische Leitlinien

In diesem Abschnitt behandeln wir das zentrale Problem des Vorgehens beim Entwurf wiederverwendbarer Software. Dies umfasst zunächst die Frage nach der technisch und ökonomisch sinnvollen Realisierung von Variabilität, auf die wir im ersten Abschnitt eingehen. Im zweiten Abschnitt behandeln wir das Vorgehen bei der Zerlegung in Komponenten.

### Kontrollierte Variabilität

Die Realisierung von Variabilität setzt zunächst bei der Spezifikation an. Bezogen darauf bedeutet Variabilität, dass es möglich ist, eine entwickelte Komponente an bestimmte Variationen in den Anforderungen anzupassen. Je höher die Variabilität, desto größer ist die Wiederverwendbarkeit der Komponente.

Trotzdem ist das Ziel nicht die Maximierung der Variabilität, denn dem zusätzlichen Nutzen durch eine Erhöhung der Variabilität sind die softwaretechnischen und softwareökonomischen Nachteile gegenüberzustellen. Ziel ist vielmehr, das aufgrund der Abwägung von Vor- und Nachteilen optimale Maß an Variabilität zu erreichen, das wir *kontrollierte Variabilität* nennen.

Zwei Ziele sind bei der Realisierung der Variabilität wichtig: Änderungseffizienz und Verständlichkeit. Sie gehen Hand in Hand, denn ein leicht verständlicher Variabilitätsmechanismus erzeugt bei der Änderung geringen Aufwand. Zu beachten ist darüber hinaus, dass die Aufgabe aufgrund mangelnder Verständlichkeit nicht mehr beherrschbar sein kann. Die Untersuchungen in Abschnitt 10.3 ergeben, dass eine Zerlegung des Systems in durch Schnittstellen entkoppelte Komponenten für die Variabilität eines Softwaresystems zentral ist. Auch die Art der Komponentenzerlegung spielt für die Variabilität eine wichtige Rolle. Es zeigt sich, dass die Anwendung der Software-Kategorien eine praktikable Methode dafür ist, die Trennung der Zuständigkeiten sicherzustellen.

Der wichtigste Variabilitätsmechanismus ist der Austausch von Komponenten, die bestimmte Schnittstellen implementieren. Wie die empirischen Untersuchungen zeigen, ist die Verhaltensvererbung durch Schnittstellen der häufig empfohlenen Implementierungsvererbung deutlich überlegen und sollte daher vorgezogen werden. Eine wichtige Bestimmungsgröße für die Variabilität ist dabei die Anzahl der Parameter in der Signatur der Schnittstelle: Zusätzliche Parameter bedeuten eine Erhöhung der Variabilität, sollten aber mit Bedacht eingeführt werden (s.o.).

Wird die Trennung der Zuständigkeiten nach Software-Kategorien durchgeführt, so kommt als weiterer Variabiliätsmechanismus die Generierung zum Tragen: Komponenten, die stereotype Transformationen zwischen verschiedenen Software-Kategorien durchführen, können mit Hilfe von Metainformation generiert werden. Eine Änderung muss dann nur für die Metainformation, nicht aber für den Generator durchgeführt werden; der geänderte Code wird generiert, was die Effizienz wesentlich erhöht.

## Zerlegung in Komponenten

Eine Formalisierung des Vorgehens bei der Zerlegung in Komponenten können wir nicht leisten. Wir geben jedoch Ziele und heuristische Verfahren an, mit deren Hilfe beim Entwurf wiederverwendbarer Software eine gute Lösung erreicht werden kann.

Das in Abschnitt 10.3 beschriebene Erfolgsbeispiel zeigt, dass ein für die Zerlegung nutzbarer Begriff der Komponente an einer Ebene gröberer Granularität als der gebräuchlichen des einzelnen Objekts ansetzen muss. Die Komponenten der Zerlegung entsprechen einer mittleren Granularität, wobei die obere Grenze durch Systeme oder Teilsysteme markiert wird (für eine exakte Definition siehe [Stü02]). Zwei Ziele sind dabei wesentlich: Stabilität der Schnittstellen und Trennung der Zuständigkeiten.

Soll Variabilität durch Austausch von Schnittstellenimplementierungen erreicht werden, dürfen sich die Schnittstellen selbst nicht ändern. Daher ist es wichtig, die geforderte Variabilität genau im Sinne *kontrollierter Variabilität* zu spezifizieren. Dabei sollte ein iteratives Vorgehen gewählt werden, da nicht erwartet werden kann, dass sich bereits der erste Entwurf als stabil erweist.

Die Trennung der Zuständigkeiten kann durch die für die Software-Kategorien formulierten Regeln (vgl. Kapitel 6) erreicht werden. Sie stellen lediglich eine heuristische Annäherung an das im Einzelfall erzielbare Optimum dar. Im Falle betrieblicher Informationssysteme sind die damit erzielten Ergebnisse jedoch bereits sehr gut.

# 11 Software-Entwicklungsumgebungen

*von Olaf Deterding-Meyer*

> **Ohne Werkzeuge kann kein Softwaresystem entwickelt werden – wie nutzen wir welche Werkzeuge optimal?**

*A fool with a tool is still a fool*

In Projekten erleben wir immer wieder, dass der Aufbau der Entwicklungsumgebung mit der Auswahl einer integrierten Entwicklungsumgebung gleichgesetzt wird. Eine echte Software-Entwicklungsumgebung (SEU) ist aber weit mehr als nur eine IDE (Integrated Development Environment) wie z.B. Visual Studio, Visual Age oder JBuilder. Sie besteht aus vielen einzelnen Werkzeugen, die zusammen den Entwicklern helfen, das System schnell und mit bestmöglicher Qualität zu erstellen.

Wir stellen die wichtigsten Werkzeugarten vor und zeigen, welche Bausteine zu einer SEU gehören und wie man aus all diesen einzelnen Elementen eine gut funktionierende SEU erstellt.

## 11.1 Welche Werkzeuge gibt es?

Ein Werkzeug, egal ob groß oder klein, sollte nur eingesetzt werden, wenn es die Entwicklung des zu erstellenden Software-Systems schneller macht oder das Ergebnis qualitativ verbessert – gerne natürlich auch beides.

Beim Aufbau einer SEU prüfen wir daher für jedes einzelne Werkzeug, ob es diesem (zugegebenermaßen einfachen) Anspruch genügt. Ist das nicht der Fall, empfehlen wir sehr, das entsprechende Werkzeug aus der SEU zu entfernen bzw. es im Nutzungskonzept der SEU als „nicht zu verwenden“ zu deklarieren. Nur wer sich auf die wirklich benötigten Werkzeuge beschränkt, hat eine Chance, die verbliebenen Werkzeuge nutzbringend einzusetzen.

Der Einsatz kleiner Werkzeuge, die dem Entwickler stupide, häufig wiederkehrende und fehleranfällige Aufgaben abnehmen, ist grundsätzlich eine gute Idee. Wir empfehlen, sich für jede solche Tätigkeit nach einem Werkzeug umzuschauen oder es ggf. selbst zu schreiben. In den seltensten Fällen ist man der erste Entwickler auf dieser Welt, der eine entsprechende Aufgabe zu erledigen hat. In Zeiten von Internet und OpenSource stehen die Chancen gut, dass man mit Hilfe einer kurzen Recherche ein solches Werkzeug findet – oder zumindest ein ähnliches Programm, das man sich dann mit wenig Aufwand so umbaut, dass es seinen Zweck erfüllt.

Wir konzentrieren uns im Folgenden vor allem auf die Werkzeuge, die in jedem Projekt genutzt werden sollten. Manche von ihnen sind derart alltäglich, dass wir sie erst auf den zweiten Blick wahrnehmen; aber gerade diese Werkzeuge sind eine nähere Betrachtung wert. Es besteht die Gefahr, die Katze im Sack zu kaufen und sich über Alternativen gar keine Gedanken mehr zu machen.

## Entwicklungszentrale

Im Zentrum einer SEU steht entweder eine IDE oder eine einfache make-Umgebung. Diese Entwicklungszentrale verbindet die einzelnen Werkzeuge der SEU so miteinander, dass alle wiederkehrenden und/oder aufeinander aufbauenden Entwicklungsschritte automatisch ablaufen.

Der Entwickler kümmert sich nur noch um Architektur, Entwurf und Realisierung. Alles andere (Projektverwaltung, Kompilieren/Linken/Ausführen, Paketbildung oder Verteilung fertiger Komponenten) erledigt die SEU. Sie analysiert und prüft dazu Abhängigkeiten, generiert die benötigten Zwischen- und Endergebnisse und sorgt für deren Übergabe zwischen den einzelnen Werkzeugen – alles automatisiert und transparent für uns Entwickler, d.h. wir sehen nur Ergebnisse und ggf. Fehlermeldungen der einzelnen Werkzeuge.

### *Einfache make-Umgebungen*

Eine make-Umgebung verwaltet die Abhängigkeiten zwischen Dateien innerhalb der Entwicklung und vereint alle Entwicklungsschritte in Form von Skripten unter einem Dach: Kompilieren, Testen, Versionsverwaltung etc.

Spätestens durch Java ist diese Alternative wieder stark in Mode gekommen, bietet sie doch passend zur Programmiersprache eine weitreichende Plattformunabhängigkeit. Neben dem Klassiker *make* ist hier vor allem das OpenSource-Werkzeug *ant* des Jakarta-Projekts sehr verbreitet.

Ant verwendet XML-Dateien (sogenannte ant-Skripte), ist auf die Java-Entwicklung spezialisiert (integriert z.B. *javac*, *jar* und *javadoc*) und bietet Basisdienste des Betriebssystems (Dateigruppen, Verzeichnisdienste etc.) in einer vollständig plattformunabhängigen Form. Zusätzlich sorgt eine funktionierende Entwicklergemeinde dafür, dass weitere Aufgaben wie die Anbindung an KM-Systeme oder das Deployment auf lokale und entfernte Server vermehrt auf Basis von ant-Skripten abgewickelt werden können. Zudem integrieren inzwischen viele IDEs *ant* oder *make* als Alternative zum eigenen Build-Management. Das ermöglicht den späteren Wechsel zu einer IDE, ohne die bis dahin entwickelten Automatismen zu verlieren.

Make-Umgebungen sind sehr einfach, lassen sich gut von Projekt zu Projekt weiter tragen und können so gut wie alle Werkzeuge in geeigneter Weise miteinander verbinden – sie bringen selbst nur leider nicht mehr als die reine Projektverwaltung in die SEU ein.

### *Graphische IDEs*

Der Vorteil der IDEs gegenüber make-Umgebungen liegt neben der übersichtlicheren graphischen Oberfläche vor allem in der Menge der enthaltenen Entwicklungswerkzeuge. Auch für IDEs ist die Projektverwaltung eine zentrale Aufgabe, noch wichtiger und für die Auswahl einer IDE entscheidend sind aber Menge und Qualität der mitgelieferten Werkzeuge und Werkzeug-Schnittstellen.

Fast jede IDE enthält Editor, Compiler, Linker und Debugger sowie Schnittstellen zu KM-Systemen. Hinzu kommen häufig Assistenten wie GUI-Builder, Wizards für Datenbank- und Server-Komponenten oder sogar vollständig integrierte Werkzeuge für UML-Design, Test oder Qualitätssicherung.

Sehr umfangreiche IDEs erinnern stark an die geschlossenen CASE-Tools der 80er Jahre, und genau dort liegt meist auch der Haken: Einer IDE einen projektspezifischen Entwicklungsschritt, z.B. das Generieren von Code-Fragmenten per Preprozessor, beizubringen, ist in den meisten Fällen aufwendig, oftmals sogar völlig unmöglich, ohne auf elementare Dienste der IDE zu verzichten.

Eine IDE als Schaltzentrale ist also nur dann sinnvoll, wenn sie viele der im Projekt benötigten Werkzeuge und Werkzeug-Schnittstellen von Haus aus mitbringt und den restlichen Aufgaben der SEU mit Offenheit entgegen tritt. Das Hauptaugenmerk sollte hier auf Anbindungen an Server- und KM-Systeme liegen. Wenn in der Entwicklung Generatoren eingesetzt werden, ist deren Integration in den internen Build-Prozess der IDE ebenso wichtig.

*Eclipse – everything is a plug-in*

Ein gutes Beispiel für eine gute, offene IDE ist *Eclipse*. Eclipse [ECL01] ist keine klassische IDE, die nur der Entwicklung mit einer Programmiersprache dient, sondern ein *„Integrated Development Environment“* in Reinkultur. Eclipse bietet eine offene Basis für Entwicklungswerkzeuge aller Art, die zusammen mit den wichtigsten Java-Werkzeugen als OpenSource verfügbar ist und auf vielen Plattformen läuft. Sie zeichnet sich durch folgende Merkmale aus:

- Durchdachte integrierte Werkzeuge, z.B.
  - umfangreiche Refactorings
  - Debugger (lokal und remote, hot fix)
  - Execute Command
- Vorgefertigte Integrationen für externe Werkzeuge, z.B.
  - ant
  - cvs
  - ClearCase
- Erweiterbarkeit, z.B.
  - plug-ins für Java, C++, C# und andere Programmiersprachen
  - konfigurierbares Tools-Menü
  - Plattform-/Modul-Konzept
  - Plug-in-Entwicklungswerkzeuge (PDE)

Eclipse wird inzwischen auch als plattformunabhängige Basis für kommerzielle Produkte eingesetzt, u.a. bei IBMs Java-IDE (WebSphere Studio Application Developer; WSAD) und Rationals GUI-Testtool (RobotJ).

Haben wir wenig Nutzen von den vielen Werkzeugen einer IDE oder verbaut uns eine geschlossene IDE die Integration wichtiger Entwicklungsschritte, entscheiden wir uns lieber für eine make-Umgebung.

Aber auch eine Kombination aus *make* bzw. *ant* und einer offenen IDE kann sinnvoll sein, wenn letztere die make-Umgebung anstatt eingebauter Funktionen zu nutzen weiß. Die Kombination erlaubt z.B. den Einsatz verschiedener IDEs im selben Projekt, um persönliche Vorlieben bzgl. einer IDE zu berücksichtigen oder unterschiedliche Entwickler-Gruppen jeweils eine passende IDE nutzen zu lassen (z.B. Together für

UML-Designer, IntelliJ IDEA für Server-Entwickler und JBuilder für Client-Entwickler).

## Basiswerkzeuge

Die klassischen Basiswerkzeuge sind Editor, Compiler, Linker und Debugger. In der Regel sind diese Werkzeuge in einer IDE verpackt – umso wichtiger ist die Offenheit der IDE, denn für viele Werkzeuge gibt es interessante Alternativen, welche die Entwicklung beschleunigen und die Qualität der Ergebnisse erhöhen können.

Im breiten Markt der Java-IDEs gibt es z.B. mindestens zehn Produkte mit einem signifikanten Marktanteil. Allerdings stellt IntelliJ IDEA zur Zeit jeden integrierten IDE-Editor bezüglich Funktionsumfang in den Schatten – vor allem beim Refactoring (siehe Kasten „Refactoring") und bei der Generierung von Code-Fragmenten (try-catch-Blöcke etc.). Setzt man aus guten Gründen eine andere IDE ein, kann es trotzdem empfehlenswert sein, an Stelle des eingebauten Editors ein leistungsfähigeres Werkzeug wie IDEA zu nutzen.

Man muss auch nicht unbedingt den Standard-Compiler der IDE nutzen. Alternativen wie *jikes* als Java-Compiler oder *gcc* als C/C++-Compiler machen oft mehr Sinn, weil sie schnellere und kompaktere Programme in kürzerer Zeit erstellen. Debugger gibt es ebenso als eigenständige Werkzeuge; im Gegensatz zum Editor ist hier aber die IDE-interne Variante oft die bessere Alternative.

*Refactoring – Crossing the Rubicon*

eXtreme Programming oder kurz XP [Bec00] ist seit geraumer Zeit in aller Munde, doch nur wenige Elemente von XP haben sich auch dort durchgesetzt, wo klassisches Vorgehen die Softwareentwicklung prägt. Zu diesen XP-Elementen gehört neben Unit-Testing das *Refactoring*. Hierunter verstehen wir die laufende Überarbeitung der in Entwicklung befindlichen Quelltexte mit dem Ziel, die Codequalität und den Entwurf der Software ständig zu verbessern. Generell sind Refactorings manuell durchführbar; Unterstützung durch Werkzeuge macht derartige Modifikationen aber erst sicher und schnell.

Zu den am häufigsten angewandten Refactorings gehören die Umbenennung und das Verschieben von Codeelementen inklusive der Anpassung aller Verwendungsstellen. Sie erlauben uns, aggressiv zu programmieren – wir schreiben und testen ein Stück Code und korrigieren es später so, dass sprechende Bezeichner verwendet werden und der Code an der richtigen Stelle einer Modulstruktur oder Klassenhierarchie steht. Es gibt aber auch komplizierte Refactorings wie das Extrahieren von Methoden oder die Umwandlung von Ausdrücken oder Konstanten zu lokalen Variablen. Solche Refactorings haben extremen Nutzen, da sie Modifikationen erlauben, die sonst viel Zeit kosten.

Martin Fowler beschreibt in seinem Artikel „Crossing Refactoring's Rubicon" [Fow01] den Durchbruch des Refactoring für Java. *Rubicon* heisst der Fluss, den Julius Cäsar 49 v. Chr. überschritt mit den berühmten Worten „alea jacta est" – er hatte damit den entscheidenden Schritt zum Krieg gegen den römischen

Senat getan, nun gab es kein Zurück mehr. Fowler überträgt dieses Bild in die Welt des Refactoring und symbolisiert damit den entscheidenden Schritt, der Refactoring in der Java-Welt unwiderruflich etablierte:

Im Januar 2001 schafften es kurz nacheinander X-ref für Emacs, Instantiations jFactor und IntelliJ IDEA, erstmals das wichtigste Refactoring umzusetzen: Extract Method. Sie entschieden damit, dass Refactoring aus der Java-Welt nicht mehr wegzudenken ist. Immer mehr IDEs beginnen, sich mit Refactoring zu beschäftigen, und wer diese Entwicklung nicht mitmacht, setzt seinen kommerziellen Erfolg aufs Spiel.

## Testwerkzeuge

Aus Sicht der SEU unterscheiden wir zwei Arten von Testumgebungen:

- Testumgebung in der Entwicklung
  - regressionsfähiger Modultest
  - statische Codeanalyse
- Testumgebung in der Integration
  - regressionsfähiger Modulgruppen- und Systemtest
  - dynamische Codeanalyse incl. Codeüberdeckung
  - dynamische Stabilitäts-, Laufzeit- und Lastanalyse
  - statischer und dynamischer Test von Benutzeroberflächen

Die Werkzeuge zum Testen während der Entwicklung braucht jeder Entwickler bei sich auf seiner Entwicklungsplattform. Bei Testwerkzeugen für die Integrationsphase hingegen reicht oft eine Installation aus, diese muss jedoch auf der späteren Produktionsplattform laufen.

Im Bereich der Testwerkzeuge für die Entwicklung haben sich in letzter Zeit sehr stark Unit-Testtools verbreitet. Sie sind inzwischen in vielen IDEs integriert, d.h. Testtreiber können generiert und Testsuiten ausgeführt werden. Ähnliches gilt für Werkzeuge zur statischen Code-Analyse (z.B. Metriken). Sie helfen uns, klassische Programmiersünden aufzudecken (fehlerhafte Abbruchbedingungen von Schleifen, versteckte Schleifen bei Verwendung von Bibliotheksroutinen etc.) und halten immer mehr Einzug in die Welt der IDEs.

Fertige Integrationen für weitergehende Testwerkzeuge (z.B. zur dynamischen Analyse des Ressourcen-Verbrauchs einer Anwendung) suchen wir hingegen zumeist vergeblich. Da leider die Bereitschaft für das Testen abnimmt, wenn dem Entwickler viele manuelle Schritte zugemutet werden, muss die SEU hier gegensteuern. Jede Form der Testautomatisierung durch die SEU verbessert den Code unmittelbar.

Betrachtet man das Testen in der Integration, so ändert sich aus Sicht der SEU einiges. Die Testwerkzeuge werden nur noch von wenigen Mitarbeitern eines Projekts verwendet und eine enge Anbindung an die lokale SEU des Entwicklers erübrigt sich. Dagegen steigt der Anspruch an die Automatisierbarkeit umfangreicher Testszenarien, das Schlagwort *nightly build and test* tritt in den Vordergrund.

Leider gibt es nur wenig direkt einsetzbare Anbindungen für Integrationstest-Werkzeuge. Im Projekt müssen wir daher immer mit einem gewissen Aufwand für die individuelle Zusammenstellung und Automatisierung eines Integrationstests rechnen (vgl. Kapitel 14).

## Installationswerkzeuge

Jede Auslieferung besteht aus zwei Schritten: Zuerst wird ein Lieferpaket auf einem Entwicklungsrechner geschnürt, anschließend wird dieses auf einem Produktivrechner installiert.

Bei der Paketbildung beachten wir, dass nicht nur die eigenen Programme und Bibliotheken des Software-Systems in das Paket eingehen, sondern auch alle verwendeten Bibliotheken, die nicht zur Standardinstallation der Zielrechner gehören. Einfache Installationspakete lassen sich gut mit Bordmittel eines Betriebssystems oder einfachen Zusatzwerkzeugen erstellen, z.B. im Format *zip*, *cab* oder *jar.*

Richtig spannend wird es aber erst bei der Installation auf dem Zielrechner. Java bietet mit jar-Paketen und CLASSPATH zwei einfache aber wirksame Mittel, durch die eine einfache Installation allein durch Kopieren und Auspacken eines zip-Pakets funktioniert. Das heißt: Zum restlosen Deinstallieren löscht man ein Verzeichnis, und sonst ist nichts zu tun – ist das nicht wunderbar?

Bei plattformspezifisch erzeugten Programmen dagegen läuft man unweigerlich in die DLL-Falle, egal ob unter Windows oder Unix. Einfache Auslieferungen per Paket ohne Installationsroutine versagen schnell bei Fragen wie „*Ist ADO in der benötigten Version installiert oder muss es das Installationspaket selbst mitbringen?*“ oder „*Welche DLL-Version benötigt die verwendete Bibliothek MSVCRT.DLL?*“.

Spätestens ab diesem Zeitpunkt sollten wir uns Gedanken über ein Installationswerkzeug machen, das die Paketierung unterstützt und uns Installationsskripte bzw. -programme erstellt. Derartige Werkzeuge gibt es in plattformspezifischen und plattformunabhängigen Varianten (InstallShield vs. installAnywhere). Bei der Auswahl ist wichtig, ob wir als Zielplattform nur einzelnes Betriebssystem haben oder ob wir eine flexible Installation für mehrere Plattformen brauchen.

Bei der Zielplattform Windows ist ein plattformspezifisches Werkzeug wie InstallShield zu empfehlen, da es die Windows-Spezifika wie Registry-Einträge oder Desktop-Folder sehr viel besser unterstützt als ein auf Flexibilität angelegtes Installationswerkzeug. Um ein Java-Programm auf Windows- und Unix-Systeme zu verteilen, empfehlen wir hingegen ein plattformunabhängiges Werkzeug wie das Java-basierte installAnywhere.

Ein Installationsskript hat folgende Aufgaben zu erledigen:

- Parameter abfragen (Verteilung auf Platten, Username, Portnummer, etc.)
- Zielsystem bzgl. bereits installierter Systemteile analysieren
- Dateien auf verschiedene Verzeichnisse verteilen
- vor dem Überschreiben von Dateien warnen, alte Dateien sichern oder entfernen
- Installation Verification Procedure (IVP) zum Prüfen auf Vollständigkeit, korrekt gesetzte Zugriffsrechte auf alle Dateien etc.

Auslieferungen werden im Verlauf eines Projekts eher selten erstellt; insofern ist ein Installationswerkzeug kein Kandidat für eine enge Anbindung an die SEU. Es braucht allerdings vollen Zugriff auf alle in das Paket zu integrierenden Elemente des Software-Systems (neben den eigenen Bibliotheken und Programmen auch verwendete Bibliotheken, die auszuliefernde Dokumentation etc.).

Darüber hinaus benötigen wir Testumgebungen für das Installationspaket, die identisch mit den zu erwartenden Zielsystemen sind. Gerade Letzteres ist schwierig, wenn man Installationen für Client- oder Stand-alone-Systeme bauen möchte, deren Zielsysteme heterogen sind – dann müssten wir im Idealfall Testumgebungen für alle denkbaren Zielsysteme (Win95, Win98, WinNT, Win2K, WinXP, RedHat, Suse, Debian, usw.) betreiben und die Installation vor der Auslieferung in jeder dieser Umgebungen testen.

## Dokumentationswerkzeuge

Wenn wir Software entwickeln, schreiben wir zwei grundlegend verschiedene Arten von Dokumentation: eine Entwicklerdokumentation und eine Benutzerhilfe.

Dank *javadoc* und ähnlichen Ansätzen für andere Programmiersprachen (*ccdoc*, *doxygen*) gibt es seit einiger Zeit eine Renaissance der Inline-Dokumentation in Kommentaren im Quelltext und der Generierung einer Entwicklerdokumentation aus diesen Informationen. Für komplexe Entwicklerdokumentationen lohnt es sich, darüber hinaus ein Archiv aufbauen, wie der anschließende Abschnitt zu Archive verdeutlichen wird.

Egal in welcher Art wir die Entwicklerdokumentation erstellen (Generator-Ansatz oder Archiv), muss die SEU dafür sorgen, dass jeder Entwickler seinen Fortschritt bei der Realisierung den anderen Entwicklern umgehend in der Dokumentation zugänglich macht. Ziel ist eine stets aktuelle Dokumentation.

Hierfür braucht jeder Entwickler direkt aus seiner Entwicklungszentrale heraus Zugriff auf die entsprechenden Werkzeuge. Der Zwang zur engen Kopplung zwischen der Entwicklungszentrale und dem Dokumentationswerkzeug ergibt sich aus der Häufigkeit, mit der das Werkzeug genutzt wird (mehrfach am Tag, mindestens bei jedem Einchekken neuer Versionen im KM-Werkzeug), sowie aus dem breiten Einsatz quer durch das gesamte Entwicklerteam.

Die Erstellung der Benutzerhilfe ist dagegen oft die Aufgabe weniger Mitarbeiter eines Projektes, eine enge Kopplung an die SEU ist hier nicht nötig. Da bei einem Software-System das Fachkonzept und das Benutzerhandbuch oft in weiten Teilen übereinstimmen, drängt sich ein generativer Ansatz auf. Leider gibt es kaum Werkzeuge, die dieses Vorgehen unterstützen. Unsere Empfehlung ist, beide Dokumente von vornherein eng miteinander zu verbinden und ggf. aus einer einzigen Quelle heraus zu generieren. Das geht hervorragend mit XML-basierten Dokumentationswerkzeugen wie z.B. Adobe FrameMaker, ist aber durchaus auch mit den Bordmitteln von Microsoft Word machbar.

## Archive

Ein wichtiges Thema innerhalb einer SEU ist die Werkzeug-Integration. Auf statischer Ebene fasst die Versionsverwaltung alle Dateien eines Projekts zusammen und stellt sie zentral allen Werkzeugen zur Verfügung. Die dynamische Integration von Werkzeugen zu einzelnen Entwicklungsprozessen wiederum ist Aufgabe der Entwicklungszentrale. Es gibt aber noch einen weiteren Integrationsaspekt, der von Archiven abgedeckt wird: die Ablage der Entwicklungsergebnisse für Dokumentations- und Analyse-Zwecke.

Ein Archiv verwaltet und vernetzt alle Dokumente, die während der Entwicklung entstehen. Es schafft damit zum einen den Überblick über alle Projektergebnisse und erlaubt zum anderen die Analyse des Gesamtsystems. Beides ist vor allem für Großprojekte und für Reengineering-Aufgaben interessant (vgl. Kapitel 9).

Ein Archiv hilft uns, den Überblick über die Ergebnisse eines Projekts zu schaffen bzw. zu bewahren. Sind z.B. die Programmquellen aller Teilprojekte eines Großprojekts in einem Archiv abgelegt, können wir alle Dateien des Gesamtprojekts im Zusammenhang ansehen. Möchte ein Entwickler feststellen, was hinter einer als Black Box verwendeten Komponenten-Schnittstelle passiert, beginnt er bei der Ansicht einer ihm vertrauten Quelle und navigiert dann entlang der Vernetzungsbeziehungen in die Quelltexte der ihm noch unbekannten Komponente hinein.

Bei Reegineering-Aufgaben leistet ein Archiv ebenso wertvolle Dienste. Man stellt dazu alle relevanten Dokumente des zu analysierenden Software-Systems in das Archiv und ist dann in der Lage, Analysen bzgl. Konsistenz, Vollständigkeit und Betroffenheit von Änderungen durchzuführen. Diese Analysen haben auch für Manager und Projektleiter einen unschätzbaren Wert – es gibt kaum Alternativen, die eine ähnliche Verlässlichkeit der Analyseergebnisse aufweisen und damit Planungsentscheidungen absichern können. Tabelle 11.1 zeigt Beispiele für Analysen.

**Tab. 11.1:** Systemanalysen mit Hilfe von Archiven

| Form der Analyse | Entwicklungs-Projekt | Reengineering-Projekt |
|---|---|---|
| Konsistenz | Wo passen die Spezifikation und das DV-Konzept nicht zueinander? | Wo wurden Änderungen im System vorgenommen, die so nicht im Fachkonzept beschrieben sind? Was tut das System wirklich? |
| Vollständigkeit | Wie viele Klassen des DV-Konzepts sind bereits im Code realisiert? | Welche Funktionen oder Methoden werden nicht aufgerufen (toter Code)? |
| Betroffenheit | Welchen Code und welche Konzeptdokumente sind für die Umsetzung eines Change Requests anzupassen? | Was muss alles geändert werden, um nachträglich eine DB-Zugriffsschicht einzuziehen? |

Nach innen benötigt jedes Archiv ein Metamodell, d.h. eine Beschreibung, welche Art von Informationen (Dokumente, Objekte) es verwalten soll und wie diese miteinander vernetzt sind (Beziehungen). Nach außen haben Archive zwei Haupt-Schnittstellen: Die Benutzer-Schnittstelle dient der Nutzung des Archivs; sie bietet üblicherweise eine Dokumentenansicht (inklusive Navigation entlang der Beziehungen) und einen Abfrage dialog für Analysen. Die Import-Schnittstelle analysiert die Dokumente und stellt sie in die Dokumentenablage ein.

Spezialisierte Archive beschränken sich auf eine vordefinierte Menge von Dokumenttypen, bringen dafür aber fertige Import-Werkzeuge mit. Hochflexible Systeme erlauben die Integration beliebiger Dokumente, erzeugen dafür aber einen erheblichen Aufwand für die Erstellung der entsprechenden Import-Werkzeuge (Scanner bzw. Parser), welche die Syntax der Dokumente und darüber die Semantik erkennen.

Mangels Alternativen entwickelt sd&m eigene hochflexible Archiv-Systeme für den internen Gebrauch. Anfang der 90er Jahre entstand HORA mit zeichenorientierter Hypertext-Oberfläche, dateibasierter Dokumentablage und proprietärer Analysesprache. Seit 1997 gibt es SHORE [ScH00] mit Browser-Oberfläche, objektorientierter Datenbank und Anfragen in Prolog (vgl. Abbildung 11.1). HORA und SHORE werden seither in vielen sd&m-Projekten erfolgreich eingesetzt.

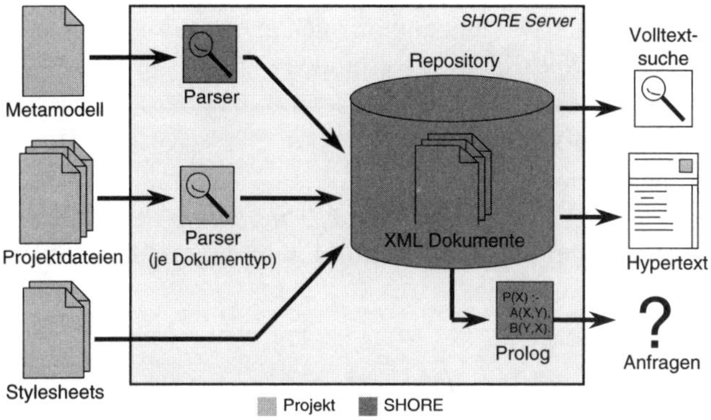


**Abb. 11.1:** SHORE – das sd&m Hypertext Repository

Im Bereich spezialisierter Archive haben HORA und SHORE ernstzunehmende Konkurrenz wie Merant AssetMiner für die Analyse von Host-Systemen, diverse Klassen- und Objektbrowser für C++ und Java oder Refactoring-Tools für Java. Trotzdem gilt noch heute: Kein System am Markt erreicht die Flexibilität von SHORE. Insbesondere bei der Menge der verarbeitbaren Dokumenttypen und den Analysemöglichkeiten stellt SHORE alles andere in den Schatten.

# 11.2 Was ist eine SEU?

## Aufgaben

Bevor wir auf die Einzelheiten einer SEU eingehen, beschreiben wir, welche Aufgaben sie zu erledigen bzw. zu unterstützen hat. Die Softwareentwicklung besteht aus einer Reihe von Prozessen, z.B.

- Systemanalyse für Wartung, Fehlerbehebung und Weiterentwicklung,
- Abgleichen zwischen Arbeitsbereich und Versionsverwaltung,
- Editieren, Kompilieren und Testen,
- Automatisiertes Erstellen und Testen (*nightly build and test*),
- Auslieferung auf Testsysteme,
- Auslieferung auf Produktivsysteme.

Die SEU integriert und automatisiert den Entwicklungsprozess. Sie sorgt auf technischer Ebene dafür, dass verschiedene SEU-Bausteine (Werkzeuge und Laufzeit-Komponenten) die erforderlichen Dienste in koordinierter Form erbringen. Beispiele für solche Dienste sind u.a.

- Editieren
  - syntax highlighting, kontext-sensitive Hilfe
  - Funktionsparameter automatisch ergänzen
  - Standard-Konstrukte generieren (Blöcke, Schleifen, Zugriffsmethoden etc.)
- Informieren
  - in Referenzen für Programmiersprache, Werkzeuge und Standardsoftware suchen
  - in projektspezifischer Dokumentation suchen
  - Quelltexte mit der Spezifikation verbinden
  - Quelltexte mit Testfällen verbinden
  - Statische Code-Analyse ausführen
- Komponenten integrieren
  - Integrationsverfahren unterstützen (*stubs*, *bottom-up*)
  - gewünschte Konfiguration für den Build zusammenstellen (Stücklisten)
- Bauen
  - Konfiguration auschecken
  - übersetzen
  - binden
  - ggf. auf Web-/AppServer überstellen (*deploy*)
- Ausführen
  - Entwickler untereinander entkoppeln (eigenen Testraum sicherstellen)
  - Testdaten bereitstellen, Testergebnisse speichern, Teststatus verwalten
  - debuggen (lokal und ggf. auch entfernt)
- Konfigurations-Management
  - ein- und auschecken
  - Änderungen zusammenführen (*merge*)
  - Änderungen mit Fehler- und ChangeRequest-Datenbanken verbinden
  - Änderungen mit Projektplanung (Statusverfolgung) verbinden
- Ausliefern
  - Pakete schnüren
  - Installationsskript erstellen

Jeder Entwicklungsprozess setzt sich aus Vorgängen zusammen, in denen einzelne Dienstleistungen der SEU zum Einsatz kommen. Der Prozess *Automatisiertes Erstellen und Testen (nightly build and test)* nutzt z.B. Dienste des Konfigurations-Managements, des Bauens und des Ausführens.

## Definition

Eine Software-Entwicklungsumgebung (SEU) ist eine Kombination von Entwicklungs-Werkzeugen, die dem Prozess der Erstellung einer bestimmten Software dienen, sowie weiterer Bausteine zur Ausführung und Verwaltung der zu erstellenden Software.

Diese Definition enthält zwei wesentliche Aspekte:

- *dienen*
  Ein Werkzeug sollte nur dann Teil der SEU sein, wenn es dem Entwickler hilft, seine Arbeit zu tun. Ein Werkzeug, das den Entwickler nicht schneller oder qualitativ besser arbeiten lässt, hat in der SEU nichts zu suchen.
  Auch die richtige Kombination von Werkzeugen ist entscheidend, ob eine SEU der Arbeit dient oder die Arbeit aufhält. Die Bausteine einer SEU müssen zusammen passen wie die Teile eines Puzzles.
- *bestimmt*
  Für jedes Projekt muss die passende SEU neu zusammengestellt werden. Es gibt keine zwei Projekte, die exakt dieselbe SEU verwenden. Häufig übernimmt man eine etablierte Werkzeug-Landschaft, modifiziert diese dann aber so, dass sie dem aktuellen Projekt am besten dient.

## Abgrenzung

### *SEU vs. SPU*

Mit einer SEU wird Software *entwickelt*, mit einer SPU (Software Produktionsumgebung) wird Software *betrieben*. Zur Ausführung benötigte Bausteine wie Datenbanken oder Application Server finden wir zwar in beiden Umgebungen. In SEUs sind diese aber oft pro Entwickler separat vorhanden und genügen nur geringen Anforderungen; in SPUs hingegen gibt es nur einzelne Instanzen, die hohen Produktionsanforderungen genügen.

Die Grenzen zwischen SEU und SPU sind fließend. Integrations-, Last- und Performance-Tests sind zwar Teil des Entwicklungsprozesses, benötigen aber eine produktionsähnliche Umgebung und laufen daher oft in der (späteren) SPU.

### *Zentrale vs. dezentrale SEU*

In einer zentralen SEU sind nur einfache Werkzeuge wie der Editor bei jedem Entwickler lokal eingerichtet. Alle ausführenden Bausteine wie Datenbank, Application Server etc. gibt es nur einmal zentral. Eine solche SEU hilft, Kosten für Entwicklungswerkzeuge und Laufzeit-Komponenten zu sparen. Außerdem schützt sie davor, dass Inkonsistenzen durch unterschiedliche Werkzeug-Versionen oder -Konfigurationen entstehen.

Dezentrale SEUs richten wir ein, wenn einzelne Entwickler voneinander unabhängige Entwicklungsräume brauchen. Jeder Entwickler hat dann eine vollständige SEU mit allen Bausteinen (insbesondere auch allen benötigten Server-Systemen wie Datenbank, Application Server oder Host) als lokal installierte Instanz oder als Simulation auf seinem eigenen Rechner. Diese Umgebung gehört ihm ganz allein.

In einer dezentralen SEU sind die Entwicklungszyklen (codieren, kompilieren und testen) kurz und die Produktivität hoch, die SEU ist aber weit weg von der Produktion (Windows statt Unix; Host-Simulation statt Mainframe). Was in der Entwicklungsumgebung läuft, funktioniert in der Produktionsumgebung noch lange nicht.

*SEU vs. IDE*

Die Zeiten der eierlegenden Wollmilchsäue – auch CASE-Tools genannt – sind zwar so gut wie vorbei, trotzdem verkaufen Hersteller ihre integrierten Entwicklungsumgebungen (IDEs) immer wieder gerne als alleinige Antwort auf die Frage nach der richtigen SEU.

Die Erfahrung zeigt jedoch, dass IDEs zwar wichtige Bestandteile von SEUs sind, aber längst nicht alles. Sie leisten gute Dienste bei den alltäglichen Aufgaben des Entwicklers, z.B. beim Editieren, Compilieren, Ausführen und Testen. Oft unterstützen sie auch gängige Abläufe wie das ein- und auschecken in bzw. aus einer Versionsverwaltung oder das Deployment auf einen Web- oder Application Server.

Für eine SEU ist eine IDE aber immer nur ein Baustein von vielen. Entscheidend bei der Auswahl der richtigen IDE ist die Offenheit, also die Möglichkeit, sie mit anderen offenen Werkzeugen zu einer leistungsfähigen SEU zu kombinieren.

### Projektspezifische SEU

Jedes Projekt hat die folgenden beiden Fragen zu beantworten:

- Welche Werkzeuge und Laufzeit-Komponenten sollen Bestandteil der SEU sein?
- Wie stellt man diese Bausteine richtig zusammen?

Wir beschreiben im folgenden Abschnitt, welche Bausteine (Entwicklungs-Werkzeuge und ausführende Laufzeit-Komponenten) zu einer SEU gehören und gehen auf mögliche Abhängigkeiten zwischen den einzelnen Bausteinen ein.

Zuletzt erläutern wir, wie man eine projektspezifische SEU aufbaut. Dabei geht es darum, die richtigen Werkzeuge auszuwählen, sie sinnvoll zu kombinieren und das Ganze schließlich den Entwicklern zu übergeben.

## 11.3 Welche Bausteine hat eine SEU?

### Übersicht

Jede SEU hat eine Schaltzentrale. Sie initiiert, steuert und überwacht alle wichtigen Entwicklungsschritte. Um sie herum gruppieren sich die einzelnen Bausteine, die wir in drei Kategorien unterteilen (vgl. Abbildung 11.2):

- *Werkzeuge*: Werkzeuge, die in der SEU benutzt werden, um eine einzelne Aufgabe der Software-Entwicklung zu erledigen, die aber kein Teil der zu erstellenden Software sind. Z. B. Editor, Compiler oder Dokumentationswerkzeug.
- *Client/Server*: Elemente der späteren SPU, die während der Entwicklung zum Testen der zu erstellenden Software notwendig sind und daher (evtl. in abgewandelter Form) auch Teil der SEU sein müssen, z.B. die Laufzeitumgebung für die Software auf der Server-Seite (Application Server).
- *Komponenten*: Vorgefertigte Software-Elemente, die mit Hilfe der SEU in die zu erstellende Software eingebaut werden, z.B. Programm-Bibliotheken zum Zugriff auf eine Datenbank.

Im Hintergrund der SEU arbeitet das Konfigurations-Management (KM), das u.a. die Versionen aller Software-Elemente verwaltet und darüber hinaus auch Projektaufgaben wie die Verwaltung von Fehlermeldungen und Änderungswünschen erfüllt. Näheres dazu steht im Kapitel 12.

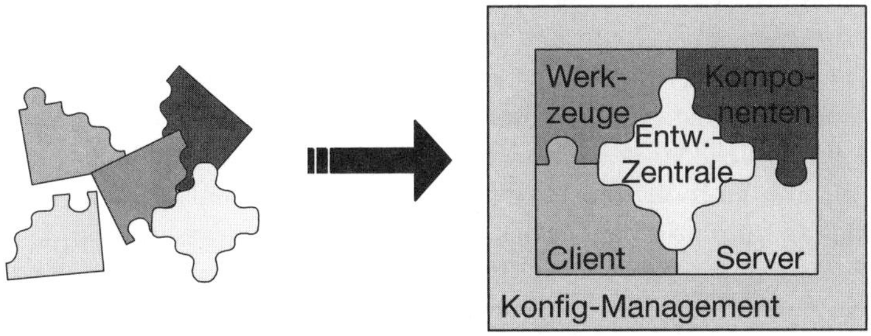


**Abb. 11.2:** Eine SEU besteht aus abgestimmten Bausteinen

Bei kommerziellen Paketen sind die Grenzen zwischen den Baustein-Kategorien fließend. Ein System zur dauerhaften Speicherung von Objekten in einer relationalen Datenbank (OR-Mapper) wie TopLink vereint z.B. Werkzeuge (Java-IDE-Assistenten, Mapping-Workbench), Komponenten (Java-Framework) und Server (OR-Mapping-Server) in einem Paket; eine IDE wie Visual Age enthält neben einer Menge von Werkzeugen (Editor, Compiler, Debugger etc.) auch Komponenten (Datenbank-Widgets für Java/Swing) und ein eigenes Archiv, das gleichzeitig als KM-System dient.

## Werkzeuge

Die Werkzeuge einer SEU haben wir bereits ausführlich im ersten Abschnitt beschrieben. Aus Sicht der SEU-Bausteine ist es unerheblich, um welche konkrete Werkzeugart es sich handelt – sie müssen grundsätzlich offen sein sowie viele nützliche (und möglichst wenig unnütze) Funktionen für den Entwicklungsprozess bereitstellen.

## Client/Server-Umgebungen

Große Softwaresysteme laufen meist auf mehreren Rechnern. Als Anwender sehen wir nur den Client (z.B. Browser auf dem PC), der mit einem Web-Server kommuniziert. Dieser verbindet sich seinerseits wieder mit weiteren Server-Anwendungen (z.B. Datenbank- oder Application-Server) auf entfernten Rechnern.

Diese Aufteilung hat natürlich Auswirkungen auf die SEU. Je nach Aufgabe brauchen die Entwickler Zugriff auf die verschiedenen Teilsysteme. Hierzu nutzen wir entweder ein zentral verfügbares Teilsystem, das allen Entwicklern bereitsteht (z.B. ein zentraler Datenbank-Server) oder jeder Entwickler hat lokal sein eigenes Teilsystem.

Eine lokale Instanz ist entweder eine plattformspezifische Installation oder eine einfache Simulation. In beiden Fällen schafft sie dem Entwickler Unabhängigkeit, birgt aber auch die Gefahr von Inkonsistenzen zwischen der lokalen und der späteren produktiven Instanz des Teilsystems.

### *Dummies*

Ein Dummy simuliert ein Teilsystem (z.B. den Datenbank-Server), indem er z.B. ein paar einfache (ggf. hartcodierte) Ergebnisse liefert. Dummies können wir manuell erstellen, in vielen Fällen aber auch einfach generieren.

Dummies sparen Kosten für Lizenzen und Rechnerleistung, machen die SEU aber komplizierter. Jeder Entwickler kann und muss für jedes Teilsystem mit Dummy entscheiden, welche der beiden Möglichkeiten er einsetzt. Im Extremfall hat dann jeder Entwickler eine eigene Kombination aus Dummies und echten Teilsystemen. So kann es passieren, dass ein Fehler, der bei Entwickler A auftritt, bei Entwickler B nicht reproduzierbar ist („bei mir läuft das aber ...“). Das erschwert die Analyse, denn es ist unklar, ob ein Fehlverhalten durch die SEU oder die Software hervorgerufen wird.

### *Host*

Ein reines Host-System ist aus SEU-Sicht ein recht unproblematisches Client-Server-System, da Client und Server der Produktion identisch sind mit Client und Server der Entwicklungsumgebung. In der Regel gibt es zwar einen Entwicklungs- und einen Produktionsrechner (oder wenigstens zwei Partitionen auf einem Rechner) und eine 3270-Emulation unter Windows ist auch kein echtes 3270-Terminal; beides ist aber unkritisch und fällt nicht weiter ins Gewicht.

Die Host-Umgebung ist aber nicht gerade das, was man sich heutzutage als SEU vorstellt: textbasierte Entwicklungsumgebungen, komplizierte Build-Prozesse und wenig hilfreiche Debugging-Möglichkeiten machen uns das Leben schwer. Dazu kommt häufig ein zu gering dimensionierter Entwicklungs-Großrechner, den wir uns mit vielen Entwicklern aus mehreren Projekten teilen müssen.

Die langen Entwicklungszyklen am Host haben aber auch einen Vorteil: Wir achten sehr auf die Qualität unserer Quelltexte – ein falscher Endwert eines Schleifenzählers sollte eben nicht erst im Testlauf nach minutenlangem Filetransfer und Build-Prozess erkannt werden.

Wir kennen zwei etablierte Wege, Host-Entwicklung durch eine entsprechende SEU zu unterstützen:

- Viele Projekte nutzen eine Generierungsumgebung wie XCobol – ein sd&m-eigener COBOL-Aufsatz, um objektorientierte Ideen in COBOL am Host umzusetzen. Derartige Umgebungen haben den schönen Nebeneffekt, dass Tippfehler bereits bei der (oft dezentralen) Generierung erkannt werden. Die Generierungsumgebung ist häufig in eine einfache, kommandozeilenbasierte Entwicklungszentrale eingebunden. Vorteil: einfach und preisgünstig; Nachteil: löst nur einen Teil der Probleme.
- In manchen Projekten wird eine Simulations-IDE wie Merant MFE eingesetzt. Sie simuliert auf einem Windows-Rechner einen Host mit allen wichtigen Komponenten wie CICS (Transaktionsmonitor), DB/2 (Datenbank) oder JCL (Job-Steuerung). Sie kann bei Bedarf so eingerichtet werden, dass sie für einzelne, nicht simulierbare Komponenten direkt auf einen Host (z.B. den per Standleitung verfügbar gemachten Entwicklungsrechner des Kunden) zugreift. Zudem bietet sie alle Standard-Elemente einer IDE (Projektverwaltung, Editor etc.). Vorteil: extrem kurze Entwicklungszyk-

len; Nachteil: hohe Lizenzkosten und die Simulation ist nicht immer identisch mit dem echten Host.

### *Server (Web-, Portal-, Application- und Datenbank-Server)*

Serversysteme finden wir üblicherweise als zentrale oder lokale Installation in einer SEU. Eine interessante Alternative ist allerdings in vielen Fällen die Dummy-Variante. Für die SEU sind drei Fragen zu klären:

- Welche Vor- und Nachteile hat eine lokale gegenüber einer zentralen Installation
- Wie ist der Server mit den restlichen Bausteinen verbunden?
- Welche nützlichen Werkzeuge bringen Server-Produkte oder nahestehende IDEs mit?

Die Vor- und Nachteile einer lokalen gegenüber einer zentralen Server-Instanz wurden schon im Abgrenzungs-Abschnitt „zentrale vs. dezentrale SEU" erörtert: Kürzeren Entwicklungszyklen und der Unabhängigkeit vom Netzwerk stehen mögliche Inkonsistenzen zwischen den verschiedenen Servervarianten gegenüber.

Eine generelle Empfehlung gibt es nicht; die Vor- und Nachteile sind in jedem Projekt neu abzuwägen. Ausschlaggebend ist dabei, ob Inkonsistenzen bekannt oder wahrscheinlich sind. Ein in Java geschriebener Server wie BEA WebLogic hat zwar vielleicht auf allen Plattformen dieselbe Code-Basis, bleibt aber z. T. plattformabhängig, weil die ausführende Java-Laufzeitumgebung (Java Runtime Environment; JRE) selbst plattformspezifisch ist.

Die Verbindungen zur restlichen SEU sind vielfältig:

- Datenbank-Server können eng mit einem Entwurfswerkzeug zusammenhängen. Mit DB-Entwurfswerkzeugen wie z.B. ERwin entwerfen wir Datenmodelle, wandeln diese in Tabellenstrukturen um und bauen diese in einem konkreten Datenbank-System auf.
- Application-Server (für CORBA, Java/EJB, C++ oder .NET) bieten u.a. die folgenden Dienste an: Transaktion, Sicherheit, Ressourcen-Pooling. Hierfür werden in den meisten Fällen aus den Quelltexten des Entwicklers weitere Code-Elemente generiert, z.B. Stubs für die Clientseite und Skeletons für die Serverseite. Bestandteile wie ein EJB- oder IDL-Compiler müssen wir mit Hilfe der SEU in den Build-Prozess und damit in die Entwicklungszentrale einbinden.
- Alle drei Server-Arten können Code ausführen (Web-Server: Servlet, JSP, cgi-Skript; AppServer: Java-Klasse, EJB; DB: stored procedures). Daher müssen wir klären, wie man den Code von der Entwicklungszentrale zum Server schafft (deployment) und wie man den Code bei der Ausführung überwacht (debugging).

Zur Verbindung von lokaler und zentraler SEU gibt es zwei Wege: Proprietäre Lösungen führen dazu, dass oft nur die SEU vom selben Hersteller genutzt werden kann. Standardisierte Lösungen ermöglichen dagegen die Kombination von Produkten unterschiedlicher Hersteller.

Im Java-Markt lösen Standards wie JPDA (Java Platform Debug Architecture) oder EJB 2.0 immer mehr proprietäre Lösungen ab, sodass wir hier nur noch schwache Abhängigkeiten zwischen Servern und anderen SEU-Bausteinen sehen. Trotzdem bleibt auch hier die Empfehlung: Es lohnt sich immer, zuerst einen genaueren Blick auf eine Kombination von IDE und Application Server eines Herstellers zu werfen. Nur wenn diese Kombination mehr hindert als nutzt, schauen wir uns nach einer Alternative um.

*Glue-Tools* vermeiden Abhängigkeiten: Beispiel für ein Glue-Tool ist ein Ant-Skript, welches das EJB-Deployment in ein eigenes Build-Skript mit produktunabhängiger Schnittstelle auslagert. Dieses kann man zum einen für verschiedene Produkte erstellen und bei Bedarf austauschen, zum anderen kann man es gut weiterverwenden, indem man die projektspezifischen Properties ebenfalls auslagert. Dieses Deployment kann man dann z.B. in einer beliebigen Java-IDE unter Windows oder Linux ebenso nutzen wie an der Kommandozeile eines Integrations-Servers unter Solaris.

Darüber hinaus kann ein Server-Produkt oder eine nahestehende IDE auch Werkzeuge für die Server-Programmierung mitbringen. Neben den bereits genannten Bestandteilen wie z.B. EJB- oder IDL-Compiler sind vor allem die optional einsetzbaren Werkzeuge wie Wizards bzw. Assistenten von Interesse. Stellt z.B. ein Werkzeug sicher, dass die drei Java-Klassen einer Enterprise Java Bean konsistent bleiben, dann ist das Werkzeug definitiv hilfreich, und wir nehmen es gerne in unsere SEU auf.

### *Client*

Auf der Serverseite haben wir uns inzwischen daran gewöhnt, dass wir es mit vielen, technisch sehr unterschiedlichen Plattformen zu tun haben. Auf der Clientseite hingegen gibt es nur Web-Clients und plattformspezifische (native) Clients, und man geht implizit immer von einem PC mit oder ohne Web-Browser als Hardwareplattform aus.

Doch die Zeiten ändern sich, und eine weitere Variante wird immer aktueller und auch aus SEU-Sicht sehr interessant: mobile Endgeräte. Hierunter sind vor allem Handheld-Computer und Mobiltelefone zu verstehen, aber auch mobile Anzeigen in Autos oder anderen Verkehrsmitteln gehören in diese Kategorie von Clients. Sie vereint die Art der Anbindung, d.h. die kabellose, oft funkbasierte Kommunikation zwischen dem Endgerät und dem Rest des Software-Systems. Zu unterscheiden ist, ob das Endgerät reine Anzeigefunktion hat (Handy mit WAP-Browser) oder ob es selbst programmiert wird (Handheld-Computer). Beide Aspekte sind für die SEU wichtig.

In Summe sind daher drei Aspekte im Zusammenhang mit der SEU zu beleuchten:

- Wie ist der Client mit den restlichen Bausteinen verbunden?
- Welche nützlichen Werkzeuge bringen Client-Produkte oder nahestehende IDEs mit?
- Wie werden mobile Endgeräte physisch in die SEU eingebunden?

### *Web/native Client*

Mit der Einbindung klassischer Clients (native oder Web) haben wir normalerweise keine Probleme. Meistens ist die Entwicklungs- und Produktions-Plattform identisch – eine Windows- oder Unix-Umgebung. Inkonsistenzen zwischen Entwicklung und Produktion treten also gar nicht erst auf. Doch diese heile Welt hat auch ihre Tücken: Nicht alle Windows-Varianten zeigen identisches Verhalten, nicht alle Browser haben denselben Leistungsumfang. In der SEU müssen daher alle späteren Produktivumgebungen für Tests zur Verfügung stehen. Das können mehrere Browsertypen und -versionen, aber auch eine Menge von Betriebssystem-Varianten sein. Im Extremfall bedeutet das, sich einen Testrechner mit einer französischen oder chinesischen Windows-Version einzurichten.

Am häufigsten setzen wir als Werkzeuge bei der Client-Entwicklung einen GUI-Builder ein, d.h. einen graphischen Editor und Code-Generator für Benutzeroberflächen. Hierbei ist zu beachten, dass der erzeugte Code nie den Qualitätsansprüchen des Programmierers gerecht wird. Wir raten daher, mit einem GUI-Builder die Masken nur grob zu zeichnen und danach den generierten Code so zu restrukturieren, dass er verständlich und wartbar ist. Alle nachfolgenden Änderungen sollten im Code erfolgen. Der GUI-Builder dient dann nur noch zur visuellen Prüfung des Formulars, ohne das eigentliche System bauen und ausführen zu müssen.

Weitere GUI-orientierte Werkzeugkategorien sind

- Generatoren, welche die Masken einer Spezifikation oder eines Prototyps in Masken des zu erstellenden Softwaresystems übersetzen
- Web-Editoren für HTML, JavaScript, JSP etc.

### *Mobile Client*

Mobile Endgeräte sind ein neues Thema, aber aus Sicht der SEU stellen sich immer wieder dieselben Fragen:

- Nutzt man ein reales Endgerät oder eine Simulation?
- Wie funktioniert Deployment?
- Wie funktioniert Debugging?

Bietet das Endgerät nur reine Anzeigefunktionen (Beispiel: WAP-Handy), so ist eine Simulationssoftware auf dem eigenen Entwicklungsrechner sicher die beste Wahl. Bei programmierbaren Endgeräten (Beispiel: Palm-Handheld) stehen wir vor dem selben Problem wie bei lokalen bzw. zentralen Servern – entweder nutzen wir eine einfach lokal einzubindende Simulation und leben mit möglichen Inkonsistenzen, oder wir überwinden die Hürde der physischen Einbindung realer Endgeräte in die SEU, dann allerdings verbunden mit der Frage, ob jeder Entwickler ein eigenes Gerät hat. Die Hürde kann dabei auch finanzieller Natur sein, wenn z.B. erst eine Infrastruktur für die kabellose Datenübertragung aufgebaut werden muss.

Bezüglich Deployment und Debugging ist man bei mobilen Endgeräten noch weitgehend auf proprietäre Lösungen angewiesen. Standards sind entweder noch nicht vorhanden oder es gibt sie nur für wenig verbreitete Programmierumgebungen. So könnte man z.B. dank J2ME (Java 2 Mobile Edition) gut mit Java für einen Palm Handheld als mobiles Endgerät entwickeln, aber der häufigere, ausgereifte Weg ist die native Programmierung auf PalmOS-Basis mit Sprachen wie C.

## Software-Komponenten

Fertige Komponenten haben mehr Einfluss auf das Ergebnis der Software-Entwicklung als auf die verwendete SEU. Jeder Entwickler braucht Zugriff auf alle für die Entwicklung notwendigen Elemente einer Komponente hat, also z.B. Header-Dateien oder Bibliotheken, aber auch die Komponentendokumentation. Außerdem müssen Veränderungen an Komponenten (z.B. Updates) für alle Entwickler gleichzeitig erfolgen, um Inkonsistenzen zu verhindern.

Durch die Ablage einer Komponente an zentraler Stelle, z.B. einem gemeinsamen Projektverzeichnis auf einem zentralen Fileserver, stellen wir die vollständige und konsistente Verfügbarkeit derselben sicher. Das bedeutet allerdings auch, dass jeder Entwickler zu jedem Zeitpunkt hierauf Zugriff hat – in Zeiten von Laptops und damit ortsunabhängiger Entwicklung ist das nicht immer gegeben.

Darüber hinaus kann eine Komponente natürlich auch Werkzeuge mitbringen. Handelt es sich dabei um integrale Bestandteile wie z.B. Precompiler, müssen wir sie in den Build-Prozess und damit in die Entwicklungszentrale einbinden, um einen weitgehend automatisierten Ablauf zu ermöglichen und unnötige manuelle Arbeiten zu verhindern.

### Konfigurations-Management

Wie für alle Werkzeuge sind auch für die Versionsverwaltung bzw. das KM-System zwei Fragen zu beantworten: Welche Funktionen und damit welches Werkzeug brauche ich? Wie soll dieses Werkzeug in der SEU eingebunden sein?

Damit befasst sich vor allem Kapitel 12; an dieser Stelle gehen wir lediglich darauf ein, wie wir ein KM-System mit der SEU verbinden.

Nach dem Grundsatz „Alles Alltägliche integriert“ braucht ein Entwickler alle häufig verwendeten Funktionen dort, wo er die eigentliche Arbeit erledigt. Konkret müssen wir Funktionen wie das Ein- und Auschecken oder der Vergleich von Versionsständen in allen häufig verwendeten Werkzeugen (Entwicklungszentrale, UML-Designer, Testumgebung etc.) direkt aufrufen können. Demgegenüber reicht es für selten genutzte, administrative KM-Funktionen wie das Anlegen von Entwicklungszweigen (Branches), wenn wir sie über eigene Werkzeuge des jeweiligen KM-Systems (GUI- oder Kommandozeilen-Client) erreichen können.

Für viele Entwicklungswerkzeuge gibt es fertige Integrationen für diverse KM-Systeme, entweder von einem der Hersteller oder von anderen unabhängigen Entwicklern. Die Suche im Internet hilft hier oft weiter. Bei den meisten Werkzeugen ist es aber auch nicht sehr aufwendig, selbst für die entsprechende Einbindung zu sorgen. Da so gut wie alle KM-Systeme Kommandozeilen-Clients haben, brauchen wir lediglich eine Möglichkeit, aus dem jeweiligen Werkzeug heraus ein Systemkommando (den Aufruf des Kommandozeilen-Clients) mit einer benutzerdefinierten Aktion (zusätzlicher Menüpunkt, make-Ziel etc.) zu verbinden.

## 11.4 Wie baut man eine SEU?

Wie jede Software, die wir erstellen, basiert auch die SEU, die wir dafür verwenden, auf einer Menge von Anforderungen und Anwendungsfällen. Wir empfehlen daher, den Aufbau einer SEU immer als ein normales Teilprojekt anzusehen und entsprechend zu planen und durchzuführen.

Das bedeutet zum einen, dass wir den Aufbau der SEU in einem geordneten Prozess vollziehen, zum anderen aber auch, dass wir an die SEU die gleichen Ansprüche bezüglich Architektur und Entwurf stellen wie an das eigentliche Softwaresystem.

Im Folgenden beschreiben wir zunächst, wie wir uns den Prozess des SEU-Aufbaus vorstellen. Anschließend gehen wir darauf ein, wie man die Prinzipien guter Architektur und guten Entwurfs auf die SEU überträgt.

## Prozess des SEU-Aufbaus

Wollen wir den Aufbau einer SEU als Teilprojekt ernst nehmen, dann liegt es nahe, einen normalen Entwicklungsprozess zu verfolgen. Wir beginnen daher mit einer Klärung der Rahmenbedingungen und Anforderungen und erstellen daraus eine Planung für den schrittweisen Aufbau der Entwicklungsumgebung.

Die Anforderungsklärung lässt sich sehr gut in Form eines Workshops durchführen. Die beiden nächsten Abschnitte beschreiben den möglichen Ablauf eines solchen Workshops mit dem Ziel, eine möglichst vollständige Anforderungsliste zu erhalten. Um innerhalb eines Workshops zu verwendbaren Ergebnissen zu kommen, raten wir, für jeden offenen Punkt einen realistischen Vorschlag als Diskussionsgrundlage vorzubereiten.

### *Rahmenbedingungen*

Zuerst einmal müssen wir klären, welche organisatorischen oder technischen Vorgaben die Zusammenstellung der SEU-Bausteine zu einer Entwicklungsumgebung beeinflussen. Zu betrachtende Aspekte sind dabei u.a. vorhandene und zukünftige Entwicklungs- bzw. Laufzeitplattformen, strategische Entscheidungen des Kunden für zu verwendende Werkzeuge und Vorgehen sowie die Vorkenntnisse der Projektmitarbeiter.

Beispiele für Fragen im Bereich Rahmenbedingungen sind:

- Welche Entwicklungs- und Produktions-Plattformen sind zu unterstützen?
- Gibt es vorgegebene Produktivsysteme wie Datenbank- und/oder Application Server?
  - wenn ja: welche Produkte in welchen Versionen?
  - wenn nein: welche Alternativen sind möglich; was bestimmt die Auswahl?
- Gibt es vorgegebene Methoden und Werkzeuge für den Software-Entwurf?
  - wenn ja: welche Methode; welches Werkzeug in welcher Version?
  - wenn nein: will der Kunde die Auswahl eines geeigneten Werkzeugs beeinflussen?
- Sollen Entwurf und Realisierung per Generierung oder Round-Trip verbunden sein?
- Gibt es vorgegebene Werkzeuge und Prozesse für das Konfigurations-Management?
  - wenn ja: welches Werkzeug in welcher Version; welche Prozesse?
  - wenn nein: welche Alternativen sind möglich; was bestimmt die Auswahl?
- Welche anderen Prozesse sind zu beachten und ggf. mit Werkzeugen zu unterstützen?
  - Management von Änderungsanforderungen
  - Prozesse und Kriterien für die Qualitätssicherung und Abnahme
  - Prozess der Integration und Übergabe in die Produktion
- Welche Vorkenntnisse haben die Mitarbeiter in Entwicklung und späterer Wartung?
  - Sind sie graphische Benutzeroberflächen und Entwicklungsumgebungen gewohnt?
  - Wie gut sind ihre Kenntnisse über Objektorientierung und Patterns?

### *Anforderungen*

Nachdem die Rahmenbedingungen geklärt sind, tragen wir zwei Arten von fachlichen Anforderungen zusammen:

Im ersten Schritt definieren wir die generellen Anforderungen an die SEU. Aus ihnen ergeben sich die Menge der einzusetzenden SEU-Bausteine und die Kriterien für deren Auswahl. Beispiele für solche Anforderungen sind:

- Entwicklung von Applets, JSPs und/oder EJBs ermöglichen,
- ausschließlich weitverbreitete und etablierte Software einsetzen,
- Einarbeitung erleichtern, intuitive Handhabung unterstützen.

Im zweiten Schritt legen wir für jeden SEU-Baustein die entsprechenden Anforderungen an seine Funktionen und die Integration in die Entwicklungszentrale fest und priorisieren die einzelnen Anforderungen. Beispiele für Fragen im Bereich Anforderungen sind:

- Ist freie Software einsetzbar oder sind nur kommerzielle Werkzeuge erlaubt?
- Bei welcher Werkzeug-Art sind Akzeptanzprobleme zu erwarten (shell, GUI, ...)?
- Welche Bausteine muss/sollte die SEU enthalten?
  - Compiler, Editor, Debugger; IDE
  - serverseitige Entwicklung (remote debugger, deploy+debug, DB, ...)
  - Testwerkzeuge (für funktionale und nicht-funktionale Anforderungen)
  - KM-Anbindung
  - Requirement- und ChangeRequest-Management
  - Softwareverteilung und Installationswerkzeuge
- Welche Bausteine sollen in der Entwicklungszentrale integriert sein?
  - oft und im Verbund verwendete Werkzeuge werden integriert,
  - selten und einzeln verwendete Werkzeuge werden außerhalb der Zentrale genutzt.

Das Ergebnis der Klärung der technischen und organisatorischen Rahmenbedingungen sowie der fachlichen Anforderungen ist die Liste der geplanten SEU-Bausteine. Diese sind nach Dringlichkeit und Wichtigkeit priorisiert (z.B. „KO“, „wichtig“ und „nice-to-have“). Außerdem ist für jeden SEU-Baustein vermerkt, inwieweit er in der Entwicklungszentrale integriert werden soll (z.B. „muss“, „sollte“, „braucht nicht“). Damit haben wir die Grundlage für eine Planung eines stufenweisen SEU-Aufbaus geschaffen.

### *Ablauf*

Die Erfahrung zeigt, dass es sinnvoll ist, die SEU in mehreren Schritten aufzubauen (vgl. Abbildung 11.3). So erhöht sich die Komplexität der SEU nach und nach, und die Mitarbeiter können sich schrittweise mit den einzelnen Bausteinen der SEU vertraut machen.

Als zweiter Schritt nach der Anforderungsklärung steht die Auswahl derjenigen SEU-Bausteine mit hoher Priorität an, für die keine strategischen Vorgaben existieren. Bei den Evaluierungen berücksichtigen wir sowohl technische Aspekte wie den Leistungsumfang, die Stabilität oder die Flexibilität eines Werkzeuges als auch wirtschaftliche Gesichtspunkte wie Preis und Qualität des Herstellersupports.

Im Fall einer IDE als Entwicklungszentrale klären wir, welche Anforderungen in ausreichender Qualität durch die IDE abgedeckt sind und welche Anforderungen besser von zusätzlichen Werkzeugen erfüllt werden, auch wenn die IDE ähnliche Werkzeuge mitbringt. Im Extremfall nutzen wir die IDE nur noch als integrierende grafische Oberfläche, verwenden im Hintergrund aber eine make-Umgebung, die durch die IDE angesteuert wird.

Am Ende der zweiten Aufbauphase haben wir mindestens die Basiswerkzeuge bzw. die IDE sowie das KM-Werkzeug bestimmt. Zudem steht fest, ob und wie ein Entwurfswerkzeug angebunden wird, um die Ergebnisse des DV-Konzepts weiter zu verwenden.

Im dritten Schritt probieren wir die SEU in einem einfachen Pilotprojekt aus und führen zugleich die ersten Test- und Dokumentationswerkzeuge ein. Auf Basis der Erfahrungen aus dem Pilotprojekt schreiben wir dann die projektspezifischen Nutzungskonzepte für die wichtigsten Werkzeuge, sodass später hinzukommende Kollegen sich schnell in die SEU einarbeiten können.

Erst in der vierten Phase des SEU-Aufbaus nehmen wir die ausgewählten Komponenten hinzu. Da die technischen Werkzeugen und ihre Bedienung bis dahin bekannt sind, können wir uns nun darauf konzentrieren, die Bibliotheken in ihrem Leistungsumfang und ggf. die zugehörigen Werkzeuge kennen zu lernen.

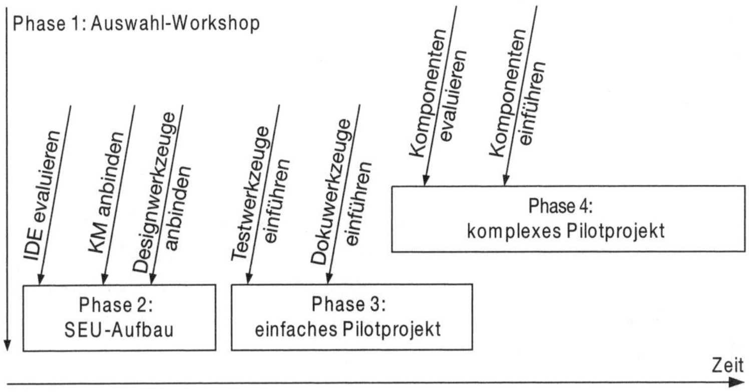


**Abb. 11.3:** Aufbau der SEU als gestuftes Teilprojekt

Innerhalb eines größeren Projekts empfehlen wir, den Aufbau der SEU mit den Phasen Fachkonzept und DV-Konzept zu kombinieren. Die Erstellung eines Dialog-Prototyps im Rahmen der fachlichen Spezifikation sollte gleichzeitig das einfache Pilotprojekt zum Ausprobieren der wichtigsten SEU-Bausteine sein. Als komplexes Pilotprojekt wiederum kann man die Realisierung eines technischen Durchstichs nutzen, der im Verlauf der Konstruktion erstellt wird.

## Architektur- und Entwurfsprinzipien

Es gibt keine Standard-SEU, denn jedes Projekt ist anders. Wie bei Individualsoftware lohnt es sich aber auch bei Individual-SEUs über wiederverwendbare, projektunabhängige Komponenten nachzudenken.

Viele gute Ideen aus Software-Architektur und Software-Entwurf sind auf Werkzeuge übertragbar: Für jede Projektaufgabe haben wir ein eigenständiges Werkzeug, das unabhängig ausführbar ist und das Schnittstellen an die SEU exportiert. Alle Werkzeuge definieren Schnittstellen, die sie benötigen (importieren). Dazwischen setzen wir kleine Verbindungswerkzeuge (*Glue-Tools*), welche die einzelnen Werkzeuge innerhalb der SEU miteinander verbinden und z.B. eine übergreifende Automatisierung ermöglichen.

Die meisten real vorhandenen Entwicklungsumgebungen haben leider den Nachteil, dass sie ohne Berücksichtigung von Architekturprinzipien entstanden sind. Wir haben es oft mit monolithischen und z. T. unstrukturierten Werkzeuglandschaften zu tun, die sich schwer warten und nur in seltenen Fällen wiederverwenden lassen.

Entwicklungsprozesse werden im konkreten Projekt von den eingesetzten Werkzeugen bestimmt. Betrachten wir das Ganze aber aus einer etwas abstrakteren Position, finden wir die allgemeinen Entwicklungsprozesse unabhängig von der Technik und von dem zu erstellenden Anwendungssystem in nahezu jeder SEU wieder – es gibt also durchaus Wiederverwendungspotential.

Es lohnt sich also, unsere Prinzipien für guten Software-Entwurf auch auf die Software-Entwicklungsumgebung zu übertragen, mit der wir Anwendungssysteme erstellen. Dazu gehören vor allem Architekturprinzipien wie Komponenten, Schnittstellen und dahinter verborgene Implementierungen, aber auch Entwurfsprinzipien wie Muster oder Metriken.

### *SEU-Komponenten*

Wir beginnen mit der Übertragung von Architekturbegriffen auf den Kontext SEU, indem wir zuerst die Begriffe der SEU-Komponente und ihrer Schnittstellen definieren.

Eine SEU-Komponente ist eine Menge von Werkzeugen, die eine überschaubare, in sich abgeschlossene Aufgabe innerhalb eines Entwicklungsprozesses erfüllt. Sie kann hierfür Leistungen anderer Komponenten in Anspruch nehmen oder sich definierter technischer Basisdienste bedienen, die von einzelnen SEU-Bausteinen erbracht werden.

Eine SEU-Komponente stellt eine definierte Leistung nach außen zur Verfügung, d.h. sie definiert ihre eigene Nutzschnittstelle. Gleichzeitig stellt sie aber auch Anforderungen an andere Komponenten bzw. technische Basisdienste. Diese Schnittstellen müssen in der konkreten SEU von den jeweiligen Werkzeugen über einen entsprechenden technischen Adapter bedient werden, damit die Komponente ihre Arbeit tun kann.

Einzelne Komponenten einer SEU sind soweit wie möglich voneinander entkoppelt, d.h. Abhängigkeiten zwischen Komponenten sind minimiert. Fachliche und technische Aufgaben werden generell voneinander getrennt.

Überschaubare SEU-Komponenten vereinfachen die Wartung der SEU – aber indirekt auch die Wartung der damit entwickelten Anwendungssysteme. Die Entkopplung erhöht zudem die Chance auf Wiederverwendung von SEU-Komponenten.

Die folgenden Beispiele für SEU-Komponenten stammen aus einer Ant-Umgebung, die in einem EJB-Projekt aufgebaut und in einem anderen wiederverwendet wurde:

- Auschecken von Quellen
- Kompilieren von Quellcode
- Deployment von Beans und Anwendungsklassen
- Durchführung von Modultests

- Automatisiertes Erzeugen und Testen (*nightly test and build*)
- Erzeugung der Dokumentation

### *SEU-Architektur*

In der allgemeinen Softwarearchitektur ist die Fachlichkeit der Anwendung und damit die Menge der Softwarekomponenten beliebig. Im Gegensatz dazu gehen wir bei der SEU-Architektur von einer vordefinierten Menge von SEU-Komponenten aus, die sich aus den zu unterstützenden Entwicklungsprozessen ableiten.

Die SEU-Architektur beschreibt also den allgemeinen Aufbau einer SEU mit einem definierten Funktionsumfang, aber unabhängig von konkreten Plattformen und Werkzeugen. Wir verwenden dabei die Begriffe *SEU-Komponente*, die eine bestimmte fachliche Aufgabe erledigt, und *SEU-Baustein* für eine beliebige Baustein-Kategorie.

Wie ein Anwendungssystem besteht auch die SEU aus mehreren Schichten. Zuoberst und für den Benutzer direkt sichtbar ist die Entwicklungszentrale: Sie delegiert einzelne Aufgaben an die darunter liegenden SEU-Komponenten, die sich ihrerseits auf die technischen Basisdienste der einzelnen SEU-Bausteine stützen.

In der SEU-Architektur ist die Entwicklungszentrale der ideale Punkt, um den Entwicklungsprozess abzubilden und zu steuern. Hierzu verwendet die Entwicklungszentrale direkt die Nutzschnittstellen der vordefinierten Menge von SEU-Komponenten.

Die SEU-Architektur definiert zudem die Schnittstellen der verwendeten SEU-Bausteine. Eine solche Schnittstelle ist entweder abgeleitet aus den von den SEU-Komponenten benötigten Funktionen (top-down) oder aus den allgemein angebotenen Funktionen der verbreiteten Werkzeuge einer Kategorie (bottom-up). Damit wird gewährleistet, dass die Werkzeuge ausgetauscht und die SEU-Komponenten wiederverwendet werden können. Hier einige Beispiele für SEU-Bausteine mit typischen Schnittstellen:

- Compiler
  - full compile
  - incremental compile
  - generate dependencies
- Application Server
  - generate stubs and skeletons
  - build package
  - deploy package
  - start server
  - stop server
- Versionsverwaltung
  - logon
  - get work copy
  - checkout files
  - checkin files
  - diff files
  - merge files

Abbildung 11.4 zeigt ein SEU-Architektur am Beispiel der schon genannten EJB-Ant-Umgebung.

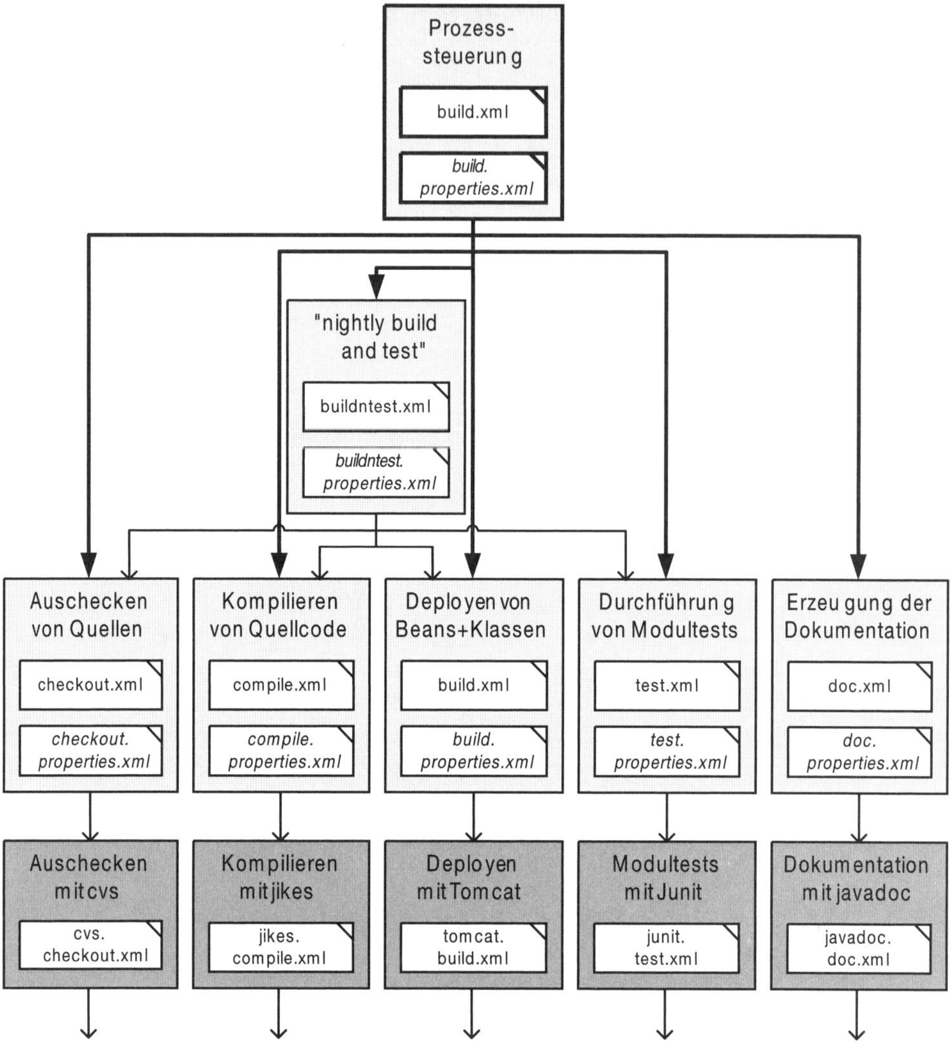


**Abb. 11.4:** SEU-Architektur am Beispiel einer realen Ant-EJB-Umgebung

Die SEU-Komponenten (hellgrau) verwenden für ihre Aufgaben zum einen andere SEU-Komponenten, zum anderen Adapter auf konkrete SEU-Bausteine (dunkelgrau). Einstieg für den Benutzer ist immer Prozessteuerung, die alle Entwicklungsaufgaben in Form einer einzigen Benutzerschnittstelle anbietet.

### *SEU und Wiederverwendung*

Im Folgenden definieren wir Kategorien für die Wiederverwendbarkeit von Werkzeugen und beschreiben, welche Elemente der SEU-Architektur welcher Kategorie zuzuordnen sind.

a) **Projekt- und technikunabhängige Werkzeuge**

- Prozessdefinition und -steuerung der SEU-Architektur
  - hängen nur von der konkreten Entwicklungszentrale ab,
  - beschreiben den Ablauf einzelner Prozesse bzw. Prozessschritte,
  - delegieren einzelne Aufgaben an die jeweiligen SEU-Komponenten,
  - können z.B. durch ein zentrales Ant- oder make-Skript realisiert werden.
- SEU-Komponenten
  - hängen nur von der konkreten Entwicklungszentrale ab,
  - beschreiben den Ablauf der Aufgabe(n) einer SEU-Komponente,
  - definieren abstrakt die hierfür benötigten technischen Dienste (z.B. „Auschecken aus einer Versionsverwaltung"),
  - definieren abstrakt die notwendigen projektspezifischen Informationen (z.B. „Liste der Quelltextdateien einer Software-Komponente"),
  - können z.B. durch ein zentrales Ant- oder make-Skript realisiert werden.
- sind direkt wiederverwendbar

b) **Technikabhängige Werkzeuge**

- Produkte (kommerziell vertrieben oder frei verfügbar)
  - werden als konkreter Baustein in die SEU integriert,
  - erledigen technische Basisdienste, egal wofür die SEU diese Dienste nutzt,
  - z.B. Compiler, Versionsverwaltung, Testwerkzeug, UML-Designer, Archiv.
- technische Adapter (*Glue-Tools*)
  - bilden die von der SEU-Architektur definierten abstrakten Baustein-Schnittstellen auf die konkreten Funktionen eines bestimmten Werkzeugs ab – beschreiben also, was etwa *Auschecken* für cvs bzw. ClearCase bedeutet,
  - können z.B. durch untergeordnete Ant- oder make-Skripte realisiert werden,
- sind nur in einem bestimmten technischen Umfeld wiederverwendbar.
- Wiederverwendung immer als Werkzeugpaar (Produkt und entsprechender Adapter)

c) **Projektspezifische Werkzeuge**

- Projekteinstellungen
  - geben an, welche Entwicklungsprozesse das Projekt nicht verwendet,
  - geben an, wo die Quelltexte und die verwendeten Bibliotheken zu finden sind,
  - häufig in Form von Umgebungsvariablen, Parametern oder Schaltern vorzufinden,
  - können z.B. durch parametrierende Ant- oder make-Skripte realisiert werden.
- sind in Form von projektspezifisch auszufüllenden Vorlagen wiederverwendbar.

d) **Projektspezifische und technisch abhängige Werkzeuge**

- Werkzeuge für stark projektspezifische Entwicklungsprozesse
  - vermischen technische und projektspezifische Aspekte in einem Werkzeug,
  - Beispiel: Rose-Export für Abbildung eines Rose-IAD-Modells auf ein bestimmtes Workflow-Framework.
- sind nur sehr begrenzt wiederverwendbar, indem sie adaptiert oder als Steinbruch für ähnliche Werkzeuge verwendet werden.

### *SEU-Entwurf*

Zum Schluss noch ein Wort zum Entwurf und zur Programmierung von Werkzeugen. Für die selbstgeschriebenen Werkzeuge einer SEU gelten ähnliche Entwurfsprinzipien wie für Software-Module in einem Anwendungssystem:

- Werkzeuge enthalten nur eine Art vom Komplexität, d.h. technisch komplexe Aufgaben erledigt ein Werkzeug, fachlich komplexe Dinge ein anderes.
- Werkzeuge sind überschaubar, d.h. zu lange Skripten teilen wir in mehrere Teilskripte auf und verbinden diese mit einem übergeordneten Skript.
- Werkzeuge sind verständlich, d.h. wir legen Programmierrichtlinien und Regeln für Inline-Dokumentation auch für Skriptsprachen fest.

Leider gibt es für die wenigsten Skriptsprachen und SEU-Werkzeuge anerkannte Anwendungsregeln oder Metriken. Daher ist man hier sehr auf die eigene Erfahrung und einen gesunden Menschenverstand angewiesen – was uns aber nicht davon abhalten sollte, die projektinternen Regeln festzulegen und im Entwicklerhandbuch aufzuschreiben.

# 12 Konfigurationsmanagement

*von Peter Eilfeld, Kristine Schaal und André Schekelmann*

**? 100 Entwickler und 100 000 Programme – wie behalten wir den Überblick?**

In der Softwareentwicklung arbeiten viele Menschen gemeinsam an einem Projekt. Innerhalb kurzer Zeit entstehen große Mengen von Programmen und Dokumenten: Textdokumente und Grafiken in der Spezifikation, das Datenmodell in der Konstruktion, Testdaten und Testfälle in der Spezifikation, der Realisierung und der Qualitätssicherung – und all das ändert sich laufend. Jeder Software-Entwickler kennt die Probleme, die dabei auftreten und besonders unter erhöhtem Zeitdruck zum Chaos führen.

Konfigurationsmanagement verhindert das Chaos – es liefert die Methoden für die Koordination und die Kontrolle des Entwicklungsprozesses. Darum geht es in diesem Kapitel.

Konfigurationsmanagement ist für alle Projektphasen wichtig:

Jeder Entwickler braucht einen eigenen Arbeitsbereich, um Programme ungestört zu entwickeln, zu übersetzen und zu testen. Häufig werden Änderungen an einem Programm von verschiedenen Entwicklern vorgenommen. Dazu tauschen sie ihre Programme aus. Das ist nicht auf Zuruf möglich, erst recht nicht, wenn die Entwickler an verschiedenen Orten arbeiten.

Die vielfältigen Abhängigkeiten zwischen den Programmen und anderen Dokumenten müssen immer nachvollziehbar sein. Sie sind die Grundlage für den Build-Prozess eines Systems. Dieser sorgt dafür, dass bei jeder Änderung nur die betroffenen Programme neu übersetzt werden. Das erhöht die Effizienz – aber nur, wenn man genau weiß, wie die Bestandteile des Systems zusammenhängen. Ein Überblick über die Abhängigkeiten ist auch notwendig, um z.B. folgende Fragen beantworten zu können: Welche Konsequenzen hat die Änderung einer C-Header-Datei? Welcher Testfall gehört zu einem Anwendungsfall? In welchen Programmen ist ein bestimmter Anwendungsfall implementiert?

Test und Auslieferung erfordern ein Verfahren, um definierte Stände der Entwicklung zu reproduzieren. Nach der Auslieferung melden die Anwender Fehler und Änderungswünsche an. Die Flut dieser Meldungen muss kanalisiert werden: Wichtiges ist von weniger Wichtigem zu trennen, die Wünsche sind zu priorisieren und die Einarbeitung und Auslieferung zu planen. An diesem Punkt verzweigt sich die Entwicklung: Die Fehlerbehebung basiert auf dem ausgelieferten Stand; gleichzeitig wird für das nächste Release weiterentwickelt. Später müssen aber die Fehlerbehebungen in die Weiterentwicklung einfließen, damit ein einmal behobener Fehler im nächsten Release nicht wieder auftaucht.

## 12.1 Die vier Säulen des Konfigurationsmanagement

Konfigurationsmanagement ruht auf den vier *Säulen* Version-, Build-, Release- und Change-Management (vgl. [Whi91]).

- *Version-Management* verwaltet und lenkt alle Versionen von Programmen und Dokumenten über ihren gesamten Lebenszyklus von der Entstehung bis zur Auslieferung. Version-Management
  - identifiziert die Versionen der Programme und Dokumente und bildet den Lebenszyklus der Versionen durch Zustände ab,
  - stellt den Entwicklern Arbeitsbereiche zur Verfügung, in denen sie ungestört arbeiten können und über alle notwendigen Ressourcen verfügen,
  - lenkt die gleichzeitige Überarbeitung von Programmen und Dokumenten durch mehrere Entwickler.
- *Build-Management* erzeugt aus Programmen ablauffähige Software. Build-Management
  - automatisiert die Schritte vom Programm bis zur lauffähigen Software,
  - analysiert und verwaltet die Abhängigkeiten von Programmen und Dokumenten untereinander.
- *Release-Management* verwaltet die ausgelieferte Software. Release-Management
  - stellt Software und begleitende Dokumente für die Auslieferung bereit,
  - identifiziert die ausgelieferte Software und die Dokumente und macht sie rekonstruierbar.
- *Change-Management* lenkt die Änderungsanforderungen. Change-Management
  - definiert den Prozess vom Eintreffen von Anforderungen, ihrer Priorisierung bis hin zur Auslieferung und unterstützt ihn maschinell,
  - lenkt parallele Entwicklungen, zum Beispiel für Fehlerbehebung und gleichzeitige Weiterentwicklung, durch Branching und Merging.

Wir illustrieren diese vier Säulen anhand eines Beispiels aus der Krankenversicherung.

In der Gesetzlichen Krankenversicherung werden neue Wege beschritten. Versicherte können sich in Deutschland seit einiger Zeit in Arztnetze einschreiben. Diese Arztnetze sollen künftig nicht nur die medizinische, sondern auch die wirtschaftliche Verantwortung für die eingeschriebenen Versicherten übernehmen. Schreibt sich ein Versicherter in ein Arztnetz ein, so wird aufgrund von in Anspruch genommenen Leistungen der Vergangenheit ein Bereinigungsbetrag berechnet. Diesen Betrag bringt der Versicherte einerseits in das Arztnetz mit; um diesen Betrag wird andererseits das Budget, das der Regelversorgung zur Verfügung gestellt wird, gekürzt.

In unserem Beispielprojekt wird eine neue Anwendung zur Berechnung der Beträge entwickelt: B3 (Berechnung des Bereinigungsbetrags). B3 ist eine Client/Server-Anwendung. Der Client wird in Java realisiert, als Server wird eine Oracle-Datenbank eingesetzt. Zielplattform für den B3-Client ist Windows NT, die Oracle-Datenbank läuft auf einem MVS-Rechner. Die Entwicklungsplattform ist UNIX.

Die Versicherten werden auch weiterhin im Altsystem KVIS (Krankenversicherungs-Informationssystem), einer COBOL-Anwendung auf dem Großrechner, verwaltet. Neben den COBOL-Programmen werden COBOL-Copystrecken verwendet. Diese Copystrecken enthalten Datentypen, wie zum Beispiel den Datentyp *Versicherter*. KVIS wird erweitert, um die Versicherten zu identifizieren, die sich in ein Arztnetz einschreiben. Die Produktivplattform von KVIS ist MVS, Entwicklungsplattform ist ebenfalls UNIX.

Die Gesamtanwendung wird stufenweise entwickelt. Jede entwickelte und freigegebene Stufe geht in Produktion. Das Projekt befindet sich zur Zeit in der Realisierungsphase der ersten Stufe.

Das Projektteam besteht aus 4 Mitarbeitern: Die Projektleiterin Anna, die Entwickler Bernd und Carmen sowie Dieter, der nicht nur Entwickler, sondern auch Beauftragter für das Konfigurationsmanagement ist.

## Version-Management

Bernd und Carmen verwalten ihre Quellen in einem gemeinsamen Projektverzeichnis auf ihrem Projektserver. Zusätzlich haben beide noch einen Arbeitsbereich auf dem eigenen Arbeitsplatzrechner. Vor der Bearbeitung kopieren sie die benötigten Quellen in ihren persönlichen Arbeitsbereich, nach Abschluss der Bearbeitung wieder zurück in das Projektverzeichnis; kleinere Änderungen nehmen sie gelegentlich auch direkt im Projektverzeichnis vor.

Bernd macht an einem Freitagabend spät noch eine Änderung an einer Java-Quelle und kopiert die geänderte Quelle in das Projektverzeichnis. Am Montag morgen stellt er fest, dass er die falsche Quelle geändert hat, und will die Änderung wieder rückgängig machen. Leider muss er feststellen, dass er die ursprüngliche Version der Quelle nicht mehr hat.

Außerdem stellt Bernd fest, dass eine Änderung an einer anderen Quelle, die er am Freitag gemacht hat, offenbar wieder verschwunden ist. Carmen hat sie versehentlich mit ihrer eigenen Änderung überschrieben, die sie gleichzeitig vorgenommen hat.

### *Elemente*

Das Konfigurationsmanagement verwaltet alle Ergebnisse, die im Projektverlauf entstehen. Jede identifizierbare Einheit, die verwaltet wird, heißt *Element* (vgl. [DIN9001]: dort wird der Begriff *Software-Element* verwendet). Verwaltet werden:

- Programmquellen
- Dokumente
  Dazu zählen Spezifikation und Konstruktion, aber auch Testfallbeschreibungen, Projektplanungen und vieles mehr. Dokumente können als einfache Textdokumente vorliegen oder als strukturierte Dokumente, zum Beispiel in einem Modellierungswerkzeug wie *Rational Rose*.

- Daten
  zum Beispiel in Form von Schlüsselverzeichnissen.
- Testtreiber, Skripte zur Steuerung von Tests, Testeingangsdaten und Testergebnisse. Sie begleiten die gesamte Entwicklung.
- Verzeichnisse.
  Verzeichnisse im Version-Management zu verwalten, ist immer dann sinnvoll, wenn eine Änderung der Verzeichnisstruktur anderweitige Auswirkungen hat: In der Java-Entwicklung zum Beispiel ändern sich mit der Verzeichnisstruktur alle *package*-Namen (und umgekehrt).
- weitere Ergebnisse wie Bilder, Multimediadateien etc.

Alle bisher erwähnten Elemente sind manuell erzeugt. Daneben gibt es generierte Elemente. Dazu zählen:

- ausführbare Programme,
- Zwischenprodukte auf dem Weg von der Programmquelle zum ausführbaren Programm. Das sind zum Beispiel *Objectcode*, der nach dem Übersetzen, aber vor dem Binden entsteht, oder Programmquellen, die von Entwicklungswerkzeugen aus anderen Quellen generiert werden (z.B. Java- oder C++-Code aus UML (vgl. Kapitel 3 und 4) mit Werkzeugen wie Rational Rose).

Generierte Elemente sind aus der manuell erstellten Quelle mit dem passenden Werkzeug reproduzierbar. Deshalb reicht es in der Theorie, nur die manuell erstellten Quellen und die Werkzeuge im Konfigurationsmanagement zu verwalten. In der Praxis ist es jedoch oft sinnvoll, auch generierte Elemente aufzuheben, beispielsweise, wenn die erneute Generierung zu aufwendig ist.

### *Versionierung von Elementen*

Über die Versionierung kann der Überarbeitungsstand eines Elementes zu einem bestimmten Zeitpunkt identifiziert und rekonstruiert werden. Programmquellen, Spezifikationsdokumente, Testfälle und Testdaten werden deshalb immer versioniert, genau wie alle Werkzeuge der Entwicklungsumgebung, die im Projekt erstellt werden. Welche Elemente sonst noch versioniert werden, hängt vom konkreten Projekt ab: Manche Elemente existieren nur in einer Version, manchmal ist nur die aktuelle Version relevant (z.B. bei Protokollen). Generierte Elemente sind aus der manuell erstellten Quelle in der Theorie reproduzierbar, sie müssen daher prinzipiell nicht eigenständig versioniert werden. In der Praxis kann es sinnvoll sein, sie trotzdem eigenständig zu versionieren (etwa ausführbare Programme zu einem Release). Faustregel: Alle manuell erstellten Elemente versionieren.

Eine neue Version wird immer dann angelegt, wenn der Überarbeitungsstand festgehalten werden soll. Bei Werkzeugen für das Version-Management geschieht das über die Funktionen *check in* und *check out*. Eine einmal ausgelieferte Version darf nicht mehr verändert werden; zur Weiterbearbeitung muss eine neue Version angelegt werden. Eine neue Version kann aber auch während der laufenden Entwicklung erzeugt werden, um den Stand der Entwicklung festzuhalten, auf den eine Rückkehr möglich sein soll, oder um identifizierbare Stände von Elementen unter Entwicklern auszutauschen.

Jede Version hat einen eindeutigen Namen. Einfache Möglichkeiten sind fortlaufende Nummern oder Zeitstempel. Das reicht jedoch nicht aus, wenn sich die Entwicklung verzweigt und Versionen nicht nur nacheinander, sondern auch nebeneinander bestehen. Dies ist zum Beispiel dann der Fall, wenn ein Element nach einer Auslieferung sowohl für eine Fehlerbehebung als auch für die nächste Auslieferung bearbeitet wird. Dann entsteht ein Zweig für die Wartung und ein anderer für die Weiterentwicklung (vgl. Abb. 12.1). Es gibt verschiedene Möglichkeiten, das in der Versionsnummer abzubilden:

- Major- und Minor-Nummern: 1.0, 1.1, 1.0.1.1 ... (rcs-Konvention, vgl. [BoB95]). Jeder Zweig wird mit einer zweiteiligen Nummer durchnummeriert. Der hintere Teil wird vom Werkzeug hochgezählt, der vordere wird von Hand hochgesetzt und kennzeichnet zum Beispiel eine Auslieferung.
- Kombinationen aus fortlaufenden Nummern und Namen (vgl. Abb. 12.1). Jeder Zweig erhält einen sprechenden Namen, zum Beispiel *main* für den Hauptzweig und *fix* für den Wartungszweig (ClearCase-Konvention, vgl. [Whi00]).

Die eindeutige Versionsnummer benötigt jedes Werkzeug intern. Für den Entwickler ist sie jedoch nicht immer aussagekräftig oder notwendig. Es ist sinnvoller, die Version, die von Bedeutung ist, zusätzlich mit einem Label mit sprechendem Namen zu versehen, zum Beispiel *Release 1* (vgl. Abb. 12.1).

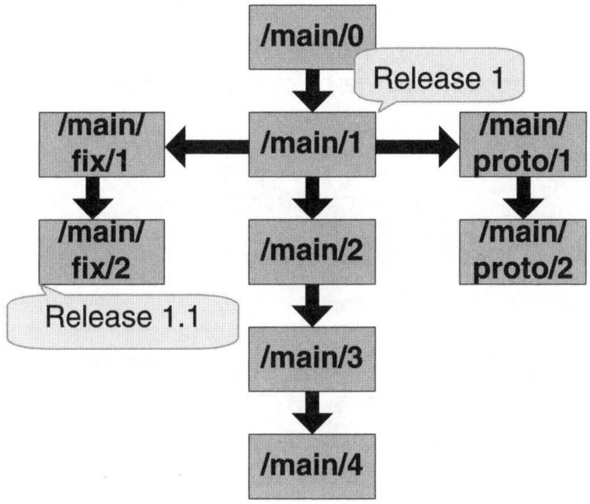


**Abb. 12.1:** Versionsbaum von Elementen

## *Eigenschaften von Elementen und Versionen*

Das Version-Management verwaltet nicht nur die Elemente selbst, sondern auch Eigenschaften von Elementen und Versionen. Eine Eigenschaft eines Elements ist zum Beispiel der *Elementtyp*, der etwas über den Inhalt eines Elementes und die Art der Verarbeitung aussagt, wie *Word-Dokument*, *Text-Datei*, *Java-Programmquelle* etc. Eigenschaften einer Version sind zum Beispiel die Benutzerkennung des Entwicklers, der sie erstellt hat, die Auslieferung, zu der sie gehört, oder die Änderungsanforderung, für die sie bearbeitet wurde. Einige Eigenschaften von Versionen sind ohnehin im Dateisystem vorhanden: Name und Größe der Version, Zeitpunkt der letzten Änderung.

Werkzeuge bilden die Eigenschaften unterschiedlich ab, dies gilt zum Beispiel für den Elementtyp: Meistens kennzeichnet die Endung (*.java, *.doc) den Elementtyp, in manchen Werkzeugen wird er separat verwaltet. Über den Elementtyp kann man die Art der Speicherung einer Datei im Archiv steuern: Bei Textdateien können entweder Differenzen zwischen den Versionen gespeichert werden (das spart Platz) oder alle Versionen vollständig (das beschleunigt den Zugriff auf alte Versionen); bei Binärdateien müssen immer vollständige Versionen gespeichert werden. Der Elementtyp kann ferner Verarbeitung, Berechtigungen und vieles mehr steuern.

Jedes Werkzeug verwaltet bestimmte Standard-Eigenschaften (z.B. den Eigentümer einer Version) und bietet die Möglichkeit, weitere Eigenschaften (z.B. den Namen der Auslieferung) in Labels abzulegen. Manche Werkzeuge erlauben es darüber hinaus, beliebige Attribute für Elemente oder Versionen zu definieren, um zusätzliche Eigenschaften aufzunehmen.

### *Lebenszyklus von Versionen*

Während eines Projektes durchläuft jede Version einen Lebenszyklus mit bestimmten Zuständen, und in jedem Zustand sind nur bestimmte Operationen erlaubt (vgl. [Den91]), zum Beispiel darf eine Version im Zustand *in Bearbeitung* verändert, aber nicht ausgeliefert werden, da sie noch nicht getestet wurde. Der einfachste Zustandsautomat besteht aus den zwei Zuständen *existiert* und *existiert nicht.* Wird er um die zwei Zustände *in Bearbeitung* und *nicht in Bearbeitung* erweitert, reicht das für viele Projekte schon aus. Häufig sind aber noch einige andere Zustände notwendig, die Abbildung 12.2 zeigt.

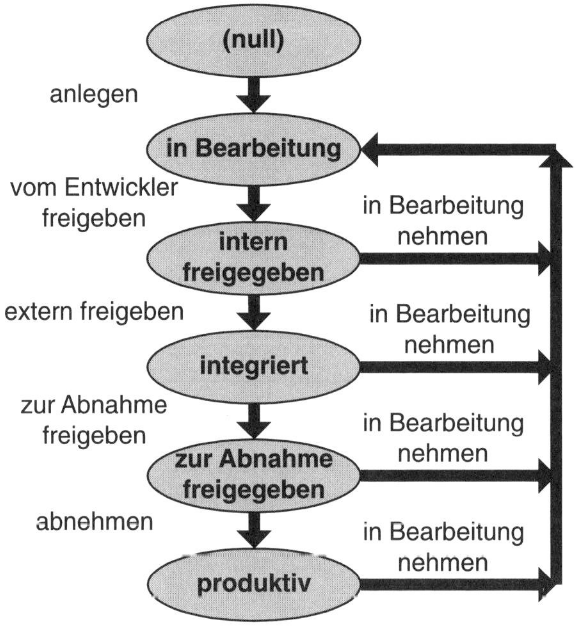


**Abb. 12.2:** Zustandsübergänge

Nicht jede Version durchläuft den gesamten Lebenszyklus: Jede Version wird zwar irgendwann in Bearbeitung genommen, aber nicht alle Versionen erreichen den Zustand *produktiv*.

### *Entwicklungsraum*

Jeder Entwickler braucht einen Arbeitsbereich oder *Entwicklungsraum* (vgl. [Som96]), wo er ungestört arbeiten kann, wo er vor den Änderungen der anderen Entwickler geschützt ist und wo die anderen nicht sehen, was er tut. Manchmal ist es auch sinnvoll, für einen Entwickler mehrere Entwicklungsräume einzurichten, zum Beispiel einen für die Weiterentwicklung für ein neues Release und einen anderen für Wartungsarbeiten an einem bereits ausgelieferten Release.

Im Entwicklungsraum werden folgende Aufgaben erledigt:

- Dateien editieren,
- Dateien übersetzen und binden,
- Testfälle und Testdaten editieren, Module testen,
- fertige Module freigeben,
- Testtreiber erstellen, Testergebnisse für die Qualitätssicherung ablegen.

Ein Entwicklungsraum ist mit allen Ressourcen ausgestattet, die ein Entwickler braucht, um diese Aufgaben auszuführen:

- Programmquellen oder Dokumente, die der Entwickler bearbeitet, exklusiv und nur für ihn änderbar.
- Programmquellen und ausführbare Programme zum Übersetzen und zum Test. Hier reicht lesender Zugriff. Wann der Entwickler die Änderungen Dritter sieht, ist eine Projektentscheidung: Manchmal ist es wünschenswert, immer gegen den aktuellen Stand zu übersetzen und zu testen, um mögliche Fehler im Zusammenspiel sofort zu bemerken. Wenn die Entwicklung dynamisch wird, ist es sinnvoll, gegen einen festen Stand zu entwickeln und selber zu entscheiden, wann er aktualisiert wird.
- Entwicklungs- und Testwerkzeuge sowie Testdaten, wie Compiler, Applikationsserver, Datenbank. Auch diese Ressourcen kann der Entwickler für sich alleine haben oder teilen. Entwicklungswerkzeuge wie Compiler braucht man natürlich nur einmal pro Projekt. Bei den anderen Entwicklungswerkzeugen sind Kosten und Nutzen abzuwägen. Jedem Entwickler eine eigene Datenbank für die Modultests zur Verfügung zu stellen, ist teuer. Meistens reicht es, wenn er über ein eigenes Schema verfügt, um seine eigenen Testdaten anzulegen. Mehr dazu in Kapitel 11.

### *Sperren*

Wie erhält ein Entwickler eine änderbare Version eines Elementes und wie wird verhindert, dass sich Entwickler durch gleichzeitige Bearbeitung desselben Elementes gegenseitig die Änderungen überschreiben? Dazu gibt es Sperren: Sobald ein Entwickler ein Element in Bearbeitung nimmt (*check out*), ist es für alle anderen Entwickler gesperrt; sie können nur noch lesend darauf zugreifen. Erst wenn er es zurückgibt (*check in*), wird die Sperre aufgehoben. Frühestens dann werden auch seine Änderungen für andere sichtbar.

Eine Alternative ist die kontrollierte parallele Bearbeitung eines Elements durch mehrere Entwickler. Dabei werden die Änderungen aller Entwickler in einem nachfolgenden Konsolidierungsschritt zusammengeführt (*Merge*). Bei dieser Art der parallelen Bearbeitung handelt es sich nicht um eine Erzeugung von Zweigen (*Branching*), denn alle Versionen, die dabei entstehen, liegen nach dem *check in* wieder auf einem einzigen Zweig. Parallele Bearbeitung ist nur sinnvoll, wenn das Werkzeug Differenzen zwischen zwei Versionen erkennt. Das ist bei Textdateien (z.B. COBOL- oder Java-Quellen) immer der Fall (über das UNIX-Werkzeug *diff*), bei Binär-Dateien (z.B. Quellen aus 4GL-Umgebungen) jedoch meistens nicht.

Die gleichzeitige Überarbeitung kann auch einfach so geregelt werden, dass jedes Element einem bestimmten Entwickler fest zugeordnet wird, der das exklusive Schreibrecht hat. So macht man es manchmal noch bei Großrechnern, wo die Entwickler über Jahre hinaus die gleiche Aufgabe haben. Das schränkt die Flexibilität in der Entwicklung aber sehr ein.

Dieter entscheidet, folgende Elemente im Version-Management zu verwalten:

- Spezifikation,
- Java- und COBOL-Quellen,
- Java-Klassen und ausführbare COBOL-Programme,
- Projektplan, Protokolle von Team-Meetings und Besprechungen.

Als Werkzeug wählt er das Open Source Werkzeug CVS. Spezifikation und Programmquellen werden in CVS versioniert. Projektplan und Protokolle liegen weiterhin auf dem Projektlaufwerk, weil sie nur in einer Version gebraucht werden.

Den Entwicklungsraum jedes Entwicklers stattet er folgendermaßen aus:

- mit einem Arbeitsbereich auf dem eigenen Arbeitsplatzrechner,
- mit Bibliotheken auf dem Großrechner, eine für die COBOL-Quellen, eine andere für die ausführbaren Programme,
- mit einem Datenbank-Schema.

Der Entwicklungsraum auf dem eigenen Arbeitsplatzrechner wird erstmalig durch ein *cvs checkout* über CVS befüllt, d.h. alle Quellen werden in den Arbeitsbereich kopiert. Diese Kopien sind änderbar; jeder andere Entwickler kann sich auf dem selben Weg änderbare Kopien holen. Erst wenn ein Entwickler mit einem *cvs commit* eine geänderte Kopie zurückschreibt, erhält er eine Warnung, falls ein anderer Entwickler schon einen neueren Stand eingecheckt hat. Änderungen anderer Entwickler sind im eigenen Entwicklungsraum erst nach *cvs update* sichtbar.

Nach der Übersetzung liegen die Java-Klassen ebenfalls im persönlichen Arbeitsbereich. Die COBOL-Quellen werden zum Übersetzen in Bibliotheken auf dem Großrechner übertragen. Das Datenbank-Schema enthält neben den üblichen Datenbank-Objekten (Tabellen, Datenbank-Prozeduren etc.) die Testdaten.

Carmen und Bernd verabreden, dass sie eine Quelle nur dann einchecken, wenn sie übersetzbar ist und den ersten Test bestanden hat. Jede eingecheckte Quelle ist damit im Zustand *intern freigegeben*.

## Build-Management

Viele Module der Java-Anwendung sind fertiggestellt, die COBOL-Copystrecke mit dem Datentyp *Versicherter* und weitere Copystrecken sind erweitert und die dazugehörigen COBOL-Quellen angepasst. Die Module werden nun im Zusammenspiel getestet. Dazu wird das ganze System übersetzt. Für das Altsystem KVIS ist nicht vollständig bekannt, welche Copystrecke in welcher COBOL-Quelle verwendet wird. Deshalb wird immer die gesamte Anwendung übersetzt.

### *Produktionsketten*

Um aus Programmquellen schließlich ablauffähige Software zu erzeugen, sind eine Reihe von Arbeitsschritten erforderlich. Der gesamte Prozess heißt *Produktionskette.*

Der einfachste Weg ist die Übersetzung sämtlicher Quellen. Dies kann bei großen Anwendungen allerdings Stunden dauern. Doch schon eine Wartezeit von wenigen Minuten ist zu lang, wenn ein Entwickler lediglich wissen will, ob seine Änderung übersetzbar ist. Ziel ist, nur die tatsächlich veränderten Programmquellen sowie davon abhängige Programmquellen zu übersetzen. So muss zum Beispiel bei Änderung einer Schnittstelle jede Quelle neu übersetzt werden, die diese Schnittstelle importiert.

In der UNIX- oder Windows-Welt sind *make* (vgl. [OrT94]) und seine Derivate (*nmake, imake*) allgegenwärtig. *make* erkennt am Zeitstempel, welche Quellen neu zu übersetzen sind. Der Entwickler beschreibt Abhängigkeiten zwischen Elementen (z.B. die Abhängigkeit einer C-Quelle von einem C-Header) in *Makefiles*. Die Java-Version von *make* heißt *ant* (vgl. *[http://jakarta.apache.org/ant/]*, [Edl02]). *ant* behebt einige Schwächen von *make*, ist für Java-Entwicklung wesentlich besser geeignet und ist lesbarer als *make*.

Die Übersetzung der Quellen in ablauffähige Software ist der letzte Schritt des Build-Prozesses. Vorgelagert ist häufig eine Generierung: Aus UML oder aus Datenbankmodellen werden Programmquellen generiert, oder Programmquellen werden um eine standardisierte Fehlerbehandlung oder Protokollierung erweitert.

Der Build-Prozess unterscheidet sich in der Regel für die Entwicklung und die Produktion. Im Test wird zum Beispiel mit debug-Option und eingeschalteter Protokollierung übersetzt, in der Produktion dagegen mit Optimierungs-Option. Möglich sind auch verschiedene Zielumgebungen, etwa aufgrund verschiedener Betriebssysteme. In diesem Fall wird für jedes Betriebssystem mit einem betriebssystem-abhängigen Compiler übersetzt und unterschiedliche Bibliotheken werden für betriebssystem-nahe Funktionen eingebunden.

Zur Feinsteuerung des Build-Prozesses werden manchmal Zusatzinformationen direkt am Element oder sogar an der Version hinterlegt. Beispiele sind Zielbibliotheken oder spezielle Optionen für den Compiler. Diese werden als Eigenschaften im Version-Management verwaltet (vgl. den Abschnitt „Version-Management").

### *Verwaltung von Abhängigkeiten*

Zwischen Programmquellen gibt es zwei verschiedene Arten von Abhängigkeiten, die sich aus der Sicht der Programmquellen durch folgende Fragen unterscheiden:

- *Wen benutze ich*, also welche anderen Programmquellen brauche ich?
- *Wer benutzt mich*, also welche anderen Programmquellen brauchen mich?

Abhängigkeiten der *Wen-benutze-ich*-Kategorie sind einfach aufzuspüren, weil sie sich direkt oder indirekt (z.B. bei Vererbungshierarchien) aus dem Programmquelltext ergeben. Der Compiler findet alle Abhängigkeiten dieser Art; viele Compiler übersetzen diese Programme automatisch.

Die *Wer-benutzt-mich*-Abhängigkeiten sind dagegen schwieriger zu finden, man muss dafür alle anderen Quellen durchsuchen. Für den Build-Prozess sind sie entscheidend, denn alle auf diese Weise abhängigen Quellen müssen übersetzt werden, wenn sich zum Beispiel die Schnittstelle der Quelle ändert.

Auch ein Entwickler muss wissen, welche Folgen eine Änderung im System hat. Nur so lässt sich der Aufwand einer Änderung in der Planung abschätzen oder im Design entscheiden, wie eine Änderung implementiert wird. Häufig müssen die *Wer-benutzt-mich*-Abhängigkeiten nicht nur auf Programm-Ebene bekannt sein (wie für den Build-Prozess), sondern auch auf der Funktions-, Methoden- oder Variablen-Ebene.

Diese Abhängigkeiten werden mittels Werkzeugen dokumentiert. Man kann das mit dem Werkzeug machen, das auch für die Versionierung benutzt wird. Meist werden aber gesonderte Werkzeuge verwendet. Werkzeuge wie z.B. SHORE (vgl. Kapitel 9 und 11), speichern die Abhängigkeiten nicht nur, sondern erkennen sie auch. Letzteres ist ein wichtiger Schritt bei der Software Renovierung (vgl. Kapitel 9). Dabei erkennt und verwaltet SHORE auch phasenübergreifende Abhängigkeiten, etwa zwischen der Spezifikation und der Konstruktion.

### *Integrationsraum*

Im Integrationsraum wird das modulgetestete System übersetzt (der Name *smoke test* sagt anschaulich, was da passiert) und das Zusammenspiel der Module getestet: Fehlen Programme? Passen die internen Schnittstellen zusammen? Passen die Schnittstellen zu Nachbarsystemen?

Im Integrationsraum befinden sich neben den Quellen (im Zustand *intern freigegeben*, siehe Abb. 12.2) die Werkzeuge für den Build-Prozess, sowie die Testwerkzeuge für den Integrationstest (das sind andere als beim Entwicklungstest) und Testdaten. Nach dem Build befinden sich hier auch die ablauffähigen Programme. Für verschiedene Aufgaben kann es verschiedene Integrationsräume geben, beispielsweise wenn Last- und Überdeckungstests gleichzeitig durchgeführt werden (vgl. Kapitel 8).

Die Abhängigkeiten zwischen den COBOL-Quellen und den Copystrecken wurden mit Hilfe des Werkzeugs *Revolve* gefunden. Dieter hinterlegt diese Abhängigkeiten und die zwischen Java-Modulen in einem Makefile.

Der Integrationsraum für die Java-Entwicklung besteht aus einem Arbeitsbereich auf dem Projektlaufwerk sowie aus einem eigenen Datenbank-Schema, der Integrationsraum auf dem Großrechner aus eigenen Bibliotheken.

Für jede COBOL-Quelle braucht man den Namen der Bibliothek, in die das Programm zum Übersetzen auf dem Großrechner gestellt wird. Diesen Namen trägt

Dieter für jede COBOL-Quelle in eine Liste ein, die beim Transfer auf den Großrechner ausgewertet wird. In CVS gibt es leider keinen Ort, um Informationen dieser Art abzulegen. Die Liste selbst unterliegt keiner Versionierung, weil sie sich so gut wie nicht ändert.

## Release-Management

Die Module haben die ersten Integrationstests bestanden. Bernd und Carmen geht allerdings zusehends die Übersicht darüber verloren, welche Versionen der Quellen zusammengehören und welcher Stand den Integrationstest bestanden hat. Das wäre wichtig, denn Anna beginnt mit den fachlichen Tests, und immer wieder treten Fehler auf, die das Team nach dem Integrationstest längst behoben glaubte. Außerdem steht die Auslieferung der ersten Stufe zur Abnahme an den Kunden an. Das Projektteam braucht einen identifizierbaren und rekonstruierbaren Stand, um Fehler aus den Abnahmetests nachzuvollziehen und im richtigen Stand der Software zu beheben.

Nach Auslieferung der ersten Stufe treffen die ersten Fehlermeldungen ein. Bisher hat das Projektteam immer einfach an den Quellen weiterentwickelt, d.h. es ergab sich immer eine neue Version. Jetzt müssen Quellen in zwei Richtungen weiterentwickelt werden: Eine für die Fehlerbehebung und eine für die nächste Stufe. Auch ist abzusehen, dass ein Software-Paket mit den Fehlerbehebungen ausgeliefert werden muss. Und dann steht schon bald die Auslieferung der zweiten Stufe an. Diese darf die Fehler der ersten Stufe nicht mehr enthalten.

### *Konfigurationen, Releases, Varianten*

Jedes Software-Paket, das an den Auftraggeber ausgeliefert wird, heißt *Release*. Grundlage eines Releases sind

- die Stückliste mit allen ausgelieferten Elemente inklusive Versionsnummer,
- die Anleitung zur Erzeugung des ablauffähigen Systems.

Stückliste und Anleitung zusammen heißen *Konfiguration*. Die Anleitung beschreibt sowohl den Build-Prozess (Werkzeuge, Parameter, Werkzeugaufrufe), als auch das Resultat (z.B. Objektcode-Bibliotheken). Die Konfiguration ermöglicht die vollständige Rekonstruktion einer Anwendung.

Konfigurationen beschreiben nicht nur Auslieferungen, sondern allgemeiner den Inhalt von Räumen wie die schon genannten Entwickler- und Integrationsräume (vgl. Abbildung 12.3).

Zu einem Release können verschiedene *Varianten* existieren. Folgende Situationen machen Varianten erforderlich:

- verschiedene Zielumgebungen (Hardware, Betriebssystem, Verteilung von Anwendungen zwischen Clients und Servern, ...),
- spezifische Masken abhängig vom Betriebssystem (z.B. GUIs unter Windows vs. X-Windows),

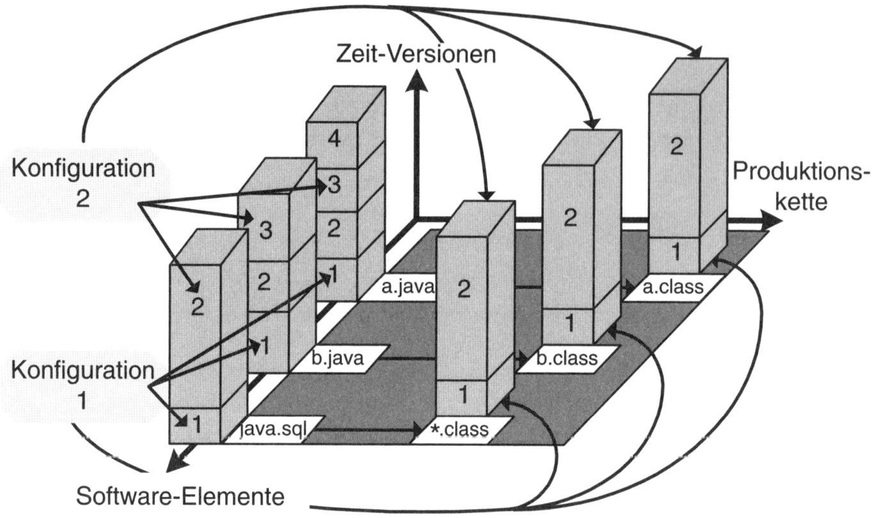


**Abb. 12.3:** Konfigurationen

- variierende Installationen bei unterschiedlicher Konfiguration der Zielsysteme,
- unterschiedlicher Funktionsumfang je nach Zielumgebung,
- sprach-, währungs- und länderspezifischen Anpassungen von Software,
- unterschiedliche Layouts, Logos oder Funktionen bei mandantenfähigen Programmen.

Varianten führen nicht immer zu Unterschieden in den Programmquellen: Manchmal sind nur zwei verschiedene Build-Prozesse notwendig, beispielsweise wenn es ausreicht, die Programmquellen mit unterschiedlichen Compilern für die verschiedenen Betriebssysteme zu übersetzen. Führen Varianten zu verschiedenen Programmquellen, so werden sie durch verschiedene Elemente, nicht durch Verzweigung eines Elementes abgebildet. Denn die Varianten sind dauerhaft, die jeweiligen Programmquellen werden nie wieder zusammengeführt.

Jeder Auslieferung gehen folgende Aktivitäten voraus:

- Stückliste erstellen: Auslieferungen können das gesamte System enthalten oder nur bestimmte Teile, zum Beispiel Fehlerbehebungen. Wird nur ein Teil ausgeliefert, so reicht es nicht aus, nur die tatsächlich geänderten Elemente auszuliefern, die davon abhängigen Elemente müssen ebenfalls mitgeliefert werden (vgl. den Abschnitt Build-Management).
- Build durchführen: Das System wird jetzt genauso erzeugt, wie es später in Produktion gehen soll.
- Systemtest durchführen: Er zeigt, ob die Spezifikation richtig implementiert wurde (s. Kapitel 14)

Ein *release letter* begleitet das Release. Er enthält

- Datum und Name des Releases,
- Inhalt des Releases (Quellen, falls diese geliefert werden, Bibliotheken, Installationsskripte, ...),

- die Systemanforderungen zur Laufzeit (Hardware: Platten, Hauptspeicher, Prozessor, ...; Software: Betriebssystem, LAN-Software, ...),
- die Installationsanleitung und Hinweise, wie die Korrektheit der Installation überprüft werden kann,
- Anweisungen für Updates oder spezielle manuelle Eingriffe (z.B. wenn sich das Format einer Datenbanktabelle geändert hat und Daten zu migrieren sind),
- Ansprechpartner für weitere Unterstützung oder für die Meldung von Fehlern und Änderungsanforderungen,
- Liste bekannter Fehler,
- Liste von Einschränkungen,
- Zusammenfassung der enthaltenen Änderungen und Fehlerbehebungen bezogen auf die letzte Lieferung.

Das Projektteam übergibt das Release auf einem Datenträger (CD-ROM, Band, (ftp-)Server) an den Auftraggeber und archiviert den Inhalt dieses Datenträgers ebenfalls. In der Theorie wäre die Sicherung der Konfiguration ausreichend, da aus dieser das Release rekonstruiert werden kann. Wenn ein Release jedoch tatsächlich rekonstruiert werden muss, ist es einfacher, die ausführbaren Programme einzuspielen. Außerdem schließt man so eine weitere Fehlerquelle aus: Fehler bei der Rekonstruktion.

### *Releaseraum, Abnahmeraum, Produktionsraum*

Im *Releaseraum* wird die Software zur Auslieferung zusammengestellt. Hier findet auch der Systemtest statt. Analog zum Integrationsraum befinden sich im Releaseraum neben den Quellen (im Zustand *integriert*, s. Abbildung 12.2) die Werkzeuge für den Build-Prozess, sowie die Testwerkzeuge für den Systemtest und Testdaten. Nach dem Build befinden sich hier auch die ablauffähigen Programme.

Aus dem Releaseraum übernimmt der Auftraggeber die Software in den *Abnahmeraum*. Hier führt der Auftraggeber den Abnahmetest durch. Wenn die Abnahmetests bestanden sind, wird die Software in den *Produktionsraum* übernommen. Im Produktionsraum befinden sich nur noch die ablauffähigen Programme sowie alle Werkzeuge, die zum Betreiben der Anwendung notwendig sind: Datenbanken, Applikationsserver, Überwachungs- und Sicherungswerkzeuge etc.

### *Das mehrstufige Raumkonzept*

In den letzten Abschnitten wurden mehrere Räume eingeführt. Abbildung 12.4 zeigt sie noch einmal im Zusammenhang. Das Projektteam kann auf den Entwicklungs-, den Integrations- und den Releaseraum zugreifen, nicht aber auf den Abnahme- und den Produktionsraum. Auf diese Räume kann nur der Auftraggeber zugreifen. Die Trennung der Zuständigkeiten ist durch den Strich in der Abbildung verdeutlicht. Der Übergang zwischen den Räumen wird durch Zustandsübergänge beschrieben: Die Elemente im Entwicklungsraum befinden sich im Zustand *in Bearbeitung*, die Elemente im Integrationsraum im Zustand *intern freigegeben* usw.

Räume definieren sich durch die Aufgaben, die in ihnen durchgeführt werden: Im Entwicklungsraum wird entwickelt, im Integrationsraum das System gebaut und im Releaseraum getestet. Ein Entwickler ist ein schlechter Tester seiner eignen Programme. Des-

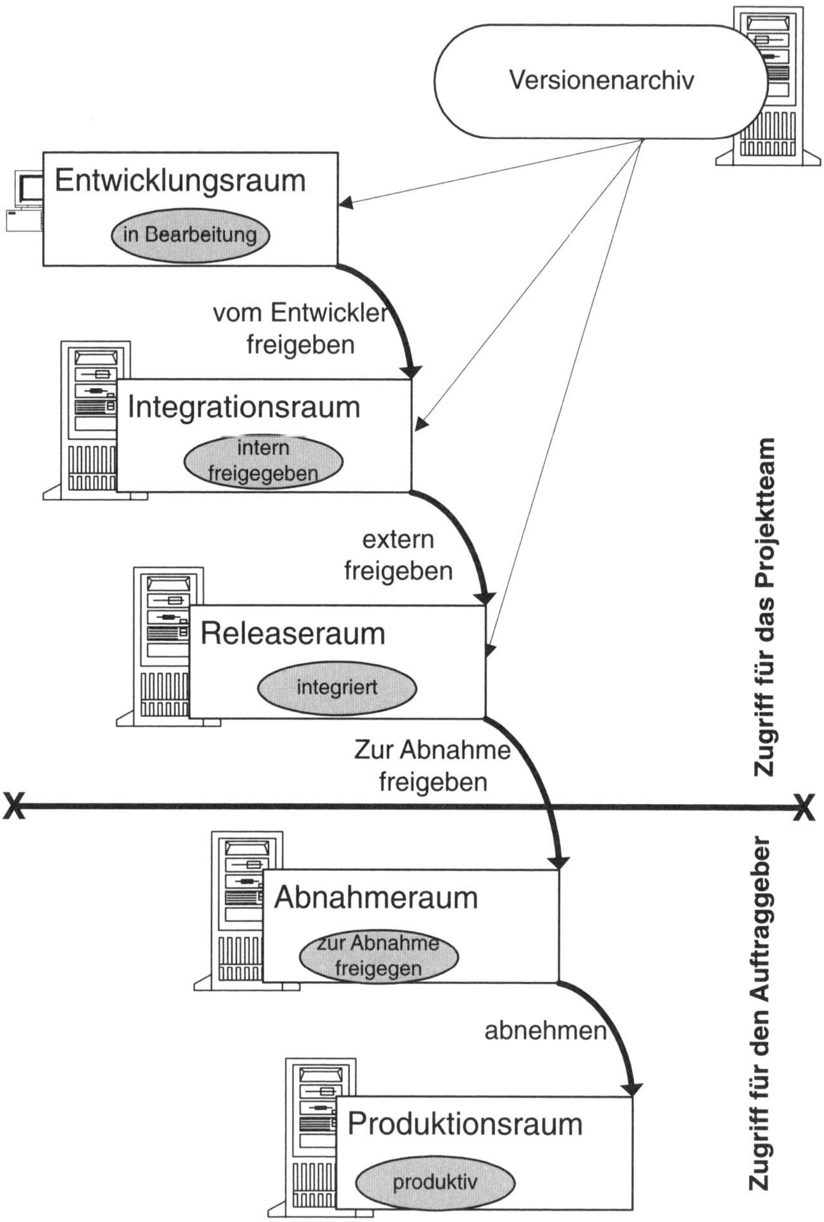


**Abb. 12.4:** Das mehrstufige Raumkonzept

halb trennt man nicht nur die Aufgaben, sondern auch die Akteure. *Rollen* beschreiben die Zuordnung zwischen Aufgabe und Akteur (z.B. Entwickler, Build-Manager oder Tester). Eine bestimmte Aufgabe wird immer von einer Person in der entsprechenden Rolle erledigt. Dabei kann eine Person im Projektverlauf durchaus verschiedene Rollen haben. Zugriffsrechte oder Konventionen regeln, dass nur Personen in einer bestimmten

Rolle auf einen Raum Zugriff haben. Entscheidend ist, dass das Konfigurationsmanagement die Kontrolle über alle Zugriffe auf die Räume hat, d.h. dass zum Beispiel nur Versionen von Elementen im Zustand *integriert* in den Releaseraum gelangen.

### *Branching, Merging, Releasebäume*

Die Entwicklung eines Releases zeigt Abbildung 12.5: Ausgehend von Release 1.0 verzweigt sich die Entwicklung in zwei Richtungen: In Richtung Release 2.0 und in Richtung Release 1.1 für Fehlerbehebungen, die auf Release 1.0 aufsetzen. Für jedes Element, das sowohl in Release 2.0 als auch in Release 1.1 eingeht, bedeutet dies ebenfalls eine Verzweigung (vgl. Abbildung 12.1). Für jeden Entwicklungszweig gibt es ein eigenes Set aus Entwicklungs-, Integrations- und Releaseraum. Gerade auf einem Zweig für Fehlerbehebung ist es aber oft nicht notwendig, dass alle Räume gleichzeitig existieren: Wenn der Entwickler die Fehlerbehebung abgeschlossen hat, wird der Entwicklungsraum zum Integrationsraum und nach dem erfolgreichen Integrationstest zum Releaseraum.

Spätestens nach der Auslieferung von Release 1.1müssen die Fehlerbehebungen aus Release 1.1 auch in die Entwicklung von Release 2.0 einfließen (vgl. Abbildung 12.5). Dazu werden die Entwicklungszweige zusammengeführt (*Merge*). Werkzeuge liefern Unterstützung sowohl beim Auffinden der Elemente, für die ein Merge notwendig ist, als auch beim Merge selbst.

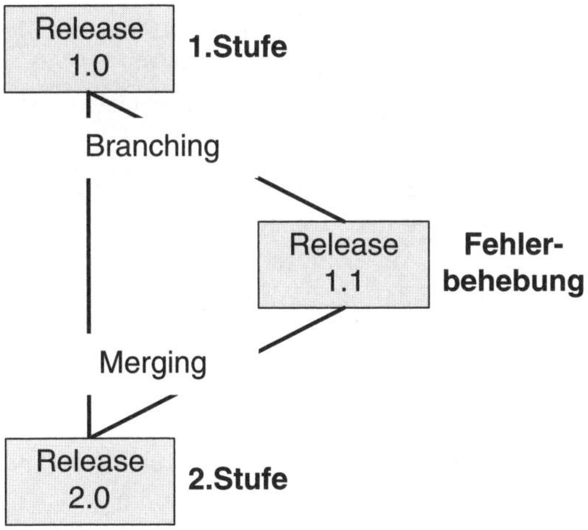


**Abb. 12.5:** Release-Fortschreibung: Branching und Merging

> Die Integration findet wöchentlich zu einem festen Zeitpunkt statt. Zu diesem Zeitpunkt versieht Dieter die neueste Version aller Elemente, die in die Integration eingehen sollen, mit dem Label *intern freigegeben (Release 1.0)*. Diesen Stand kopiert er in den Integrationsraum und führt ein Build durch. Ist der Integrationstest erfolgreich, versieht Dieter diesen Stand mit dem Label *integriert (Release 1.0)* und kopiert ihn in den Releaseraum. Den Systemtest führt Anna durch. Ist

der Test erfolgreich, versieht sie den Stand mit dem Label *zur Abnahme freigegeben (Release 1.0)*. und nach Abnahme durch den Auftraggeber mit dem Label *produktiv (Release 1.0)*.

Ausgelieferte Releases werden archiviert, indem sie als Zip-Archiv in ein Verzeichnis mit dem Namen des Releases auf dem Projektserver abgelegt werden.

Die Weiterentwicklung erfolgt weiter auf dem Hauptzweig, die Fehlerbehebung auf einem neuen Seitenzweig, der auf dem Stand aufsetzt, der das Label *produktiv (Release 1.0)* trägt. Entwicklungs-, Integrations- und Releaseraum gibt es jetzt jeweils sowohl für den Hauptzweig als auch für den Fehlerbehebungszweig. Labels mit den entsprechenden Namen kennzeichnen sie (*intern freigegeben (Release 1.1)*, bzw. *intern freigegeben (Release 2.0)*, usw.).

Änderungen, die Carmen oder Bernd auf dem Fehlerbehebungszweig machen, übernehmen sie sofort auf den Hauptzweig, damit sie dort nicht vergessen und frühzeitig mitgetestet werden.

## Change-Management

Für die erste Stufe treffen immer mehr Rückmeldungen ein: Änderungsanforderungen für die erste Stufe, schwerwiegende Fehler, die sofort behoben werden müssen, leichte Fehler, die warten können. Fehler, die keine Anwendungsfehler, sondern Bedienfehler sind, Fehler, die das Projektteam in der Entwicklungsumgebung nicht reproduzieren kann. Fehler, die keine Fehler, sondern Änderungsanforderungen sind, da sich das System so verhält wie spezifiziert, sich die Anforderungen aber in der Zwischenzeit verändert haben.

Das Team verzettelt sich, mitten in einer Fehlerbehebung wird die Arbeit unterbrochen, weil ein schwerwiegender Fehler das System zum Absturz bringt, der natürlich sofort behoben wird. Änderungsanforderungen bleiben liegen. Insgesamt droht das ganze Projekt in Schieflage zu geraten.

### *Change-Management als organisatorische Aufgabe*

Change-Management ist vor allem eine organisatorische Aufgabe: Die geordnete Abwicklung aller Änderungsanforderungen an die Anwendung, von der Erfassung über die Priorisierung bis hin zur Zuordnung zu Releases (vgl. Abbildung 12.6).

Für jede eingehende Änderungsanforderung erfasst man mindestens folgende Informationen:

- eindeutige Bezeichnung,
- Name des Meldenden,
- Priorität der Anforderung aus Sicht des Meldenden,
- Kategorie der Anforderung aus Sicht des Meldenden: Änderungsanforderung oder Fehler,
- Beschreibung des Verhaltens der Anwendung,

- Informationen zur Systemumgebung, in der das Verhalten auftritt: Release der Anwendung, Release von Nachbarsystemen, Version des Betriebssystems, Version der Datenbank etc.,
- bei Änderungsanforderungen: Soll-Verhalten der Anwendung.

Ein *Change-Control-Ausschuss* aus Vertretern des Auftraggebers und des Projektteams entscheidet über die Realisierung. In kleinen Projekten ist dieses Gremium häufig identisch mit dem Lenkungsausschuss/Steuerungsausschuss (vgl. Kapitel 15). Der Ausschuss prüft zunächst, ob es sich bei der Anforderung um eine Änderungsanforderung oder um einen Fehler handelt: Änderungsanforderungen gehen auf Kosten des Auftraggebers, Fehler fallen in der Regel unter die Gewährleistung des Auftragnehmers. In der Theorie ist die Unterscheidung einfach: Verhält sich die Anwendung nicht wie spezifiziert, handelt es sich um einen Fehler, ansonsten um eine Änderungsanforderung. In der Praxis ist die Unterscheidung oft schwierig: Oft ist die Spezifikation nicht ausführlich oder eindeutig genug (vgl. Kapitel 3 und 4); bei Altsystemen existiert manchmal keine Spezifikation oder diese Spezifikation ist veraltet. Hinzu kommt, dass es aus Sicht des Anwenders irrelevant ist, ob das Verhalten der Anwendung der ursprünglichen Spezifikation entspricht oder nicht: Die Anwendung verhält sich einfach nicht so, wie es der Anwender zur Unterstützung seines Arbeitsablaufs braucht.

Die fachliche Dringlichkeit bestimmt die Priorisierung der Änderungsanforderungen, harte Termine werden hier zum Beispiel im Gesundheitswesen durch gesetzliche Änderungen gesetzt. Bei der Priorisierung von Fehlern hilft folgendes Kriterium: Ein Fehler ist schwerwiegend, wenn er produktionsverhindernd ist, d.h. wenn der Anwender die Anwendung nicht, auch nicht über Umwege, verwenden kann; ein Fehler ist leicht, wenn der Fehler produktionsbehindernd ist, d.h. wenn der Anwender die Anwendung, eventuell über Umwege, verwenden kann.

Produktionsverhindernde Fehler behebt man umgehend. Die Entscheidung darüber trifft notfalls das Projektteam, der Change-Control-Ausschuss wird nur informiert.

Priorität und Aufwand der Realisierung bestimmen, welche Anforderung welchem Release zugeordnet wird. Der Aufwand steigt, je stärker die Entwicklung parallelisiert wird, d.h. je mehr Quellen gleichzeitig für mehrere Releases überarbeitet werden. Parallele Entwicklung ist notwendig, wenn

- Fehlerbehebungen vor dem nächsten geplanten Release ausgeliefert werden,
- Releases so umfangreich sind, dass sie gleichzeitige Entwicklung erfordern.

In beiden Fällen entwickelt man auf parallelen Zweigen. Ist ein Release ausgeliefert, führt man den Zweig für dieses Release mit den Zweigen für alle anderen Releases zusammen (vgl. den Abschnitt „Release-Management").

Parallelentwicklung ist aber immer aufwendig, egal wie gut das Zusammenführen der Zweige von einem Werkzeug unterstützt wird. Vieles lässt sich durch entsprechende Planung hintereinander statt parallel abwickeln. Das reduziert den Aufwand und die Komplexität enorm.

### *Werkzeugunterstützung*

Change-Management kann in kleinen Projekten durchaus mit Papier und Bleistift erfolgen: Eingehende Anforderungen werden in Formularen erfasst, das Ergebnis der Priorisierung ebenso. Der Status der Anforderungen (*zurückgestellt, eingeplant für Release*, ...) wird in (Excel-)Listen oder anderen kleinen selbstgebauten Lösungen verwaltet.

In Projekten mit vielen Änderungsanforderungen und Fehlermeldungen, mit vielen Beteiligten oder mit weitergehenden Anforderungen an das Change-Management empfiehlt sich jedoch die Verwendung eines Werkzeugs. Viele bieten ein Web-Frontend an, in dem die Anwender Fehler und Änderungsanforderungen direkt erfassen können.

Jeder Fehler bzw. jede Änderungsanforderung hat einen Lebenszyklus (z.B. mit den Zuständen *eröffnet, geprüft_FehlerI, geprüft_FehlerII, geprüft_Anforderung, eingeplant, zurückgestellt, realisiert, ausgeliefert*, vgl. Abbildung 12.6). Berichte geben eine Übersicht darüber, welche Änderungsanforderungen und Fehler sich in welchem Zustand befinden, zum Beispiel welche Verbesserungen für das nächste Release eingeplant sind.

Sinnvoll ist ein Werkzeugeinsatz vor allem, wenn die Werkzeuge für Version- und Change-Management integriert werden können oder wenn ein Werkzeug von Haus aus Version- und Change-Management umfasst. Dann lassen sich Beziehungen zwischen Änderungsanforderungen bzw. Fehlern und Versionen von Elementen verwalten. Dies führt zu einem änderungsbasierten Arbeiten: Ausgangpunkt für den Entwickler sind nicht mehr die Quellen, die überarbeitet werden, sondern die Fehler und Änderungsanforderungen, die diese Überarbeitungen erfordern.

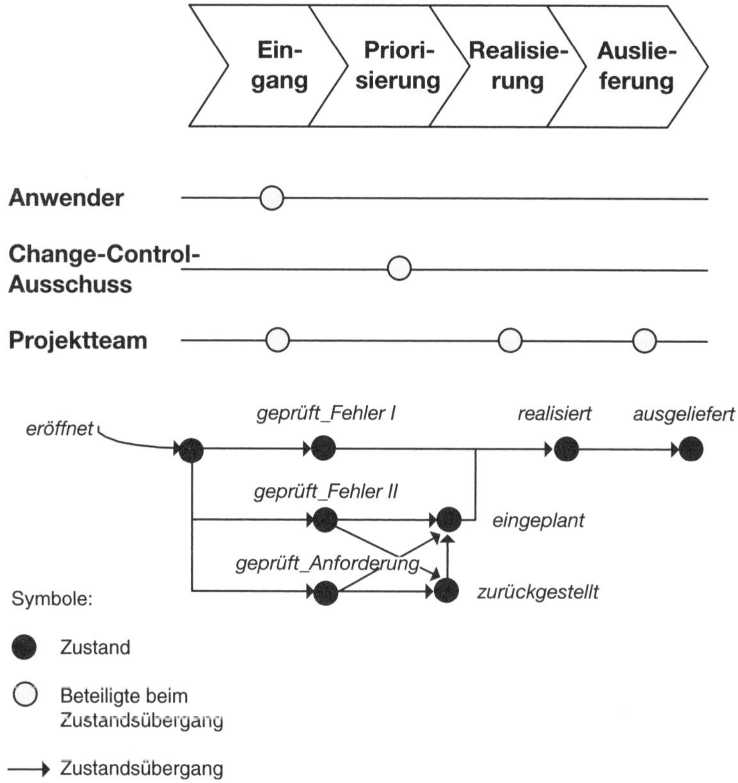


**Abb. 12.6:** Change-Management Prozess (Beispiel)

Sind die Werkzeuge nicht integrierbar, so kann man die Beziehungen verwalten, indem man beim Einchecken einer neuen Version die Nummer des Fehlers bzw. der Änderungsanforderung als Wert eines speziellen Attributs oder als Kommentar einträgt. Die Auswertung von Kommentaren zur Erstellung von Berichten ist jedoch schwierig, da als Kommentare beliebige Texte eingegeben werden können.

In Abstimmung mit dem Auftraggeber wird ein Change-Control-Ausschuss eingerichtet. Dieser besteht außer aus Anna und dem Projektleiter des Auftraggebers aus einem Vertreter des Rechenzentrums. Dieser Ausschuss trifft sich wöchentlich, bis sich die Lage im Projekt stabilisiert hat.

Zur Verwaltung der Anforderungen reicht für das kleine Projekt eine kleine Lösung aus: Dieter entwirft ein Formular, das für jede eingehende Anforderung gefüllt wird. Den Status jeder Anforderung hält Anna in einem Excel-Sheet fest. Ändert ein Entwickler eine Quelle aufgrund einer Anforderung, so trägt er die Nummer der Anforderung als Kommentar beim *commit* in CVS ein.

### Das Zusammenspiel der 4 Säulen

Änderungen sind die treibende Kraft bei der Entwicklung eines Releases (vgl. Abbildung 12.7, siehe nächste Seite):

- Der Entwickler implementiert die Änderung, dazu erzeugt, ändert, übersetzt und testet er Programmquellen.
- Abhängige Programmquellen werden ebenfalls geändert und ausführbare Programme werden neu erzeugt.
- Ein Release enthält die erledigte Änderung.

Das Projekt-Management ordnet die Aufgaben Entwicklern zu. Die notwendigen Informationen dazu (Welche Änderungen sind für ein Release geplant? Welche Abhängigkeiten der Quellen müssen berücksichtigt werden? Welche Programme müssen neu ausgeliefert werden?) liefert das Konfigurationsmanagement.

## 12.2 Wie bringt man Konfigurationsmanagement in ein Projekt?

### Randbedingungen und Projektvorbereitung

Konfigurationsmanagement vorbereiten und einführen – das ist ein Projekt für sich. Man kann vier Ausbaustufen unterscheiden:

- Konfigurationsmanagement in Beratungsprojekten oder Konzeptphasen (wo man also nicht programmiert),
- projektbegleitende Einführung von Konfigurationsmanagement in kleinen oder mittleren Projekten (bis zu etwa 10 Entwickler, Laufzeit etwa ein Jahr wie im Beispiel),
- Einführung, Neuentwicklung oder Umbau des Konfigurationsmanagements oder von Teilen in großen Projekten (mehr als 10 Entwickler, Laufzeit länger als ein Jahr),
- firmenweite Einführung / Umstieg oder Produktentwicklung.

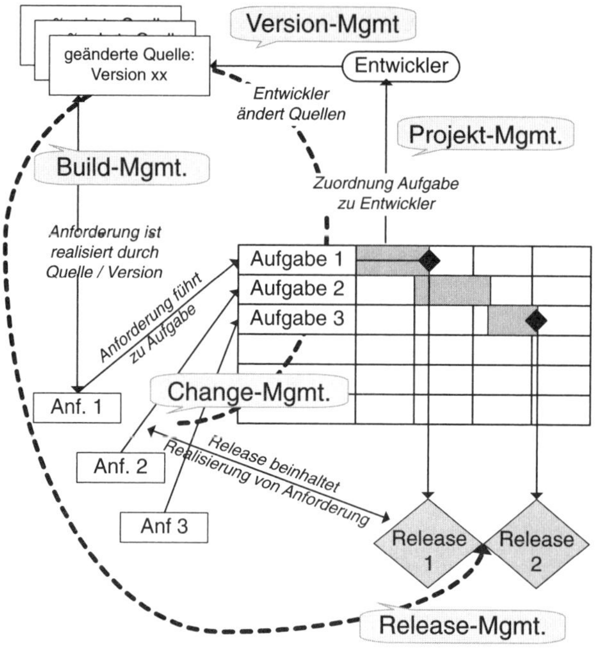


**Abb. 12.7:** Zusammenspiel von Version-/Build-/Release-/Change-Management und Projekt-Management

Entsprechend der Ausbaustufe steigt der Aufwand von wenigen Bearbeitertagen bis zu mehreren Bearbeiterjahren. Im Bereich der Produktentwicklung sind die Anforderungen besonders hoch.

Konfigurationsmanagement verknüpft alle Bereiche der Software-Entwicklung (vgl. Abb. 12.7). Es beeinflusst die Arbeits- und Betriebsorganisation eines Projektes oder sogar des ganzen Unternehmens.

Mit Werkzeugen alleine ist diese Aufgabe nicht zu bewältigen. Man benötigt auch die Bereitschaft der Entwickler zu einer geordneten Entwicklungsarbeit und eine geeignete organisatorische Infrastruktur (vgl. [Dar96]).

Konfigurationsmanagement ist teuer. Entwicklung von Konzepten, Auswahl von Werkzeugen, Lizenzen, Beratung durch den Hersteller, Anpassungen, Schulung von Administratoren und Mitarbeitern, Ausfall von Mitarbeitern für andere Aufgaben – das alles verursacht Kosten. Deshalb ist eine bewusste Entscheidung für das Konfigurationsmanagement notwendig. Der Konsens von Entwicklern, Fachabteilungen und Management entscheidet über Erfolg oder Misserfolg des Konfigurationsmanagements.

Der folgende Abschnitt beschreibt die Schritte der Einführung von Konfigurationsmanagement. Diese können sich – vor allem bei Standardlösungen – im Einzelfall vereinfachen oder sogar ganz entfallen (vgl. den Abschnitt „Lösungen in einem Softwarehaus").

## Spezifikation und Anforderungen an das Werkzeug

Die Spezifikation beschreibt die Verfahren im Konfigurationsmanagement und dessen Datenmodell bestehend aus den Elementtypen und deren Eigenschaften. Dafür werden die zu erstellende Software und der Entwicklungsprozess analysiert.

Tabelle 12.1 nennt Themen, die bei der Analyse berücksichtigt werden müssen.

**Tab. 12.1:** Themen für die Analyse

| Themen | Stichworte |
|---|---|
| Struktur der zu erstellenden Software | • Architektur (z.B. Systemgrenzen bei Client/Server), siehe Kapitel 6<br>• fachliche Zerlegung (Komponenten, Module, ...)<br>• technische Zerlegung (Verzeichnisstrukturen, Dateitypen, ...)<br>• Basis-Software (Datenbanken, Middleware usw.) |
| Entwicklungs- und Test-Plattformen | • Hardware (Mindestanforderungen, tatsächliche Entwicklungsplattform, tatsächliche Testplattform)<br>• Betriebssystem (inkl. Netz-Software)<br>• Zusatz-Software (Datenbanken, Bürokommunikation, ...)<br>• Compiler, Entwicklungswerkzeuge, ... |
| Produktiv-Plattformen | wie Entwicklung/Test, zusätzlich:<br>• Notwendigkeit, Varianten der Produktivsysteme zu verwalten (unterschiedliche Zielumgebungen, unterschiedliche Ausgestaltung der Software am Ziel usw.) |
| Größe und Struktur des Projektes | • Team: Größe, Zusammensetzung (intern/extern) und Qualifikation, räumliche Verteilung<br>• Arbeitsumgebung der einzelnen Teammitglieder<br>• Codemengen<br>• Verwaltung der Änderungsanforderungen<br>• Anzahl Releases pro Zeiteinheit<br>• Parallelität von Auslieferungen unterschiedlicher Releases |
| Randbedingungen | • Managementvorgaben: Termine, Etat, verfügbare Personalressourcen etc.<br>• Formalisierung des Prozesses von Change- bis Release-Management<br>• Qualität und Stabilität der Basis-Software<br>• Abhängigkeiten und Qualität von Zulieferungen |
| Kultur | • Flexibilität der Abläufe im Unternehmen, Freiheit der einzelnen Mitarbeiter (Arbeitsstil)<br>• Zusammenarbeit zwischen Abteilungen, z.B. Einfließen von Anforderungen aus dem Fachbereich in die Entwicklung u.ä. |

Die Abläufe des Konfigurationsmanagements müssen detailliert und vollständig beschrieben werden. Dies gilt gerade dann, wenn der Auftrag lautet: „Die Verfahren bleiben die alten, nur das Werkzeug soll gewechselt werden“. Vorhandene Verfahren sind selten ausreichend dokumentiert – aber ohne sie zu kennen, kann man sie nicht in einem neuen Werkzeug implementieren.

Wird das Konfigurationsmanagement projektbegleitend eingeführt, ist es sinnvoll, die Spezifikation stufenweise und parallel zum Projektverlauf zu erstellen. Detailliert beschrieben wird zunächst nur das Version-Management. Die Details der anderen Bereiche werden erst dann festgelegt, wenn entsprechende Entscheidungen gefallen sind, zum Beispiel, wenn feststeht, was und wie ausgeliefert wird.

Bei Einführung, Neuentwicklung oder Umbau des Konfigurationsmanagements in einem bestehenden Projekt hat man prinzipiell beide Möglichkeiten: Zuerst vollständig zu spezifizieren oder in Stufen vorzugehen. Beim Vorgehen in Stufen kann man aus vorangegangenen Stufen lernen und dadurch an Effizienz gewinnen.

Um bei der Erstellung der Spezifikation die von einem Werkzeug vorgegebenen Randbedingungen berücksichtigen zu können, wählt man gleichzeitig das Werkzeug aus. Man wird selten ein Werkzeug finden, das sämtliche Anforderungen abdeckt, denn jedem Werkzeug liegt eine bestimmte Philosophie der Entwicklungsabläufe zugrunde. Das Werkzeug sollte jedoch zu den geplanten Verfahren passen. Beispielsweise ist das public domain Werkzeug CVS (*Concurrent Versions System*) darauf ausgelegt, dass Elemente parallel bearbeitet werden. Sieht das Verfahren strikte Sperren vor, so ist das klassische CVS das falsche Werkzeug.

## Das Konfigurationsmanagement-Werkzeug

Grundsätzlich lässt sich Konfigurationsmanagement mit Papier und Bleistift durchführen. Ein solches Vorgehen kann bei entsprechender Disziplin sogar ISO-konform sein. Es finden sich in der praktischen Projektarbeit durchaus einfache und pragmatische Lösungen: bestimmte Stände einer Software werden in Zip-Dateien gepackt, wobei das Archiv als Namensbestandteil ein Release oder ein Auslieferungsdatum trägt. Für größere Projekte und Teamarbeit reicht das aber nicht, hier sind mindestens Sperren erforderlich.

Es ist heute nicht mehr sinnvoll, ein Werkzeug für Konfigurationsmanagement selbst zu entwickeln (vgl. [ZeE96]), auch nicht bei komplexen Anforderungen, denn Erstellung und Wartung kosten mehr als die teuersten Lizenzen.

Es gibt zahlreiche Werkzeuge:

- unter GNU-Lizenzierung wie RCS (*Revision Control System*, vgl. [MiP97]) und CVS (vgl. [FoB02]),
- Betriebssystem-Komponenten wie sccs (*source code control system*) oder
- kommerzielle Produkte.

Im Internet findet man viel Information über Konfigurationsmanagement-Werkzeuge (z.B. die News-Gruppe comp.software.config-mgmt). Hilfreich sind auch die OVUM-Reports (vgl. [BuW]). All diese Informationsquellen können aber eine intensive Evaluierung nicht ersetzen. Nur diese zeigt, ob die Entwickler in der täglichen Arbeit mit dem Werkzeug zurechtkommen. Je umfassender der Einsatz, desto länger dauert die Evaluierung, um eine fundierte Entscheidung treffen zu können: Später, in laufenden Projekten das Pferd zu wechseln, ist aufwendig und teuer.

Tabelle 12.2 nennt wichtige Leistungsmerkmale von Werkzeugen und zeigt die Bedeutung der Merkmale für die verschiedenen Projekttypen.

**Tab. 12.2:** Leistungsspektrum von Werkzeugen und Bezug zu Einsatzbereichen

| **Leistung** | **Relevanz für Projekttyp (1)** | | | **Abdeckung durch Werkzeugtypen (2)** | |
|---|---|---|---|---|---|
| | Beratungsprojekt oder Konzeptphase | mittleres Projekt | Großes Projekt oder Produktentwicklung | einfache Werkzeuge | high end Werkzeuge |
| Check out, Check in, Sperren | x | x | x | Ja | Ja |
| Labels (z.B. für Zuordnung von Versionen zu Konfigurationen) | x | x | x | Ja | Ja |
| Zustandsautomat (einfach: Nur *In Bearbeitung* und *nicht in Bearbeitung* werden unterschieden) | o | x | x | einfach | Ja |
| Informationen zu Elementen und einzelnen Versionen | x | x | x | Ja | Ja |
| Reports über Komponenten (z.B. Auflistung aller Elemente, die Entwickler A in Arbeit hat) | | x | x | Ja | ja |
| Raumkonzepte | o | x | x | nur Grundlagen; viel manuell | ja |
| Versionierung von Verzeichnissen | | o | o | nein | teilweise |
| Bearbeitung kompletter Konfigurationen (Export, Ermittlung von Unterschieden zwischen Konfigurationen u.ä.) | | o | x | nur Grundlagen | ja |
| Unterstützung von Varianten – wichtig in der Produktentwicklung für unterschiedliche Zielsysteme | | o | x | nur Grundlagen | ja |
| Unterstützung von Verzweigungen (Branches) und deren Zusammenführungen (Merging) | | o | x | ja | ja |
| Umsetzung von Rollenkonzepten | | o | x | nur Grundlagen | ja |
| Attribute zur Ablage zusätzlicher Eigenschaften von Versionen oder Elementen | | o | x | nein | ja |
| Erweiterbarkeit des Objekt-Datenmodells | | | x | nein | ja |
| Integration von Change-, Build- und Release-Management in eine einheitliche Suite mit durchgängigen Prozessen | | | x | nein | ja |
| Modellierbarkeit von Prozessen durch zum Beispiel anpassbare Zustandsautomaten | | | x | nein | ja |

(1) o = in manchen Projekten wichtig; x = wichtig; kein Eintrag = (meist) nicht wichtig

(2) Einfache Werkzeuge: Freie Produkte (CVS) oder Produkte am unteren Preisende (Einzellizenz unter 500 €, z.B. MKS Source Integrity, PVCS Version Manager oder Visual Source Safe).
High-End Werkzeuge: hochpreisige Produkte (Einzellizenz bis zu mehreren Tausend €) wie ClearCase, Telelogic (ehemals Continuus) oder PVCS Dimensions

Alle Werkzeuge implementieren die Grundfunktionen *check in*, *check out*, Sperren, Labels, Informationen über Elemente, Reports und das Raumkonzept. Die einfachen Produkte speichern intern meist die Metainformation zu Objekten und Versionen in jedem Dateiarchiv und nicht wie die High-End-Produkte in einer zentralen Datenbank. Daher sind Reports langsam; Erweiterungen des Metamodells sind kaum möglich. Das Raumkonzept wird durch Kopieren von Dateien implementiert. Wenn das bei einer großen Zahl von Elementen zu umständlich wird, verwendet man zusätzliche manuelle Mechanismen (z.B. mehrstufige Suchpfade). High-End-Produkte nutzen ausgefeilte Mechanismen wie virtuelle Dateisysteme.

Freie Werkzeuge wie CVS können funktional durchaus mit kommerziellen Werkzeugen am unteren Preisende wie MKS, PVCS Version Manager oder Visual Source Safe mithalten. Die Leistungsfähigkeit von CVS wird dadurch belegt, dass alle GNU-Projekte wie OpenOffice, Mozilla oder Apache damit arbeiten. Das sind teilweise sehr große Projekte mit Quellcodemengen über 100 MB wie bei OpenOffice und Variantenunterstützung für die Zielsysteme Windows, LINUX, UNIX, MacOS. Die Entwicklung erfolgt dezentral und weltweit. Im Extremfall wie bei OpenOffice umfasst das Kernteam der Koordinatoren über 25 Mitglieder. Jedoch unterliegen diese Projekte bestimmten Randbedingungen, die in einem Softwarehaus nicht zutreffen: Eine Releaseplanung mit fixen Terminen und definiertem Funktionsumfang gibt es selten, die Entwicklung ist evolutionär und wird gesteuert durch alle Teilnehmer. Die Zulieferungen sind vom guten Willen der unbezahlten Entwickler abhängig (vgl. [FoB02]). Parallelität von ausgelieferten Releases wird vermieden, stattdessen erfolgen tägliche Builds und einige definierte Kernreleases. Die Entwicklung wird durch das Engagement der Teilnehmer und Koordinatoren gesteuert und enthält viele manuelle Schritte. Die weltweiten Archive sind auch nur bedingt synchron, trotz Werkzeugen wie *rdist*.

In einem Softwarehaus oder in der DV-Abteilung eines Unternehmens liegen die Dinge anders: Hier gibt es enge Termine und knappe Budgets. Es gibt vertragliche Zusagen über den Funktionsumfang – und das Change-Management überwacht die Abweichungen. Der Entwicklungsprozess ist durchgängig von den Änderungsanforderungen bis zur Auslieferung, und außerdem ist er budgetiert. Je stärker der Produktcharakter, desto formaler der Änderungsprozess und desto höher die Parallelität.

In kleinen Projekten kann man Fehlerbehebungen mit der nächsten Auslieferung koppeln. Change-Management ist beherrschbar über Excel-Sheets und *check in*-Kommentare (wie im Beispiel). Dementsprechend sind die Ansprüche an das Konfigurationsmanagement geringer – und auch kurzlebiger – als in großen Projekten.

Große Projekte, unternehmensweites Konfigurationsmanagement oder Produktentwicklung erfordern eine Durchgängigkeit vom Version- bis hin zum Change-Management. Hier kommen die High-End-Produkte ins Spiel: Telelogic, ClearCase, PVCS Dimensions. Diese unterscheiden sich wiederum durch ihre Philosophie: Telelogic ist änderungsorientiert, ClearCase ist versions-orientiert (vgl. [Som96], Nummern vs. Changes zur Identifizierung der Versionen). Mit *UCM* (*Unified Change Management*) unterstützt neuerdings auch ClearCase den änderungsorientierten Ansatz.

Für das Change-Management gibt es Open-Source-Werkzeuge wie *gnats* oder Zusatzkomponenten zu Konfigurationsmanagement-Werkzeugen, zum Beispiel *PVCS Tracker* (zu PVCS), *ClearQuest* (zu ClearCase) oder *ChangeSynergy* (zu Telelogic). Diese können für sich allein oder in Integration mit dem Konfigurationsmanagement-Werkzeug verwendet werden.

Tabelle 12.3 zeigt die Schritte der Werkzeugauswahl.

**Tab. 12.3:** Schritte der Werkzeugauswahl (siehe [Dar00])

| **Aktion** | **Stichworte** |
|---|---|
| 1. Erstellung Anforderungsprofil | Anforderungskategorien:<br>– Funktionsumfang (insb. bei Zusammenführen, Konfigurationsbildung, Unterstützung des Build-Management und bei Reports)<br>– Skalierbarkeit (Anzahl Benutzer, Datenmengen)<br>– Performance (Antwortzeiten unter bestimmter Last)<br>– Bedienbarkeit (einfache Benutzbarkeit, intuitive Benutzerschnittstellen, GUI, Kommandozeilen)<br>– Integration (in die Entwicklungslandschaft bzw. in andere Werkzeuge, Einbindung von Change-Management und Projektmanagement, Offenheit der Schnittstellen)<br>– Hersteller (Reife, finanzielle Grundlage, Marktpräsenz)<br>– Kosten<br>– Datensicherheit und Datenschutz<br>– Netzwerkfähigkeit (in den eingesetzten Netzwerken und evtl. im WAN)<br>– Plattformunterstützung (Clients und Server für alle erforderlichen Plattformen)<br>– Fehlertoleranz (bei Crash keine Datenverluste)<br>– Support (welche Sofort-Hilfen werden geboten, z.B. Hotline)<br>– Administrierbarkeit (Backup, Administrationsinterfaces) |
| 2. Bewertungskatalog | Priorisierte Zusammenfassung aller Anforderungen und Kriterien |
| 3. Marktanalyse | – Sichtung aller relevanten Produkte<br>– Aufbau einer Entscheidungsmatrix Produkteigenschaften vs. Anforderungen<br>– Besichtigung von Referenzinstallationen<br>– Auswahl von zwei oder drei der am besten passenden Produkte |
| 4. Testinstallation und Evaluierung | – Installation unter entwicklungsnahen Bedingungen<br>– Durchspielen von Szenarien der geplanten Entwicklung mit den zukünftigen Anwendern<br>– Durchführung von Lasttests und Fehlersimulationen<br>– Bewertung des Supports des Anbieters und dessen Reaktion auf Fehlermeldungen<br>– Bewertung der Dokumentation |
| 5. Performanceanalyse | Ein wichtiger, oft der wichtigste Aspekt |
| 6. Produktentscheidung | Grundsätzlich muss die Übereinstimmung zwischen Anforderungen und Leistungen möglichst gut sein. Dabei spielen die folgenden Punkte erfahrungsgemäß die wichtigste Rolle:<br>– Kosten<br>– Funktionsumfang<br>– Bedienbarkeit<br>– Performance<br>– Skalierbarkeit |

## Konstruktion und Realisierung

Die Konstruktion beschreibt die technische Umsetzung der Anforderungen:

1. Installation und Einbindung in die IT-Infrastruktur (LAN, Benutzerverwaltung, Software-Management, Datensicherung, Archivierung, WAN-Anbindung usw.),
2. Abbildung der Elemente der Entwicklungsumgebung im Werkzeug durch Elementtypen, Zustandsautomaten zur Abbildung von Prozessen, Rollen, Relationen bis hin zur kompletten Datenmodellierung bei Modellierungs-Werkzeugen,
3. Implementierung zusätzlicher Anpassungen (z.B. Trigger),
4. Integration mit anderen Werkzeugen, zum Beispiel Einbindung von Konfigurationsmanagement-Funktionen als Menüpunkte in Entwicklungsumgebungen (IDEs (*Integrated Development Environment*)) mit SCCI (*Source Code Control Interface*), Start von Code-Analysen bei *check in/check out* oder Freigaben, Einbindung in SEUs (siehe Kapitel 11),
5. Kopplung mit Change- und Projekt-Management sowie Auslieferung (Software-Verteilung),
6. Migrationskonzept zur Übernahme von alten Quellen, Vorgängerprojekten oder laufenden Projekten,
7. Tuning-Maßnahmen nach Bedarf.

Der Konfigurationsmanagement-Plan unterstützt die organisatorische Seite der Umsetzung (vgl. [Ben94]). Während die Spezifikation beschreibt, *was* das Konfigurationsmanagement leistet, regelt der Konfigurationsmanagement-Plan, *wie* im laufenden Projekt das Konfigurationsmanagement betrieben wird. Hier sind die Verantwortlichkeiten und Aktivitäten niedergelegt. Er enthält auch die Handbücher.

**Tab. 12.4:** Muster eines Konfigurationsmanagement-Plans für ein Projekt nach IEEE 828-90

| **Kapitel** | **Inhalt** |
|---|---|
| Einleitung | Identifikation, Kurzbeschreibung des Projektes, Verweise auf andere Pläne, Dokumente |
| Management des Konfigurationsmanagement (*Wer?*) | Definition von Aufgabenbereichen und deren Verantwortlichen |
| Konfigurationsmanagement-Aktivitäten (*Was?*) | Beschreibung der genauen Aufgaben<br>• Identifizierung der Elemente: Welche Releases/Meilensteine gibt es und was ist jeweils zu versionieren<br>• Namenskonventionen<br>• Konfigurationskontrolle: Change-Request-Verfahren, Verantwortlichkeiten für die Abläufe, Freigaben von Releases etc.<br>• Ermitteln des Status<br>• Nachbarsysteme/Schnittstelle zu Fremdsoftware: Support etc. |
| Planung (*Wann?*) | Wann und in welcher Reihenfolge sind Aufgaben zu erledigen |
| Konfigurationsmanagement-Ressourcen (*Wie?*) | Beschreibung des Konfigurationsmanagements, des Werkzeugs, Benutzungshandbuch für das Konfigurationsmanagement, Administrationshandbuch |
| Anhang | Glossar, Abkürzungsverzeichnis, Referenzen etc. |

## Einführung

Konfigurationsmanagement wird in einer oder mehreren Stufen eingeführt. Die Anzahl der Stufen hängt vom Umfang des Systems und vom Risiko ab. Bei einer Einführung in mehreren Schritten kann man die vier Säulen der Reihe nach umsetzen (erst das Version-Management umstellen, dann das Build-Management usw.), oder man stellt ein Teilprojekt nach dem anderen um, oder man kombiniert die beiden Wege.

Je mehr Schritte, desto größer wird der Aufwand: Bei der Koexistenz von Alt- und Neusystem braucht man Zwischenlösungen für den Abgleich von alter und neuer Welt – und die Möglichkeit, im Notfall das alte System zu reaktivieren.

An der Schwelle zwischen zwei Stufen versorgt das neue System das alte (z.B. Übergabe der im neuen Konfigurationsmanagement verwalteten Quellen an das alte System, das dann das Build-Management durchführt). Eingriffe in das Altsystem sollten nach Möglichkeit vermieden werden, vor allem, wenn es in einem schlechten Zustand ist, vgl. Kapitel 9.

## Lösungen in einem Softwarehaus

Die letzten Abschnitte zeigen, dass die Einführung von Konfigurationsmanagement mehr kostet als das, was allein für Lizenzen aufzubringen ist. Wie lassen sich diese Aufwände reduzieren? Das ist eine zentrale Frage vor allem für Softwarehäuser wie sd&m, wo Individualsoftware entwickelt wird. In diesem Fall ist die Projektlandschaft inhomogen und verhindert ein unternehmensweit einheitliches Konfigurationsmanagement. Trotzdem gibt es Wege, die Projekte bei der Einführung und Nutzung von Konfigurationsmanagement zu unterstützen.

In der Konzeptphase und zu Beginn der Realisierungsphase haben Projekte erfahrungsgemäß sehr ähnliche Anforderungen an das Konfigurationsmanagement. Sie brauchen Version-Management und ein Verfahren zum Bilden von Konfigurationen. In jedem Projekt muss geklärt werden, welche Elementtypen es gibt und wie die Software strukturiert werden soll. Erst mit der Einbindung des Konfigurationsmanagements in andere Werkzeuge und in späteren Stufen wie Build- und Release-Management werden individuelle Lösungen notwendig. Dabei kann man nur noch allgemeine Verfahren bereitstellen, Standardmethoden helfen nur noch bedingt.

sd&m-Projekte erhalten folgende Unterstützung:

- Standard-Verfahren in Form von Vorlagen für Spezifikation und Konfigurationsmanagement-Plan.
- Für CVS und ClearCase sind Standard-Anpassungen, Handbücher und – soweit erforderlich – Lizenzen vorhanden. CVS wird für kleinere Projekte eingesetzt, ClearCase für große oder solche mit speziellen Anforderungen.
- Hausinterne Spezialisten stehen zur Unterstützung der Projekte zur Verfügung.

## 12.3 Ausblick

Unser Beispielprojekt zeigte einen vergleichsweise einfachen Fall für das Konfigurationsmanagement in der Entwicklung: Ein Projektteam an einem Standort entwickelt Software für eine Anwendung. Leider ist die Welt im allgemeinen komplizierter – und allgemeingültige Lösungen stehen noch aus.

### Verteilte Entwicklung

Bei verteilten Entwicklungsstandorten stellen sich zusätzliche Fragen:

- Wo liegt das (Master-)Versionenarchiv?
- Wie, wann (wie oft) und wie schnell erfolgt der Abgleich zwischen den Standorten?
- Wie wird die gleichzeitige Bearbeitung von Quellen verhindert?
- Wo erfolgt die Release-Erstellung?
- Wie wird die Datensicherheit in Weitverkehrsnetzen gewährleistet?

### Konfigurationsmanagement in der Produktion

In der Produktion stellen sich weitere Fragen zum Thema Softwareverteilung und Installation: Was ist wo installiert? Welchen Status hat eine Installation? Wie sieht die Installation auf unterschiedlich konfigurierten Maschinen aus? Verschiedene Releases der Software werden verwaltet, beispielsweise das aktuelle Release, das vorhergehende Release und das Release im Test, oder Varianten für verschiedene Plattformen. Werkzeuge überwachen Hardware und Software, erkennen und melden Fehler und analysieren Ressourcenbedarf und Performance. Dafür gibt es spezielle Werkzeuge für Inventarisierungsmanagement, Software-Verteilung und vieles mehr. Konfigurationsmanagement-Werkzeuge für die Entwicklung sind dafür nicht geeignet.

### Web-Content-Management

Die Probleme bei Erstellung und Betrieb von Web-Seiten ähneln denen bei der Entwicklung und Produktion von Software. Weil das Umfeld beim Web-Content-Management jedoch dynamischer ist, entstehen neue Herausforderungen für Entwicklung und Produktion:

- In der Erstellung die dynamische Änderung von Web-Seiten, die Integration von Anwendungen unterschiedlicher Technologie auf der Website und die Verzahnung von Dokumenten durch Hyperlinks (vgl. [Dar00]).
- Im Betrieb das Web-Caching: Auf dem Weg vom Webserver bis zum Browser werden statische Seiten bei manchen Providern und vor allem auf den Proxies, die Unternehmensnetze ans Internet anschließen, zwischengespeichert. Das reduziert die Netzlast. Abhängig von der Aktualisierungs- und Löschungsrate sieht der Benutzer daher aber unter Umständen alte Versionen (vgl. [Wes01]).

### Verfahren

Nicht nur die Technik, sondern auch die Verfahren unterliegen einem steten Wandel. RAD (Rapid Application Development) und XP (eXtreme Programming) verlangen ein Konfigurationsmanagement, das den Verfahren angepasst ist: Zugriffsrechte eher für Gruppen als für Individuen, kontinuierliche Integration und schmale Releases (vgl. [Web99]).

### Unternehmensweites Konfigurationsmanagement

In der Automobilindustrie erkennt man beispielhaft eine zentrale Entwicklung: Ehemals mechanische Komponenten werden zunehmend computergesteuert oder elektronisch umgesetzt (Beispiel: Anzeigen auf dem Armaturenbrett eines Autos).

Moderne Wirtschaftsgüter bestehen aus einem Gemisch von Hardware, Firmware und Software, die eine Einheit bilden. Für die einzelnen Länder und Märkte braucht man Varianten. Dafür ist unternehmensweites Konfigurationsmanagement notwendig. Konfigurationsmanagement ist das Rückgrat von ERP-Systemen (*Enterprise Resource Planning*) und begleitet den Prozess von der Entwicklung über die Produktion bis zur Wartung und Entsorgung. Wesentlich ist auch das Change-Management, das Kunden- und Marktanforderungen kontrolliert einfließen lässt (vgl. [SaL99]).

## 12.4 Epilog

Konfigurationsmanagement hängt oft der Geruch von unflexibler Bürokratie und organisatorischem Overhead an und steht scheinbar im Widerspruch zu schnellen, leichtgewichtigen Entwicklungszyklen. Richtig angewendet ist Konfigurationsmanagement genau das Gegenteil – es hält den Entwicklern den Rücken frei, damit sie sich ungestört auf ihre eigentliche Arbeit konzentrieren können: auf die Entwicklung von Software.

# 13 Qualitätsmanagement

*von Andreas Mieth*

**Angemessene Qualität ist ein zentrales Ziel unserer Projekte. Wie können wir von Anfang an alles richtig machen, um dieses Ziel zu erreichen?**

„Wie können wir alles von Anfang an richtig machen?“ Das ist die zentrale Frage des *Qualitätsmanagements* in Software-Entwicklungsprojekten:

- *Tatsächlich „alles“?*
  Streng genommen „alles, was für den Projekterfolg wirklich wichtig ist“. Gezieltes Qualitätsmanagement ist wirkungsvoller als ein Qualitätsmanagement mit der Gießkanne.
- *Was heißt hier „richtig“?*
  Das bezieht sich auf die Projektergebnisse. Richtig sind die Ergebnisse dann, wenn sie die Anforderungen des Kunden erfüllen. Und Anforderungen, diese frühen Projektergebnisse, misst man am Nutzen, den sie bringen werden: Richtige Anforderungen sind nützliche Anforderungen.
- *Und warum „von Anfang an“?*
  Weil es teurer ist, einen Fehler einzubauen, ihn zu suchen und zu korrigieren, als es gleich richtig zu machen, und weil man riskante Projekte besser in den Griff bekommt, wenn man von Anfang an auf die Qualität achtet.

Kann man überhaupt alles von Anfang an richtig machen? Das wird sich am Beispiel des Projekts ReBuS zeigen.

## 13.1 Das Beispielprojekt

Im Projekt *ReBuS* will man ein ***Re**ise-**Bu**chungs-**S**ystem* für Reisebüros entwickeln.

Die ReBuS-Clients in den Reisebüros sollen für MS Windows realisiert werden. Als Server dient der Großrechner des Reiseveranstalters, der ***Ne**ue **W**elten AG* (kurz *NEW*), wo nicht nur die Kernfunktion von ReBuS laufen wird, das Buchen von Reisen, sondern auch die Stapelverarbeitung: Drucken der Reiseunterlagen, Abrechnung und statistische Auswertung.

ReBuS wird eng mit einem Nachbarsystem zusammenarbeiten, dem ***Re**ise-**Ka**talog-**S**ystem ReKaS*. Während sich in ReBuS alles um Buchungen dreht, ist der Kern von ReKaS die Reisedatenbasis, in der die Reiseangebote gespeichert sind. ReBuS informiert sich bei ReKaS darüber, welche Reisen man überhaupt buchen kann.

ReKaS bauen die Software-Entwickler von NEW. Das und die Weiterentwicklung der Altsysteme lasten sie völlig aus, weshalb der Auftrag für ReBuS nach außen vergeben wird – an das Softwarehaus *Q&E*, was für ***Q**uick **&** **E**xcellent* steht. Betrieb und Wartung des Systems soll später einmal die DV-Abteilung von NEW übernehmen.

Die Idee zu dem Projekt ReBuS hat Q&E in einer Studie verfeinert; sie definiert die Grenzen des Systems und die wichtigsten Anforderungen, die es erfüllen soll. Die Anforderungen sind die Grundlage eines Stufenplans, der ebenfalls zur Studie gehört. Q&E schätzt im Stufenplan, dass man etwa 2 Jahre Entwicklungszeit brauchen wird vom Beginn der Systemspezifikation bis zur Einführung des kompletten Systems. Eine erste Stufe soll 1 1/4 Jahr nach dem Projektstart in Produktion gehen; dann folgen vierteljährlich weitere Ausbaustufen. Wenn das Projekt volle Fahrt aufgenommen hat, wird voraussichtlich ein gutes Dutzend Software-Entwickler darin arbeiten.

## 13.2 Der Projektverlauf im Überblick

Peter von Q&E ist der Projektleiter des ReBuS-Teams (zu den Rollen im Projekt vgl. Kapitel 2). Sein Projektmanager und vor allem der Kunde vertrauen ihm diese Aufgabe an, weil er schon ähnliche Projekte erfolgreich geleitet und den Kunden auch bei der ReBuS-Studie beeindruckt hat.

Die ReBuS-Studie strukturiert in groben Zügen den Projektablauf, der hier skizziert wird, weil man sonst das Qualitätsmanagement von ReBuS nicht verstehen kann:

- *Systemspezifikation und Oberflächen-Prototyp*
  Zunächst konzentriert sich das Team auf die Anforderungsklärung. Die Systemspezifikation (siehe Kapitel 3) ergänzt es durch einen Prototyp für die Oberfläche des Clients (siehe Kapitel 5). Dieser Prototyp zeigt den künftigen Benutzern, wie das neue System aussehen könnte, und er hilft den Entwicklern, die Anforderungen der Benutzer besser zu verstehen. Die Systemspezifikation richtet sich dagegen an die Experten aus der Fachabteilung von NEW.
- *Qualitätsziele und Qualitätsmanagement-Plan*
  Während der Spezifikation der fachlichen Anforderungen klärt das Team die Qualitätsziele für ReBuS mit der Fachabteilung und der DV-Abteilung von NEW. Sie dienen als Ausgangspunkt für den Qualitätsmanagement-Plan, in dem die Qualitätsmaßnahmen geplant werden.
- *Entwicklungsumgebung, Systemarchitektur und technischer Durchstich*
  Nachdem die wichtigsten Anforderungen bekannt sind, wird das Team vergrößert. Die neuen Mitarbeiter kümmern sich bereits während der Systemspezifikation um die Entwicklungsumgebung für Client und Großrechner, entwerfen eine Systemarchitektur und prüfen sie mit einem technischen Durchstich. Dieser kann zwar fachlich nur wenig, reicht aber von der Benutzeroberfläche bis zur Datenbank durch alle Schichten des zukünftigen Systems.
- *Systemkonstruktion*
  Mit der detaillierten Konstruktion der 1. Stufe beginnt das Team, sobald zwei Voraussetzungen erfüllt sind: NEW hat die Systemspezifikation abgenommen und der Durchstich war erfolgreich. Was vorher fachlich beschrieben wurde, konstruiert man nun technisch (vgl. Kapitel 6).
- *Testkonzept und Testspezifikation*
  Schon vor Abschluss der Systemkonstruktion entwirft das Team ein Testkonzept und spezifiziert die Testfälle, denn diese möchte man bereits während der System-Implementierung verwenden.

- *System-Implementierung*
  Die Systemkonstruktion und der Bau der Entwicklungsumgebung schaffen die Voraussetzungen für die Implementierung des Systems. Durch die Systemkonstruktion hat man das Gesamtsystem in einzelne Module zerlegt, so dass sich mehrere Entwickler die Realisierungsarbeit teilen können.
- *Schrittweise Integration*
  Während der System-Implementierung integriert das Team schrittweise neue Funktionen in den Systemkern. Nach jedem Schritt prüft man, ob ReBuS immer noch läuft. Dazu beschränkt man sich auf grundlegende Testfälle.
- *System-Integration und System-Einführung*
  Dank der schrittweisen Integration gelingt ein sanfter Übergang zur System-Integration: Das Team schließt die Realisierung neuer Funktionen für die 1. Stufe ab und konzentriert sich nun auf Systemtests und Fehlerbehebung. Schließlich wird die 1. Stufe an die Fachabteilung übergeben, die mit ihren Abnahmetests prüft, ob das System tatsächlich produktionsreif ist. Wenn ja, wird die 1. ReBuS-Stufe eingeführt, also in Betrieb genommen.
- *Entwicklung der weiteren Stufen*
  Mit der folgenden Stufe wartet man nicht, bis die erste ausgeliefert ist, denn es kostet viel Zeit, die neuen Funktionen mit der Fachabteilung abzustimmen.

Diesen Gesamtablauf aus dem Stufenplan hat Peter vor Augen, wenn er als Projektleiter Entscheidungen trifft, um das Projekt auf Kurs zu halten.

## 13.3 Rollen im Qualitätsmanagement

Zuerst überlegt sich Peter zusammen mit dem Projektmanager, wer das Qualitätsmanagement des Projekts konzipiert, Qualitätsmaßnahmen plant, deren Durchführung überwacht und eingreift, sollten die Maßnahmen nicht wirken. Er selbst wird sich kaum damit befassen können, wenn das Projekt mit über 10 Teammitgliedern volle Fahrt aufgenommen hat.

Der Projektmanager entscheidet sich für Iris, denn sie bringt Erfahrung und Hartnäkkigkeit mit, ideale Voraussetzungen für die Rolle der Qualitätsbeauftragten. Sie allein kann aber wenig erreichen. Deshalb wird sie darauf drängen, dass jeder seinen Anteil zum Erfolg von ReBuS beisteuert:

- die Entwickler durch ihre Ergebnisse,
- die Mitarbeiter des Kunden durch ihr Fachwissen über Reisebuchungen und ihre Kritik an den Ergebnissen,
- der Projektmanager durch realistische Ziele und ein förderliches Projektumfeld,
- andere Projekte durch ihre Erfahrungen mit ähnlichen Aufgaben.

## 13.4 Qualitätsziele und -kriterien vereinbaren

Welche Anforderungen stellt NEW an die Qualität des Systems? Mit dieser Frage beginnt Iris die Entwicklung des Qualitätsmanagement-Plans für ReBuS, kurz *QM-Plan* genannt.

## Der QM-Plan

Der QM-Plan ist ein zentrales Planungsdokument des Projekts, das folgende Themen behandelt:

- *Qualitätsziele und Qualitätskriterien*
  Was wollen wir erreichen und woran merken wir, ob wir unser Ziel erreicht haben?
- *Konstruktive Qualitätsmaßnahmen*
  Was wollen wir tun, um die gewünschte Qualität zu entwickeln?
- *Analytische Qualitätsmaßnahmen*
  Wie wollen wir feststellen, ob wir uns den Qualitätszielen nähern und ob wir sie am Ende tatsächlich erreicht haben?

## Qualitätsziele

Unter Qualitätszielen versteht man alle *nichtfunktionalen Anforderungen*. Iris beschreibt sie im QM-Plan und stimmt sie ab mit Fach- und DV-Abteilung. Auszüge aus dem ersten Entwurf:

- *Fachliche Korrektheit*
  „Die Verarbeitung des Systems muss korrekt sein, besonders in finanzieller Hinsicht. Maßstab für die Korrektheit ist die Systemspezifikation. Restfehler dürfen den Betrieb des Systems nicht behindern.“ So darf ReBuS einem Kunden nicht mehr berechnen, als seine Reise tatsächlich kostet. Die Ansprechpartner bei NEW wissen aus ihren eigenen Projekten, dass man völlige Fehlerfreiheit nicht garantieren kann, daher der Satz über die Restfehler.
- *Robustheit*
  „Das System darf nicht abstürzen, wenn ein Benutzer es falsch bedient oder ein Nachbarsystem falsche Daten liefert. Kann das System einen Geschäftsvorfall nicht erfolgreich abschließen, muss es ihn vollständig zurücksetzen. Auf keinen Fall darf der Datenbestand inkonsistent werden.“
- *Wartbarkeit*
  „Das System soll mindestens 10 Jahre genutzt werden. Deshalb soll es mit einer Schichtenarchitektur, objektorientierter Technologie und wiederholbaren Tests entwickelt werden. Damit die DV-Abteilung von NEW das System später selbst warten kann, muss die Systemdokumentation mit der DV-Abteilung abgestimmt werden.“
- *Flexibilität*
  „Im Reisegeschäft herrscht ein starker Wettbewerb. Daher muss ReBuS an folgenden Stellen leicht geändert werden können: Neuartige Buchungselemente dürfen nur wenig Aufwand kosten. Die Regeln zur Preisberechnung muss weitgehend die Fachabteilung pflegen können. Die Windows-Oberfläche muss man gegen eine Web-Browser-Oberfläche ersetzen können – ohne Änderung des Anwendungskerns.“
- *Benutzerfreundlichkeit*
  „Die Benutzeroberfläche muss alle Informationen so präsentieren, dass die Sachbearbeiter komplexe Buchungen zusammenstellen und abschließen können, und zwar während des Kundengesprächs im Reisebüro.“

- *Durchsatz und Schnelligkeit*
  „Die Antwortzeiten der Online-Transaktionen dürfen die Benutzer nicht behindern. Die Stapelverarbeitung darf in jeder Nacht maximal drei Stunden laufen. Die Reisedokumente müssen stets rechtzeitig gedruckt und verschickt werden."

An dieser knappen Liste sieht man bereits, dass man Qualitätsziele nicht einfach aus einer Norm oder dem QM-Plan eines anderen Projekts abschreiben kann, sondern dass Qualitätsziele zum Zweck des Systems und zu den Randbedingungen passen müssen, unter denen das System betrieben werden soll, genau wie die fachlichen Anforderungen.

## Qualitätskriterien

Folgende Fragen helfen Iris dabei, die Qualitätskriterien für ReBuS zu definieren:

- Woran kann man zweifelsfrei feststellen, ob man das Qualitätsziel tatsächlich erreicht hat?
- Was muss man tun, um das Qualitätsziel zu erreichen?

Griffige Qualitätskriterien zu finden, erfordert Erfahrung und gute Ideen. Mit Faustregeln kommt man hier nicht weit. Deshalb sollen Beispiele zeigen, wie Iris dabei vorgeht.

### *Beispiel: Leistungskriterien*

Ein Leistungskriterium wie „ReBuS soll performant sein" ist nutzlos. Gute Leistungskriterien geben klare Antworten auf klare Fragen. Beim Kriterium für den Durchsatz: Wie viele Reisebuchungen soll ReBuS pro Nacht verarbeiten? Beim Kriterium für die Schnelligkeit: Welche Wartezeit darf man dem Mitarbeiter eines Reisebüros zumuten, wenn er eine Buchung abschließt?

Iris zapft viele Informationsquellen an, um Leistungskriterien zu finden:

- Mitarbeiter der DV-Abteilung („Wir können ReBuS höchstens drei Stunden pro Nacht spendieren..."),
- die Reise-Experten aus der Fachabteilung („Ja, die Zahl der Buchungen schwankt stark mit der Jahreszeit..."),
- das Spezifikationsteam („Diese Geschäftsvorfälle sind am wichtigsten, die müssen zügig ablaufen...").

Es ist also Projektwissen nötig, um die Leistungskriterien zu definieren, Wissen, das man nur im Projekt selbst gewinnen kann, am besten bei der Systemspezifikation, so dass man spätestens für den Entwurf der Systemarchitektur weiß, welche Leistung das System erreichen soll.

### *Beispiel: Kriterien für Wartbarkeit*

Wie stellt man fest, ob ein System wartbar ist? Einfach nach 10 Jahren Wartung nachsehen, ob es noch läuft.

Daher spricht Iris mit einem Team, das ein marodes Altsystem saniert, damit der Kunde die Zeit übersteht bis zur Einführung des Neusystems. Hier sieht Iris, welche Entwicklungsfehler sich später in der Wartungsphase bitter rächen: schlechte Spezifikation, keine Dokumentation selbst der wichtigsten Designentscheidungen, ein Gewirr von Modulen, die sich wild gegenseitig aufrufen, Vermengen von fachlicher Verarbeitung mit rein technischen Aufgaben wie Protokollierung und Datenbankzugriffen – kein Wunder, dass schon ein kleiner Änderungswunsch das Wartungsteam zur Verzweiflung treibt.

Das soll bei ReBuS nicht passieren. Weil es um Wartbarkeit geht, konzentriert sich Iris auf die Ergebnistypen, die später für das Wartungsteam wichtig sind.

Wir greifen die Systemspezifikation heraus, das zentrale Dokument bei der Entwicklung von ReBuS. NEW wünscht, dass für die Systemspezifikation ein objektorientiertes CASE-Werkzeug verwendet wird. Damit ist aber noch nicht klar, wie man das Werkzeug am besten nutzt. Deshalb legt man erste Muster der Systemspezifikation all denen vor, die später mit der Systemspezifikation arbeiten werden: den Entwicklern von Q&E, die sie brauchen für die Konstruktion und Realisierung des Systems und der Fach- und DV-Abteilung des Kunden, die prüft, ob sie alle Anforderungen korrekt beschreibt.

Die Muster der Systemspezifikation orientieren sich an Beispielen aus einem ähnlichen Projekt bei Q&E, das inzwischen kurz vor der Einführung steht und mit seiner Systemspezifikation zufrieden ist. So gelangt das ReBuS-Team relativ schnell

- zu einem klaren Nutzungskonzept für das CASE-Werkzeug.
  Darin wird vor allem festgelegt, welche Modelle man verwendet (wie Use-Case-Modell, Objektmodell, ...) und nach welchen Kriterien man deren Qualität beurteilt.
- zu einer Mustergliederung für diejenigen Teile der Spezifikation, die man nicht mit dem CASE-Werkzeug modellieren möchte.
  So zeichnet man mit dem CASE-Werkzeug zwar die Use-Case-Diagramme, aber die fachliche Beschreibung der Use Cases steht in einem separaten Dokument.

Das Spezifikationsteam weiß nun genau, welche Anforderungen seine Ergebnisse erfüllen sollen, damit das Wartungsteam es leichter hat. Ähnlich verfährt Iris mit den anderen Ergebnistypen – rechtzeitig, bevor das Team in größerem Umfang die Ergebnisse entwickelt.

## Konflikte zwischen Qualitätszielen

Bisher haben wir die verschiedenen Qualitätsziele getrennt betrachtet. Das reicht manchmal nicht aus, denn Qualitätsziele können sich gegenseitig in die Quere kommen: bei ReBuS etwa Leistung und Wartbarkeit, Leistung und Flexibilität sowie Wartbarkeit und Flexibilität. Am Konflikt zwischen Wartbarkeit und Flexibilität wollen wir demonstrieren, wie man solche vertrackten Probleme löst.

Benutzeroberfläche und Anwendungskern sollen voneinander entkoppelt werden, damit man die Windows-Oberfläche später ersetzen kann durch eine Browser-Oberfläche. Dadurch schraubt man die Anforderungen an das Wartungsteam hoch, denn es muss die Entkopplung gut verstehen und sorgfältig darauf achten, sie bei Wartungsarbeiten nicht zu zerstören.

Hier steckt Iris in einer Zwickmühle, denn beide Qualitätsziele sind gleich wichtig. Die Lösung ist, eine Balance zu finden:

- In einer Diskussion mit erfahrenen Entwicklern wählt man eine Handvoll Mechanismen zur Entkopplung aus. Dabei bevorzugt man die einfachen.

- Man beschreibt sie in der Systemkonstruktion: Was ist die Grundidee, wie ist sie technisch realisiert, was muss man tun, wenn man ReBuS erweitern will, etwa um einen neuen Geschäftsvorfall oder um zusätzliche Felder in einem Dialog?
- Bei der Implementierung nutzt man Namenskonventionen und Kommentare, damit das Wartungsteam die Art der Entkopplung leichter erkennt.

## 13.5 Exkurs: „Wir haben keine Zeit für so was“

Projekte stehen unter hohem Zeit- und Budgetdruck, und so wächst auch die Gefahr, dort zu sparen, wo man sich's nicht leisten kann – nämlich an den Instrumenten, mit denen der Projektleiter den Kurs festlegt und Kursabweichungen feststellt. Es ist für ein Projekt lebenswichtig, dass der Projektleiter folgende Fragen beantworten kann: Was sollen wir erreichen? Wo stehen wir jetzt? Bewegen wir uns auf das Ziel zu? Haben wir das Ziel tatsächlich erreicht?

So hat Peter den Restaufwand geschätzt: Der Termin für die Spezifikation ist nicht zu halten – außer ihm fällt noch ein rettender Ausweg ein. Zunächst spielt er mit dem Gedanken, die Klärung der Leistungskriterien zu streichen. Das Projektteam könnte die gewonnene Zeit für die Spezifikation verwenden; und Kriterien, die es nicht gibt, kann NEW auch nicht einfordern!

Als er mit Iris darüber spricht, zitiert sie einen Spruch, der bei Q&E zur Folklore gehört: „Wer heute den Kopf in den Sand steckt, knirscht morgen mit den Zähnen.“ Auch wenn man keine Leistungskriterien vereinbart, Erwartungen hegt NEW trotzdem. Und sollte das System diese Erwartungen enttäuschen, könnte sich Q&E nicht einfach mit dem Hinweis auf fehlenden Kriterien herauswinden: ReBuS wäre mangelhaft, weil Q&E schlechte Arbeit geleistet hätte.

Die Leistungskriterien im Unklaren zu lassen, erhöht die Gefahr, dass man die knappe Arbeitszeit vergeudet für die Realisierung zweitrangiger Funktionen, statt die Leistung auf akzeptable Werte zu steigern – denn man wüsste nicht, wie hoch die Meßlatte in Wirklichkeit liegt und könnte die Maßnahmen zur Optimierung nicht vernünftig mit anderen Projektaufgaben ausbalancieren.

Schließlich: „Wie wollen wir eigentlich die Realisierung kalkulieren, ohne die Leistungskriterien zu kennen und ohne im Durchstich geprüft zu haben, wie wir sie erreichen können?“

Peter sieht ein, dass er dem Projekt fast einen Bärendienst erwiesen hätte. Für die Terminprobleme muss er eine andere Lösung finden, etwa Reibungsverluste bei der Spezifikation verringern, das Spezifikationsteam vergrößern und Teile der Spezifikation auf eine spätere Stufe verschieben, Letzteres natürlich nur mit Zustimmung des Kunden.

## 13.6 Qualitätsmaßnahmen planen und durchführen

Nachdem die Qualitätsziele geklärt sind, plant Iris die Qualitätsmaßnahmen für ReBuS.

### Analytische Maßnahmen

Mit analytischen Qualitätsmaßnahmen prüft man, ob ein Ergebnis die Anforderungen tatsächlich erfüllt oder ob ein Vorgehen optimal ist:

- Zum einen erkennt man, ob man ein Aufgabenpaket tatsächlich abschließen kann oder ob noch Nacharbeiten notwendig sind – wichtige Informationen für das Projektcontrolling.
- Zum anderen helfen die Ergebnisse der analytischen Maßnahmen, Schwächen im Vorgehen zu entdecken und auszugleichen mit dem Ziel, das Projekt effizienter zu machen (siehe Abschnitt „Die Konsequenzen ziehen").

Analytische Maßnahmen kosten Aufwand. Deshalb wägt Iris ab, welche notwendig sind, um das Projektrisiko zu begrenzen, und wie man sie optimieren kann. Schließlich setzt sie folgende Schwerpunkte:

- *Systemspezifikation*
  Die Systemspezifikation legt fest, was das System für die Benutzer leisten soll. Fehler in der Systemspezifikation können dazu führen, dass das fertige System das Falsche tut, und das kann teuer werden: Ein falscher Satz in der Spezifikation kann viele Module infizieren.
- *Systemarchitektur und -konstruktion*
  Fehler in der Systemarchitektur oder der Systemkonstruktion können im fertigen System ähnlich verheerend wirken wie Spezifikationsfehler. Wenn man etwa bei ReBuS die Verarbeitung zwischen Client und Großrechner ungeschickt aufteilt, kann das System so langsam werden, dass kein Benutzer damit arbeiten will.
- *Systemtest*
  Mit dem Systemtest prüft man, ob man das System einführen kann. Von dieser Prüfung hängt viel ab: Bricht ReBuS im Produktionsbetrieb zusammen, können Tausende von Benutzern keine Reisen mehr verkaufen. Mancher Kunde wird verärgert zur Konkurrenz wechseln.

Die Qualitätskriterien liefern viele Ansatzpunkte für analytische Maßnahmen – einfach deshalb, weil das Team sicher gehen will, dass die Kriterien erfüllt sind, bevor es etwas an den Kunden ausliefert. Besonders intensiv wird es sich dabei mit dem Preismodul befassen, denn Komplexität zieht Fehler magisch an. Außerdem fließt hier Geld, und da hört bekanntlich der Spaß auf.

Alle analytischen Maßnahmen folgen dem Prinzip: „Vier Augen sehen mehr als zwei." Ein Entwickler neigt dazu, sein Ergebnis so zu sehen, wie er es gemeint hat, nicht wie es tatsächlich ist. Zwar wird ein guter Entwickler seine Ergebnisse selbstkritisch prüfen, aber erst der kritische Blick eines Unbeteiligten macht die Prüfung zur analytischen Qualitätsmaßnahme.

Bei der Feinplanung der analytischen Maßnahmen kann Iris auf ein breites Spektrum von Prüfmethoden zurückgreifen.

## *Prüfung von Dokumenten*

Dokumente aller Art können durch *Reviews* geprüft werden. Dabei lesen Sachkundige gründlich das Dokument, etwa eine Spezifikation oder ein Programm, und achten auf die Qualitätskriterien, die es erfüllen soll. Dem Autor teilen sie mit, welche Fehler sie gefunden haben. Wenn es sich um schwere Fehler handelt, prüfen sie das Dokument erneut nach der Korrektur.

Für Spezifikationen gibt es eine weitere Prüfmethode, wirksamer und zugleich aufwendiger: Noch bevor eine Programmzeile geschrieben ist, kann man eine Spezifikation ablaufen lassen, nicht auf dem Computer, sondern mit der Hilfe von Menschen, den Autoren der Spezifikation und den Preisexperten von NEW. Die Gruppe versucht, anhand der Spezifikation Preise zu berechnen von realen und erfundenen Buchungen. So kann sie Lücken aufspüren, Unklarheiten und Widersprüche, und zwar schon in der Spezifikation, wo sie leichter zu korrigieren sind als im fertigen System.

Die ReBuS-Spezifikation ist zu einem großen Teil in gewöhnlichem Deutsch geschrieben, eine harte Nuss für Werkzeuge. Programmiersprachen sind viel einfacher aufgebaut. So können die ReBuS-Entwickler ein Werkzeug verwenden, das Verstöße gegen wichtige Programmierregeln wesentlich schneller findet als ein Leser. Der Sachverstand von Menschen bleibt aber wichtig, denn bisher kann kein Werkzeug prüfen, ob ein Programm Reisebuchungen richtig verarbeitet.

## *Prüfung von Software*

Anders als Spezifikationsdokumente kann man Software tatsächlich laufen lassen und so ihr wirkliches Verhalten mit dem geforderten Verhalten vergleichen.

Dabei kann man Werkzeuge einsetzen, etwa um Fehler in der Speicherverwaltung zu finden, was ohne Hilfsmittel viel Zeit kostet. Eine weitere nützliche Klasse von Werkzeugen sind Profiler, mit denen man die Effizienz von Programmcode oder von Datenbankzugriffen untersuchen kann.

Neben Untersuchungen, mit denen die Entwickler das Innenleben eines Systems unter die Lupe nehmen, gibt es noch ein anderes Verfahren zur Prüfung von Software: fachliche Tests. Einen guten Einstieg in das Thema bietet [Mye01]. Nur soviel zur Umsetzung in ReBuS: Um das System über den Client zu testen, verwendet man ein Testwerkzeug, das die Benutzereingaben simuliert und die Reaktionen des Systems mit dem erwarteten Verhalten vergleicht. Die Testskripte für dieses Werkzeug zu erstellen, kostet zunächst mehr Zeit, als die gleichen Testfälle von Hand einzugeben. Diese Investition zahlt sich aber im Verlauf der ReBuS-Entwicklung aus, denn vor jeder Auslieferung muss das Team prüfen, ob die alten Funktionen noch korrekt arbeiten.

## *Prüfung des Vorgehens*

Was ein Review für ein Dokument ist, das ist ein Audit für ein Projekt. ReBuS wird routinemäßig auditiert, wenn es sich auf den Übergang in eine neue Projektphase vorbereitet. Iris empfindet die Audits nicht als lästige Kontrollen, sondern als Chance, die Erfahrungen der Auditoren zu nutzen, um das Vorgehen im Projekt zu verbessern.

## Konstruktive Maßnahmen

Iris erinnert sich noch gut an die Einstellung ihres früheren Arbeitgebers, Qualitätsmanagement sei im Wesentlichen Qualitätssicherung: Die „fertigen" Ergebnisse testen und dann die Fehler korrigieren – soweit die Zeit bis zum Auslieferungstermin noch reicht. Oft reichte die Zeit nicht, und es häuften sich nach der Auslieferung die Fehlermeldungen.

Analytische Maßnahmen allein können keine gute Qualität erzeugen, nur Ausschuss; um Qualität herzustellen, braucht man konstruktive Qualitätsmaßnahmen. Das hat Iris dazu bewogen, sich nach einer neuen Stelle umzusehen und schließlich zu Q&E zu wechseln.

### *Ergebnisbezogene Maßnahmen*

Die Preisberechnung ist verzwickt wegen der vielen Regeln und Ausnahmen. Deshalb tut sich ein Tester schwer, wenn ReBuS einen anderen Preis berechnet als erwartet: Liegt der Fehler bei ihm oder steckt er im Programm? Dieses Problem hat man schon bei der Entwicklung des Moduls erkannt und mit einer relativ einfachen konstruktiven Maßnahme entschärft: Das Modul liefert auf Wunsch ein Protokoll der Preisregeln, die es für die Berechnung verwendet hat, sowie wichtige Zwischenergebnisse. Schon bei der Entwicklung von ReBuS amortisiert sich der Aufwand für die Protokollfunktion, erst recht aber, weil sie später von der Fachabteilung bei der Pflege der Preisregeln genutzt wird.

Auch die Ausnahmebehandlung ist eine pfiffige konstruktive Maßnahme. Wenn eine Ausnahme auftritt, soll die Ausnahmebehandlung die Verarbeitung so beenden, dass die Daten konsistent bleiben. ReBuS wird daher mit einer Selbstdiagnose ausgerüstet, um Fehler möglichst unmittelbar nach ihrem Entstehen zu erkennen und zu neutralisieren. Technisch erreicht man das durch Zusicherungen, die als Vor- und Nachbedingungen implementiert sind. So wird als Vorbedingung der Methode *Buchung.abschliessen* geprüft, ob die Buchung mindestens einen Buchungsposten enthält. Wenn eine Zusicherung verletzt ist, schaltet das System auf Fehlerbehandlung um und neutralisiert den Fehler, unter anderem durch Zurücksetzen der Datenbanktransaktion. Zusätzlich werden Diagnose-Informationen in das Ausnahmeprotokoll geschrieben (Ort und Art der verletzten Zusicherung, Aufrufhierarchie, Zeitpunkt). Das erleichtert die Fehlerkorrektur und macht das System robuster.

Konstruktive Qualitätssicherung ist eine Herausforderung für Software-Entwickler, denn hier erweist sich, ob man sein Handwerk beherrscht. Wie die Beispiele zeigen, kann man mit durchdachten konstruktiven Maßnahmen sogar Aufwand sparen, vor allem wenn man eine mehrjährige Wartungsphase einkalkuliert, wie bei ReBuS.

### *Prozessbezogene Maßnahmen*

Bisher haben wir nur konstruktive Maßnahmen behandelt, die sich unmittelbar im Ergebnis zeigen, sei es als Ausnahmebehandlung oder als Preisregel-Protokoll. Neben ergebnisbezogenen Maßnahmen gibt es noch ein weites Feld prozessbezogener Maßnahmen, die für den Projekterfolg entscheidend sein können. Diese Maßnahmen steigern indirekt die Ergebnisqualität, indem sie das Vorgehen bei der Entwicklung der Ergebnisse verbessern.

Die wichtigste prozessbezogene Maßnahme ist ein gutes Projektmanagement. Das liegt daran, dass Fehlentscheidungen des Projektmanagers stärker auf die Leistung eines Projektteams und damit auf das Projektergebnis durchschlagen können, als fast alle anderen Fehler, die im Projektverlauf gemacht werden. Es dürfte sich durchaus lohnen, das Kapitel über Projektmanagement nochmals unter diesem Aspekt zu lesen. An dieser Stelle sollen nur zwei Punkte herausgegriffen werden, an denen die Bedeutung des Projektmanagements für die Qualität ins Auge springt:

- *Termin- und Budgetplanung*
  Mit unrealistischen Termin- und Budgetzielen, an denen man trotz aller Warnsignale festhält, kann man eine verhängnisvolle Lawine auslösen, die das Projekt schließlich unter sich begraben kann: Übermäßiger Zeitdruck erhöht die Fehlerquote, Fehlerkorrekturen kosten Zeit, der Zeitdruck steigt, die Fehlerquote auch – bis niemand mehr abschätzen kann, wann die Software wirklich produktionsreif sein wird. Im schlimmsten Fall hat man nur noch die Wahl zwischen einem Ende mit Schrecken – sofortiger Stopp des Projekts – oder einem Schrecken ohne Ende – eine quälende Kette teurer Reparaturen.
- *Projektcontrolling*
  Im Projektcontrolling vergleicht man den tatsächlichen Stand eines Projekts mit dem geplanten Stand. Budget- und Zeitverbrauch sind wichtige Indikatoren, müssen aber ergänzt werden um inhaltliche Prüfungen. Wie dieses Kapitel an vielen Beispielen illustriert, ist ein inhaltliches Projektcontrolling ohne Qualitätsmanagement unmöglich, denn wenn man nicht weiß, wohin man will – durch Qualitätsziele und -kriterien – und wo man steht – durch analytische Qualitätsmaßnahmen –, wird man sein Projektziel nicht erreichen.

Obwohl Iris auch Verbesserungen des Projektmanagements vorschlägt, ist dies eigentlich die Domäne von Projektleiter und Projektmanager. Iris konzentriert sich auf andere Gebiete, wenn sie darüber nachdenkt, wie man das Vorgehen verbessern kann:

- *Einarbeitung*
  Die Projektmitarbeiter sind für die Qualität der Ergebnisse entscheidender als die tollsten Werkzeuge. Deshalb legt Iris großen Wert darauf, dass die Projektneulinge genügend Zeit bekommen für die Einarbeitung in das Anwendungsgebiet und die Technik des Projekts, z.B. in die Programmiersprache C++ für diejenigen Kollegen, die darin noch nicht sattelfest sind.
- *Verbesserungen*
  Verbesserungsmöglichkeiten sind Thema der wöchentlichen Projektmeetings, bei denen sich das gesamte Team trifft, um über den aktuellen Stand des Projekts zu sprechen. Manchmal ärgert sich nur jemand darüber, dass etwas nicht so funktioniert, wie er sich das wünscht, etwa lange Übersetzungszeiten, und man denkt gemeinsam über Abhilfe nach; manchmal werden Maßnahmen vorgeschlagen, die mit relativ wenig Aufwand das Vorgehen verbessern. So hat Iris in einem anderen Projekt gesehen, dass Probleme mit der Entwicklungsumgebung in einer zentralen Liste gesammelt werden. Hier kann jeder Projektmitarbeiter nachsehen, ob sein Problem schon einmal gelöst wurde und was man dagegen tun kann. Wer einmal stundenlang einer unklaren Übersetzermeldung auf den Grund gehen musste, die einem bekannt vorkommt und

sicherlich schnell korrigiert werden kann – aber wie? –, der weiß eine solche Liste zu schätzen.

- *Erfahrungen anderer*
  Iris hasst es, wenn man immer wieder das Rad neu erfindet. Das kostet nicht nur Aufwand, sondern dabei passieren auch immer wieder dieselben Fehler. Deshalb sorgt Iris dafür, dass ReBuS aus den Erfahrungen anderer Projekte lernt. Im Qualitätsmanagementsystem von Q&E gibt es einen umfangreichen Fundus an Musterdokumenten, Checklisten und Musterlösungen, in denen die Erfahrungen vieler Projekte zusammengetragen wurden. Auch der direkte Erfahrungsaustausch mit anderen Projekten spielt für ReBuS eine wichtige Rolle. So hat ReBuS ein bewährtes Konzept zur Ausnahmebehandlung von einem anderen Projekt übernommen. Wenn Iris nicht weiß, ob unter den Dutzenden von Q&E-Projekten nicht vielleicht doch eins zu finden ist, das schon ein ähnliches Problem gelöst hat, wendet sie sich an das Technologiemanagement von Q&E, dessen Netzwerk sich über das gesamte Unternehmen erstreckt.

Zum Schluss noch eine konstruktive Maßnahme, die auf manchen genialischen Entwickler wie ein rotes Tuch wirkt, aber für ein Projekt wie ReBuS lebenswichtig ist: eine ordentliche Projektablage. Sie hat den Vorteil, dass man dort nicht nur Dinge ablegen kann, man findet sie sogar wieder, wenn man sie braucht! In der Projektablage werden Zwischen- und Endergebnisse aufbewahrt, aber auch Informationen, die sich auf den Projektverlauf beziehen. So gibt es eine Fehlerdatenbank mit allen Fehlern der bisherigen ReBuS-Versionen. In erster Linie dient die Fehlerdatenbank dazu, die Fehlerbearbeitung zu steuern. Iris benutzt die Datenbank auch, um Fehlerursachen zu analysieren und herauszufinden, welche Fehler man mit wenig Aufwand verhindern könnte.

### Planung

Bisher haben wir uns damit beschäftigt, *was* man im Qualitätsmanagement von ReBuS tut und *warum*. Das ist aber noch nicht alles, was Iris für ihren QM-Plan braucht: Dort wird auch festgelegt, *wer* eine Qualitätsmaßnahme *wann* durchführt und *welchen Aufwand* man dafür vorsieht.

Der QM-Plan hilft, die Auslastung der Teammitglieder in vernünftigen Grenzen zu halten, Termine realistisch zu planen und Qualitätsmaßnahmen zu koordinieren.

Iris legt an den QM-Plan die gleichen Maßstäbe an wie an die sonstige Projektplanung: So wenig man eine Funktion unter Zeitdruck stillschweigend streichen darf, genauso wenig lässt sie das bei Qualitätsmaßnahmen zu. Andererseits ist der QM-Plan aber nicht in Stein gemeißelt, sondern wird immer wieder an die tatsächliche Entwicklung angepasst, wie der Projektplan auch.

## 13.7 Die Konsequenzen ziehen

Bisher haben wir folgende Elemente des Qualitätsmanagements betrachtet: die Festlegung der Qualitätsziele sowie Planung und Durchführung von Qualitätsmaßnahmen. In den analytischen Qualitätsmaßnahmen haben wir ein mächtiges Instrument kennen gelernt, mit dem man die Qualität der Projektergebnisse und des Vorgehens untersuchen kann. Wenn man es nur bei diesen Elementen bewenden lässt, fehlt noch ein wichtiger Aspekt des Qualitätsmanagements: Dass man aus seinen Erkenntnissen die notwendigen Konsequenzen für Ziele, Planung und Durchführung zieht. Erst wenn man auf diese Weise den Kreis schließt, kann ein Projekt wie ReBuS sein Ziel erreichen, trotz unvermeidlicher Risiken, Ungewissheiten und Störungen.

Ein Beispiel aus dem Beginn der ReBuS-Realisierung: Iris prüft stichprobenhaft die ersten C++-Klassen, die für ReBuS entwickelt werden, und findet dabei zahlreiche Mängel – von schlechten Kommentaren bis hin zu typischen Anfänger-Fehlern. Deshalb empfiehlt Iris dem Projektleiter folgende Gegenmaßnahmen:

- Die Klassen der C++-Neulinge werden in Code-Reviews analysiert.
- Aus den Fehlern stellt man eine C++-Checkliste zusammen. Die Entwickler haben die Liste neben ihrem Bildschirm liegen, damit sie die Fehler bei den nächsten Klassen von vornherein vermeiden können.
- Jede Klasse wird mit einem Werkzeug auf wichtige Programmierrichtlinien geprüft. Erst wenn die Klasse diese Prüfung passiert, darf der Autor sie in Code-Reviews geben.

Schon nach kurzer Zeit werden die Klassen deutlich besser. Iris hat dem Projekt viele Probleme erspart, weil sie die Qualitätsmängel frühzeitig bemerkt und schnell gehandelt hat.

Ein weiteres Beispiel: Es wäre für ReBuS fatal, wenn sich erst kurz vor dem geplanten Auslieferungstermin herausstellen würde, dass das System zu langsam ist. Deshalb baut man schon vor Beginn der Realisierungsphase einen Durchstich. Ist der zu langsam, kann man die Probleme an der Wurzel packen, meist mit deutlich weniger Aufwand, als wenn man sie erst im fertigen System entdecken würde.

Manchmal ist es gar nicht so einfach, aus einer schlechten Situation die Konsequenzen zu ziehen: Bei Projekten, die gegen Ende unter einen zunehmenden Zeitdruck geraten, ist immer wieder zu beobachten, dass nur noch auf Teufel komm raus programmiert wird, für Qualitätssicherung bleibt einfach keine Zeit mehr. So kann ein Team zwar manchmal doch den Termin halten, allerdings nur einen Torso ausliefern mit zahlreichen Mängeln, die zu beseitigen noch viel Arbeit kostet.

Statt unter Zeitdruck in Panik zu geraten, sollte der Projektmanager versuchen, die Lage wieder in den Griff zu bekommen, etwa den Umfang der Auslieferung reduzieren oder den Termin verschieben. Dafür gibt es keine Patentrezepte. Hauptsache, man behält die Kontrolle über das Projekt, statt sich von vermeintlichen Sachzwängen treiben zu lassen.

Im Notfall hilft der rote Knopf. Wenn er gedrückt wird, bedeutet das: „Stopp! Wir haben ein ernstes Problem, das wir erst lösen müssen!" Im schlimmsten Fall stoppt der rote Knopf die Inbetriebnahme des Systems, weil man bezweifelt, dass es richtig funktionieren würde. Eine solche Notbremsung hat ernste Konsequenzen, soll aber noch Schlimmeres verhindern.

## 13.8 Worauf es ankommt

Hier der Zettel, den Iris neben ihren Schreibtisch gehängt hat:

Wie können wir alles von Anfang an richtig machen?

- *Überprüfbare* Qualitätsziele vereinbaren.
- Qualitätsmaßnahmen *planen.*
- Nur konstruktive Maßnahmen *schaffen* Qualität.
- Konstruktive Maßnahmen betreffen Ergebnisse *und* Vorgehen.
- Den Hebel dort ansetzen, wo es am meisten bringt.
- Fertig ist ein Ergebnis erst, wenn es die Qualitätskriterien erfüllt.
- Vier Augen sehen mehr als zwei.
- Bürokratie nein, Systematik ja.
- Das Rad nicht neu erfinden.
- Roten Knopf nicht vergessen.

# 14 Testen

*von Peter Schaumann*

**? Wozu sind Tests gut, wie führt man sie durch und wann ist man damit fertig?**

Bei der Entwicklung von Individualsoftware haben wir das Herz des Kunden in der Hand, also die Programme, mit denen der Kunde sein Geschäft abwickelt. Fehler in einer missglückten Auslieferung können Schäden in Millionenhöhe verursachen und werden auf Vorstandsebene diskutiert. Der betroffene Projektleiter hat anschließend eine deutlich geänderte Einstellung zum Testen.

Testen ist nichts für Anfänger und nichts für gescheiterte Programmierer, sondern eine anspruchsvolle Aufgabe, die ein tiefes Know-how über die fachliche Funktion (Außensicht des Systems), die technische Architektur (Innensicht des Systems), die verwendeten Produkte und die physische Konfiguration erfordert. Chefdesigner und Systemarchitekten sind auch als Testdesigner richtig am Platz. Wer sich bei Testplanung und -durchführung entsprechende Erfahrungen erarbeitet, wird bessere Programme entwerfen und schreiben.

Das Faszinierende am Testen ist die Komplexität. Die kombinatorische Explosion der Testfälle zwingt den Tester zu einem systematischen, strategischen Vorgehen. Ad-hoc Tests führen zu zufälligen, unbrauchbaren Ergebnissen.

### Aufbau des Kapitels

Wir beginnen mit der *Zieldefinition*, d.h. der grundsätzlichen Frage, warum wir testen, und behandeln dann die einzelnen *Teststufen* und ihre Einbettung in das Projektmodell der Softwareentwicklung. Es folgt die Beschreibung der *Testarten* (Funktionstest, Zuverlässigkeitstest, Performance-Test etc.) und eine kurze Anleitung, wie man für jede Testart zu Testfällen kommt. Ein weiterer Abschnitt über *Organisation und Technik* zeigt, wie man Testfälle strukturiert beschreibt und worauf man bei der Testdurchführung achtet: Testräume, Konfigurationsmanagement, Automatisierung und Regressionsfähigkeit, Werkzeuge. Abschließend behandeln wir im Abschnitt *Testmanagement* die Themen Aufwandschätzung, Planung, Fehlermanagement und Verbesserung des Testprozesses.

## 14.1 Warum testen?

Ein guter Test ist wie eine Haftpflichtversicherung: Er kostet richtig Geld, lässt aber den Projektleiter und den Kunden ruhiger schlafen. Zum guten Schlaf gehört auch eine gute Versicherung, die alle möglichen Risiken abdeckt. Zum Vertrauen in die Software gehört ein guter Test, der die ganze Produktionswirklichkeit abdeckt. Dass wenige Fehler im Test nicht unbedingt auf gute Software schließen lassen zeigt die Abbildung 14.1 aus [GrF00]: Ein mangelhafter Test gaukelt gute Qualität vor, weil Fehler nicht gefunden werden.

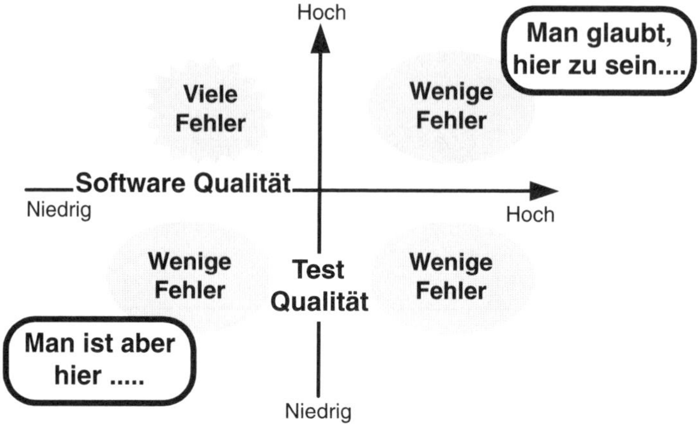


**Abb. 14.1:** Test-Qualität und Software-Qualität

Die Test-Qualität soll ein Beispiel mit drei Fällen verdeutlichen.

Der Auftrag an die Testgruppe lautet: „Hier ist die neue Software, testet sie mal durch, sie soll schnell in Produktion gehen." Je nach Qualifikation der Testgruppe und Vorbereitung der Tests geschieht Folgendes:

1. Die Testgruppe hat wenig Ahnung von der fachlichen Funktion der Software. Man klickt ein wenig auf der Oberfläche herum, beurteilt intuitiv, ob das Richtige herauskommt, nimmt vielleicht die Dokumentation zu Hilfe. Nach zwei Tagen kommt die Aussage „ok". Ergebnis: der Projektleiter hat keinen Anhaltspunkt, ob er diesem pauschalem Urteil trauen kann.
2. Fachliche Experten (Power-User) und Anwender testen das Programm. Sie können Ergebnisse gut beurteilen, entdecken Fehler in Sonderfällen, konzentrieren sich aber aus Zeitmangel auf die Funktionen, die ihnen subjektiv wichtig erscheinen. Ergebnis: Der Projektleiter fühlt sich recht sicher bezüglich einiger fachlicher Funktionen, weiß aber nichts über die technische Stabilität des Produkts. Unklar ist ferner, welche Funktionen überhaupt getestet wurden.
3. Es existiert eine nach Risiko ausgewählte Liste von Testfällen, die von Entwicklern, Anwendern und Testern anhand der *Anforderungen* gemeinsam erarbeitet und auf das Notwendige eingeschränkt wurde. Die Tests sind regressionsfähig: Sie werden automatisch durchgeführt und gegen Referenz-Ergebnisse geprüft. Am Ende der Tests bekommt der Projektleiter einen Status über erfolgreiche und fehlerhafte Tests und entscheidet, ob er die Software für die Auslieferung freigibt. Ergebnis: Der Projektleiter weiß, woran er ist.

Der erste Fall testet nur die Benutzeroberfläche auf die Benutzbarkeit, die Testaussage ist mangels Referenz fast wertlos und das Verfahren nicht reproduzierbar. Note: ungenügend.

Der zweite Fall berücksichtig nur funktionale Anforderungen, ist durch die manuelle Durchführung aufwendig, dauert lang und ist mit anderen Personen nicht reproduzierbar. Er gibt keinen Anhaltspunkt für die erreichte Überdeckung. Note: mangelhaft.

Der dritte Fall beschreibt, warum wir testen und wie wir Software gut testen:

- Testen misst die Qualität eines Systems.
- Testen zeigt, ob die Anforderungen erfüllt sind.
- Testen betrachtet die ganze Bandbreite der Anforderungen und Qualitätsmerkmale: Funktionsumfang, Zuverlässigkeit, Benutzbarkeit, Effizienz.
- Testen hilft bei der Abschätzung des Risikos des Einsatzes in Produktion.
- Testen findet Fehler, bevor sie in der Produktion Schaden anrichten.
- Testen unterstützt kurze Integrations- und Releasezyklen durch schnelle automatisierte Regressionstests.

Tests messen Qualität, aber sie schaffen sie nicht. Qualität wird geschaffen durch Anforderungsanalyse, Spezifikation und sorgfältige Programmierung. Man kann Qualität nicht nachträglich durch Herausfinden von Fehlern hineintesten, sondern nur noch messen. In der Literatur wird oft „Finden von Fehlern" als Ziel des Testens definiert, z.B. bei [Mye01]. In diesem Sinne werden Testfälle dann als „nicht erfolgreich" gekennzeichnet, wenn sie *keinen* Fehler finden. Wir schließen uns dieser Meinung nicht an, sehen aber im „Finden von Fehlern" einen Teil der Motivation für den einzelnen Tester: Die destruktive Kreativität, das System aufs Kreuz zu legen, und der sportliche Ergeiz, Fehler zu finden, sorgen für gute Testfälle.

Was wir unter *Qualität* verstehen, ist ausführlich im Kapitel 6 und Kapitel 13 beschrieben. Die für das Testen wichtigen Qualitätsziele *Funktionsumfang, Zuverlässigkeit, Benutzbarkeit* und *Effizienz* aus der Norm ISO/IEC 9126-1 [ISO9126] werden im Abschnitt 14.3 behandelt.

In realen Projekten liegt die Kunst in der Beschränkung auf das Wesentliche, Machbare. Ausgetestete Software gibt es nicht, denn man kann nicht alles testen. Richtlinie für die Einschränkung ist die *Kritikalität* des Systems. Diese hängt ab von der Art und Höhe des Schadens, den ein Fehler auslösen kann. Dazu zwei Beispiele:

1. Die Software einer Diplomarbeit braucht man nicht zu testen: Von den Qualitätszielen ist höchstens die Funktion relevant, da die Software weder portiert, noch gewartet noch von anderen Leuten benutzt wird. Das Risiko, dass Fehler entdeckt werden und dass sie Auswirkungen auf den bereits erworbenen Titel haben, ist gering.
2. Ohne die Software für den Zahlungsverkehr überlebt eine Bank etwa zwei Tage: Die Kritikalität ist hoch. Funktion und Zuverlässigkeit wird man entsprechend intensiv testen. Portabilität ist selten gefordert und Benutzbarkeit der Batchprogramme nur für wenige Operateure relevant.

Testen ist ökonomisch sinnvoll, solange die Kosten für das Finden und Beseitigen eines Fehlers im Test niedriger sind als die Kosten, die mit dem Auftreten eines Fehlers bei der Nutzung verbunden sind. Wenn mich ein schwerer Programmfehler in einem betrieblichen Informationssystem 100.000 Euro kostet und ich nach der Programmierung anhand der Programmgröße 10 solche Fehler erwarte, lohnen sich 200.000 Euro Testaufwand als Versicherungsprämie. Bei Gefahr für Leib und Leben ist die Kosten-Nutzen-Rechnung schwieriger.

Wenn man die Prämie auf die QS-Maßnahmen verteilt, sollte man berücksichtigen, dass Fehler umso billiger zu beheben sind, je früher sie entdeckt werden. Daher kann der Test eine analytische und konstruktive Qualitätssicherung in den frühen Phasen und während der Programmierung nicht ersetzen! Code-Reviews sind wesentlich effektiver, um Fehler zu finden als der Systemtest. Die Investition in gutes Design und sinnvolle Programmiervorgaben helfen, Fehler gar nicht erst entstehen zu lassen.

Die Testplanung bringt also die Qualitätsziele, die Kritikalität des Systems, akzeptables Risiko und ökonomische Randbedingungen in Einklang.

## 14.2 Teststufen

### Projektmodell

Testen ist in den Entwicklungsprozess eingebettet (vgl. Kapitel 2 und Kapitel 13). Das klassische Wasserfall-Modell sieht den Integrations- und Systemtest als eine separate Stufe nach der Implementierung vor. Dies führt oft dazu, dass alle diesbezüglichen Aktionen erst bei oder nach der Implementierung begonnen werden, der Test zum Engpass wird und Synergien in der Entwicklungsphase nicht genutzt werden. Das in Abbildung 14.2 gezeigte Modell aus [Spi00] – eine Erweiterung des klassischen V-Modells – vermeidet diese Probleme, da es die Testaktivitäten vom ersten Tag an berücksichtigt. Wir verwenden es daher im Folgenden als Verfeinerung des sd&m-Projektmodells, um die Testaktivitäten besser zu zeigen:

- Testen ist ein Prozess, der parallel zum Entwurfs- und Implementierungsprozess abläuft.
- Testaktivitäten beginnen am ersten Tag des Projekts zusammen mit der Anforderungsspezifikation.
- Jede Teststufe bezieht sich auf eine bestimmte Entwurfsstufe.
- Auch während der Testphase finden noch Änderungen durch Fehlerbehebungen statt, die mit Nachtests verbunden sind.

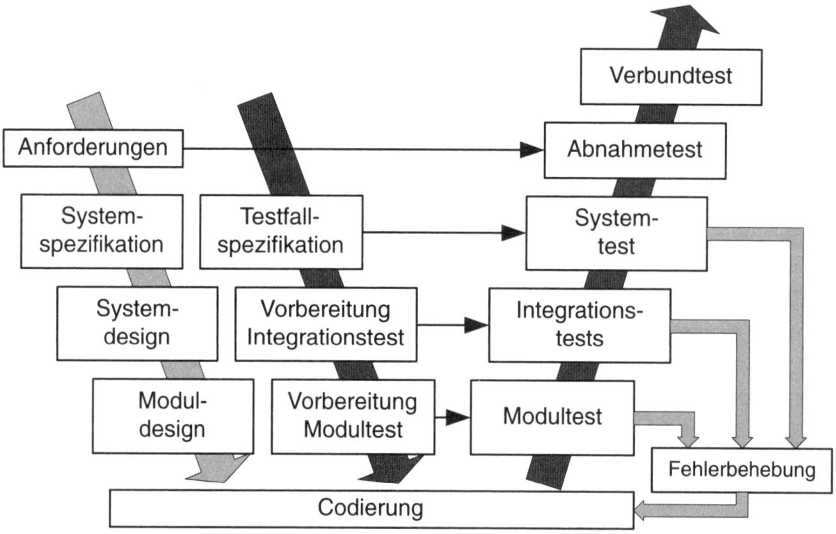


**Abb. 14.2:** Testaktivitäten im Projektmodell

Der linke Ast des Modells beschreibt die Aktionen zur Erstellung der Software, von der Anforderungsanalyse bis zur Codierung der Programme.

Zusammen mit der normalen Projektplanung erfolgt auch die *Testplanung*, d.h. die zeitliche Einordnung der Aktionen, die Aufwandschätzung und Zuordnung zu Mitarbeitern.

Parallel zur Systemspezifikation definiert man schon anhand der Anforderungen *Testfälle* für den Systemtest und Abnahmetest. Die frühe Spezifikation der Testfälle ist für Auftraggeber und Auftragnehmer essentiell, da sie die Kriterien der späteren Abnahme festlegen und Fehler in der Spezifikation früh aufdecken. Die Testfälle werden von den Testern in Zusammenarbeit mit fachlichen Experten erstellt und zusammen mit der Systemspezifikation vom Kunden abgenommen.

*Integrationstests* werden von den Testern zusammen mit dem System-Design festgelegt, um die schrittweise Testbarkeit der einzelnen Komponenten und Subsysteme während der Integration zu gewährleisten. Die für den Integrationstest notwendigen Emulationen der Nachbarsysteme spezifizieren die Tester mit dem System-Design. Die Laufzeitumgebungen (Testräume) reserviert oder beschafft der Kunden schon in dieser Phase, damit sie zum Test fertig konfiguriert bereitstehen.

Testrahmen und Testfälle für den *Modultest* können bereits mit dem Modul-Design anhand der Modul-Schnittstellen oder Klassendefinitionen erstellt werden. So wird die Codierung effizient unterstützt, und es entstehen keine Wegwerf-Testfälle. Wichtig ist hier das Denken von außen nach innen: Zuerst werden zur spezifizierten Schnittstelle die Testfälle erstellt, dann der Testtreiber geschrieben und erst zuletzt, in der *Codierung* der eigentliche Code programmiert.

Alle Testfälle der verschiedenen Stufen prüft man wie die anderen Dokumente über Reviews auf Vollständigkeit und Korrektheit.

Im rechten Ast des Projektmodells werden die vorbereiteten Tests in den verschiedenen Teststufen durchgeführt: vom Modultest über den Integrationstest bis zum Systemtest und Abnahmetest. Dabei wird Zeit für Fehleranalyse, Fehlerbehebung und Wiederholung der Tests eingeplant. Für jede Teststufe legt man fest, wann das Testziel erreicht ist, d.h. wann die Software in die nächste Stufe weitergegeben werden kann (Exit-Kriterium).

In den folgenden Abschnitten erläutern wir Vorbereitung und Durchführung der einzelnen Teststufen.

## Modultest

Bevor man ein großes Bauwerk zusammensetzt, sollten die einzelnen Ziegelsteine und Stahlträger ausreichend geprüft sein. Die Statik (Schnittstellen, Funktion) eines großen Systems ist schwierig genug, da dürfen beim Zusammenbau bröckelnde Bausteine keinen Ärger verursachen. Daher testet man diese Einzelbausteine im Modultest getrennt auf ihre Qualität. Ziel des Modultests ist die Prüfung des Eingabe-/Ausgabe-Verhaltens der Schnittstelle mit gültigen und ungültigen Aufrufparametern. Schwerpunkt der im Modultest gefundenen Fehler sind Datentypen, Bedingungen, Algorithmen und die Fehlerbehandlung, also typische Codierfehler.

Den Modultest führt der Entwickler zusammen mit der Codierung durch. Der Entwickler ist verantwortlich für Testfälle, Testdaten und Überprüfung. Erst wenn alle Testfälle erfolgreich ohne Fehler durchlaufen und eine vorgegebene Überdeckung (siehe unten) erreicht ist, darf der Entwickler sein Modul zur Integration weitergeben. Einfach eine Änderung einzutippen und dann den Testern über den Zaun zu werfen, ist verboten.

Besonders wichtig ist der Modultest im Sinne einer Eingangsprüfung für zugelieferte Funktionsbibliotheken, für komplexe, neue Produkte und für Schnittstellen zu fremden Systemen. Diese Eingangsprüfung umfasst nur die im System verwendeten Funktionen.

### *Testrahmen und Stubs*

Wie bei einer Materialprüfung erfordert auch der Modultest eine spezielle Maschinerie, hier in Form von Testtreibern zur Erzeugung der Belastung und in Form von Stubs (Dummies) zur Simulation von aufgerufenen Modulen, wie in Abbildung 14.3 dargestellt. Mit dieser Maschinerie erreicht man die notwendige Automatisierung, um die zahlreichen Testfälle für viele Module effizient durchzuführen und bei Änderungen zu wiederholen. Dazu mehr in Abschnitt 14.4.

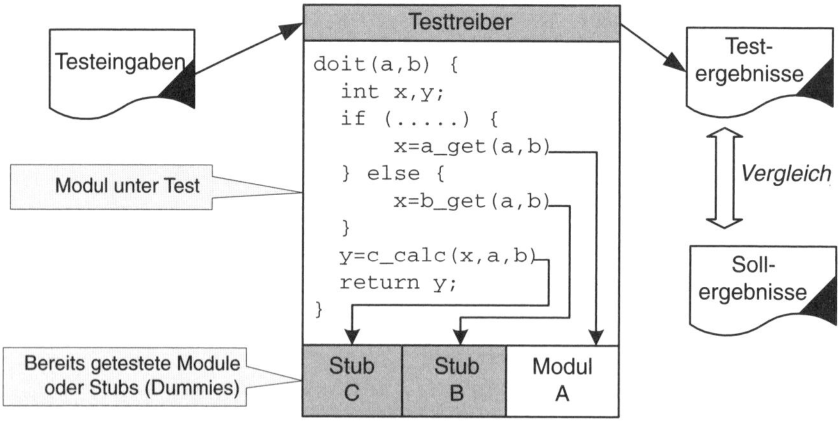


**Abb. 14.3:** Testrahmen für Modultest

Stubs kosten etwas, aber sie zerschlagen den Gordischen Knoten abhängiger Module: Mit Stubs kann jedes Modul für sich entwickelt und getestet werden. Stubs stellen dem Entwickler die Schnittstelle des emulierten Moduls zur Verfügung, liefern aber nicht unbedingt die volle Funktion. Typische Beispiele für Stubs und die mögliche Einschränkung der Funktion sind:

- *Berechtigungssystem*
  Es reicht ein Stub mit wenigen Benutzern: einer mit minimalen Rechten, einer mit maximalen Rechten oder ein Benutzer pro definierter Rolle. Die Ankopplung an wirkliche Berechtigungssysteme (z.B. RACF) erfolgt erst viel später.
- *Datenbankzugriffe*
  Der Stub protokolliert nur die Aufrufparameter für den Test und liefert abwechselnd einige fest programmierte Ergebnisse zurück. Dieses Verfahren erleichtert die Auto-

matisierung, da die Ergebnisse bei jedem Testlauf identisch sind. Wenn die endgültige Datenbankstruktur, Generatoren für die Zugriffschichten und vernünftige Datenbefüllung verspätet fertig werden, entkoppelt und beschleunigt der Stub auch die Entwicklung, nicht nur den Test.

- *Schnittstellen zu Nachbarsystemen*
  Die Anbindung von Nachbarsystemen birgt viele Projektrisiken und Verzögerungen. Ein Stub macht den Entwickler davon unabhängig und verlagert die Integration dahin, wo sie hingehört: in den Integrationstest.

### *Blackbox-Verfahren*

Die *Testfälle* für den Modultest erstellt man vorzugsweise mit Blackbox-Verfahren und kontrolliert die erreichte Testqualität mit Whitebox-Verfahren. Blackbox-Verfahren testen gegen die Schnittstelle und sind daher für alle Implementierungsvarianten gültig (z.B. bei Polymorphie). Whitebox-Verfahren beziehen sich auf die einzelne Implementierung.

Bei den Blackbox-Verfahren haben sich Äquivalenzklassen und Grenzwertanalyse durch ihren systematischen Ansatz bewährt:

Bei den *Äquivalenzklassen* überlegt man sich, welche Testdaten identisches Verhalten des Testobjektes verursachen, und ordnet diese einer Klasse zu. Dabei gibt es Äquivalenzklassen für gültige und für ungültige Eingabewerte. Tabelle 14.1 zeigt dazu ein Beispiel.

Bei der *Grenzwertanalyse* wählt man zusätzlich Testdaten an den Rändern der Äquivalenzklasse, da Grenzwerte (programmier-)fehlerträchtige Stellen sind. Denn erstens werden die Operatoren „>=, =, <=“ oft aus der umgangssprachlichen Spezifikation missgedeutet und zweitens sind die Grenzwerte manchmal dem Programmierer gar nicht bewusst.

Beispiele für typische Grenzwerte sind

- numerische Werte abhängig von den Datentypen (-1, 0, $2^{16}$-1, $2^{16}$, -$2^{16}$, $2^{32}$-1, $2^{32}$)
- Längen von Strings (0, 1, maximale Länge, maximale Länge +1)
- Größen von Arrays (leer, 1, maximale Größe, Maximum+1)
- Anzahl zyklischer Abläufe (z.B. wie oft kann man einen Login-Vorgang mit falschem Passwort wiederholen)

Schwierig sind unbekannte Grenzwerte, z.B. bei dynamischer Speicherverwaltung, die in Wirklichkeit doch irgendwann eine Grenze finden („No more Memory“). In diesem Fall gibt die Spezifikation garantierte Werte an, die auf jedem zulässigen System erreicht werden und gegen die getestet wird. Zusätzlich erhöht man die Anzahl/Größe von Objekten so lange im Test, bis wirklich die Grenze erreicht wird, um das Fehlerverhalten zu prüfen.

Als Beispiel für die Anwendung der Äquivalenzklassen und Grenzwerte eine kleine C-Funktion, die anhand einer numerischen User-ID und eines Kennworts prüft, ob sich der Benutzer einloggen darf. Die Parameter werden als Strings übergeben.

```
Bool my_login(char *userid, char *kennwort);
Parameter:
    Userid:       Numerisch, Wertebereich größer 0
    Kennwort:     Text, minimale Länge größer als 8 Zeichen
```

Für die Parameter ergeben sich die in Tabelle 14.1 gezeigten Äquivalenzklassen, mit Annahmen über die oberen Grenze des numerischen Wertes (16-bit) und mit Annahmen über die erlaubten Zeichen beim textuellen Wert. Die notwendigen Annahmen zeigen übrigens, wie der Tester zur Präzisierung der Spezifikation beitragen kann.

**Tab. 14.1:** Äquivalenzklassen und Grenzwerte für my_login()

| Parameter | Gültige Äquivalenzklassen | Ungültige Äquivalenzklassen | Grenzwerte |
|---|---|---|---|
| Userid (ID) | 0 < ID und ID <= 32.000<br>und nur Zahlen in ID<br>und Benutzer existiert | ID <0 oder ID > 32.000<br>oder Alphazeichen in ID<br>oder Benutzer existiert nicht | -33.000, -1, 0, 1,32.000,32.001, 33.000<br><br>Leerzeichen, Buchstaben, Sonderzeichen |
| Kennwort (KW) | 8 < KW-Länge und KW-Länge < 64<br>und nur alphanumerische und $ Zeichen in KW<br><br>und KW richtig | KW-Länge <= 8 oder KW-Länge >= 64<br>oder ungültige Zeichen im KW<br><br>oder KW falsch | (leer), „12345678“, „123456789“, KWLänge = 62, 63, 64 Zeichen, Kennwort mit 1 Mio. Zeichen (Buffer Overflow)<br>„KW!“§$%&/()=?“ |

Die gültigen Äquivalenzklassen können für beide Parameter parallel getestet werden, die ungültigen jeweils nur einzeln. Daher ergeben sich viel mehr Fehlerfälle als Normalfälle. Tabelle 14.2 zeigt Beispiele für aus Tabelle 14.1 abgeleitete Testfälle.

**Tab. 14.2:** Testfälle für my_login()

| Nr | Eingabe UserID | Eingabe Kennwort | Erwartetes Ergebnis | Bemerkung |
|---|---|---|---|---|
| 1 | „1“ | „123456789“ | True | Benutzer „1“ mit Kennwort existiert, Kennwort hat minimale Länge |
| 2 | „32000“ | „1234..90$abcde..z“ | True | Benutzer „32000“ mit Kennwort existiert. Kennwort mit Länge=63 enthält alle erlaubten Zeichen |
| 3 | „0“ | „kennwort$“ | False | Ungültiger Bereich für die UserID |
| 4 | „-1“ | „kennwort$“ | False | Ungültiger Bereich für die UserID |
| 5 | „32001“ | „kennwort$“ | False | Ungültiger Bereich für die UserID |
| 6 | „33000“ | „kennwort$“ | False | Ungültiger Bereich für die UserID |
| 7 | „1xxxx“ | „kennwort$“ | False | Ungültiges Zeichen in der UserID |
| 8 | „2“ | „falsch“ | False | Benutzer „2“ existiert nicht |
| 9 | „1“ | „1234567“ | False | Ungültiges Kennwort (zu kurz) |
| 10 | „1“ | „1234567...9999“ | False | Ungültiges Kennwort (sehr lang) |
| 11 | „1“ | „123!§$()=“ | False | Ungültige Zeichen im Kennwort |
| 12 | „1“ | „falschesKW“ | False | Falsches Kennwort |

Weitere Testfälle sind der destruktiven Kreativität des Testers überlassen, die aus Erfahrung die üblichen Fehler der Programmierer *erwartet.* Dies ist die sportliche Art des Testens. Diese oft absurd erscheinenden Tests sagen viel über die Robustheit der Programmierung und über die Qualität der Spezifikation, da sie anhand von Sonderfällen oft Lücken in der Spezifikation entdecken.

### *Whitebox-Verfahren*

Mit den Whitebox-Verfahren kann man die zuvor mit Blackbox-Verfahren erstellten Testfälle kontrollieren. Whitebox-Verfahren messen die Qualität der Testfälle mit verschiedenen Überdeckungsmaßen. Falls die geforderte Überdeckung nicht erreicht wird, sind entweder implementierte Funktionen nicht beschrieben oder die Blackbox-Testfälle reichen nicht aus.

*C0-Überdeckung* ist das Verhältnis von ausgeführten zu vorhanden *Anweisungen.* Bei 100 % C0-Überdeckung führen die Testfälle jede Anweisung mindestens einmal aus.

*C1-Überdeckung* ist das Verhältnis von ausgeführten zu vorhanden *Entscheidungspfaden* (z.B. if/else-Zweige). Bei 100 % C1-Überdeckung liefert jede *Entscheidung* mindestens einmal WAHR und einmal FALSCH. Die C1-Überdeckung ist ein besseres Kriterium zur Erstellung der Testfälle: Es werden auch Zweige geprüft, die nicht direkt im Quellcode sichtbar sind und vom Programmierer vielleicht vergessen wurden, z.B. if-Anweisungen ohne else-Zweig. Während es für die C0-Überdeckung ausreicht, wenn die IF-Bedingung WAHR wird, muss sie für die C1-Überdeckung mindestens einmal auch FALSCH sein.

Die noch bessere *Bedingungs-Überdeckung* der verschiedenen Pfade durch den Quellcode erhält man, wenn durch die Testfälle jede einzelne Bedingung einer Entscheidung einmal wahr und einmal falsch wird. Eine Anweisung wie „IF ((a != 4711) AND (b > 42)) THEN...“ erfordert dann mindestens 4 Testfälle.

Die C0-Anweisungsüberdeckung wird von üblichen Werkzeugen gemessen und ist daher in der Praxis von Bedeutung, obwohl sie nur ein sehr schwaches Kriterium für die Testüberdeckung ist, da viele Pfade nicht erreicht werden.

Bei der Auswertung der Überdeckungsmessung unterscheidet man (1) normalen Code und (2) Code für technische Fehlerbehandlung. Normaler Code sind die Anweisungen, die die Funktion des Moduls erbringen und die fachliche Fehlerbehandlung, d.h. die erwarteten Fehlerzustände (z.B. „Kein Eintrag gefunden“ bei einer Suche); man vergleiche hierzu die legalen und illegalen Situationen (Kapitel 6). Für den Modultest fordert man eine 100 % C0-Überdeckung dieses normalen Codes. Die technische Fehlerbehandlung umfasst die Behandlung unerwarteter Zustände (z.B. „Keine Verbindung zur Datenbank“, „Kein Speicher mehr“). Der Anteil der technischen Fehlerbehandlung hängt von der Programmiersprache und von verwendeten Generatoren ab. Diese Anweisungen testet man stichprobenartig im Robustheitstest (siehe Abschnitt 14.3).

Programmierer bezweifeln gern, dass eine hohe C0-Überdeckung erreicht werden kann. Sie haben Unrecht: Die C0-Überdeckung ist ein minimales Kriterium, sie ist – im Gegensatz zum Gefühl des Programmierers – ein objektives Maß, und es macht wenig Sinn, etwas zu programmieren, das durch den Test nicht zur Ausführung gebracht werden kann.

### *OO-Modultest*

Bei objektorientierten Systemen tritt an Stelle des Moduls mit Funktionen die Klasse mit Methoden, Zustand, Vererbung und Polymorphie. Der Test objektorientierter Systeme hat mit dem klassischen Modultest mehr gemeinsam als allgemein angenommen: Zustände gibt es schon immer, Polymorphie in der Form statischer Bindung (z.B. über verschiedene Bibliotheken) auch. Wirklich spezifisch ist die Vererbung. Wir gehen auf diese drei Aspekte unter dem Abschnitt OO-Modultest ein, da sie hier im Vordergrund stehen.

Testfälle beziehen den *Objektzustand* mit ein. Jeder Zustand muss mindestens einmal erreicht, jeder Übergang einmal ausgeführt und jeder verbotene Übergang versucht werden. Wenn nicht alle Methoden in jedem Zustand möglich sind, sollte der Zustand eines Objekts als explizite Variable (state) realisiert werden, die beim Aufruf jeder Methode geprüft wird. Damit wird dem Tester die Ableitung von Testfällen erleichtert.

Durch die *Vererbung* erweitert sich der Testumfang beim Erstellen oder Ändern einer Klasse beträchtlich:

- Jede neue Unterklasse stellt alle Oberklassen erneut auf die Probe.
- Jede Änderung der Oberklasse kann Einfluss auf alle Unterklassen haben.

Unterklassen können auf Variablen der Oberklassen zugreifen und dadurch Fehler in vorhandenen Methoden auslösen. Unterklassen können (virtuelle) Methoden der Oberklasse überschreiben. Es müssen daher auch die verwendeten Methoden der Oberklassen mit jeder neuen Unterklasse neu getestet werden. Das OO-Design bietet dabei den Vorteil, dass Testfälle und Testtreiber der Oberklassen beim Test der Unterklassen wieder benutzt werden können. Der Test einer Vererbungshierarchie erfolgt top-down, d.h. Oberklassen werden zuerst getestet, dann nacheinander die Unterklassen in ihrer Vererbungshierarchie.

Nach Änderungen an Oberklassen testet man die abgeleiteten Klassen nach, zumindest in Stichproben. Oft sind dem Programmierer der Oberklasse die von Dritten abgeleiteten Klassen jedoch gar nicht bekannt: In diesem Fall weisen Release-Notes die Entwickler der Unterklassen auf den notwendigen Nachtest hin.

Die Vererbung erschwert die Deutung der Code-Überdeckung, da nur ein Teil der in den Oberklassen vorhandenen Methoden von Unterklassen überhaupt benutzt wird. Man schränkt daher die Überdeckungsmessung auf die zu testenden zusätzlichen Methoden der Unterklasse ein.

Durch die *Polymorphie* ergibt sich eine große Zahl von Kombinationen zwischen den Implementierungen einer abstrakten Klasse und den verschiedenen aufrufenden Klassen. Man denke nur an eine Druckschnittstelle mit vielen Druckertreibern und vielen druckenden Programmen, wie in Abbildung 14.4 gezeigt.

Theoretisch ergeben sich N*M=12 Kombinationen, die alle zu testen sind. In der Praxis wird man alle Druckertreiber mit dem selben Testtreiber ausführlich und intensiv testen, die druckenden Programme ausführlich nur mit einem Stub oder einem einzigen Drukkertreiber. Damit reduziert man die Kombinationen auf N+M = 7. Das OO-Design bietet hierbei den Vorteil, dass Testreiber und Testfälle für alle Drucker-Implementationen wiederverwendet werden und der Stub für viele druckende Programme.

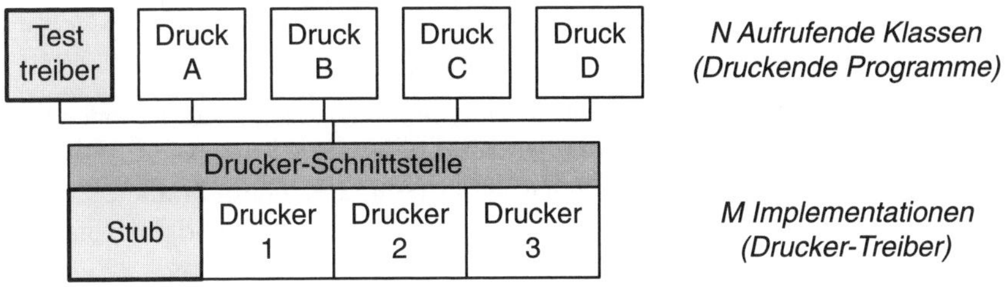


**Abb. 14.4:** Beispiel für Test bei Polymorphie

Die Komplexität des Tests durch Vererbung und Polymorphie beruht zum großen Teil auf den vielen zusätzlichen Eigenschaften und Anwendungsfällen, die sich daraus ergeben. Wenn OO-Systeme aber nur noch als Ganzes integrierbar und testbar sind, dann hat man ein Designproblem – und kein Testproblem. Durch viele horizontale Assoziationen, gegenseitige und zyklische Verwendung von Klassen entstehen Netze, die sich nicht mehr testen lassen. Hier helfen nur schmale Interface-Klassen, die man zum Testen emuliert und eine klare Schichtenarchitektur mit abgeschlossenen Komponenten.

## Integrationstest

Wie baut man die einzelnen Teile des Systems zu einem großen Ganzen zusammen? Für die *Integration* der Module gibt es verschiedene Verfahren. Die wichtigsten davon sind:

- *Bottom-up*
  Beginnend von der Datenbank und Hilfsfunktionen werden die anderen Module Stockwerk für Stockwerk darauf gebaut. Testtreiber prüfen nach jedem Stockwerk die Stabilität, bevor das nächste Stockwerk folgt. Beim bottom-up-Test fällt in der Regel der Modultest der neuen Schicht mit der Integration bereits getesteter Module zusammen. Dieses Verfahren benötigt keine Stubs, da man bereits getestete Schichten verwendet, und die Integration erfolgt in kleinen Schritten. Man benötigt jedoch einige Treiber und es dauert lange, bis alle Softwareschichten das erste Mal erfolgreich zusammenarbeiten, da sich die Arbeit an den Schichten nicht parallelisieren lässt. Das Verfahren ist daher nur für kleine Systeme geeignet.
- *Funktionsorientiert*
  Man geht hier von einem schmalen Durchstich aus, der bereits das Hauptprogramm (z.B. den GUI-Rahmen mit Hauptfenster) enthält, und fügt daran weitere Funktionsblöcke an. Jeder neue Block wird durch alle Stockwerke hindurch getestet. Vorteil: Die technische Machbarkeit wird rechtzeitig geprüft und der Kunde sieht ein laufendes System. Voraussetzung ist die Aufteilung der Anwendung in aufeinander aufbauende Funktionsblöcke.
- *Schichtenorientiert*
  Es werden ganze Teile von verschiedenen Teams vorgefertigt und für sich getestet, z.B. die Host-Seite mit Datenbank, die Kommunikation und die GUI mit Dialogsteuerung. Zum Schluss werden diese Teile zusammengebaut. Zum Test der Teile sind viele Treiber und Stubs nötig, jedoch kann in – auch räumlich weit entfernten – Teams weitgehend parallel entwickelt werden.

Entwickler und Tester stimmen frühzeitig ab, welches Verfahren im Projekt verwendet wird und in welcher Reihenfolge integriert wird.

Ziel des Integrationstests ist der Test der Schnittstelle zwischen Modulen oder Klassen. Die Fehler, die im Integrationstest gefunden werden sind typische Designfehler: Sie betreffen den Ablauf der Aufrufe, die Semantik von Schnittstellen-Parametern und fehlende Funktionen der gerufenen Klassen oder Module. Man erstellt und prüft die Testfälle anhand folgender Kriterien:

- Jede exportierte Operation wird mindestens einmal aufgerufen.
- Jede Aufrufstelle von importierten Operationen wird mindestens einmal ausgeführt.
- Jede Aufrufsequenz von importierten Operationen wird einmal ausgeführt.
- Jede importierte Operation wird mit extremen Werten beschickt (Grenzwertanalyse, Test spezieller Werte, die der destruktiven Erfindungsgabe des Testers entspringen).

Ein Integrationsschritt ist dann abgeschlossen, wenn alle Testfälle ausgeführt wurden und keine schwerwiegenden Fehler auftraten (z.B. Programmabstürze, Endlosschleifen, sonstiger abnormaler Ressourcenverbrauch, kritische funktionale Mängel). Sonstige Fehler können nachträglich, parallel zu weiteren Integrationsstufen oder dem Systemtest behoben werden, müssen aber dann erneut die Teststufen Modultest und Integrationstest durchlaufen (siehe Abbildung 14.2).

Alle Fehler des Integrationstests werden in der Fehlerdatenbank erfasst, um sie nach verursachendem Modul und nach Priorität an den zuständigen Entwickler weiterzugeben. Besonders in großen Projekten, mit eigener Testgruppe und Zulieferungen von verschiedenen Firmen, sorgt dieses Verfahren für klare Kommunikation und sauberes Releasemanagement. Siehe Abschnitt 14.5 unter „Fehlermanagement".

## Systemtest

Voraussetzung für den Systemtest ist ein stabiler Stand der Software. In einer Umgebung permanenter Änderungen lässt sich keine Aussage über die Qualität machen und keine Entscheidung über die Auslieferung fällen. Zum stabilen Stand gehören (1) der Abschluss der Programmierung des Funktionsumfangs, (2) die Behebung bekannter, schwerer Mängel aus dem Integrationstest und (3) die Erklärung des Code-Freeze-Meilensteins im Team. Nach Erklärung des Code-Freeze kontrolliert der Projektleiter alle Änderungen im Rahmen eines Freigabeverfahrens und schränkt sie auf die Behebung produktionsverhindernder Fehler ein.

Der Systemtest zeigt, ob die ursprünglichen Anforderungen des Kunden richtig implementiert wurden. Dazu werden alle im folgenden Abschnitt 14.3 aufgeführten Testarten (Funktionstest, Robustheitstest, Benutzbarkeitstest, Performance-Test) in einem kompletten Testzyklus durchgeführt.

In der Wartungsphase ist die Versuchung groß, nur die Änderungen nachzutesten. Die Folge sind verheerende Fehler durch Seiteneffekte in Produktion. Auch Änderungen erfordern einen kompletten Systemtest vor der Auslieferung! Automatisierte, regressionsfähige Systemtests minimieren den Aufwand und erlauben kurze Releasezyklen.

Schwerpunkt der im Systemtest gefundenen Fehler sind implizite Anforderungen, die *nicht* spezifiziert wurden, fehlende Anwendungsfälle und mangelnde Stabilität und Performance – also wieder typische Spezifikations- und Designfehler.

Bei großen Systemen kann der Testzyklus ein bis zwei Wochen und länger dauern. Bei solch langen Testzyklen wird der Status täglich in einem Protokoll zusammengefasst. Damit erkennt der Projektleiter, welche Tests gelaufen sind und welche Fehler gefunden wurden. Er kann damit schätzen, ob eine Fortsetzung des Tests überhaupt sinnvoll ist, oder ob er den Softwarestand besser an die Entwicklung zurückgibt. Er kann auch beurteilen, ob der geplante Termin für das Testende noch steht.

Für den Systemtest plant man bei Neuentwicklung oder größeren Änderungen ein bis zwei zusätzliche Stufen ein, in denen der Nachtest schwerwiegender Mängel erfolgt (siehe Projektplan in Abbildung 14.9). Gerade weil im Systemtest Spezifikationsfehler gefunden werden, ist deren Behebung oft nicht trivial und daher zeitraubend. Da auch die kleinste Änderung eine Wiederholung des ganzen Zyklus erfordert, wird man Fehler niedriger Priorität zurückstellen, bei der Bereitstellung-zur-Abnahme (BzA) dem Kunden melden und bis zu einer vereinbarten Frist beheben.

## Abnahmetest

Mit der Installation beim Kunden und der BzA-Erklärung geht die Verantwortung für das Testen auf den Kunden über. Üblicherweise werden die Testfälle des Systemtests in der Kundenumgebung nochmals wiederholt, mit echten Nachbarsystemen oder auf schnelleren Rechnern. Falls die Nachbarsysteme noch nicht vorhanden oder in Entwicklung sind, schreibt man entsprechende Stubs, um die eigene Abnahme von den Problemen der Nachbarsysteme zu entkoppeln (vgl. Verbundtest).

Bei der Ablösung eines Altsystem liefert ein Parallelbetrieb von altem und neuem System mit echten Produktionsdaten gute Testaussagen unter realen Bedingungen. Auf jeden Fall gehört ein Test mit produktionsnahen (in der Regel anonymisierten) Daten zum Abnahmetest. Leider werden Systeme oft erst in dieser Phase den Endanwendern vorgestellt. Der Test auf Benutzbarkeit findet damit zu spät statt: ein Versäumnis der Testplanung!

Ziel des Abnahmetests ist die Überprüfung unter den Bedingungen des Wirkbetriebs durch die Endanwender. Der Abnahmetest ist erfolgreich, wenn alle vereinbarten Testfälle vom Kunden durchgeführt wurden, der freie Test durch Endanwender innerhalb einer festgelegten Zeit gut gelaufen ist und keine schwerwiegenden, abnahmeverhindernden Mängel festgestellt wurden.

## Verbundtest

Falls das gelieferte Teilsystem noch in eine Anwendungslandschaft integriert wird, können sich weitere Teststufen an die Abnahme anschließen. Für diese Folgetests gibt es keine festen Bezeichnungen, sie heißen End-2-End-Test, Verbundtest oder Gesamtsystemtest. Bevor man in eine solche Phase einsteigt, sollte der Abnahmetest durchgeführt und die Software abgenommen sein.

Diese Tests sind extrem aufwendig einzurichten, da alle beteiligten Systeme in einer gemeinsamen Testumgebung installiert und konfiguriert werden müssen. Die Tests dauern lange, da viele Schritte in vielen verschiedenen Systemen durchgeführt werden müssen. Der Entwurf der Testfälle kann nur von wirklichen Experten durchgeführt werden, die den fachlichen Gesamtüberblick haben, da konsistente Basisdaten zu den Testfällen in allen beteiligten Systemen initialisiert werden müssen.

In dieser Teststufe konzentriert man sich daher auf die wirklich wichtigen Anwendungsfälle, z.B. die Top-20, um die Schnittstellen und die Interaktion der Systeme zu testen. Man testet die systemübergreifenden Anwendungsfälle von Anfang bis Ende und kontrolliert die Zwischen- und Endergebnisse.

Zur Koordination der Verbundtests setzt der Kunde einen Testmanager ein. Der Testmanager steuert systemübergreifend Testvorbereitung und Testdurchführung und bereitet den Teststatus auf. Der Teststatus ist die Grundlage für die Entscheidung GO oder NO GO des Managements.

### Wer soll testen?

Wir halten wenig von der strikten Trennung in Entwickler-Team und Tester-Team. Sie führt oft dazu, dass die Entwickler schlechten Code abliefern („Die Fehler finden schon die anderen"), die Tester nicht das notwendige Know-how für intensiven Test aufbauen und immer zu spät dran sind, um wirkliche Verbesserungen durch Designänderungen einzubringen. Oft werden – leider – die weniger guten Programmierer dem Testteam zugeteilt und dessen Motivation sinkt entsprechend. Die Verantwortung für richtige, getestete Programme liegt bei *einem* Team, das für Design, Entwicklung und Test zuständig ist.

Bei großen Projekten gibt es natürlich Gründe für eigene Testgruppen: Man braucht Spezialisten für Testwerkzeuge, Integration, Testumgebungen, Performance-Tests; die Zulieferungen verschiedener Entwicklungsfirmen werden von einer unabhängigen Instanz integriert und geprüft. Die Verantwortung für die Qualität bleibt jedoch immer beim Entwicklerteam.

## 14.3 Testfälle und Testarten

Die Erstellung der richtigen *Testfälle* ist die hohe Kunst des Testens. Jeder Test kann immer nur eine kleine Stichprobe sein, gemessen an der Gesamtzahl an möglichen Zuständen und Abläufen eines Systems. Die Qualitätsziele der Norm ISO 9126-1 [ISO9126] für Produktqualität bilden ein Raster, aus dem sich entsprechende *Testarten* ableiten (vgl. Tabelle 14.3). Man unterscheidet bei den Testarten zwischen funktionalen Tests, die das Qualitätsziel „Funktionalität" prüfen, und den nicht-funktionalen Testarten, die die übrigen Qualitätsziele abdecken – und oft vergessen werden. Die Änderbarkeit kann *nicht* durch Testen (d.h. dynamische Ausführung der Programme) geprüft werden, sondern ergibt sich nachträglich über den Aufwand für Änderungen.

**Tab. 14.3:** Zusammenhang von Qualitätsmerkmalen und Testarten

| **Qualitätsmerkmal** | **Untermerkmale** | **Testart** |
|---|---|---|
| Funktionalität | Angemessenheit, Richtigkeit, Interoperabilität mit Nachbarsystemen, Erfüllung gesetzlicher Normen, Sicherheit, Datenschutz | Funktionstest |
| Zuverlässigkeit | Reife, Fehlertoleranz, Wiederherstellbarkeit | Robustheitstest |
| Benutzbarkeit | Verständlichkeit, Erlernbarkeit, Bedienbarkeit, Attraktivität | Benutzbarkeitstest |
| Übertragbarkeit | Anpassbarkeit, Installierbarkeit, Koexistenz | Installationstest |
| Änderbarkeit | Analysierbarkeit, Modifizierbarkeit, Stabilität, Testbarkeit | – |
| Effizienz | Zeitverhalten, Verbrauchsverhalten bzgl. Ressourcen | Performance-Test |

Das Raster der ISO 9126 gilt gleichermaßen für Test, Qualitätsmanagement (vgl. Kapitel 13) und Spezifikation (vgl. Kapitel 3 und 4). Das Qualitätsmanagement sorgt dafür, dass die Testkriterien zu dem Qualitätsmerkmal explizit in der Spezifikation vorhanden sind – und nicht nur implizit in der Erwartung des Kunden.

Welche Testart ist für welche Teststufe (Modultest, Integrationstest, Systemtest) relevant? Systemtest und Abnahmetest enthalten grundsätzlich alle Testarten, Modultest und Integrationstest nur den Funktionstest und fallweise zusätzlich weitere Testarten, abhängig von der Art des Moduls: Für eine Benutzeroberfläche ist beispielsweise zusätzlich der *Benutzbarkeitstest* wichtig, auch wenn die eigentliche Anwendung noch durch Stubs emuliert wird. Für eine Datenzugriffsschicht will man schon bei Modultest die Effizienz in *Performance-Tests* feststellen. Portable Systemschnittstellen installiert man im Modultest und Integrationstest auf verschiedenen Plattformen und führt einen *Installationstest* durch.

Die folgenden Abschnitte liefern kurze Checklisten zu den einzelnen Testarten, um Ziel und Umfang der Testart deutlich zu machen. Daraus lassen sich die entsprechenden Testfälle für ein konkretes System ableiten.

## Funktionstest

Funktionstests überprüfen die fachliche Richtigkeit des Systems, das Zusammenwirken mit Nachbarsystemen, die Übereinstimmung mit Gesetzen und Normen und – nicht zu vergessen – die Sicherheit des Systems (siehe Kasten *Checkliste für den Funktionstest*).

Die Funktionstests lassen sich aus den Anforderungen herleiten, deren verschiedene Darstellungsformen im Kapitel 4 beschrieben sind.

- *Anwendungsfälle*
  Anwendungsfälle bestimmen den Ablauf der Tests. Da sie die Verarbeitung von Anfang bis zum Ende beschreiben, sind sie eine gute Basis für teilsystem-übergreifende Tests.

- *Zustandsmodelle (Automaten)*
  Jeder Zustand und jeder Zustandsübergang eines fachlichen Objekts wird durch Testfälle zumindest einmal erreicht. Zustandsmodelle modellieren zum Beispiel den Zustand eines Versicherungsvertrags und verbinden so mehrere, auch zeitlich weit voneinander entfernte Anwendungsfälle zu einem Testszenario.
- *Anforderungslisten und -beschreibungen*
  Jede Beschreibung der Art „Das System muss ..." oder „wenn XY eintritt, dann ...." aus Anforderungsbeschreibungen liefert mit der Frage „Wie validiere ich diese Anforderung während der Abnahme?" mindestens einen Testfall (siehe Projektmodell in Abbildung 14.2). Die Suche nach präzisen Testbedingungen bewirkt hierbei eine Qualitätssicherung der Anforderungsspezifikation.
- *Druckausgaben, Dialoge, Nachbarsystemschnittstellen*
  Für jedes Eingabefeld werden gültige und ungültige Werte getestet.
- *ER-Modell und Datendefinitionen*
  Für jedes Datenelement werden anhand seines Wertebereichs die Tests der Eingaben definiert (Domain-Prüfung). Hierbei helfen die Äquivalenzklassen (vgl. Abschnitt 14.2 unter „Modultest").

**Checkliste für den Funktionstest**

*Funktionsumfang*

- Sind alle Anforderungen und Anwendungsfälle durch Tests abgedeckt?
- Sind in den Zustandmodellen alle Zustände erreicht und alle Übergänge durchlaufen?

*Richtigkeit*

- Sind alle Eingabefelder mit gültigen und ungültigen Werten getestet?
- Sind alle Ausgaben auf Richtigkeit überprüft? Sollwerte vorhanden?
- Sind die Datumsfunktionen getestet? (ungültige Datumswerte, Schaltjahre,...)
- Sind landes- oder sprachabhängige Darstellungen getestet?
  (Datum, Währung, Nachkomma, Tausender-Trennung)
- Sind sprachabhängige Zeichensätze getestet? (Western, Eastern, Umlaute)
- Sind fachliche Fehler getestet? Werden Fehler richtig gemeldet?
- Ist das System nach jedem Fehler in einem definierten Zustand?

*Sicherheit und Datenschutz*

- Sind die Berechtigungsprüfungen getestet?
- Ist der Schutz gegen böswillige externe Hacker und interne Angriffe geprüft?
- Ist die Transaktionssicherheit bei parallelen Zugriffen gegeben?
- Funktioniert das Sperrverfahren (optimistisch oder sperrend) bei langen Transaktionen?

*Interoperabilität*

- Sind alle Nachbarsysteme in den Test einbezogen?
- Sind alle systemübergreifenden Anwendungsfälle getestet?

## Robustheitstest

Beim Robustheitstest prüft man die Reife im Dauerbetrieb, die Fehlertoleranz, d.h. die Fähigkeit der Software, sich auch bei Verletzung der Schnittstellen-Spezifikation und bei Fehlern adäquat zu verhalten, und die Wiederherstellbarkeit des normalen Zustands und der Daten nach Fehlern.

**Checkliste für den Robustheitstest**

*Reife*

- Verhält sich die Software an den Grenzen von Systemressourcen gutmütig (kein Hauptspeicher mehr, kein Plattenplatz mehr, DB-Tablespace-Overflow)? Es dürfen keine Daten verloren gehen, keine inkonsistenten Einträge in der Datenbank entstehen.
- Treten unter Last bei parallelen Zugriffen Verklemmungen auf?
- Stürzen Server nach bestimmter Laufzeit ab (Speicherlecks)?
- Werden Protokolldateien, temporäre Dateien bereinigt oder läuft die Platte voll?

*Fehlertoleranz, Schnittstellenrobustheit*

- Reagiert die Software auf ungültige Daten (Schrottdaten) an den Schnittstellen mit sinnvollen Fehlermeldungen?
- Kann die Software durch ungültige/überlange Anfragen von außen zum Absturz gebracht werden (denial of service, ping of death)?

*Wiederherstellbarkeit (Recovery)*

- Liefert die Software bei Ausfall des Datenbanksystems oder eines einzelnen Servers oder einer einzelnen Platte (Platte voll) eine sinnvolle Fehlermeldung?
- Fährt das System nach einem Absturz von Client/Netzwerk/Server, z.B. durch Stromausfall, wieder von alleine hoch? Sind Daten dann noch konsistent?
- Können Sitzungen nach einem Netzwerkausfall weitergeführt werden?

*Backup/Restore-Test*

- Kann das System von einer Programm- und Datensicherung wieder in Betrieb genommen werden?
- Enthält die Sicherung einen vollständigen, konsistenten Stand?

## Benutzbarkeitstest

Der Test der Benutzbarkeit bezieht sich auf den Aufwand, der zur Benutzung erforderlich ist, und auf die individuelle Bewertung durch eine festgelegte oder angenommene Gruppe von Benutzern. Mangelhafte Benutzbarkeit ist ein Fehler, auch wenn die Kriterien meist schwer quantifizierbar sind. Diese Fehler beeinträchtigen die Akzeptanz beim Benutzer und damit den Erfolg des Systems. Die Erlernbarkeit kann z.B. gemessen werden über die Zeitdauer, bis ein durchschnittlicher Benutzer das System bedienen kann.

**Checkliste für den Benutzbarkeitstest**

*Verständlichkeit*
- Falls Stilvorgaben verbindlich sind: Wurden diese eingehalten?
- Sind Ausgaben, Fehlermeldungen und Online-Hilfe verständlich?
- Sind Dokumentation und Online-Hilfe verständlich, verwendbar, korrekt?

*Bedienbarkeit*
- Lässt das System Fehlbedienungen zu („auf die Tastatur setzen...")?
- Wird jede Benutzeraktion vom System bestätigt (Erfolgreich/Fehler)?
- Sind die Links von GUI zur Online-Hilfe korrekt?
- Ist die Oberfläche für verschiedene Benutzergruppen geeignet, z.B. für Spezialist, Gelegenheitsnutzer, Datentypist?
- Ist der Aufwand für Bedienpersonal (Operator) für den Kunden akzeptabel?

*Attraktivität*
- Wird das System vom dümmsten anzunehmenden Benutzer (DAB) akzeptiert?
- Wird das System von einem Experten akzeptiert?

## Installationstest

Die Übertragbarkeit (Portabilität) spielt vor allem bei Softwareprodukten eine Rolle, die auf einer Vielzahl verschiedener Rechnerumgebungen installiert werden. Aber auch bei Individualsoftware kann während der Lebensdauer eines Systems ein Wechsel der Systemplattform notwendig werden.

**Checkliste für den Installationstest**

*Anpassbarkeit*
- Lässt sich die Software auf verschiedene Umgebungen konfigurieren?

*Übertragbarkeit*
- Lässt sich die Software auf allen vorgesehenen Umgebungen installieren?
- Ist sie dort lauffähig?

*Koexistenz*
- Verträgt sich die Software mit anderen Produkten, die auf dem gleichen Rechner installiert sind (mit welchen nicht)?

## Performance-Test

Bei Dialogsystemen misst man (a) die *Antwortzeit* bei einer gegebenen Zahl von parallelen Benutzern (Last) oder (b) die maximal mögliche Zahl von Benutzern bei vorgegebener Antwortzeit, jeweils auf einem festgelegten System. Man trifft dabei Annahmen über das Benutzerverhalten, um die Belastung zu simulieren.

Bei Stapelverarbeitung misst man die *Laufzeit* zur Verarbeitung einer bestimmten Menge von Datensätzen bei gegebenen Ressourcen.

In beiden Fällen sucht man durch eine Überwachung der Systemparameter die kritischen Stellen im Programm, an denen *Optimierung* ansetzen kann, und die kritische System-Ressource, die den Durchsatz begrenzt.

Zusätzlich analysiert man die Stabilität des Systems unter Höchstlast: Zeitüberschreitungen sind gestattet, aber keine Programmabstürze durch Ressourcen-Engpässe, keine Verklemmungen, keine Datenfehler. Verlangt wird, dass die Benutzer an der Oberfläche bei Überlastung des Servers korrekt informiert werden und dass das System bei sinkender Last wieder normal arbeitet.

### *Lasterzeugung*

Bei gegebenen Performance-Anforderungen gehören die Randbedingungen der Lasterzeugung zum Vertrag, um spätere Diskussionen zu vermeiden:

- Zahl der parallelen Benutzer beim Test,
- Zahl der Einträge in den wichtigsten Tabellen (z.B. Zahl der registrierten Personen),
- Angabe, welche Anwendungsfälle in welcher Mischung getestet werden sollen (z.B. 20 % Neuanlage, 50 % Abfrage, 30 % Änderungen). Man beschränkt sich auf die Wichtigsten, da sonst die Zuordnung der Wirkung zu einer Ursache anhand der Messergebnisse immer schwerer wird. Man achtet bei der Auswahl darauf, dass die Anwendungsfälle mit der vereinbarten Zahl von Benutzern parallel durchführbar und beliebig oft wiederholbar sind.
- Annahmen zu Eingabe- und Wartezeiten (z.B. Füllen aller Felder für Neuanlage in 60 Sekunden, dann eine Pause von 20 Sekunden)
- Erwartete Antwortzeit für die Anwendungsfälle nach Absenden der Maske (z.B. Neuanlage in 10 Sekunden, Änderung in 2 Sekunden, Abfrage in 1 Sekunde bei fünf gefundenen Einträgen, 2 Sekunden bis fünfzig Einträge). Diese Zeiten unbedingt einschränken, z.B. „Antwortzeit von x Sekunden in 90 % der durchgeführten Tests ist gefordert".
- Dauer der Performance-Tests (z.B. Messung über 4 Stunden).
- Hardware und Netzwerk, auf denen die Tests durchgeführt werden. Falls die Testumgebung nicht der Produktionsumgebung entspricht, versucht man, anhand der Skalierung der Hardware die Messwerte für Produktion hochzurechnen.

Anhand der Testspezifikation generiert man den Datenbankinhalt, um das geforderte Mengengerüst zu erfüllen, erzeugt die erforderliche Zahl von Testbenutzern mit zugehörigen Stammdaten und programmiert Ablaufskripte für die Lasttestwerkzeuge (vgl. Abschnitt 14.4 unter „Werkzeuge"). Diese Vorbereitung der Performance-Tests für Dialogsysteme (inkl. Web-Systeme) ist aufwendig und wird daher frühzeitig geplant, geschätzt und begonnen. Werkzeuge suggerieren durch schnelle Aufzeichnungs- und Wiedergabefunktionen (Capture/Replay) eine schnelle Fertigstellung. Es dauert dennoch erfahrungsgemäß eine ganze Weile, bis die Testabläufe ausgereift sind.

Die Erzeugung vieler paralleler Benutzer-Anfragen erfolgt an der Schnittstelle zwischen Client und Server. Eine typische Konfiguration für Lasttests zeigt Abbildung 14.5. Die Clients selbst werden nicht getestet, sondern durch Lastgeneratoren ersetzt, die jeweils 100 – 200 Benutzer simulieren. Die Lastgeneratoren steuert ein zentraler Überwachungsrechner.

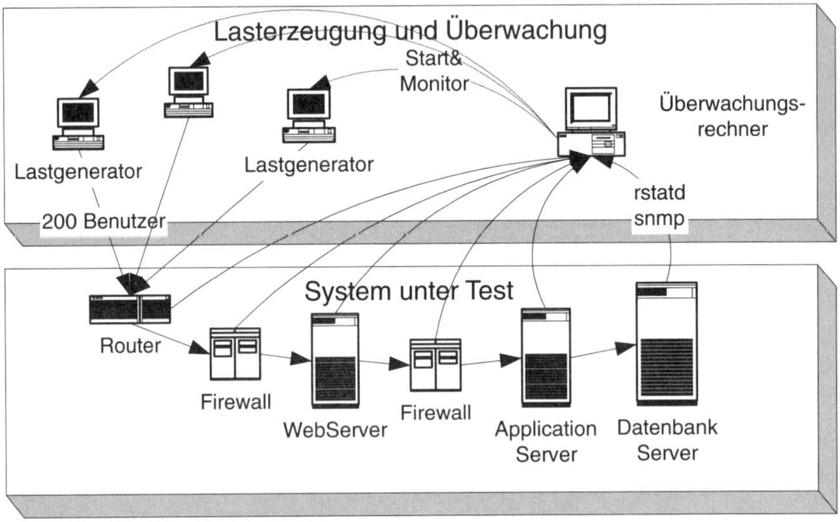


**Abb. 14.5:** Lasterzeugung und Überwachung für Performance-Test (Beispiel Web-Anwendung)

## *Überwachung*

Um Aussagen über die kritischen Ressourcen treffen zu können, werden die Parameter aller beteiligten Systeme überwacht. Bei einem redundant ausgelegten Web-System mit zehn Servern kommen eine ganze Menge an Parametern zusammen, selbst wenn man nur CPU-, Platten-, Speicher- und Netzwerklast erfasst. Dazu kommt die Messung der einzelnen Antwortzeiten an den Lastgeneratoren (Clients), z.B. für eine einzelne Seite, für das Laden der Bilder, für einen ganzen Anwendungsfall. An der Datenbank möchte man die Bearbeitungszeiten der einzelnen SQL-Anweisungen aufschlüsseln. Zur Auswertung führt man alle diese Messwerte über einen Zeitstempel in einem zentralen Überwachungsrechner zusammen.

## *Interpretation*

Bei der Interpretation der Messwerte hilft das in Abbildung 14.6 gezeigte Diagramm. Es zeigt den erwarteten Verlauf der Systemauslastung (z.B. CPU, I/O, Netzwerk) und der Antwortzeit beim Test eines Dialogsystems mit steigender Last, d.h. steigender Zahl von Benutzern:

- Am Messpunkt M1 erhält man die Referenzdaten für einen einzelnen Benutzer.
- Im Niedriglastbereich (bis zum Messpunkt M2) ist die Antwortzeit unabhängig von der Zahl der Benutzer. Die Belastung der Ressourcen steigt.
- Am Messpunkt M2 wird eine Ressource zu 100 % ausgelastet und bildet den Engpass. Die Antwortzeit steigt daher mit zunehmender Zahl von Benutzern an.
- Ab Messpunkt M3 wird die Antwortzeit so hoch, dass am Client/Browser Fehler durch Zeitüberschreitung auftreten. Eine Messung der Antwortzeit wird danach sinnlos.
- Am Messpunkt M4 erreichen die Lastgeneratoren ihre Grenze, die Zahl der parallelen Testbenutzer kann nicht weiter erhöht werden.

Wenn aktuelle Messungen von diesem Diagramm abweichen, liegt meist ein Fehler in der Testumgebung vor: Die Lastgeneratoren können überlastet sein, man hat den wirklichen Engpass noch nicht als Messwert erfasst, das Netzwerk läst die Last nicht durch, etc.

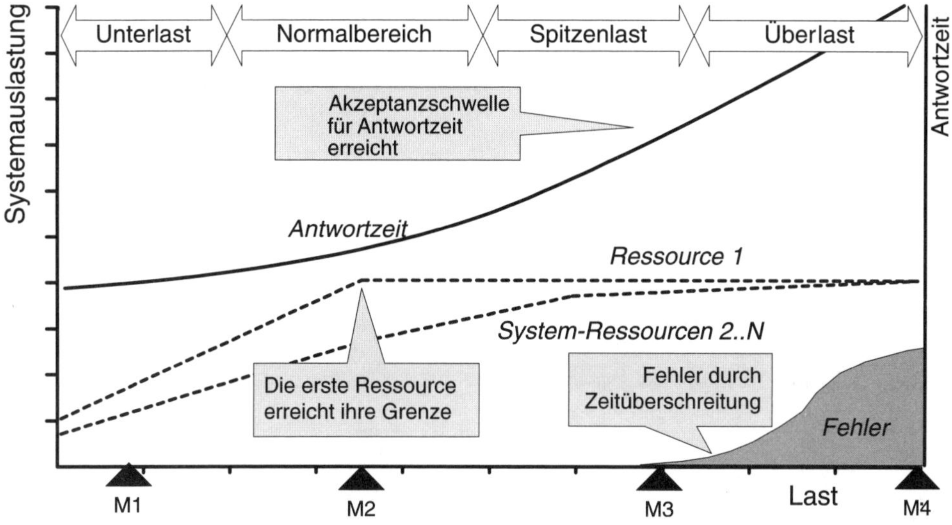


**Abb. 14.6:** Erwartete Messwerte bei Performance-Test und steigender Last

Der Engpass kann überall liegen: sei es die durch SSL-Verschlüsselung überlastete CPU der Web-Server, eine überlastete Platte oder ein fehlender Index auf der Datenbank. Bei der Interpretation ist viel Know-how über das aktuelle System notwendig: Ist die Platte mit 60 Zugriffen/Sekunde schon an der Grenze? Hat die Datenbank mit 50 Transaktionen/Sekunde ihre Grenze erreicht? Warum schaffen Netzwerk, Router und Firewall nicht mehr als 100 Kbyte/Sekunde?

## *Zusammenfassung*

- Tools sind teuer!
- Skripte und Testdaten zur Lastgenerierung sind aufwendig, da viele Testbenutzer parallel simuliert werden und Abläufe wiederholbar sein müssen.
- Die Überwachung ist kompliziert, wenn viele verschiedene Systeme involviert sind, zwischen Monitor zu überwachendem System eine Firewall ist oder nicht klar ist, wo der Engpass ist.
- Test und Optimierung sind eng verzahnt. Performance-Testen ist kein einmaliger Vorgang, sondern ein langer Prozess von Messungen, schrittweiser Verbesserung und Nachtests, der über Monate gehen kann.
- Die Analyse und Interpretation von Engpässen erfordert breites Wissen von zahlreichen Spezialisten.

## 14.4 Organisation und Technik

### Beschreibung der Testfälle

Die Tester beschreiben die für verschiedene Testarten definierten Testfälle in einem festen Schema. Diese Beschreibung prüft man auf Vollständigkeit und Korrektheit der Sollergebnisse, legt sie dem Kunden zur Abnahme vor und verwendet sie später für den System- und Abnahmetest (siehe Projektmodell in Abb. 14.2). Modultests dokumentiert man ähnlich, jedoch weniger ausführlich und meist direkt in den Testskripts oder -programmen.

Das Beispiel in Tabelle 14.4 zeigt ein typisches Beschreibungs-Schema für Testfälle und erläutert es anhand des Testfalles „Einrichten eines neuen Kunden".

**Tab. 14.4:** Struktur und Beispiel eines Testfalls für den Funktionstest

| | |
|---|---|
| **Testnummer** | *(laufende Nummer zur Identifikation)*<br>1 |
| **Anwendungsfall** | *(Bezug zur Spezifikation)*<br>Einrichten eines Kunden |
| **Test** | *(Kurztitel und Beschreibung des Testfalls. Was wird getestet? Motivation?)*<br>Erfolgreiches Einrichten eines neuen, inländischen Kunden |
| **Vorbedingung** | *(Was muss bereits in der Datenbank vorhanden sein oder vorher gemacht werden?)*<br>Noch kein Kunde unter diesem Nachnamen, Vornamen und Geburtstag eingerichtet |
| **Eingabe** | *(Testschritte: Welche Werte eingeben, welche Aktionen durchführen?)*<br>(1) Suche nach Nachname<br>(2) Prüfen, dass Kunde noch nicht eingerichtet ist<br>(3) Eingabe der Kundendaten (Name, Geburtsdatum, Adresse) |
| **Erwartetes Ergebnis** | *(Erwartete Sollergebnisse an der Dialogschnittstelle, in der Datenbank, an anderen Schnittstellen)*<br>(1) Neue Kundennummer wurde zugewiesen<br>(2) Kunde mit Adresse in Datenbank eingetragen<br>(3) Brief an Kunden über Drucksystem wird generiert |

Testfälle ordnet man in einer hierarchischen Struktur, vom Testzyklus über Testgruppen, Testfälle zu Testvarianten, die aus einzelnen Testschritten bestehen.

Ein *Testzyklus* umfasst den gesamten Test. Er beginnt mit der Initialisierung der Testdatenbank und dem Löschen alter Ergebnisse und Protokolldateien und endet, wenn alle automatischen und manuellen Testschritte ausgeführt sind.

Zusammengehörige Testfälle, z.B. solche für einen bestimmten Anwendungsfall, eine bestimmte Testart oder ein bestimmtes Teilsystem, fasst man in einer *Testgruppe* zusammen. Diese Gruppe sollte sich unabhängig von allen anderen Gruppen ausführen lassen. Damit vermeidet man Folgefehler zwischen einzelnen Tests, fördert die Modularisierung der Tests und damit die parallele Testentwicklung.

Der einzelne *Testfall* wird in der Spezifikationsphase zunächst abstrakt beschrieben. Er wird dann zu *Testvarianten* verfeinert, die unterschiedliche Aspekte testen, z.B. anhand der Äquivalenzklassen. Jede einzelne Testvariante besteht wiederum aus *Testschritten*, die aufeinanderfolgende Eingaben und Aktionen umfassen.

In welchem Format und Medium die Testfälle beschrieben und abgelegt werden, hängt von der Entwicklungsumgebung und vom Konfigurationsmanagement ab. Manchmal ist die Ablage durch Werkzeuge vorgegeben, z.B. beim Test von Benutzeroberflächen.

## Ausführung der Tests

Im Idealfall lassen sich Testvarianten durch eine Testmaschine direkt aus dem Beschreibungsschema ausführen, so dass Beschreibung und Testdaten eng verbunden und konsistent sind. Abbildung 14.7 zeigt ein typisches Szenario für den Systemtest: Die Testfälle werden in MS-Excel erstellt und verwaltet. In dieser Form können Tester und Kundenmitarbeiter die Testfälle ergänzen und überprüfen. Zur Ausführung exportieren Makros die Testdaten und übertragen sie auf die Testmaschine.

Die Testmaschine lädt den Initialbestand in die Datenbank, führt Tests über Batch- und Benutzerschnittstellen des Systems aus – ggf. mit Hilfe eines GUI-Testwerkzeugs – liest die Ergebnisse von der Datenbank und den Schnittstellen und kontrolliert sie gegen Sollwerte. Diese Testmaschine wird oft in Perl oder der Programmiersprache des Projekts erstellt.

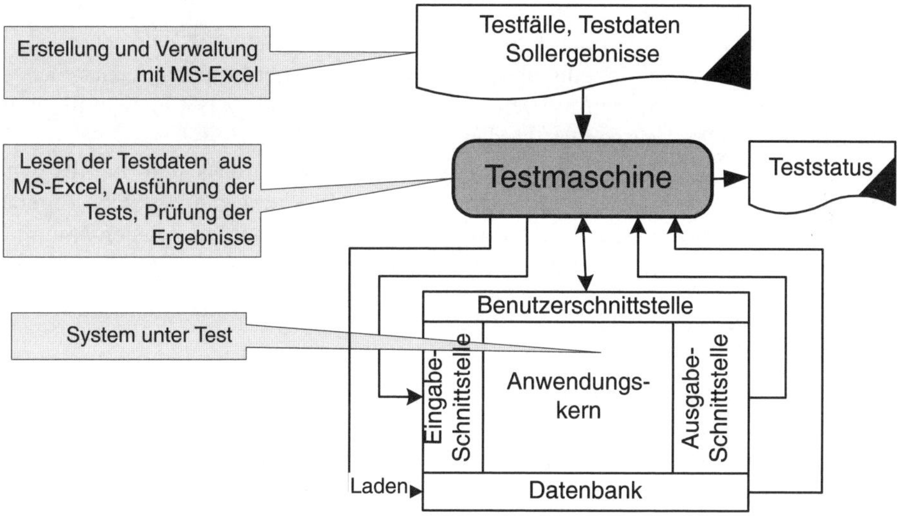


**Abb. 14.7:** Testdatenverwaltung und Testausführung im Systemtest

## Testdaten

Vor der Ausführung der Tests werden Basisdaten in der Datenbank angelegt, die von den Testfällen benutzt werden. Dies kann auf zwei Arten geschehen:

1. *Füllen über die Anwendung*
   Vorteilhaft bei stabilen Eingabeschnittstellen und komplexem Datenmodell mit vielen Querverweisen und Konsistenzbedingungen, jedoch langsam (Ladezeiten) bei großen Datenmengen.
2. *Füllen über Ladebestände*
   Meist schneller und einfacher, jedoch nur bei einem einfachen, stabilen Datenmodell und entsprechenden Ladefunktionen der Datenbank zu empfehlen. Vorteilhaft nur, wenn die Eingabeschnittstellen mit wenigen Fällen getestet werden können, für andere Tests (z.B. Performance-Tests) jedoch umfangreiche Daten benötigt werden.

Man kann auch kombinieren, indem man die mit dem ersten Verfahren erzeugten Bestände für Regressionstest als Ladebestände sichert und die täglichen Regressionstests dann mit dem zweiten, schnelleren Verfahren durchführt.

Der Entwurf dieser Basisdaten und der darauf aufbauenden Testdaten geschieht früh und sorgfältig, da man erstens viel Aufwand für mehrfache Anlage von Testdaten vermeidet und zweitens die Tests voneinander entkoppelt. Zusätzlich möchten wir die folgenden Tipps mitgeben:

- Einen festen Satz an unveränderlichen Daten definieren (readonly), die kein Test ändern oder löschen darf. Auf diese Basisdaten kann sich jeder Tester verlassen.
- Bei zeitlichen Abläufen bestimmte Testtage und ein Testdrehbuch definieren und die Testfälle auf diese Testtage hin erstellen. Im Bankenumfeld sind der Jahreswechsel (31.12 auf 1.1.), der Quartalsabschluss (31.3.) und die normale Tagesverarbeitung (zwei willkürliche Tage) besonders wichtig. Im Mahnwesen werden Fristeinhaltung und Fristüberschreitungen durch entsprechende Konstellationen getestet.
- Die Ergebnisse, die bei der Ausführung der Testfälle in der Datenbank entstehen, den Testfällen über eine Namenskonvention zuordnen. Es kann z.B. die Testfallnummer für ein Eingabefeld verwendet werden.
- In der Datenbank für getrennte Datenbereiche sorgen, so dass sich die Tests nicht gegenseitig stören. Eine Abfrage nach „Müller“ muss immer die gleiche Ergebnismenge liefern. Dies wird z.B. mit verschiedenen Mandanten oder festen Nummernkreisen erreicht („Anfangsbuchstaben von T-Z sind für Regressionstests reserviert“).

## Entwurf für Testbarkeit

Erfahrene Tester überprüfen bereits in den frühen Phasen von Entwurf und Realisierung den Software-Entwurf auf seine Eignung für den Modul-, Integrations- und Systemtest. Einige Tipps, die für ein gutes Design selbstverständlich sind, aber unter dem Blickwinkel des Testens besondere Bedeutung bekommen, folgen in diesem Abschnitt.

Die konsequente Verwendung einer eigenen *Datumsfunktion* oder -klasse zur Ermittlung des aktuellen Datums ist beim Test elementar – wird aber oft übersehen. Sobald Zeiträume in die Testergebnisse eingehen, braucht man eine im Programm (nicht im Rechner!) einstellbare Datumsfunktion, mit der man einen Testtag (siehe oben) vor dem Test festlegen kann. Beispiele hierfür sind Altersberechnungen (Tagesdatum minus Geburt), Laufzeitberechnungen (Tagesdatum minus Vertragsbeginn), Fristen oder Zinsberechnungen.

Ein *Schichtenmodell* und definierte Komponenten sind Voraussetzung für einen sinnvollen Modultest und für eine schrittweise Integration. Beliebige Verflechtungen und Beziehungen zwischen Klassen führen dazu, dass das System nur als Ganzes gebaut und getestet werden kann. Die Abgrenzung von Komponenten kann durch schmale Interface-Klassen gefördert werden, die Basis für Emulationen (Stubs) bilden.

Graphische Oberflächen lassen sich nur aufwendig mit teueren Werkzeugen automatisch testen. Das Design sollte daher eine *Schnittstelle zwischen GUI und Anwendungskern* vorsehen. Über diese Schnittstelle testet man mit Hilfe eines Treibers Funktionen, Client-Server-Kommunikation, Performance, Zuverlässigkeit einfach, automatisch und regressionsfähig. Der GUI-Test selbst kann sich auf die Benutzbarkeit, Navigation und Layout konzentrieren, wobei hier oft ein manueller Test ausreicht.

Programmrahmen für Funktionen oder Methoden sollten von Beginn an *Trace-Aufrufe* enthalten, die man zur Laufzeit ein- und ausschalten kann und die den Aufruf jeder Funktion mit Parametern und das Verlassen jeder Funktion mit Status protokollieren (z.B. die Java-Bibliothek *Log4j*). Ein strukturiertes Ausgabeformat mit Zeitstempel erleichtert nicht nur die Fehleranalyse, sondern liefert notfalls eine Überdeckungsmessung auf Funktionsebene und ersetzt ein Werkzeug zur Laufzeitmessung (Profiler), falls für die Umgebung keines vorhanden ist. Bei Performance-Tests können so relativ schnell die kritischen Stellen in der Applikation gefunden werden. Ein Beispiel für Aufruf der Methode `Person.GetByID(4711)`:

```
20:54:06,100;ENTER;Person.GetByID;4711;...
20:54:07,234;LEAVE;Person.GetByID;0;...
```

## Testräume

Die Tester benötigen für die Teststufen (Integrationstest, Systemtest, Abnahmetest) unabhängige Laufzeitumgebungen (Testräume) mit jeweils eigener Datenbank, eigener Programmversion und eigenen Testdatenbeständen (vgl. Kapitel 12). Noch mehr Umgebungen benötigt man, um die verschiedenen Testarten (Funktionstest, Performancetest) zu trennen und den Entwicklern eigene Umgebungen für den Modultest zu geben. Falls mehrere Projektstufen überlappend entwickelt werden oder Wartungsversionen für den Test von Fehlerbehebungen bereitgehalten werden, vervielfacht sich die Zahl der Testräume und entsprechend die Kosten für Hardware, Konfiguration, Pflege und Updates.

Um die Kosten zu begrenzen, installiert man mehrere Testräume auf einer Hardware. Der Tester sorgt dafür, dass die Software dazu geeignet konstruiert wird, z.B. durch Einstellbarkeit von Netzwerkports, URLs, Datenbanknamen und Verzeichnissen in den Programmen. Außerdem sind die Testskripte entsprechend parametrierbar.

## Konfigurationsmanagement

Testfälle, Testdaten und Testergebnisse sind Gegenstand des Konfigurationsmanagements. Gerade bei Entwicklung und Pflege verschiedener Versionen ändern sich auch Testtreiber und Testfälle. Die aktuellen Tests sind nutzlos beim Nachtest einer dringenden Fehlerbehebung für eine ältere Wartungsversion. Das Konfigurationsmanagement sorgt dafür, dass in jedem Testraum ein konsistenter Stand von Programmen und Testdaten installiert ist (vgl. Kapitel 12).

## Automatisierung/Regressionstest

Unter der Automatisierung der Tests verstehen wir sowohl die maschinelle Ausführung als auch den maschinellen Vergleich der Ist-Ergebnisse mit den Referenz-Ergebnissen. Warum ist die Automatisierung der Tests so wichtig?

- Schon durchschnittliche Systeme erfordern eine so große Menge an Tests, dass eine manuelle Durchführung und Prüfung unmöglich ist oder zu viel kostet.
- Systeme leben länger als Entwicklungsteams. In der Entwicklungsphase ist die Versuchung groß, an der Automatisierung zu sparen und Tests nur einmal manuell durchzuführen. In der langen Wartungsphase kämpfen dann die wenigen verbliebenen Mitarbeiter mit dem enormen Aufwand der manuellen Testdurchführung und den Seiteneffekten ihrer Änderungen.

Die Wiederholung der Tests mit einer neuen Programmversion nennt man *Regressionstest*. Abbildung 14.8 zeigt, wie der Regressionstest in einen automatischen, nächtlichen Zyklus eingebunden wird, der mit den tagsüber geänderten Modulen neue Programme erstellt (Build), den Regressionstest durchführt und den Entwicklern am nächsten Morgen ein komprimiertes Testprotokoll zusendet. Dadurch lassen sich Fehler und Seiteneffekte schnell auf die Änderungen des Vortages eingrenzen. Der Aufwand für die Automatisierung amortisiert sich dann schon während der Entwicklungsphase. Dieses Verfahren ist eines der sinnvollen Elemente des eXtreme Programming [Bec00].

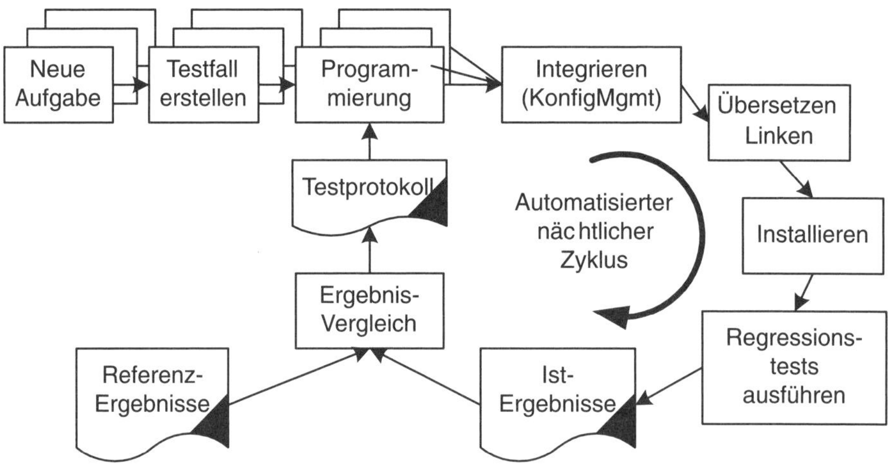


**Abb. 14.8:** Automatisierter Build und Regressionstest

Für die Automatisierung der Tests erstellen die Tester in der Regel eigene Skripte, einfache Rahmenprogramme oder spezifische Testmaschinen (siehe Abbildung 14.7), die an die Systemumgebung und Programmiersprache angepasst sind. Käufliche Werkzeuge sind sinnvoll beim Test graphischer Bedienoberflächen.

Die Voraussetzung für den Regressionstests lautet: „Bei Wiederholung der Tests mit identischer Software zu einem anderen Zeitpunkt dürfen keine Unterschiede auftreten.“ Dieser Anspruch ist in der Praxis manchmal schwer zu erfüllen, da Datumsfelder und laufende Nummern bei jedem Lauf anders belegt werden, z.B. Datenbank-Zeitstempel, Datum externer Systeme, künstliche interne Schlüssel und Schlüssel externer Systeme. Diese werden durch spezielle Testeinstellungen auf einen definierten Stand gesetzt oder beim Vergleich ausgeblendet (siehe auch „Entwurf für Testbarkeit“).

Ebenfalls Voraussetzung für die Automatisierung des Systemtests ist eine gewisse Stabilität der zu testenden Teile, da sich der Aufwand für Skripterstellung erst nach zwei- bis dreimaliger Wiederholung rentiert.

## Werkzeuge

Zahlreiche Werkzeuge unterstützen die Arbeit des Testers. Die am Markt erhältlichen Produkte sind so zahlreich, aber auch so spezifisch für bestimmte Entwicklungsumgebungen und Betriebssysteme, dass wir hier nur eine Übersicht nach Kategorien geben. Die Produkte findet der Leser selbst im Internet.

### *Werkzeuge für den Funktionstest von Oberflächen*

GUI-Testwerkzeuge (z.B. *WinRunner*, *Rational Robot*, *Silktest*) simulieren die Eingaben und Aktionen des Benutzers an der Oberfläche und prüfen die Ergebnisse. Die Werkzeuge kennen die Oberflächenbibliotheken, z.B. Swing, und können so die Felder, Knöpfe und Beschriftungen als Objekte über die Objekthierarchie oder über den Namen erkennen. So werden die Testskripte unabhängig von kleinen Änderungen im Layout, bleiben aber abhängig von Änderungen des Programmierers an Objekthierarchie und Objektnamen.

Falls die Entwickler eigene Widgets erstellen oder intensiv Browser-Plugins verwenden, sind käufliche Werkzeuge kaum einsetzbar und eine alternative Teststrategie wird notwendig.

Die GUI-Werkzeuge zeichnen im ersten Schritt eine manuelle Sitzung auf (Capture) und erstellen daraus ein Skript, dass wiederholt abgespielt werden kann (Replay). Man darf jedoch den Aufwand nicht unterschätzen. Skripte, die zuverlässig laufen, modular aufgebaut und leicht an neue Funktionen anpassbar sind, erfordern erheblichen Programmieraufwand: Man ersetzt feste Werte durch Parameter (z.B. den Benutzernamen), die Wartezeiten durch einstellbare Timer und definiert im Programm diejenigen Ausgabefelder, die gegen Sollwerte überprüft werden (Verification Points).

Da alle Testfälle und Testdaten in den Skripten verankert sind, übernehmen die Werkzeuge auch die Testfallverwaltung und Protokollierung.

Typische Probleme bei der Integration der GUI-Werkzeuge in eine Entwicklungsumgebung (vgl. Kapitel 11) sind die Dokumentation der Testfälle nach den Vorgaben aus Tabelle 14.4, die Integration in das Konfigurationsmanagement, das gemeinsame Arbeiten in großen Teams und die Kontrolle von Werten direkt in der Datenbank oder an anderen Schnittstellen nach Eingaben über die Oberfläche.

### *Werkzeuge für den Modultests*

Die Werkzeuge dienen dazu, im Modultest Schnittstellen (APIs) mit Testdaten zu versorgen und aufzurufen und die Ergebnisse entweder für einen Vergleich mit Soll-Ergebnissen zu protokollieren oder direkt zu überprüfen. Bei den Rahmenprogrammen für regressionsfähige Modultests gibt es zwei Wege:

- Programme mit fest einprogrammierten Test-Eingabedaten, erwarteten Soll-Ergebnissen und integriertem Soll-Ist-Vergleich, wie z.B. JUnit [JUnit] für Java. Diese Programme liefern als Ergebnis nur „OK/Fehler".
- Programme, die Testdaten von Textdateien einlesen und die Ergebnisse auf Textdateien ausgeben. Der Vergleich mit Referenz-Ergebnissen erfolgt separat nach dem Testlauf.

Der erste Weg eignet sich besonders für Basisklassen und Algorithmen ohne darunter liegende Datenbank, wenn das Ergebnis ausschließlich von Eingabedaten und nicht noch vom allgemeinen Systemzustand abhängt. Es müssen keine getrennten Testdaten und Referenzdaten gepflegt werden. Die Auswertung eines Testlaufs ist einfach.

Der zweite Weg ist flexibler, da die Tests ohne Entwicklungsumgebung und ohne Änderung des Testprogramms einfach mit einem Texteditor erstellt werden können So reduziert sich der Aufwand für das Schreiben und Ausprobieren eines Testfalls. Das Testprogramm wird durch Testfälle nicht verändert und kann auch in Produktion zur Analyse spezieller Konstellationen verwendet werden. Dafür ist ein zusätzlicher Vergleichsschritt nach der Ausführung notwendig. Als Referenz-Ergebnisse nimmt man die Ist-Ergebnisse eines vorherigen Laufs, die visuell auf Korrektheit geprüft wurden.

### *Codebezogene Analyse-Werkzeuge*

Diese Werkzeuge führen keine Testfälle aus, sondern ermitteln Messwerte nach den Testläufen. Sie sind abhängig von der Programmiersprache und dem Betriebssystem und nur für bestimmte Umgebungen verfügbar. Notfalls kann man über eigene Instrumentierung und Auswertung einige Werte selbst ermitteln.

Werkzeuge zur *Überdeckungsmessung* (z.B. Rational Coverage) zeigen die C0- oder C1-Überdeckung (siehe Abschnitt 14.2 unter „Modultest") mit dem Quellcode direkt an. Damit identifiziert man fehlende Testfälle.

*Profiler* (z.B. Quantify, Unix prof) ermitteln Aufrufhäufigkeit, den CPU-Verbrauch, die Zeit und die Plattenzugriffe für jede Funktion, zum Teil auch für jede Anweisung. Sie können diese Werte über die Aufrufhierarchie nach oben konsolidieren. So erkennt man, welches Programmstück die schlechte Performance verursacht.

*Speicherprüfer* (z.B. Boundschecker, Purify) überwachen die Anforderung und Freigabe von dynamischem Speicher und sind unerlässliche Testhilfe bei C++-Programmen zur Entdeckung von Speicherlecks.

*Statische Analysewerkzeuge* werden oft bei Testwerkzeugen aufgeführt, gehören jedoch eher zur analytischen Qualitätssicherung, d.h. der statischen Überprüfung des Codes auf Einhaltung von Richtlinien. Sie weisen auf mögliche Fehler hin, ohne den Code auszuführen.

*Werkzeuge zum Performance-Test*

Die Performance der Stapelverarbeitung testet man mit großen Datenmengen und verwendet dabei einen Profiler. Der Performance-Test von Mehrbenutzersystemen (siehe Abschnitt 14.3 unter „Performance-Test“) benötigt Werkzeuge, die viele Benutzer parallel simulieren (z.B. LoadRunner, Webload, SilkPerformer, JMeter).

Für das Erstellen der Skripte bieten diese Werkzeuge ähnliche Funktionen wie die GUI-Testwerkzeuge, z.B. Aufzeichnung und Abspielen. Zusätzlich bieten sie Aufrufe zur Zeitmessung bestimmter Schritte des Anwendungsfalles und vielfältige Auswertungen über Durchsatz und Antwortzeiten und Systemauslastung nach Abschluss des Testlaufs.

Da man beim Performance-Test nicht den einzelnen Client, sondern den Server testet und auf einem Lastgenerator viele Benutzer simulieren will, setzen die Werkzeuge direkt auf dem Protokoll zwischen Client und Server auf. Sie analysieren dazu in der Aufzeichnungsphase (Capture) die gängigen Protokolle und wandeln den Datenstrom in Funktionsaufrufe ihrer Skriptsprache um, die der Tester anschließend nachbearbeitet und parametriert.

*Werkzeuge zum Testfallmanagement*

Diese Werkzeuge verwalten Testfälle und steuern die Ausführung. Sie stellen die Verbindung her zwischen den Anforderungen und deren Testabdeckung. Sie sind meist als Testsuite mit anderen Werkzeugen zur Ausführung in eine komplette Umgebung integriert.

*Werkzeuge zum Fehlermanagement*

Gefundene Fehler werden in einer Fehlerdatenbank erfasst. Bei kleinen Projekten reicht eine Tabelle oder eine selbstgebaute Datenbank, sonst kauft man ein fertiges Werkzeug (z.B. GNATS, Bugzilla, ClearQuest, Web Defect Manager). Bei verteilten Entwicklungen ermöglicht der Web-Zugang, dass alle Standorte Fehler eintragen und bearbeiten. Wenn verschiedene Gruppen oder Firmen am Projekt beteiligt sind, braucht man ein Berechtigungssystem. Bei der Wartung großer Software bilden sich um das Fehlermanagement komplexe Systeme, die alle Fehler, Änderungsanforderungen und Entwicklungsaufträge mit Projektplanung und -controlling integrieren. Mehr dazu im folgenden Abschnitt 14.5 unter „Fehlermanagement“.

## 14.5 Testmanagement

### Testaufwandschätzung

Auf Integrationstest und Systemtest entfallen üblicherweise 20 % bis 30 % des Gesamtaufwands, gerechnet von Spezifikation bis Abnahme. Der Aufwand für den Modultest ist im Aufwand für die Codierung enthalten, da der Entwickler seinen Code zusammen mit den Modultests entwickelt und erst abliefert, wenn auch die Modultests fehlerfrei durchlaufen. Dazu ist der Entwickler etwa 50 % der Zeit mit Test seines neuen Codes beschäftigt.

Eine Verallgemeinerung der Größe des Testanteils ist jedoch schwierig: Sie ist zu stark vom Charakter des Projekts abhängig. Bei Neuentwicklungen ist der Testanteil vergleichsweise niedrig. Bei Wartungsprojekten ist er höher, weil auch bei kleineren Änderungen das ganze System getestet wird und unabhängig vom Entwicklungsaufwand z.B. zwei Wochen Systemtest anfallen. Integrationsprojekte, die vorwiegend fertige Softwareteile zusammenbauen und parametrisieren, benötigen im Verhältnis einen noch höheren Testaufwand, um den gesamten Funktionsumfang zu testen. Und schließlich geht die geforderte Qualität nichtlinear in den Testaufwand ein: Je geringer die Zahl der in Produktion tolerierbaren Fehler ist, desto höher ist auch der Testaufwand.

Für Integrations-, System- und Abnahmetest empfiehlt sich daher, jede Aktivität einzeln zu schätzen:

- Erstellung der Testfälle für Systemtest und Abnahmetest,
- Bereitstellung der Testumgebungen (Hardware und Software),
- Evaluation, Installation, Konfiguration von Testwerkzeugen (z.B.für Regressionstests und Lasttests),
- Bereitstellung der Testdaten (z.B. anonymisierte Daten aus Produktion),
- Entwicklung von Emulationen für Nachbarsysteme,
- Entwicklung von Testskripten für automatische Regressionstests,
- Aufsetzen des Fehlermanagements mit einer Fehlerdatenbank,
- Integration der Tests mit Konfigurationsmanagement und Freigabeverfahren,
- Personalaufwand zur Durchführung der Integrations- und Systemtests,
- Unterstützung der Tester bei der Fehleranalyse,
- Personalaufwand zur Unterstützung und Betreuung des Abnahmetests.

## Testplan

Der Beispiel-Projektplan in Abbildung 14.9 zeigt die Parallelität von Entwicklung und Test, wie im Projektmodell skizziert: Nach der Anforderungsanalyse (Zeitraum T0-T1) laufen Spezifikation und Testfallerstellung parallel (T2-T4). Entwicklung (T4-T11) und Test bis zum Integrationstest (T4-T11) sind ebenfalls parallele Aktionen. Erst beim Systemtest (T12-T15) liegt der Test auf dem kritischen Pfad, die Entwicklung beschränkt sich auf Fehlerbehebung.

Im Beispiel-Projektplan sind folgende Aktionen und Meilensteine wichtig:

- Abnahme der Testfälle für den späteren Abnahmetest durch den Kunden während oder kurz nach der Systemspezifikation
- Vorbereitung der Tests während der Design-Phase
- Erstellung und Durchführung eines automatisierten, regressionsfähigen Modultests mit der Programmierung
- Durchführung des Integrationstests schon während der Entwicklung in mehreren Stufen
- Code-Freeze als Abschluss der Programmierung neuer Funktionen. Nach diesem Meilenstein werden nur noch die schweren Fehler behoben, um das Ausmaß von Änderungen zu begrenzen und damit den Termin für die Bereitstellung zur Abnahme (BzA) nicht zu gefährden. Daher sind Programmierung und Modultest in der Phase nach dem Code-Freeze schraffiert gezeichnet.
- Systemtest mit den Stufen 2 und 3 für Nachtest nach Fehlerbehebungen
- Die Bereitstellung zur Abnahme nach erfolgreichem Systemtest

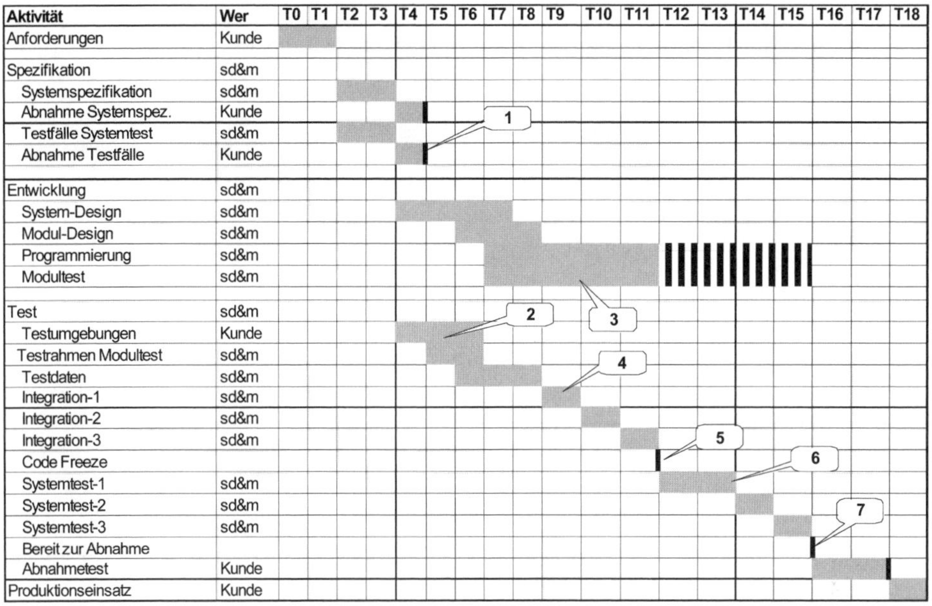


**Abb. 14.9:** Beispiel eines Projektplans mit Testaktivitäten

Die Details der Projektplanung sind in Kapitel 15 dargestellt.

## Fehlermanagement

Fehler erfasst man in der Fehlerdatenbank mit den in Tabelle 14.5 aufgeführten Attributen. So hat man alle Informationen für Fehleranalyse und -behebung, Auslieferungsnotizen und Fehlerstatistiken beisammen.

Die in der Fehlerdatenbank vorgesehenen Statusübergänge, Rollen und Zuständigkeiten prägen den Ablauf der Fehlerbehebung und damit den Entwicklungsprozess der Wartungsphase. In einem großen Projekt mit vielen beteiligten Gruppen sorgen Berechtigungen in der Fehlerdatenbank dafür, dass der Prozess kontrolliert abläuft: Die Entwickler setzen den Status nur auf *implementiert* (nicht geschlossen), die Testgruppe auf *getestet* und nur der Melder des Fehlers nach Endkontrolle den Status auf *geschlossen*. Die Projektleitung steuert über den *zu-beheben*-Status die Reihenfolge der Bearbeitung, wobei sie die Priorität und den geschätzten Aufwand zur Planung heranzieht.

Die Regeln für die Priorität der Fehler legt man möglichst schon beim Angebot spezifisch für das System fest, um Diskussionen zwischen Kunde und Auftragnehmer über abnahmeverhindernde Mängel zu vermeiden. Üblicherweise wird die Priorität wie folgt definiert:

- *kritisch*
  kompletter Ausfall der Produktion bzw. Aufgabe nicht erfüllbar
- *hoch*
  deutliche Beeinträchtigung der Produktion, Leistung herabgesetzt

- *mittel*
  Fehler, die der Benutzer mit vertretbarem Aufwand umgehen kann
- *niedrig*
  geringe oder kosmetische Probleme, Leistung bleibt erhalten

Manche Fehler stellen sich bei genauer Analyse als neue Anforderung heraus. Daher nimmt man auch Änderungsanforderungen (Change-Requests) in die Fehlerdatenbank auf und verwaltet sie wie Fehler.

**Tab. 14.5:** Attribute einer Fehlermeldung in der Fehlerdatenbank

| **Attribut** | **Erklärung / Wertebereich** |
|---|---|
| Fehlernummer | Laufende Nummer |
| Status | offen I analysiert I zu-beheben I implementiert I getestet I ausgeliefert I geschlossen I zurückgewiesen I verschoben |
| Priorität | kritisch I hoch I mittel I niedrig |
| Art | Funktionsumfang I Bedienung I Performance I Stabilität I Betrieb I Dokumentation I Testumgebung I etc. |
| Funktion | Name der betroffenen Funktion oder des Anwendungsfalles |
| Beschreibung | Ausführliche Beschreibung des Fehlers |
| How to reproduce | Beschreibung der Umgebung und der Schritte, um den Fehler reproduzieren zu können |
| Bemerkung | Informationen zum Fehler, die bei Analyse und Behebung festgestellt werden |
| Geschätzter Aufwand | Wie hoch wird der Aufwand zur Behebung geschätzt? Evtl. reicht eine Klassifikation in klein/mittel/groß. |
| Fehlermeldung von / am / in Version | Wer hat wann in welcher Version den Fehler gemeldet? |
| Fehlerbehebung von / am / in Version / Test | Wer hat wann in welcher Version den Fehler behoben und wie getestet? |
| Modul | Welches Modul war die Fehlerursache und wurde geändert? |
| Phase | In welcher Phase entstand der Fehler? Spezifikation, Realisierung, Konfiguration, Installation,... |

*Vor* der Behebung des Fehlers erstellt man einen Testfall, der den Fehler reproduziert. Damit kann der Entwickler dann (1) die Fehlerbehandlung verbessern, falls sie irreführend ist oder zu einem Absturz führt, (2) den Fehler beheben, (3) die Behebung testen. So entwickeln sich auch die Testfälle stetig weiter: Jeder reparierte Fehler, jede neue Funktion führt zu neuen Testfällen. Diesen Prozess wird man durch obige Regeln bewusst unterstützen.

Tests und Auslieferungen von Fehlerbehebungen – parallel zu laufenden Entwicklungsarbeiten – stellen hohe Anforderungen an das Konfigurationsmanagement (vgl. Kapitel 12).

### Laufende Prozessverbesserung

Die Fehlerdatenbank verbessert langfristig den Entwicklungsprozess. Zu jedem in Produktion gefundenen Fehler fragt der Tester: „Warum haben wir ihn nicht vorher gefunden?“ und „Wie hätten wir ihn finden können?“. Aus der Antwort ergeben sich neue Testfälle, eine neue Teststrategie oder sogar Änderungen im Programmentwurf. Die Auswertung über die Entstehungsphase der Fehler führt zu gezielter Verbesserung von Anforderungsanalyse, Spezifikation oder Programmierung.

Die Auswertung nach verursachendem Modul führt zu gezieltem Neuentwurf oder Überprüfungen besonders fehlerträchtiger Systemteile: Wo man viele Fehler findet, schlummern erfahrungsgemäß noch viel mehr (Hot Spot). Ein radikaler Umbau bringt in diesem Fall mehr Qualität, als einen Fehler nach dem anderen zu suchen und zu reparieren.

Das Verhältnis der in Produktion gefundenen Fehler zu im Test gefundenen Fehlern ist ein Maß für die Testqualität.

Der Aufwand für Fehlerbehebung nach der Abnahme geht in die Nachkalkulation ein. Die Nachkalkulation zeigt, ob Aufwand auf Kosten der Qualität von der eigentlichen Realisierung in die Wartungsphase verschoben wurde. Hieraus lernt man für die Schätzung und Planung künftiger Projekte.

## 14.6 Fazit

Murphy sagt: „Was schief gehen kann, geht schief“. Wir sagen: „Was nicht getestet ist, läuft nicht!“ Alle Tester, Release-Manager und Projektleiter sollten sich diesen Satz über den Schreibtisch hängen.

Der Testprozess wird dann erfolgreich Entwicklung und Projektleitung unterstützen, wenn er von Beginn an, zusammen mit der Spezifikation, richtig geplant und vorbereitet wird – und nicht erst am Ende der Programmierung zum Thema wird.

**Testen beginnt am ersten Tag**

Wenn die Modultests gleich automatisch und regressionsfähig geplant werden, ist die Grundlage für ein stabiles System auch während der Wartungsphase gelegt.

Für dieses Testvorgehen werben wir auch bei unseren Kunden: Sie zahlen den Preis, aber sie profitieren von der Qualität.

Dieses Kapitel beschreibt das Handwerk. Den Test für jedes Projekt passend zur Kritikalität des Systems so zu gestalten, dass er genügend Vertrauen in die Qualität der getesteten Software herstellt, die Fehler im internen Test findet und nicht erst in Produktion und dennoch bezahlbar bleibt, das ist die Kunst.

# 15 Projektmanagement

*von Andreas Lannes*

**Welche planerischen, organisatorischen und steuernden Aufgaben gibt es in einem Projekt?**

„Die größten Probleme in unserer Arbeit sind nicht primär technologischer, sondern soziologischer Natur.“ (Tom DeMarco)

Diese Aussage bezieht sich in besonderem Maße auf das Management eines Software-Projekts. Gerade für die verantwortliche Führung und Steuerung eines Projekts gilt die Leitlinie:

Menschen machen Projekte!

Ebenso wichtig ist das Rüstzeug zur Bearbeitung der planerischen, organisatorischen und steuernden Aufgaben eines Software-Projekts. Das folgende Kapitel gibt hierzu einen Überblick.

## 15.1 Einleitung

### Zur Definition von Software-Projekten

Ein (Software-)Projekt ist wesentlich durch das erwartete Resultat definiert. Dies ist in der Praxis offenbar nicht selbstverständlich: Wir finden immer wieder Situationen vor, in denen zumindest zu Projektbeginn keine genaue Vorstellung über die Projektziele herrschen. Ein Projektziel in unserem Sinne muss exakt definiert werden. Solche Ziele können z.B. sein:

- Mit dem Projekt XY wird in unserem Unternehmen ein neues Auftragsabwicklungssystem erstellt, mit dem für unsere Kunden in 95 Prozent aller Geschäftsvorfälle die Auftragsbearbeitung innerhalb eines Tages abgeschlossen ist.
- Das Projekt ABC hat die Ablösung unseres Wertpapierabrechnungssystems zum Ziel. Alle Kernfunktionen des bisherigen Systems sollen erhalten bleiben, und zweitens sollen alle Sachbearbeiter auf der Basis unseres Intranets das System von Ihrem Arbeitsplatz-PC benutzen können.

Weitere entscheidende Definitionskriterien für ein Projekt sind:

- eine Konkretisierung der Projektziele durch die wichtigsten zu erreichenden funktionalen und nicht-funktionalen Anforderungen,
- der erwartete Fertigstellungstermin,
- der Budgetrahmen.

Nicht zuletzt ist für eine vollständige Projektdefinition die Benennung eines Projektverantwortlichen erforderlich. Zur Identifikation des Projekts nach außen und nach innen empfiehlt sich die Festlegung eines aussagekräftigen Projektnamens.

## Projektmanagement

Zum Thema „Management von Softwareprojekten" gibt es eine Fülle von Literatur. Aber schon bei der Definition von Projektmanagement kann man eine sehr große Bandbreite feststellen. Beispiele:

- „Projektmanagement ist die wiederholte Ausführung der Tätigkeiten Planung, Organisation, Integration, Schätzen und Revision – bis die mit dem Projekt verbundene Zielsetzung realisiert ist." [Pag91]
- „Projektmanagement soll ein Softwareprojekt unter Kontrolle halten. Man hat ein Projekt unter Kontrolle, wenn man während des Verlaufs gewährleisten kann, dass die Abweichungen vom eingeschlagenen Weg so minimal wie möglich gehalten werden." [Dem89]
- „Projektmanagement ist die Kunst, mit zehn Fingern zwanzig Korken gleichzeitig unter Wasser zu halten." [ein Kollege bei sd&m]
- „Projektmanagement heißt, Leute in den Hintern zu treten." [ein unbekannter Manager; überliefert von Tom DeMarco]
- „Projektmanagement ist die Summe aller steuernden Schritte zur Planung, Organisation, Durchführung und Einführung eines Softwareprojektes, so dass das gegebene Ziel zeit- und qualitätsgerecht erreicht wird." [Vorschlag des Autors]

Aus diesen Definitionen wird zweierlei klar: Zum einen ist es offensichtlich, dass planerische und kontrollierende Tätigkeiten zu den wesentlichen Aufgaben eines Projektmanagers gehören. Zum anderen besteht das Management eines Softwareprojekts gerade auch im Führen des Projekts, und somit im Führen von Menschen.

Gerade dieser Aspekt wird vielfach unterschätzt. Aus unserer praktischen Erfahrung stellt die Beherrschung der handwerklichen Tätigkeiten, die sich vor allem mit der Projektplanung und dem Controlling beschäftigen, eine wichtige Voraussetzung für gutes Projektmanagement dar. Eine besondere Bedeutung jedoch hat die grundlegende Fähigkeit zur *Führung* des Projekts. Wir werden auf diesen Aspekt im Abschnitt 15.4 eingehen.

## Zur Komplexität von Softwareprojekten

Viele Software-Projekte scheitern oder erreichen ihre Ziele bestenfalls teilweise. Dies liegt häufig an der Unterschätzung der Komplexität von Softwaresystemen. Ein besonderes Problem unserer Disziplin ist zudem die Immaterialität von Software. Alle anderen Ingenieursdisziplinen haben den entscheidenden Vorteil, dass man ihre Gegenstände in aller Regel sichtbar konstruieren kann. Dies ist bei Softwaresystemen nur mit mathematisch-formalen oder verbalen Mitteln möglich. Schließlich ist das fertige Softwaresystem unsichtbar und nur eine Fülle von Bits und Bytes, die sich auf einem Speichermedium befinden.

Die Komplexität von Softwaresystemen kann durch das Spannungsfeld Anforderungen/ Funktion, Individualität der Lösung, Technologie und Integrationsbedarf beschrieben werden:

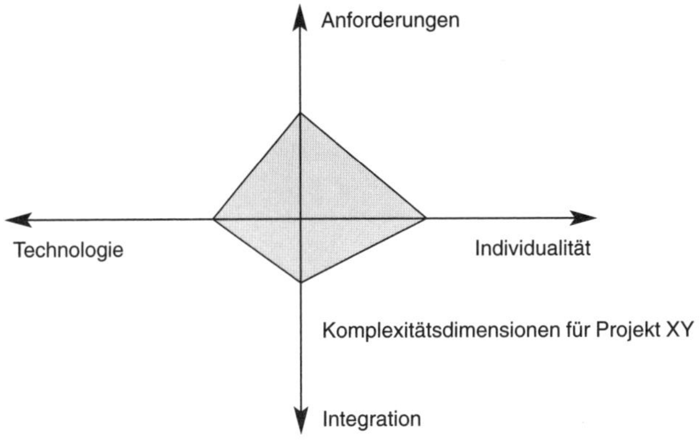


**Abb. 15.1:** Komplexität von Softwareprojekten

Je höher die Ausprägung auf einer Achse ist (in Relation zur Erfahrung und der Fähigkeit der jeweiligen Organisation), umso höher wird der Komplexitätsgrad des Projekts. Eine wichtige Aufgabe des Projektmanagements ist es, die Komplexität im beherrschbaren Rahmen zu halten. Griffiger: *Das Projekt machbar machen!*

# 15.2 Projektplanung und Aufwandskalkulation

## Ziele

Ein Projektplan ist die Voraussetzung, um ein Projekt im Rahmen des Budgets und in guter Qualität termingerecht abschließen zu können.

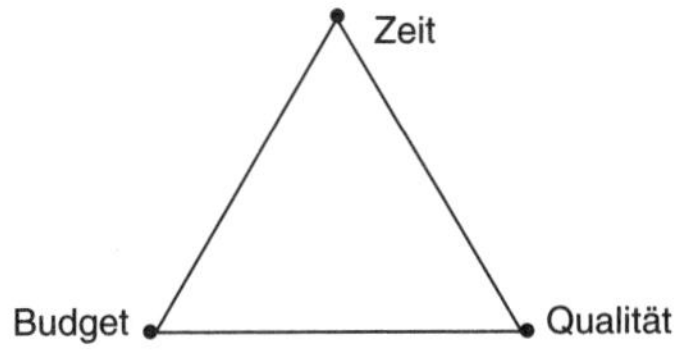


**Abb. 15.2:** Parameter für die Projektplanung

Zeit, Projektbudget und Qualität bilden ein Spannungsfeld, in dem sich ein Gesamtprojekt bewegt (Abbildung 15.2). Zwar werden wir im Abschnitt 15.3 sehen, dass ein vorgegebener Zeit- und Budgetrahmen keineswegs automatisch im Widerspruch zur Erreichung bestimmter Qualitätsziele steht, aber es ist nahe liegend, dass die vorgegebenen Bedingungen natürliche Restriktionen darstellen.

Die wesentliche Aufgabe der Projektplanung ist es, die *Projektziele unter den gegebenen Bedingungen möglichst gut zu erreichen.*

Eine etwas provokante, aber durchaus ernst gemeinte These sagt: „Planung ist der Ersatz des Zufalls durch Irrtum." (vgl. [Brü94])

Wir können gerade in Softwareprojekten auch bei noch so guter Planung bestimmte Risiken nicht ausschließen. Wir müssen in unseren Projektplänen Reserven für unvorhergesehene Veränderungen oder schlicht für Fehler einplanen.

Gute Projektplanung ist ein entscheidender Erfolgsfaktor für ein Projekt. Sie macht es kontrollier- und steuerbar.

## Projektplan – Inhalte

Jeder Projektplan besteht aus:

- Aufwandsplan
- Aufgabenplan
- Mitarbeiter- und Zeitplan
- Meilensteinplan

## Aufwands- und Aufgabenplan

### *Grundsätze*

Die Aufwandsplanung ist der schwierigste Teil der Projektplanung. Dies gilt besonders für die frühen Phasen von Projekten, in denen Anforderungen an das zu erstellende System oft noch unklar sind.

Der Auftraggeber von Softwareprojekten benötigt häufig Teilkalkulationen für einzelne Phasen oder eine Gesamtkalkulation bereits zu Beginn eines Projekts. Kalkulationen von Softwareprojekten sind aber erst auf der Basis von Fachkonzepten als Ergebnis einer Spezifikationsphase möglich.

**Exkurs: Zum Unterschied zwischen Schätzen und Kalkulieren**

Von einer *Projektschätzung* spricht man, wenn der Aufwand eines Softwareprojekts ohne eine exakte Anforderungsspezifikation angegeben ist. Das bedeutet, dass es keine vollständige Liste von durchzuführenden Schritten gibt, deren Granularität eine genaue Aufwandsangabe zulässt. Es wird von einer *Kalkulation* gesprochen, wenn der Aufwand eines Softwareprojekts mindestens auf der Basis eines Grobfachkonzeptes (Daten- und Funktionenmodell oder Objektmodell) angegeben ist. Es besteht eine klare und weitgehend vollständige Liste von durchzuführenden Schritten, d.h. für eine Realisierungsphase eine Liste der zu erstellenden Module.

Die Grundlage für eine Aufwandsplanung ist eine vollständige Aufgabenliste über die zu erbringenden Ergebnisse. Ein Ergebnis ist dabei eine Leistung, die dem Kunden einzeln oder als Bestandteil eines gesamten Systems zur Verfügung gestellt wird. Solche Leistungen können sein: ein Fachkonzept, eine Testfallspezifikation, ein realisiertes Modul. Von besonderer Bedeutung für die Güte einer Aufwandsplanung ist die Granularität der Aufgaben. Für jeden einzelnen Eintrag in die Aufgabenliste wird der Aufwand gesondert bestimmt.

Die Literatur zum Thema Projektplanung beschäftigt sich im Besonderen mit Kalkulationsmethoden, mit denen die Aufgaben einer Realisierungsphase eines Softwareprojekts berechnet werden. Die bekanntesten Kalkulationsmethoden sind:

- *CoCoMo* [Boe81]:
  Diese Methode basiert im Wesentlichen auf der Anzahl der zu entwickelnden Zeilen von Programmcodes (Lines of Code). Diese sind offenbar umso schwerer abzuschätzen, je früher man diese Methode anwendet. Aufgrund der geschätzten Zahl wird der Projektaufwand in Bearbeitermonaten anhand einer bestimmten Formel errechnet, die auf Erfahrungswerten beruht.
- *Function Point* z.B. [Nok84]:
  Diese Methode berechnet den Realisierungsaufwand eines Softwaresystems auf der Basis bestimmter Kenngrößen. Zu diesen Größen zählen vor allem die Anzahl der Ein-/Ausgabeoperationen und Dateien, die jeweils mit einem Komplexitätsgrad (leicht – mittel – schwer) zu gewichten sind. Aufwandskenngrößen beruhen im Wesentlichen auf Erfahrung.
- *Function Weight* [Dem89]:
  Dies ist ebenfalls ein Verfahren, das anhand von Kennzahlen aus früheren Projekten die Realisierung auf der Basis einer bestehenden Spezifikation berechnet. DeMarco hat hierzu eine Reihe unterschiedlicher Funktionskennzahlen vorgeschlagen.

Zur Bewertung der Kalkulationsmethoden: Der Nachteil aller bekannten Kalkulationsverfahren ist, dass sie mindestens ein vollständiges Fachkonzept erfordern, auf dessen Basis dann die jeweiligen Aufwandskalkulationen durchgeführt werden. Jedes Kalkulationsverfahren beruht auf bestimmten Erfahrungswerten. Jedes Projekt stellt in seiner spezifischen Komplexität und vor allem in seinem jeweiligen sozialen Umfeld eine Besonderheit dar.

Man sollte zudem bedenken, dass diese Kalkulationsmethoden aus einer Zeit stammen, in der im Wesentlichen jede Zeile Code tatsächlich von einem Programmierer geschrieben wurde. Gerade in den heute üblichen Technologien und Softwareentwicklungsumgebungen gilt dies zunehmend nicht mehr. Klassenbibliotheken, Tools für Querschnittsfunktionen, Java-Umgebungen u.a. ermöglichen heute oft einen höheren Grad an (Wieder-)Verwendung von bereits vorhandener Software. Damit sind die genannten Kalkulationsverfahren nicht überflüssig geworden, es gibt nur (noch) keine fundierte Adaption an die Produktivität in den heutigen Technologien. Ihre Prognosegenauigkeit erscheint uns daher inzwischen begrenzt.

Solche Kalkulationsverfahren sollten also eher zur Kontrolle für die Aufwandsschätzung in Realisierungsphasen bzw. zur Nachkalkulation von Projekten benutzt werden. Zumindest innerhalb *einer* IT-Organisation können sie dabei weiterhin gute Dienste leisten. Eine Nachkalkulation – der reale Aufwand ist jetzt bekannt – ermöglicht die Justierung der Kenngrößen und dient dem systematischen Gewinnen von Erfahrungswerten.

### *Schätzen in frühen Phasen*

Wie bereits oben angeführt, ist es aber in der Regel zu Beginn des eigentlichen Projekts erforderlich, eine einigermaßen vernünftige Abschätzung über den Aufwand des Projekts zu erhalten. Dies verlangt:

- die Aufwandsschätzung für die frühe Phase selbst (dies kann eine vorgelagerte Studienphase oder die Spezifikationsphase sein, die die Erstellung eines Fachkonzepts zum Ziel hat).
- auf der Basis einer Aufwandsschätzung für die frühen Phasen eine Hochrechnung für den Gesamtprojektaufwand.

Das Ziel einer (Vor-)Studie als erste Phase eines Softwareprojekts ist eine prinzipielle Machbarkeits-Aussage im Hinblick auf das gewünschte Softwaresystem. Diese umfasst eine grobe Analyse der bestehenden Prozesse oder der bestehenden Ist-Systeme sowie die Angabe einer grundsätzlichen Soll-Architektur für das neue System. Häufig wird noch eine Kosten-Nutzenanalyse erwartet, deren Aussagekraft aber meistens aufgrund der noch unvollständigen Aufwandskalkulation für das Gesamtprojekt eher grob ist. Als Aufwandsschätzung für eine solche Studienphase schlagen wir einen sehr pragmatischen Ansatz vor:

Nach unseren Erfahrungen lassen sich die erforderlichen Arbeitsinhalte so gut wie immer innerhalb einer Bandbreite von wenigen Bearbeiterwochen (4-6) bis zu wenigen Bearbeitermonaten (3-5) erreichen. Im Zweifelsfall empfiehlt sich hier die Anwendung eines harten Time-Boxing-Verfahrens, d.h. es wird eine Aufwandsgrenze vorgegeben. Die Ergebnisse einer Studienphase müssen nicht unbedingt vollständig sein, aber man braucht wenigstens eine grundsätzliche Vorstellung über die Machbarkeit des Projekts und eine Projektdefinition im obigen Sinne.

Von sehr viel entscheidenderer Bedeutung ist die Aufwandsschätzung für eine Spezifikationsphase. Hierzu benötigt man den *Aufgabenplan* in geeigneter Granularität. Für eine Spezifikationsphase kann dies so aussehen:

- Durchführung von fünf strukturierten Interviews mit der Abteilung Rechnungswesen,
- Spezifikation von zehn Dialogen,
- Erarbeitung des vollständigen Datenmodells,
- technische Analyse des Altsystems „Vertreterabrechnung"
- Durchführung eines Entscheiderkreises,
- Durchführung eines Abnahme-Workshops,
- ...

Meistens kann man auch vor der eigentlichen Spezifikationsphase grundlegende Erkenntnisse über das zu bauende System gewinnen, die bei der Aufstellung einer solchen Liste hilfreich sind. Dabei muss die richtige Granularität für die jeweilige Projektsituation gefunden werden. Dies ist dann der Fall, wenn anhand von Erfahrungswerten vernünftige Aufwandseinheiten für die einzelnen Aufgaben angegeben sind. Am besten lässt man zwei oder drei erfahrene Software-Ingenieure, die den Projektkontext (Unternehmen und fachlicher Hintergrund) kennen, unabhängig voneinander die Aufgabenliste schätzen. Der Nettoaufwand (das ist der tatsächliche Aufwand, der zur Erreichung des Ergebnisses notwendig ist) wird in Bearbeitertagen angegeben. Der jeweilige Unsicherheitsfaktor drückt sich entweder in einer Min-Max-Schätzung oder in einer prozentualen Reserve aus.

Die Summe der Nettoaufwände der einzelnen Aufgaben ergibt den Nettoaufwand der Spezifikationsphase. Den Bruttoaufwand für eine Spezifikationsphase errechnet man durch pauschale Zuschläge auf den Nettoaufwand. Hierbei haben sich folgende Erfahrungswerte bewährt:

- Projektleitung:
  bis zu 5 Mitarbeiter: 10 %
  6 – 15 Mitarbeiter: 15 %
  über 15 Mitarbeiter: 20 – 25 %
  Besonders kommunikationsintensive Vorhaben (z.B. große Fachbereiche) erlauben einen weiteren Aufschlag von 5 %
- Chefdesign: 10 – 20 %
  In großen Projekten kann der Aufwand für das Chefdesign in einer Spezifikationsphase noch steigen, wenn die Aufgabe in ein fachliches und ein technisches Chefdesign unterteilt wird.
- Qualitätssicherung: 10 – 20 %
- Technische Infrastruktur/Systemverwaltung, gegebenenfalls Betreuung von Werkzeugen: 5 %
- Pauschale Bewertung von eventueller Einarbeitungszeit für neue Mitarbeiter, die noch nicht voll produktiv im Team arbeiten können: stark kontextabhängig, mindestens jedoch 4 Bearbeiterwochen pro Mitarbeiter
- Pauschale Berücksichtigung von Leerzeiten (z.B. notwendige Reisezeiten): je nach Situation

Zur Hochrechnung des Gesamtprojekt-Aufwandes:

Auf der Basis einer solchen Bruttoaufwands-Schätzung für eine Spezifikationsphase lässt sich eine erste Hochrechnung für den Gesamtprojekt-Aufwand angeben. Wir verwenden dafür folgende Faustregel: Der Aufwand für die Spezifikationsphase beträgt 30 Prozent eines Gesamtprojekts. Die restlichen 70 Prozent verteilen sich wie folgt auf die weiteren Phasen:

- Konstruktion: 15 %
- Realisierung: 40 %
- Systemintegration: 15 %.

Diese prinzipielle Aufwandsverteilung ist das Ergebnis von Erfahrungswerten vieler Softwareprojekte aus unserer betrieblichen Praxis. Hier gilt es, Besonderheiten des jeweiligen Projekts zu berücksichtigen. Ein Projekt, mit dem erstmalig eine neue Entwicklungsumgebung oder insgesamt eine neue Technologie eingesetzt wird, wird einen deutlich höheren Realisierungsanteil benötigen. Umgekehrt wird in einem Projekt, das einen völlig neuen Geschäftsprozess einer Organisation umsetzt, der relative Aufwand der Spezifikationsphase steigen.

### *Kalkulation der Realisierungsphase*

Bei der Bewertung einer Realisierungsphase ist zu berücksichtigen, in welcher Güte und Vollständigkeit bisherige Projektunterlagen vorliegen. Es spielt eine entscheidende Rolle, ob man eine vollständige Systemspezifikation und ein darauf aufbauendes DV-Konzept zur Verfügung hat oder ob man noch in einer frühen Phase arbeitet, aber bereits eine erste Kalkulation für Realisierungskosten verlangt wird. Dieser Unterschied wird sich in einem entsprechenden Unsicherheitsfaktor bzw. einer ausreichend großen Reserve ausdrücken.

Die Vorgehensweise zur Kalkulation einer Realisierungsphase kann aber prinzipiell immer gleich sein:

- Der Aufgabenplan wird in geeigneter Granularität aufgestellt.
  Der Plan enthält die reine Realisierung der Systemmodule, Programm-Reviews, Einzeltests und Subsystemtests.
- Die Liste wird von erfahrenen Teammitgliedern und dem Projektleiter bottom-up bewertet. Hierbei ergeben sich meistens Aufwandszahlen im Bereich von 1 bis zu 20 Bearbeitertagen.
  *Anmerkung:* Eine Häufung von Aufwandschätzungen im Bereich von wenigen Bearbeiterstunden bis zu wenigen Bearbeitertagen oder im Bereich von 20 und deutlich mehr Bearbeitertagen für jeweils eine Aufgabenposition ist Anlass fürKontrolle. Hier ist entweder die Granularität der Aufgabenliste sehr ungewöhnlich oder das Realisierungsteam wiegt sich in einer falschen Sicherheit (bei den sehr niedrigen Zahlen).
- Die einzelnen Schätzpositionen müssen wiederum von den Betroffenen mit einem Unsicherheitsfaktor oder mit einer Unter- und Obergrenze versehen werden. Eine hilfreiche Frage an das Team lautet: Was glaubt Ihr, wie lange werdet Ihr schlimmstenfalls für diese Position benötigen?
- Man bewerte nun die so erhaltenen Nettoaufwände mit den im vorigen Abschnitt genannten prozentualen Aufschläge für die Querschnittsfunktionen. Prinzipiell sind die Aufschläge für Projektleitung, Chef-Design usw. in einer Realisierungsphase in etwa gleich hoch wie in den früheren Phasen zu bewerten. In der von uns vorgeschlagenen Form der Projektdurchführung gibt es auch in der Realisierungsphase einen Chefdesign-Aufwand!
- Schließlich sollte man den so errechneten Gesamtaufwand für eine Realisierung durch eine top-down-Kontrolle überprüfen: Wenn eine Realisierungsphase kalkuliert wird, stehen die real erbrachten Aufwände für eine der früheren Phasen entweder schon vollständig fest oder können einigermaßen sicher angegeben werden. Es ist möglich, anhand der im vorigen Abschnitt genannten Aufwandsverteilung für die typischen Projektphasen eine Plausibilitätsprüfung der errechneten Aufwandszahl für die Realisierungsphase zu erhalten.

Bei jedem Projekt sollte ein ausführliches Review über die Realisierungskalkulation durchgeführt werden. Dazu sollte man erfahrene Projektleiter, die *nicht* dieses Projekt durchführen werden und einen emotionalen Abstand zum betrachteten Projekt haben, zu einem Review-Workshop bitten. Ein ausführliches Review erfordert meistens ein bis zwei Arbeitstage.

In jeder größeren IT-Organisation ist es üblich, die Ergebnisse von Projektkalkulationen und die später real erbrachten Aufwände zu dokumentieren und zu speichern. Mit der Zeit baut sich eine Schätz- oder Kalkulationsdatenbank auf. Diese ist von hohem Wert für nachfolgende Kalkulationen, zumindest so lange man sich in gleichen Systemumgebungen bewegt. Trotzdem sind die Zahlen solcher Datenbanken vorsichtig zu bewerten, weil sich Einflussfaktoren von Projekt zu Projekt ändern können!

### *Kalkulation der Bruttoaufwände (besondere Einflussfaktoren)*

Jedes Projekt ist durch eine Reihe typischer Merkmale geprägt, die in der genau gleichen Kombination nicht wieder auftreten werden. Eine Reihe dieser Einflussfaktoren stellen besondere Risiken dar und müssen daher – so gut es geht – in einer Kalkulation berücksichtigt werden. Dies ist der Grund, warum noch so gute Erfahrungswerte aus früheren

Projekten nicht blind übernommen werden dürfen. Die folgende Liste versteht sich als unvollständige Aufzählung solcher Faktoren:

- Verhältnis von erfahrenen zu unerfahrenen Mitarbeitern, notwendige Einarbeitungszeiten, eventuelle Ausbildungsmaßnahmen,
- Sicherheit und Vertrautheit mit dem fachlichen Projektgegenstand,
- Sicherheit und Vertrautheit mit der technischen Systemumgebung (technisches Neuland),
- Stabilität auf der Fachbereichs- oder Kundenseite; Erreichbarkeit der Schlüsselpersonen; Rückendeckung durch die Entscheidungsträger; Unterstützung oder Widerstände in den betroffenen Fachabteilungen,
- erforderliche Reiseaufwände für das Projektteam (diese können zumindest in bestimmten Projektphasen außerordentlich hohe Anteile an der gesamten Arbeitszeit ausmachen),
- Verfügbarkeit einer stabilen und ausreichend dimensionierten Systemumgebung (Entwicklungsumgebung, Zugang zum Rechenzentrum usw.).

Man kann diese kritischen Faktoren niemals vollständig vor einer Projektdurchführung übersehen. Häufig ist es ausreichend, solche Faktoren überhaupt in die Kalkulation mit einfließen zu lassen und sich *vor* Projektbeginn über risikosenkende Maßnahmen Gedanken zu machen.

**Exkurs: Leichtgewichtige oder agile Prozesse**

Im Software Engineering lässt sich schon seit vielen Jahren ein Trend weg vom Wasserfall-Modell hin zu iterativen Vorgehensweisen beobachten. Hier verschwimmen die Grenzen zwischen den einzelnen Projektphasen. Es werden bewusst Lernschleifen eingebaut oder Realisierungsteile vorgezogen (rapid prototyping), die möglicherweise später wieder verworfen werden.

In jüngster Zeit werden unter dem Schlagwort *leichtgewichtige Prozesse* vor allem schnellere und einfachere Konzeptphasen propagiert. Während hier Aufwand gespart werden soll, wird dagegen für die Realisierung z.B. mit XP (extreme programming) oft ein in der Regel eher aufwendigeres Vorgehen vorgeschlagen.

Es stellt sich die Frage, ob diese Entwicklungen die genannten Prinzipien für die Aufwandsschätzungen grundlegend verändern. Unsere ersten Erfahrungen mit leichten Prozessen in Projekten zeigen:

Je komplexer das Projekt, je bedeutender die Auswirkungen, umso weniger eignen sich wirklich leichte Vorgehensweisen!

Es liegt in der Natur der Idee, dass sich die Aufwandsverteilung in den Phasen verändert: geringer in den Konzeptphasen, aber mehr in der Realisierung.

Eine Binsenweisheit, die viele vergessen: Ein bestimmtes Projektziel erfordert einen bestimmten Aufwand! Er ändert sich durch die Vorgehensweise *nicht* signifikant. Der Aufwand wird weiterhin primär von der Menge der notwendigen Ergebnisse *und* von der Qualität bzw. Produktivität der beteiligten Personen bestimmt.

Unsere derzeitige These ist also, dass die aufgeführten Schätzverfahren auch für die aktuell diskutierten Software-Engineering-Ansätze gültig sind.

## Mitarbeiter- und Zeitplan

Nach der abgeschlossenen Kalkulation für eine Projektphase wird der anfallende Arbeitsaufwand auf die einzelnen Teammitglieder aufgeteilt und ein Zeitplan erstellt. Die genaue Größe des zur Verfügung stehenden Projektteams ist im Allgemeinen nicht vorgegeben, sondern wird anhand des errechneten Aufwandes (und meistens mit einem vorgegebenen Wunschtermin) bestimmt. Hier haben wir sehr gute Erfahrungen mit der Anwendung der folgenden Regel von Tom DeMarco gemacht:

$$\text{Maximale Teamgröße} = \sqrt{\text{geplanter Aufwand in Bearbeitermonaten}}$$

Es gibt Konstellationen, in denen die zu erbringende Arbeit auch noch stärker parallelisiert werden kann, als es die Anwendung dieser Regel ergibt. Aufgrund unserer Erfahrung ist es aber erstaunlich, wie gut diese Regel bei der Bestimmung einer Teamgröße ist.

Mit der so errechneten Mitarbeiterzahl ist es eine Fleißaufgabe, die anstehenden Arbeiten inhaltlich zuzuordnen und auf der Zeitachse aufzutragen. Wir empfehlen, ein Planungswerkzeug anzuwenden. Beispiele zeigen die Abbildungen 15.3 bis 15.5.

| Akt | Thema | Stufe | Aufwand ohne PL | | zuordenbare Zusatzaufwände | | | | | | | | | SMMME zuordenbare Aufwände | SUMME Teamaufwand pro Aufgabe | | SUMME pro Aufgabe inkl. 20% PL | |
|---|---|---|---|---|---|---|---|---|---|---|---|---|---|---|---|---|---|---|
| | | | | | Abstimmungsaufwand intern | Störungen Abstimmung extern | Abstimmung Kunde | Meetings | übl. Technikprobleme | Review inkl. Nacharbeiten | Debugging, Modultests inkl. Testfälle | Mail lesen, R-Buchung, RK-Abrechnung, Std-Ztl | Umgang mit neuer Technik -> evtl. Risikozuschlag | | | | | |
| | | | min | max | | | | | | | | | | | min | max | min | max |
| 1 | Fehlerbehebung | 4 | 24 | | | | | | | | | | | 0 | 24 | 0 | 5 | 0 |
| 2 | Akt. 87 Konzept Archivierung | 4 | 8 | | | | | | | | | | | 0 | 8 | 0 | 2 | 0 |
| 3 | Akt. 73 Eurobatch | 4 | 5 | | | | | | | | | | | 0 | 5 | 0 | 1 | 0 |
| 4 | Dateninkonsistenzen | 4 | 16 | | | | | | | | | | | 0 | 16 | 0 | 3 | 0 |
| 5 | INT-Unterstützung JA | 4 | 2 | | | | | | | | | | | 0 | 2 | 0 | 0 | 0 |
| 6 | INT-Unterstützung JM | 4 | 1 | | | | | | | | | | | 0 | 1 | 0 | 0 | 0 |
| 7 | Akt. 68 Optimierung tägl. Plausibatch | 4 | 10 | | | | | | | | | | | 0 | 10 | 0 | 2 | 0 |
| 8 | INT-Unterstützung AW | 4 | 3 | | | | | | | | | | | 0 | 3 | 0 | 1 | 0 |
| 9 | Akt.87 Archivierung Rea und Test | 4 | 20 | | | | | | | | | | | 0 | 20 | 0 | 4 | 0 |
| 10 | Akt. 193 Historisierung ZZAA | 4 | 9 | | | | | | | | | | | 0 | 9 | 0 | 2 | 0 |
| 11 | Performance-Taskforce | 4 | 17 | | | | | | | | | | | 0 | 17 | 0 | 3 | 0 |
| 12 | Subsystemtest | 4 | 17 | | | | | | | | | | | 0 | 17 | 0 | 3 | 0 |
| 13 | Akt.226 Neumodularisierung Vertrag Ändern | 4 | 3 | | | | | | | | | | | 0 | 3 | 0 | 1 | 0 |
| 14 | Akt.74 Konzept Kundenwunsch erhalten | 4 | 3 | | | | | | | | | | | 0 | 3 | 0 | 1 | 0 |
| | **Gesamtaufwände TEAM ohne QF (netto)** | 4 | 137 | 0 | 0 | 0 | 0 | 0 | 0 | 0 | 0 | 0 | 0 | 0 | 137 | 0 | 27 | 0 |
| | **EIN** (neue MA, fachlich, technisch) | | | 0 | | | | | | | | | | | | | | |
| | **Subsystemtest** inkl. Testfälle | | | 0 | | | | | | | | | | | | | | |
| | **gr. Review** inkl. Nacharbeiten | | | 0 | | | | | | | | | | | | | | |
| | **SYSDOKU** erstellen/anpassen | | | 0 | | | | | | | | | | | | | | |
| | **Integration** | | | 0 | | | | | | | | | | | | | | |
| | **Auslieferung** zu Stufen | | | 0 | | | | | | | | | | | | | | |
| | **Stufen (Zusatzaufwand für Stufierung)** | | | 0 | | | | | | | | | | | | | | |
| | **Touch-down, Kick-off, Ergebnissicherung** | | | 0 | | | | | | | | | | | | | | |
| | **Standards schaffen** | | | 0 | | | | | | | | | | | | | | |
| | **Migration, Einmalprogramme** | | | 0 | | | | | | | | | | | | | | |
| | SUMME QF | 4 | 0 | 0 | | | | | | | | | | | | | | |
| | **20 % des Gesamtaufwand (inkl. QF) für PL** | 4 | 27 | 0 | 0 | 0 | 0 | 0 | 0 | 0 | 0 | 0 | 0 | 0 | 27 | 0 | | |
| | **SUMME TEAM inkl. QF [BT]** | 4 | 164 | 0 | 0 | 0 | 0 | 0 | 0 | 0 | 0 | 0 | 0 | 0 | 164 | 0 | | |
| | **SUMME TEAM inkl. QF [BM]** | 4 | 8 | 0 | 0 | 0 | 0 | 0 | 0 | 0 | 0 | 0 | 0 | 0 | 8 | 0 | | |

**Abb. 15.3:** Formblatt für Schätzwerkstatt

| | | Stufe III | | | | | | | | | | Stufe IV | | | | | | | |
|---|---|---|---|---|---|---|---|---|---|---|---|---|---|---|---|---|---|---|---|
| Monat | | Juni | | | | | Juli | | | | | August | | | | September | | | |
| KW | | 21 | 22 | 23 | 24 | 25 | 26 | 27 | 28 | 29 | 30 | 31 | 32 | 33 | 34 | 35 | 36 | 37 | 38 |
| Arbeitstage | Su | 4 | 5 | 4 | 4 | 5 | 5 | 5 | 5 | 5 | 5 | 5 | 5 | 5 | 5 | 5 | 5 | 5 | 4 |
| Mitarbeiter 1 | 97 | 3 | 5 | 4 | 3 | 0 | 0 | 4 | 5 | 5 | 5 | 5 | 5 | 5 | 5 | 5 | 5 | 5 | 4 |
| Mitarbeiter 2 | 81 | 3 | 0 | 0 | 0 | 5 | 5 | 5 | 5 | 5 | 5 | 5 | 5 | 5 | 0 | 0 | 5 | 5 | 4 |
| Mitarbeiter 3 | 130 | 3 | 5 | 0 | 4 | 5 | 5 | 5 | 5 | 5 | 0 | 5 | 5 | 0 | 5 | 5 | 0 | 0 | 4 |
| Mitarbeiter 4 | 144 | 3 | 5 | 4 | 4 | 5 | 5 | 5 | 5 | 5 | 5 | 5 | 5 | 5 | 5 | 0 | 0 | 0 | 0 |
| Mitarbeiter 5 | 24 | 3 | 4 | 4 | 3 | 0 | 0 | 5 | 5 | 0 | 0 | 0 | 0 | 0 | 0 | 0 | 0 | 0 | 0 |
| Mitarbeiter 6 | 139 | 3 | 5 | 4 | 4 | 5 | 5 | 5 | 5 | 5 | 5 | 0 | 0 | 0 | 0 | 5 | 5 | 5 | 4 |
| Mitarbeiter 7 | 127 | 3 | 5 | 4 | 3 | 5 | 5 | 5 | 5 | 5 | 5 | 0 | 5 | 5 | 0 | 0 | 0 | 0 | 4 |
| Mitarbeiter 8 | 49 | | | | | | | | | | | | | | | | | | |
| Mitarbeiter 9 | 49 | | | | | | | | | | | | | | | | | | |
| Mitarbeiter 10 | 107 | | | | | | | (3) | (5) | (5) | (5) | (5) | 5 | 5 | 5 | 5 | 5 | 5 | 4 |
| Mitarbeiter 11 | | | | | | | | | | | | | (5) | (5) | (5) | (5) | 5 | 5 | 4 |
| Summe Team | 1039 | 21 | 29 | 20 | 21 | 25 | 25 | 34 | 35 | 30 | 25 | 20 | 30 | 25 | 20 | 20 | 25 | 25 | 28 |
| Summe pro Stufe [BT] | 1039 | 265 | | | | | | | | | | 193 | | | | | | | |
| Summe pro Stufe [BM] | | 13,3 | | | | | | | | | | 9,7 | | | | | | | |
| Summe pro 1/2 Stufe | | 116 | | | | | 149 | | | | | 95 | | | | 98 | | | |

| | Stufe V | | | | | | | |
|---|---|---|---|---|---|---|---|---|
| Monat | September (Forts.) | Oktober | | | | November | | |
| KW | 39 | 40 | 41 | 42 | 43 | 44 | 45 | 46 |
| Arbeitstage | 5 | 5 | 5 | 5 | 5 | 4 | 5 | 5 |
| Mitarbeiter 1 | 0 | 5 | 5 | 5 | 5 | 4 | 0 | 0 |
| Mitarbeiter 2 | 0 | 5 | 5 | 0 | 5 | 4 | 0 | 0 |
| Mitarbeiter 3 | 5 | 5 | 0 | 5 | 5 | 0 | 5 | 5 |
| Mitarbeiter 4 | 5 | 5 | 5 | 5 | 5 | 4 | 5 | 5 |
| Mitarbeiter 5 | 0 | 0 | 0 | 0 | 0 | 0 | 0 | 0 |
| Mitarbeiter 6 | 5 | 5 | 5 | 5 | 5 | 0 | 5 | 5 |
| Mitarbeiter 7 | 5 | 5 | 5 | 0 | 0 | 4 | 5 | 5 |
| Mitarbeiter 8 | | | (5) | (5) | (5) | (4) | 5 | 5 |
| Mitarbeiter 9 | | | (5) | (5) | (5) | (4) | 5 | 5 |
| Mitarbeiter 10 | 5 | 5 | 5 | 5 | 5 | 4 | 5 | 0 |
| Mitarbeiter 11 | 5 | 5 | 5 | 5 | 5 | 4 | 5 | 5 |
| Summe Team | 30 | 40 | 35 | 30 | 35 | 24 | 40 | 35 |
| Summe pro Stufe [BT] | 269 | | | | | | | |
| Summe pro Stufe [BM] | 13,5 | | | | | | | |
| Summe pro 1/2 Stufe | 135 | | | | 134 | | | |

| | Stufe VI | | | | | | | | | |
|---|---|---|---|---|---|---|---|---|---|---|
| Monat | November (Forts.) | Dezember | | | | | | Januar | | |
| KW | 47 | 48 | 49 | 50 | 51 | 52 | 53 | 1 | 2 | 3 |
| Arbeitstage | 5 | 5 | 5 | 5 | 5 | 1 | 1 | 2 | 5 | 5 |
| Mitarbeiter 1 | 0 | 0 | 0 | 0 | 0 | 0 | 0 | 0 | 0 | 0 |
| Mitarbeiter 2 | 0 | 0 | 0 | 0 | 0 | 0 | 0 | 0 | 0 | 0 |
| Mitarbeiter 3 | 5 | 5 | 5 | 5 | 5 | 1 | 1 | 2 | 5 | 5 |
| Mitarbeiter 4 | 5 | 5 | 5 | 5 | 5 | 1 | 1 | 2 | 5 | 5 |
| Mitarbeiter 5 | 0 | 0 | 0 | 0 | 0 | 0 | 0 | 0 | 0 | 0 |
| Mitarbeiter 6 | 5 | 5 | 5 | 5 | 5 | 1 | 1 | 2 | 5 | 5 |
| Mitarbeiter 7 | 5 | 5 | 5 | 5 | 5 | 1 | 1 | 2 | 5 | 5 |
| Mitarbeiter 8 | 5 | 5 | 5 | 5 | 5 | 1 | 1 | 2 | 5 | 5 |
| Mitarbeiter 9 | 5 | 5 | 5 | 5 | 5 | 1 | 1 | 2 | 5 | 5 |
| Mitarbeiter 10 | 5 | 5 | 5 | 5 | 5 | 1 | 1 | 2 | 5 | 5 |
| Mitarbeiter 11 | 5 | 5 | 5 | 5 | 5 | 1 | 1 | 2 | 5 | 5 |
| Summe Team | 40 | 40 | 40 | 40 | 40 | 8 | 8 | 16 | 40 | 40 |
| Summe pro Stufe [BT] | 312 | | | | | | | | | |
| Summe pro Stufe [BM] | 15,6 | | | | | | | | | |
| Summe pro 1/2 Stufe | 200 | | | | | 112 | | | | |

**Abb. 15.4:** Teamplanung

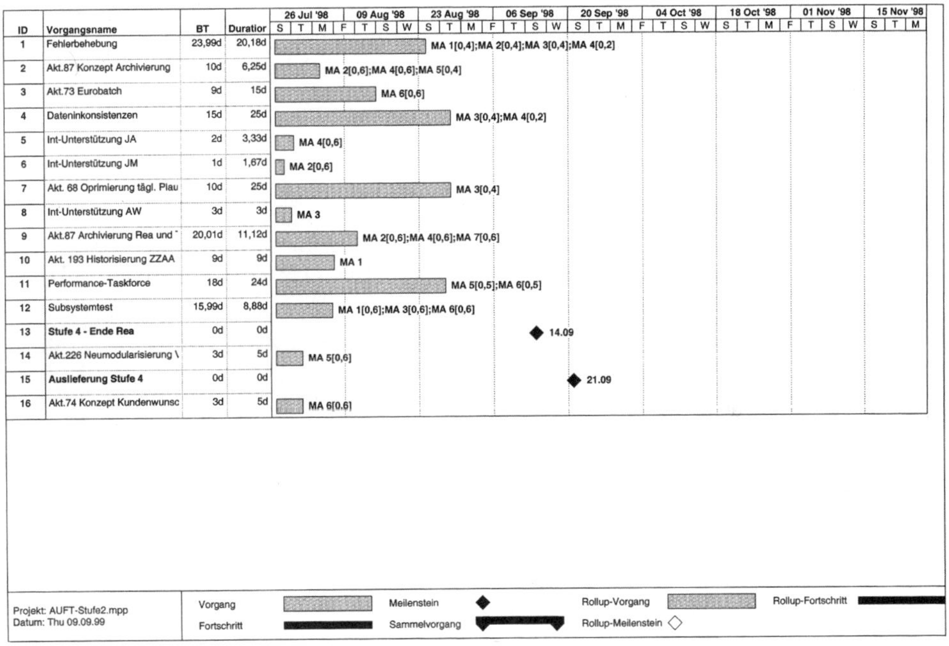


**Abb. 15.5:** Projektplanung

In der Darstellung mit einem Tabellenkalkulationsprogramm kommen vor allem die geplanten Aufwände innerhalb einer betrachteten Periode (Woche oder Monat) und die entsprechenden Aufwandssummen zur Geltung. Mit einem Projektplanungswerkzeug – in der Darstellung mit Balkendiagrammen – lassen sich bei großen Projekten die inhaltlichen Zusammenhänge der einzelnen Aufgaben und ihre geplante Dauer besser darstellen.

## Stufen- und Meilensteinplan

Die eigentliche Projektdurchführung sollte möglichst in jeder Phase inhaltlich strukturiert werden. Mit so genannten Meilensteinen kann man vor allem

- Abhängigkeiten zwischen Aktivitäten sichtbar machen,
- kritische Pfade erkennen,
- Systemteile ausliefern und
- damit vor allem auch Erfolgserlebnisse auf den Weg zum Gesamtziel schaffen.

In der Realisierungsphase sind fast immer Einführungsstufen notwendig, um

- das Gesamteinführungsrisiko zu vermindern und
- mit frühzeitigen Systemauslieferungen auch Vertrauen bei den Anwendern zu schaffen.

Bei der inhaltlichen Ausgestaltung von Systemstufen kann man sich von folgenden Grundgedanken leiten lassen:

- Das Wichtigste zuerst (*quick wins*). Sehr oft ist mit einem relativ geringen Teil des geplanten Gesamtaufwandes ein relativ großer Teil des Anwendernutzen erreichbar.
- Zuviel neue Funktionen auf einmal bei gleichzeitigem Ablösen von entsprechenden Altsystemen sind gefährlich bis unmöglich!
- Große Systeme besitzen fast immer Kernfunktionen (10-30 Prozent der Gesamtmenge), die für den Anwendungsbereich essentiell sind.

Natürlich muss bei der Ausgestaltung von Systemstufen, die immer als einzelne Teile eingeführt werden sollen, ein erhöhter Einführungsaufwand in Kauf genommen werden. Eine solche stufenweise Integration und Einführung reduziert aber immer die Komplexität der Einführung und damit vor allem das Risiko. Es gibt keinen Algorithmus für den einzig richtigen Stufen- und Meilensteinplan! Je nach Größe und Art des Projekts wird man eine Reihe weiterer Pläne benötigen. Die folgende Übersicht versteht sich als eine Checkliste. Für detailliertere Darstellungen sei auf das Literaturverzeichnis verwiesen.

- *Stufenplan*
  Einführungen großer Software-Systeme in einem Schritt (*Big-Bang*) sind selten sinnvoll, weil hiermit ein großes Einführungsrisiko verbunden ist. Ein Stufenplan beschreibt, wann welche Einführungsstufe vorgesehen ist. Dies vermindert das Einführungsrisiko und schafft mit frühzeitigen Auslieferungen Erfolgserlebnisse für das Projektteam und die Anwender.

- *Budgetplan*
  Ein Budgetplan regelt, welche Gelder wann von wem und wofür zu bezahlen oder kalkulatorisch zur Verfügung zu stellen sind. Budgetpläne sind in der Regel bei Großprojekten mit externen Dienstleistern notwendig. So werden z.B. aus Liquiditätsgründen für Festpreisprojekte Abschlagszahlungen vereinbart. Diese können meilensteinorientiert oder zeitlich definiert sein.

- *Qualitätsmanagement-(QM)-Plan*
  Ein QM-Plan definiert Qualitätsziele, Qualitätskriterien und Qualitätsmerkmale (siehe Kapitel 13). Daran orientiert sich eine Planung von qualitätssichernden *Maßnahmen* (Richtlinien und Vorgaben, Reviews und Audits, Testverfahren usw.). Der QM-

Plan ist in der Regel ein eigenes, meist umfangreiches Planungsdokument. Häufig ist es sinnvoll, besonders wichtige Einzelmerkmale gesondert zu planen (z.B. Testdaten, Testfälle, Durchführung von Testverfahren).

- *Einführungsplan/Migrationsplan*
  Der Einführungsplan regelt die zeitliche und inhaltliche Vorgehensweise bei der Einführung der neuen Software. Dies wird häufig mit der Ablösung von bestehenden Softwaresystemen verbunden. Mit einem Migrationsplan wird festgelegt, wann und in welcher Reihenfolge Altsysteme abgeschaltet werden, und welche Datenbestände wann und in welcher Form in die neue Systemlandschaft migriert werden.
- *Schulungsplan*
  In manchen Projekten ist es notwendig, Schulungen für Anwender und die späteren Systembetreuer durchzuführen. Geplant wird die Form der Schulungen (volle Reichweite oder Train-The-Trainer-Konzept), die technische Vorgehensweise (Schulung anhand eines Prototypen, eigenes Schulungssystem oder Schulung im produktiven System) und die Dauer und benötigten Ressourcen.
- *Ressourcenplan*
  Für große Projekte ist es hilfreich, die benötigten Basisressourcen zu planen: Verfügbarkeit von Rechensystemen, Leitungen und Netze, Softwarelizenzen, Zugriffsberechtigungen, Räumen und Telefonen.

Nach unserer Erfahrung decken diese Pläne die Erfordernisse komplexer Softwareprojekte ab.

## Planung als iterativer Prozess

Projektplanung ist ein sich wiederholender Vorgang! Ein Projektleiter *muss* in folgenden Situationen wieder in die Planung einsteigen:

1. Zu allen wichtigen Meilensteinen (d.h. besonders beim Übergang von einer Projektphase in die nächste) oder zu bestimmten Zeiten (z.B. alle sechs Monate) ist eine sogenannte Restaufwandsschätzung durchzuführen. Diese soll als routinemäßige Planung für alle noch durchzuführenden Projektaufgaben verstanden werden. Eine solche Restaufwandsschätzung muss möglichst objektiv nach vorne gerichtet sein. Ein (häufig emotionales) Problem ist, dass sich ein Projektteam eine falsche Sicherheit einredet: „Diesen Fehler werden wir aber jetzt nicht wiederholen!“ Oder umgekehrt: Durch schlechte Erfahrungen in einer Vorphase werden Projektschätzungen extrem negativ mit Risiken überbewertet.
2. Alle *wesentlichen* Planungsabweichungen sollten zu einer entsprechenden Neuplanung führen. Die Entscheidung, welche Abweichung als wesentlich einzustufen ist, kann nur der verantwortliche Projektleiter treffen. Eine strenge, aber hilfreiche Formulierung für eine solch ungewöhnliche Planungsabweichung kann sein: Der aktuell berichtete Mehr- und Zeitaufwand für einen bestimmten Meilenstein überschreitet den ursprünglich bis zu diesem Meilenstein noch verfügbaren Arbeits- und Zeitaufwand. Ein Projektteam sollte z.B. in genau zwei Wochen eine Teilauslieferung vornehmen. Die jetzt erkannte Projektverzögerung beträgt nach Auskunft des Projektteams mehr als weitere zwei Wochen. Dies ist ein Alarmsignal für eine grundsätzliche Überprüfung des Projektplans!

### Zur Bedeutung von Werkzeugen in der Projektplanung

Zur Darstellung aller genannten Projektpläne sind natürlich viele Softwareprodukte hilfreich. Die Tabellenkalkulationsprogramme sind für die Aufwandskalkulationen, die Aufgabenpläne und die Mitarbeiterplanungen wichtig. Weiterhin sollte man für die Gesamtprojektübersichten eines der üblichen Produkte einsetzen.

Wichtig bei der Anwendung ist ein gewisses Augenmaß! Die Kunst liegt in der sparsamen Nutzung der Werkzeuge. Häufig kann man beobachten, dass die Fülle von Funktionen dieser Produkte zu einer scheinbar totalen Planung verführen. Als Projektleiter kann man sich leicht mit seiner gesamten Arbeitszeit ausschließlich mit einem Planungswerkzeug beschäftigen.

Merke: Nicht das Werkzeug garantiert den Projekterfolg!

## 15.3 Projektorganisation

### Aufgaben

Die Projektorganisation befasst sich mit dem Teamaufbau und stellt die Spielregeln für den Projektablauf auf. Vor allem sind folgende Punkte zu klären:

- Team des Auftragsnehmers/des IT-Bereiches
- Team des Kunden/des Fachbereiches
- Verteilung der Verantwortlichkeiten und Rollen;
  namentlich zu benennen sind: Projektmanager, Projektleiter, Chefdesigner, Qualitätsverantwortlicher und Teilprojektleiter
- Entscheidungsgremien (siehe unten)
- Besprechungs- und Meetingstruktur
- Festlegung des Berichtswesens
- Änderungsverfahren (Change-Control-Verfahren)
- Regelung über die Zulieferung durch den Kunden/Auftraggeber

Es empfiehlt sich, die getroffenen Regelungen für die Projektorganisation in einem gesonderten Dokument, mindestens als Bestandteil des Projekthandbuches aufzuschreiben. Wie für die Projektplanung sollten auch die für die Projektorganisation getroffenen Regelungen von Zeit zu Zeit überprüft und aktualisiert werden. Es bieten sich hierfür vor allem die Phasenmeilensteine an, weil der Teamaufbau und die Struktur oder Besetzung der Entscheidungsgremien von Phase zu Phase variiert.

**Exkurs: Projekthandbuch, Projekttagebuch, Projektbibliothek**

Das *Projekthandbuch* ist die zusammenfassende Dokumentation aller wichtigen Projektunterlagen: eine kurze, inhaltliche Projektbeschreibung; alle aktuellen Projektpläne; die Übersichten zur Projektorganisation; weitere, das Gesamtprojekt darstellende Dokumente. Verantwortlich für das Projekthandbuch ist der Projektleiter. Das Handbuch sollte als eine immer aktuelle Management-Summary verstanden werden. Es eignet sich aber auch hervorragend dazu, neuen Mitarbeitern einen ersten Gesamtüberblick zu geben.

Das *Projekttagebuch* enthält alle entscheidungsrelevanten Vorgänge und die Projektstatusberichte. Wir schlagen vor, als Berichtsperiode die Arbeitswoche zu nehmen. Gerade bei großen Projekten ist ein solches Tagebuch ein wichtiges Arbeitsmittel für den Projektleiter. Er sollte hier in der gebotenen Kürze – und formlos – wichtige Entscheidungen oder noch zu entscheidende Sachverhalte auf Managementebene festhalten.

Die *Projektbibliothek* schließlich ist die Gesamtdokumentation aller Arbeitsergebnisse des Projekts. Wir verstehen hierunter die systematische Erfassung *aller* Projektdokumente: Systemspezifikationen, DV-Konzepte, Systemdokumentationen usw. Natürlich sollte nicht jeder Entwurf oder jede Arbeitsfassung eines solchen Dokumentes langfristig abgespeichert werden, aber mindestens jede Version, die auch den Kunden bzw. Auftraggeber erreicht. Die Projektbibliothek sollte elektronisch *und* in Papierform geführt werden. Für die letztere Fassung empfehlen wir den Aufbau als Präsenzbibliothek, so dass an einer zentralen Stelle jedes Teammitglied jederzeit den Einblick in die Dokumentation nehmen kann. Für die elektronische Speicherung ist eine strenge Vorgabe einer Ordner- oder Verzeichnisstruktur notwendig.

## Regeln zur Projektorganisation

Wir schlagen einige Grundregeln bei der Festlegung der jeweiligen Projektorganisation vor:

1. Projekte, die einen Einsatz von mehr als 10 Mitarbeitern erforderlich machen, sollten in Teilteams oder Teilprojekten aufgeteilt werden. Eine Teamgröße von 3 bis 8 Mitarbeitern ist für eine gemeinsame Arbeit optimal. Natürlich gibt es Aufgaben, die aufgrund ihrer Struktur eher monolithisch sind und sich einer fachlich/funktionalen Aufteilung in Teilprojekte nicht unterziehen lassen. Im Zweifelsfall ziehen wir dann aber eine künstliche, d.h. willkürliche Trennung, einem zu großen Team vor. Wenn in einem Realisierungsprojekt 30 Mitarbeiter parallel arbeiten können, dann ist es jederzeit möglich, hier noch Unterstrukturen festzulegen. Der entscheidende Vorteil ist der deutlich niedrigere Kommunikationsaufwand innerhalb kleinerer Teilteams.
   In größeren Projekten mit mehr als 10 Mitarbeitern empfiehlt sich die Organisation der Qualitätssicherung ebenfalls als eigenes Teilteam.
2. Die Organisation von Besprechungen und Meetings eines Projekts ist immer ein Kompromiss zwischen dem Zeitaufwand und dem notwendigen Informationsfluss. Als Faustregel gehen wir von einem Meeting – im Grundsatz wöchentlich – pro Führungsebene aus. Je nach Projektsituation kann die Meetingfrequenz dabei stark variiert werden. So ist es in einer intensiven Testphase sinnvoll, ein tägliches Meeting zur konkreten Absprache der jeweiligen Testergebnisse und des weiteren Vorgehens durchzuführen.
3. Bei der Festlegung des Berichtswesens ist vor allem darauf zu achten, in welcher Intensität Statusberichte zu erstellen sind. Als Grundsatz empfehlen wir pro Teilteam

einen wöchentlichen, kurzen Statusbericht, den der jeweilige Teilprojektleiter zu erstellen hat. Der Statusbericht enthält im Wesentlichen die Gliederungspunkte:
- erreichte Ergebnisse,
- offene Fragen/Probleme,
- Handlungs- oder Entscheidungsbedarf,
- Vorschläge.

Die Statusberichte sollten in einem Projekttagebuch oder bei großen Projekten in der Projektbibliothek archiviert werden.

4. Als ein besonderes Arbeitsmedium für viele Regelmeetings oder für die Arbeit in den Teilteams empfehlen wir eine sogenannte *Liste der offenen Punkte (LOP)*. In jedem Projekt, vor allem bei der Bearbeitung übergreifender Fragen, wie z.B. im Chefdesign, treten immer eine Reihe von Fragen auf, die noch nicht geklärt sind. In der LOP werden diese gesammelt. Für die einzelnen Einträge werden Verantwortliche und Termine festgelegt. Dazu vergeben wir eine Priorität und einen Status (erledigt, Vorschlag, zurückgestellt, offen). Jeder Punkt wird in einem Textfeld kurz dargestellt, gegebenenfalls wird ein Lösungsvorschlag skizziert. Ein Ergebnis wird ebenfalls festgehalten. Eine solche LOP wächst in den frühen Phasen eines Projekts meist schnell an. Wichtig ist, dass sie als regelmäßiges Arbeitsmittel fortgeführt wird. Ab einer bestimmten Menge sollten die erledigten Punkte archiviert werden. Die gesamte LOP gehört in die Projektbibliothek oder in das Projekthandbuch.

## Gremien

Ein komplexes Projekt benötigt eine Reihe von Gremien. Es ist wichtig, dass bei allen Beteiligten zu Beginn eines Projekts ein gemeinsames Verständnis über die Aufgaben und die Besetzung dieser Gremien vorliegt. Die wichtigsten Gremien sind:

- *Lenkungsausschuss/Steuerungsausschuss*
  Dies ist das Entscheidungs- und Berichtsgremium eines Softwareprojekts. Hier muss die verantwortliche Managementebene des Kunden oder des Auftraggebers präsent sein, d.h. bei Großprojekten, die sich mit dem Kerngeschäft des Unternehmens beschäftigen, das Top-Management! Das Projektmanagement hat hier über den jeweiligen Projektfortschritt zu berichten. Das Gremium entscheidet in letzter Instanz über fachliche Anforderungen, Prioritäten, Termine und Budgets. Die Sitzungsfrequenz ist abhängig von der Gesamtprojektdauer und der jeweiligen Projektphase. Wir empfehlen Rhythmen zwischen monatlich und quartalsweise.
- *(Fach-)Entscheiderkreise*
  Dies sind die Fachbereichsgremien zur Entscheidung von einzelnen Projektfragen. Die Entscheiderkreise begleiten vor allem die Fachkonzeptphase, treten bei Bedarf – vor allem bei wesentlichen Änderungsforderungen – aber auch später zusammen.
- *Change-Control-Ausschuss*
  Dies ist das Gremium zur Bewertung und Entscheidung von Anforderungsänderungen während der Projektlaufzeit. Es muss eine klare Regelung geben, wie weit die Entscheidungsbefugnis dieses Ausschusses geht. Für die beteiligten Fachbereiche ist wichtig, dass sie über dieses Gremium Änderungen gegenüber dem bisherigen Entscheidungsstand im laufenden Projekt vornehmen können. Bei Zeit- und Budgetkon-

flikten muss eine abschließende Entscheidung durch den Lenkungsausschuss erfolgen.

- *Review-Boards*
  Dies sind verschiedene Gremien zur Abnahme von Ergebnissen (Konzepte, bestimmte Meilensteine). Sie sind in der Regel gemischt besetzt (Fachbereiche, IT-Abteilung oder Kunde und Auftragnehmer). Ein Review-Board ist kein permanentes Gremium, sondern es wird jeweils ergebnisorientiert eingesetzt. Die organisatorische Verantwortung hierfür obliegt dem Qualitätsverantwortlichen des Projektes.

**Exkurs: Moving Targets**

Projektziele und -inhalte ändern sich während der Projektlaufzeit. Je umfangreicher die Aufgaben sind, je länger das Projekt andauert, umso häufiger wird dieses Phänomen auftreten.

Mit dem oben genannten Change-Control-Verfahren ist der notwendige Mechanismus zur Bearbeitung von veränderten Zielen beschrieben. ABER: Offensichtlich neigen große Projekte trotz etabliertem Change-Control-Ausschuss und vieler Leitungs- und Steuerungsgremien zu Wildwuchs. Kann es sein, dass eine umfangreiche Projektbürokratie ein Ausufern, ein Immer-mehr an Anforderungen geradezu fördert? Je mehr Beteiligte, umso schwerer fällt die notwendige Strenge. Wir empfehlen, diesem Risiko so zu begegnen:

Man führe regelmäßig (alle drei oder sechs Monate) ein Review der Projektziele durch. Teilnehmer sind die Top-Verantwortlichen (Projektmanager, Auftraggeber, Qualitätsverantwortlicher). Änderungen werden kritisch hinterfragt: Was ist wirklich erforderlich, was ist nur wünschenswert, aber nicht notwendig?

Leitlinie sollte sein, das Projekt vor den vielen verständlichen Kleinigkeiten zu schützen. Die Ergebnisse dieser Reviews werden gut dokumentiert und kommuniziert.

MERKE:
In einen vollen Koffer passt immer noch ein Taschentuch hinein. Wirklich?

## 15.4 Menschen machen Projekte – der Faktor Peopleware

### Der Erfolgsfaktor Menschenführung

Das Projektmanagement von Softwareprojekten hat viele wichtige planerische und administrative Aufgaben. Die ordentliche und vor allem disziplinierte Ausführung dieser Aufgaben ist ein Baustein auf dem Weg zu einem erfolgreichen Softwareprojekt. Der entscheidende Erfolgsfaktor aber ist nicht primär die Beherrschung aller planerischen und steuernden Aufgaben, sondern er ist soziologischer Natur. Ich bin der festen Überzeugung, dass der Großteil von nicht erfolgreichen Softwareprojekten auf eine mangelhafte Führung zurückzuführen ist.

Als Informatiker lernen wir vor allem, Systeme zu strukturieren und zu modularisieren. Wir sind es gewohnt, logisch-analytisch zu denken und Anforderungen in Algorithmen zu gießen. Wir benutzen Objekte, Programme oder ähnliche Einheiten, um unsere Systeme zu beschreiben und zu realisieren.

Die wichtigsten Einheiten in unseren Projekten sind aber leider keine modularen Bausteine, die man über eine Schnittstelle anspricht und die immer gleich funktionieren. Es sind die Menschen, denn:

Menschen machen Projekte.

Gerade der Manager von Softwareprojekten muss sein Hauptaugenmerk regelmäßig auf Fragen der Führung legen.

Man mag die Beherrschung der üblichen – und letztlich leicht erlernbaren – Techniken zur Projektplanung, Projektorganisation und zum Projektcontrolling als notwendige Bedingungen für erfolgreiche Softwareprojekte bezeichnen. Dann aber ist die Berücksichtigung des Erfolgsfaktors *Peopleware* die hinreichende Bedingung für den Projekterfolg.

Es ist ein besonderer Verdienst von Tom DeMarco und Timothy Lister, die Aufmerksamkeit unserer Branche auf diese Tatsache gelenkt zu haben [DeL99]. DeMarco greift einige Aspekte in einem späteren Buch mit einer Sammlung von Artikeln wieder auf [Dem95].

Aus der Erfahrung mit vielen Software-Projekten in unserem Unternehmen können wir fast alle Anregungen und Hinweise aus diesem großartigen Buch nur bestätigen. Die meisten Ideen und Aussagen in diesem Kapitel sind nicht neu. Da es aber leider immer noch nicht selbstverständlich ist, auch nur die wichtigsten und scheinbar einfachen Fragen in Software-Projekten zu berücksichtigen, soll mit dieser kurzen Übersicht zum Erfolgsfaktor Menschenführung eine weitere Anregung für IT-Projektverantwortliche zum Nachdenken und zur Selbstkontrolle gegeben werden.

## Die wirklich wichtigen Aufgaben des Projektmanagers

Zu den entscheidenden Voraussetzungen für ein erfolgreiches Projekt gehört die Formung eines effizienten und produktiven Teams. Das bedeutet:

- Den richtigen Mitarbeiter für die jeweilige Aufgabe finden.
- Ein angenehme Arbeitsumgebung schaffen.
- Freiräume geben.
- Fehler zulassen, aber auch Erwartungen klar machen.
- Gerecht sein.
- Streng sein.

Zu den letzten beiden Punkten habe ich oft gehört, sie seien widersprüchlich. Mit *Gerechtigkeit* meine ich das Anlegen gleicher Maßstäbe an die Leistungen und Ergebnisse der Teammitarbeiter und mit *Strenge* eine klare und eindeutige Haltung gerade gegenüber nicht zufriedenstellenden Leistungen. Hierin sehe ich keinen Widerspruch, sondern sogar eher eine notwendige Ergänzung von zwei Führungsprinzipien.

Als zweite entscheidende Aufgabe eines Projektmanagers sehe ich die Vermittlung von klaren Zielen. Gerade ein Software-Projekt definiert sich vor allem durch sein Ziel. Gut formulierte und vor allem auch kommunizierte Ziele tragen erheblich zur Selbstmotivation innerhalb des Teams und damit zur Produktivität bei. Ziele dürfen visionär, müssen aber realistisch und erreichbar sein. Ein guter Projektmanager ist in der Beherrschung dieser schwierigen Aufgabe auch ein guter Kommunikator. Dazu empfehle ich, ab und zu an folgendes Zitat von Antoine de Saint-Exupéry zu denken:

> „Wenn Du ein Schiff bauen willst, fang nicht an, Holz zusammenzutragen,
> Bretter zu schneiden und Arbeit zu verteilen,
> sondern wecke in den Männern die Sehnsucht
> nach dem großen, weiten Meer."

## Anmerkungen zum Thema Zeit

Software-Projekte stehen auch bei noch so guter Planung unter Termindruck, gerade vor Auslieferungen. Dies führt oft zur Häufung von Überstunden bei einzelnen Teammitgliedern oder sogar beim gesamten Team. Die berüchtigten 16-Stunden-Arbeitstage oder gar vollständig durcharbeitete Nächte sind allen Beteiligten in unserer Branche häufig durch eigene (leidvolle) Erfahrung bekannt.

Dabei vergessen wir gern, dass die Lösung des Problems Termin/Zeitnot gerade nicht in der permanenten Mehrarbeit liegen kann. Ständige Überstunden lösen – manchmal – ein akutes Auslieferungsproblem und kurieren damit bestenfalls ein Symptom, aber nicht das eigentliche Übel.

In Zeitverzug gegenüber dem Projektplan kann man durch viele Gründe geraten. Wenn der Plan nur halbwegs realistisch ist (er sollte einige Reserven enthalten), dann lautet das Grundübel bei permanentem Termindruck sehr wahrscheinlich: zu geringe Produktivität. Produktivitätssteigerungen erreicht man in erster Linie durch bessere Prozesse, bessere Qualitätsmaßstäbe und ein gutes, erprobtes Vorgehen, vor allem aber nicht durch Mehrarbeit! Lister und DeMarco haben dies in ihrer griffigen Art so ausgedrückt:

> „Personen unter Zeitdruck arbeiten nicht besser, sie arbeiten nur schneller."

Ein weiteres Phänomen bei IT-Dienstleistern, die sich stark in der Projektarbeit betätigen, ist häufig die Kultur des „Wer viel arbeitet, ist gut." Ob ausgesprochen oder nicht, ist dies eine Haltung, die wir in unserer Branche häufig finden. Zugegebenermaßen sind Aufgaben und Themen von großen Software-Projekten geradezu geeignet, bei vielen Teammitgliedern zumindest zeitweise eine solche Begeisterung und Identifikation auszulösen, dass diese vielleicht selbst das Gefühl für ihre Arbeitszeit verlieren. Meine Erfahrung lautet: Arbeitssucht hilft nicht! Langfristig wird die Produktivität eines Mitarbeiters bei permanenter Überlastung immer leiden. Um nicht missverstanden zu werden: Auch ich will mich nicht freisprechen von der Faszination, die unsere Arbeit auslösen kann und von der Tatsache, dass wir als verantwortliche Manager natürlich selbst selten auf die Uhr schauen und damit die oben genannte Kultur meistens noch verstärken. Und natürlich plädiere ich auch nicht für das Einführen einer Stechuhr und die Begrenzung der täglichen Arbeitszeit auf 7,5 Stunden. Wir sollten uns nur darüber im klaren sein, dass wir beim Auftreten einer permanenten Überlastung unweigerlich auf zwei Probleme zusteuern: Das Ausbrennen der Mitarbeiter und das vermutliche Nicht-Erreichen des Projektziels!

## Anmerkungen zum Thema Qualität

Unter der Überschrift *Peopleware* möchte ich hier zwei Aspekte des Faktors *Qualität* beleuchten:

1. *Für jeden Software-Ingenieur ist die Qualität des Produktes, das er abliefert, auch ein Maß für seine Arbeitszufriedenheit.*
   Der einzelne Teammitarbeiter identifiziert sich mit den Teilen, die er selbst konzipiert oder programmiert hat. Hier kann man über einen Vorschlag nachdenken, der ebenfalls auf DeMarco zurückgeht: *Man gebe einem einzelnen Teammitglied oder auch dem gesamten Projektteam ein Vetorecht vor bestimmten Auslieferungen.* Dies bedeutet, dass das Team selbst entscheidet, ob es mit der erreichten Qualität zufrieden ist. Die strikte Anwendung dieser Spielregel ist ein zweischneidiges Schwert. Allein aber das (glaubhafte) Wissen um diese Möglichkeit schafft häufig eine zusätzliche Anstrengung zur Erreichung der gewünschten Qualität in der geplanten Zeit. Somit kann man diese Maßnahme durchaus als ein Mittel zur Produktivitätssteigerung betrachten.
2. *Qualität und Produktivität sind kein Widerspruch!*
   Oft wird über diese beiden Merkmale nur antagonistisch gesprochen. Nach meiner Erfahrung ist eine hohe Produktivität in einem Software-Entwicklungsprojekt aber viel eher mit einer hohen Qualität korrelierend. In aller Regel erreicht man eine hohe Produktivität deshalb, weil man einen guten und erprobten Software-Entwicklungsprozess beherrscht. Bei der Frage nach einer Qualitätserhöhung empfehle ich, immer zuerst über die Effizienz des gesamten Software-Entwicklungsprozesses nachzudenken. Hierbei wird man sozusagen als Abfallprodukt eine höhere Produktivität ernten!

Im Übrigen: Begrenzte Budgets und damit auch Terminvorgaben sind kein Widerspruch zur Qualität. Der Qualitätsbegriff ist relativ: Die Qualitätsziele müssen in Beziehung zu einer bestimmten Zeit oder einem bestimmten Budget stehen. Wer wollte schon in unendlich langer Zeit und bei unendlich hohem Budget eine unendlich hohe Qualität erreichen?

### Die ultimative Richtlinie für den erfolgreichen Projektmanager

Projektmanagement ist also ganz einfach:

Man muss nur

- die richtigen Leute einstellen,
- diese glücklich machen
- und sie möglichst frei arbeiten lassen.

Dazu empfehle ich die Anwendung von zwei weiteren Regeln von Lister und DeMarco:

> Beschützen und erhalten Sie erfolgreiche Teams.
> Geben Sie strategische, aber keine taktischen Richtlinien aus.

sowie eines Mottos des Autors:

> Behandeln Sie Ihre Mitarbeiter so, wie Sie selbst von Ihrem Vorgesetzten behandelt werden möchten.

# Literatur


[Ale77] Alexander, C., et al.: A Pattern Language – Towns, Buildings, Construction. New York: Oxford University Press 1977

[BCK98] Bass, L., Clements, P., Kazman, R.: Software Architecture in Practice. Addison-Wesley 1998

[Bec00] Beck, K.: Extreme Programming explained: Embrace Change. Addison Wesley 2000

[Ben94] Ben-Menachem, M.: Software Configuration Management Guidebook. London: McGraw-Hill 1994

[BeS97] Berson, A., Smith, S.J.: Data Warehousing, Data Mining & OLAP. New York: McGraw-Hill 1997

[BJR99] Booch, G., Jacobson, I., Rumbaugh, J.: The Unified Modeling Language User Guide. Reading, MA: Addison-Wesley, 1999

[BoB95] Bolinger, D., Bronson, T.: Applying RCS and SCCS. From Source Control to Project Control. O'Reilly Associates 1995

[Boe81] Boehm, B.W.: Software Engineering Economics. Prentice-Hall, 1981

[Bro87] Brooks, F.P.: No silver bullet: Essence and accidents of software engineering. In: IEEE Computer, April 1987, S. 10-19

[Brü94] Brümmer, W.: Management von DV-Projekten. Wiesbaden: Vieweg 1994

[BSC99] Batory, D., Smaragdis ,Y., Coglianese L.: Architectural Styles as Adaptors. In: Software Architecture. Kluwer 1999

[BuW] Burrows, C., Wesley, I.: Ovum-Report, Configuration Management Tools – A Detailed Evaluation. Regelmäßige Aktualisierung: http://www.ovum.com

[ChL01] Chang, I., Liedtke, R.: Entwicklung eines web-basierten Auftragserfassungssystems: Erfahrungen mit einer Methode zur beschleunigten Projektabwicklung. In: Bauknecht, K., et al. (Hrsg.): Informatik 2001. Wien: OCG (2001), S. 719-724

[CICS] IBM: CICS Library, http://www.ibm.com/software/ts/cics/library/

[Cok01] Cockburn, A.: Agile Software Development. Boston: Addison-Wesley 2001

[Cox90] Cox, B.: There is a silver bullet. In: Byte, 1990, Oktober, S. 209-218

[Dar00] Dart, S.: Configuration Management: The Missing Link in Web Engineering. Artech House Books 2000

[Dar96] Dart, S.: Best Practice for a Configuration Management Solution. In [Som96]

[DeL99] DeMarco, T., Lister, T.: Wien wartet auf Dich. 2. Auflage. München: Hanser 1991

[Dem82] DeMarco, T.: Controlling Software Projects. Yourdon Press, 1982

[Dem89] DeMarco, T.: Softwareprojekt-Management. Attenkirchen: Wolframs 1989

[Dem95] DeMarco, T.: Why does software cost so much? Dorset House, 1995

[Den91] Denert, E., Siedersleben, J.: Software-Engineering, Berlin: Springer 1991

[Den93] Denert, E.: Dokumentenorientierte Software-Entwicklung. Informatik Spektrum, Vol. 16, S. 159-164; Springer 1993

[DIN9001] DIN EN ISO 9001: Qualitätsmanagementsysteme, Modell zur Qualitätssicherung/QM-Darlegung in Design, Entwicklung, Produktion, Montage und Wartung. CEN Europäisches Komitee für Normung 1994

[ECL01] Eclipse Konsortium: http://www.eclipse.org

[Edl02] Edlich, E.: Ant – kurz & gut. O'Reilly 2002

[EOO94] Eberleh, E., Oberquelle, H., Oppermann, R.: Einführung in die Software-Ergonomie. Berlin: de Gruyter 1994

[ErP00] Erikson, H.-E., Penker, M.: Business Modeling with UML. New York: OMG Press, John Wiley & Sons, Inc., 2000

[Est99] Estublier, J. (Hrsg.): System Configuration Management, SCM-9, Workshop. Springer 1999

[FoB02] Fogel, K., Bar, M.: Open Source-Projekte mit CVS. MITP-Verlag 2002

[Fow01] Fowler, M.: Crossing Refactoring's Rubicon; http://www.martinfowler.com/articles/refactoringRubicon.html

[Fow97] Fowler, M.: Analysis Patterns. Addison-Wesley, 1997

[FrB89] Frese, M., Brodbeck, F.: Computer in Büro und Verwaltung, Psychologisches Wissen für die Praxis. Berlin: Springer 1989

[Gam96] Gamma, E., et al.: Entwurfsmuster. Bonn: Addison-Wesley 1996

[GaS93] Garlan, D., Shaw, M.: An Introduction to Software Architecture. In: Ambriola, V., Tortora, G. (Eds.): Advances in Software Engineering and Knowledge Engineering, Vol. I. World Scientific Publishing 1993

[GrR93] Gray, J., Reuter, A.: Transaction Processing. Concepts and Techniques. San Francisco: Morgan Kaufmann, 1993

[GrF00] Graham, D., Fewster, M.: Testing Essentials – Testing Principles: TEST Congress, London 2000

[ISO9126] ISO/IEC 9126-1: Software engineering – Product quality – Part1: Quality model: ISO 2001

[J2EE EJB] SUN: Enterprise JavaBean Technology; http://java.sun.com/products/ejb/

[J2EE Servlet] SUN: Java Servlet Technology; http://java.sun.com/products/servlet/

[J2EE] SUN: Java 2 Platform Enterprise Edition; http://java.sun.com/j2ee/

[JCJÖ92] Jacobson, I, Christerson, M., Johnson, P., Övergaard, F.: Object-Oriented Software Engineering: A Use Case Driven Approach. Wokingham, England: Addison-Wesley 1992

[JaL91] Jacobson, I., Lindström, F.: Re-engineering of old systems to an object-oriented architecture (OOPSLA'91)

[JUnit] Homepage: http://www.junit.org

[Kar95] Karlsson, E.-A. (Hrsg.): Software reuse: a holistic approach. Chichester: Wiley 1995

[Kel01] Kellner, H.: Die Kunst, IT-Projekte zum Erfolg zu führen. 2. Auflage. München: Hanser 2001

[KHK96] Kutscha, S., Henning, K., Kesselmeier, H.: Softwarewartung und Reengineering: Erfahrungen und Entwicklungen. (Hrsg.: Lehner, F.) Wiesbaden: Gabler 1996

[KrP88] Krasner, G., Pope, S.: A Cookbook for Using the Model-View-Controller User Interface Paradigm in Smalltalk-80. Journal of OOP 1988

[Kut97] Kutscha, S.: Organisationsentwicklung in der Softwareindustrie – oder: was hat die Gestalttheorie mit dem Software-Reengineering zu tun? sd&m-intern, 1997

[McCl97] McClure, C.: Software reuse techniques. Upper Saddle River: Prentice-Hall 1997

[MiP97] Mikkelsen, T., Pherigo, S.: Practical Software Configuration Management. Prentice-Hall 1997

[Mye01] Myers, G.J.: Methodisches Testen von Programmen. 7. Auflage. München: Oldenburg 2001

[NaR69] Nauer, P., Randell, B. (Eds.): Conference on Software Engineering. Garmisch: NATO Science Affairs Division 1969

[Nie95] Niemann, K.: Client/Server-Architektur. Braunschweig, Wiesbaden: Vieweg 1995

[NoK84] Noth, T., Kretschmar, M.: Aufwandsschätzung von DV-Projekten. Berlin: Springer 1984

[OrT93] Oram, A., Talbott, S.: Managing Projects with make. (A Nutshell-Handbook). 2nd, corr. Ed. O'Reilly Associates 1993

[Pag91] Page-Jones, M.: Praktisches DV-Projektmanagement. München: Hanser 1991

[Par72] Parnas D. L.: On the Criteria to be Used in Decomposing Systems into Modules. Communications ACM 15.12, pp 1053-1058, 1972

[Rob99] Robertson, S., Robertson, J.: Mastering the Requirements Process. London: Addison-Wesley, 1999

[SaL99] Saynisch, M., Lange, D. (Hrsg.): Änderungsmanagement mit System – Schlüsselfaktor Konfigurationsmanagement. 3. Fachtagung Konfigurationsmanagement, 22.-23. Juni 1999. Stuttgart, Nürnberg: GPM Deutsche Gesellschaft für Projektmanagement e.V. 1999

[ScH00] Schulz, H., Hess, A.: SHORE – ein Hypertext-Repository auf XML-Basis. OBJEKTspektrum 2/2000

[Sch98] Scheer, A.-W.: ARIS, Business Process Frameworks. Heidelberg: Springer, 1998

[Sch02] Scheer, A.-W.: ARIS – Vom Geschäftsprozess zum Anwendungssystem. Berlin, Heidelberg: Springer 2002

[Sche01] Scheidle, S.: Die sd&m-Methode für schnelle Software-Entwicklungsprojekte. München: sd&m intern 2001

[Sha96] Shaw, M.: Some Patterns for Software Architectures. In: Coplien, J., Schmidt, D. (Eds.): Pattern Languages of Program Design, S. 255-269. Reading: Addison-Wesley 1996

[ShG96] Shaw, M., Garlan, D.: Software Architecture. Prentice-Hall 1996

[Shn97] Shneiderman, B.: Designing the User Interface, Strategies for Effective Human-Computer Interaction. Reading: Addison-Wesley, 3. Auflage 1998

[Som96] Sommerville, I. (Hrsg.): Software Configuration Management, ICSE'96 SCM-6 Workshop. Springer 1996

[Spe01] Speck, M.: Geschäftsprozessorientierte Datenmodellierung. Logos 2001

[Spi00] Spillner, A.: From V-Model to W-Model Establishing the Whole Test Process. Keynote Conquest 2000

[Stü02] Stützle, R.: Wiederverwendung ohne Mythos: Empirisch fundierte Leitlinien für die Entwicklung wiederverwendbarer Software. Diss. Technische Universität München 2002; http://tumb1.biblio.tu-muenchen.de/publ/diss/

[Szy99] Szyperski, C.: Component Software. Beyond Object-Oriented Programming New York: ACM Press 1999

[Tra95] Tracz, W.: Confessions of a used program salesman. Reading, MA: Addison-Wesley 1995

[Web99] Weber, D.W.: CM Strategies for RAD. In [Est99]

[Wes01] Wessels, D.: Web Caching. O'Reilly & Associates Inc. 2001

[Whi00] White, B.A.: Software Configuration Management and Rational ClearCase. Addison-Wesley 2000

[Whi91] Whitgift, D.: Methods and Tools for Software Configuration Management. Chichester: Wiley 1991

[wingS] WingS-Bibliothek: wings.mercatis.de

[WinLei] Die Windows-Oberfläche, Leitfaden zur Softwaregestaltung. Microsoft Press.

[X/Open] The Open Group: Distributed Transaction Processing: Reference Model, Version 3, 1996; http://www.opengroup.org/publications/catalog/tp.htm

[You92] Yourdon, E.: Decline & Fall of the American Programmer. Yourdon Press 1992

[ZeE96] Zettl, K., Eilfeld, P.: Das Beste aus zwei Welten integrieren: Computerwoche FOCUS 3 (7.6.1996)

[ZMEL01] Zeh, U., Mieth, A., Engelkamp, S., Lemmer, I.: Qualitätsmanagementhandbuch und Verfahrenshandbuch sd&m. München: sd&m intern 2001

# Herausgeber und Autoren

**Johannes Beer †**, Studium der Mathematik in München, von 1988 bis 1998 bei sd&m. Schwerpunkte seiner Arbeit waren Projektleitung, Systemspezifikation und Design in mittleren und großen Projekten für Kunden in den Branchen Stahlindustrie, Touristik, Medien, Finanzdienstleistungen. 1998 wechselte er zur Münchner Rückversicherungsgesellschaft. Johannes Beer starb völlig unerwartet am 4. Oktober 1999.

**Olaf Deterding-Meyer**, Studium der Wirtschaftsinformatik an der TU Braunschweig, seit 1995 bei sd&m. Schwerpunkte seiner Arbeit waren Projektleitung, Systemdesign und Realisierung von Anwendungen für die Münchener Rückversicherung. Seit Anfang 2000 ist er im Technologie-Management von sd&m tätig, zunächst als Wissensbroker für Software-Entwicklungswerkzeuge, aktuell als Bereichsleiter.

**Dr. Peter Eilfeld**, Diplom-Chemiker und Promotion in theoretischer organischer Chemie, trat 1988 bei sd&m ein. Zuvor lagen Forschungstätigkeiten in Botanik und Biophysik an der Universität München. Schwerpunkte bei sd&m waren infrastrukturelle Fragestellungen: Software-Entwicklungsumgebungen, Konfigurationsmanagement für Entwicklung und Produktion, Aufbau eines Knowledge-Web im Intranet. Von 1999 bis 2000 leitet er die Gruppe „Information und Kommunikation" bei sd&m. Anfang 2001 wechselte er zur FJA Feilmeier & Junker GmbH.

**Andreas Hess**, Studium der Informatik an der Universität Karlsruhe, seit 1992 bei sd&m, Projektleiter und Systemdesigner von Mainframe Anwendungen und eBusiness-Anwendungen im Bereich Finanzinformationssysteme. Zur Zeit ist er innerhalb der sd&m IT-Beratung Chefberater für das Thema Anwendungsarchitektur und Software-Technik.

**Dieter Keipinger**, Studium der Betriebswirtschaft an der Berufsakademie in Ravensburg, ab 1983 im Bereich Management-Planungsmodelle bei einer Unternehmensberatung tätig, anschließend Organisations- und DV-Beratung bei einem großen Elektro-Konzern. Nach einigen Projekten für die Luftfahrtindustrie bei einem Münchner Softwarehaus Eintritt 1994 bei sd&m. Diverse Projekte mit Reengineering-Thematik in den Bereichen Transport, Touristik, Vetriebssysteme und Verwaltung. Seit 2000 im Geschäftsfeld IT-Beratung tätig.

**Wolfgang Krug**, nach dem Studium der Informatik und Wirtschaftswissenschaften an der Universität Passau seit 1990 in der Softwareentwicklung tätig. Schwerpunkte seiner Arbeiten waren die Entwicklung von schnellen Bildverarbeitungsalgorithmen und zertifizierte Softwareentwicklungsmethoden im Rahmen der Entwicklung eines Computertomographen in der medizinischen Informatik. 1997 wechselte er zu sd&m als Berater und begleitet Projekte in den frühen Phasen, speziell bei der Erstellung der Spezifikationen.

**Andreas Lannes**, Studium der Informatik an der Universität der Bundeswehr München, Zusatzstudium BWL nebenberuflich an der Fernuniversität Hagen. Andreas Lannes begann seine Tätigkeit bei sd&m 1992 und wurde 1998 zum Geschäftsführer ernannt. Seine Aufgabenschwerpunkte lagen im Kunden- und Projektmanagement, in der Akquisition, im Auf- und Ausbau verschiedener Geschäftsbereiche und in der Personalrekrutierung. 1999 übernahm er die Geschäftsführung der Cap Gemini Deutschland GmbH, im Jahr 2000 gründete er die Xenium AG, deren Vorstand er heute ist.

**Andreas Mieth**, Diplom-Biologe, arbeitet seit 1988 bei sd&m in Design, Projektleitung und Beratung für Kunden aus den Branchen Touristik, Luftverkehr, Handel und Finanzdienstleistungen. Zwischenzeitlich war er Qualitätsmanager von sd&m und hat den Bereich "Interne Anwendungen" aufgebaut und geleitet.

**Dr. Kristine Schaal**, Studium der Mathematik an der TU Darmstadt und Universität Bonn, Promotion in Mathematik an der Universität Bonn. Seit 1996 ist sie bei sd&m in den Bereichen Design und Realisierung für Kunden aus dem Transport- und Bankenbereich tätig. Schwerpunkt ihrer Arbeit sind Konfigurationsmanagement und Software-Entwicklungswerkzeuge.

**Peter Schaumann**, Studium der Elektrotechnik an der TH Karlsruhe und TU München, ist seit 1984 in der Softwareentwicklung tätig. Schwerpunkte seiner Arbeit waren Entwicklung und Test zuverlässiger Serversysteme. 1997 wechselte er zu sd&m als Projektleiter und Berater. Er baute die sd&m-interne Test-School auf und berät Kunden zu den Themen Test und Qualitätsmanagement.

**Stefan Scheidle**, Studium der Informatik an der TU München, seit 1994 bei sd&m. Schwerpunkt seiner Arbeit ist Projektleitung, Chefdesign und Systemarchitektur in Kundenprojekten. Neben seiner Projektarbeit befasst er sich mit Softwareentwicklungsmethodik, insbesondere mit Vorgehensweisen zur Beschleunigung des Entwicklungsprozesses.

**Dr. André Schekelmann**, Studium der Informatik und Promotion in Wirtschaftsinformatik an der Universität Paderborn, seit 1998 bei sd&m. Schwerpunkte seiner Tätigkeit sind die Einführung von Konfigurationsmanagement in Client/Server-Projekten sowie Spezifikation, Konstruktion und Realisierung im Bereich der Krankenversicherung.

**Prof. Dr. Johannes Siedersleben**, Diplom-Mathematiker, Professor für Informatik an der FH Rosenheim und Wissenschaftlicher Leiter von sd&m Research; 1979 bis 1983 wiss. Assistent an der TU Karlsruhe, Schwerpunkte: Lineare Optimierung auf Digraphen, Komplexitätstheorie, Branch-and-Bound; 1984 bis 1995 Designer, Projektleiter, Chefberater, Bereichsleiter und Geschäftsführer; maßgeblicher Einfluss auf die sd&m-Softwaretechnik, vor allem im Bereich der Spezifikation.

**Rupert Stützle**, Diplom-Ingenieur, Studium der Elektrotechnik und Informationstechnik (TU München und Stanford University). Seit 1997 Management-Berater bei McKinsey & Company; verschiedene Projekte in drei Industrien: IT, Software, Telekommunikation. Von 2000 bis 2002 Unterbrechung der Tätigkeit bei McKinsey, um als Doktorand bei sd&m Research mitzuarbeiten; Arbeitsgebiet: Empirisch fundierte Leitlinien für die Entwicklung wiederverwendbarer Software (Dissertation eingereicht an der TU München).

**Dr. Friedrich Strauß**, Studium der Informatik an der RWTH Aachen und Promotion an der Universität Freiburg. Der Schwerpunkt seiner wissenschaftlichen Arbeit lag bei Dialogsteuerungen für direkt manipulative graphische Oberflächen. Seit 1995 ist er bei sd&m in einer Reihe von C/S-Projekten für Design und Projektleitung verantwortlich. Als Wissensbroker zur ergonomischen Gestaltung von Oberflächen hat er in vielfältigen Projekten zum Thema GUI-Design beraten. Zur Zeit ist er Technischer Chefdesigner in einem Großprojekt.

**Dr. Dirk Taubner**, Studium der Informatik an der Universität Hamburg, kam nach Informatik-Forschungstätigkeit an der TU München und bei Siemens 1992 zu sd&m. Er war Leiter von mehreren großen Softwareprojekten. Seit 1999 ist er Mitglied des Vorstands von sd&m. In dieser Rolle verantwortet er einen Teil des organisatorischen Geschäfts sowie die Querschnittsaufgaben sd&m Research und Personal.

# Register